柯小刚 著

生命的默化：
当代社会的古典教育

同济复兴古典书院丛书

同济大学出版社

自序

关于"野蛮读经"的讨论文章在本书中虽然只占有五分之一强的篇幅,但却构成了我编辑这本文集的动力。这动力不是要批判谁,而是斯文之命在时代危机中的感受和担当。作为附录收入的"一个读经少年的来信"在我的微信公众号"寓诸无竟"推送后,曾得到广泛关注。这封信使我想起自己的读书经历,于是不惮把学生年代的生命成长文字收入本书的末尾,与第一部分的经史阐释文章相映照,一起构成对中间部分在讨论读经问题时谈到的"回归生命学问"的呼应。

智能手机开始越来越多地介入当前的学术讨论和修养生活。最近两年,我养成了用微信公众号记录课堂讨论和读书心得的习惯。为了适应手机屏幕,我发现一种类似诗体的句式非常适合微信时代的日常书写。在这本书中,我收录了一篇用这种形式写出的讲稿。在讲稿的开头,我写道:

同济复兴古典书院的课
就要开始第三轮了
此刻,我坐在山上

写这篇导论课发言提纲

我的电脑坏特了

只能用手机写简单的句子

仿佛回到从前

只有简单生活的时代

我和听松住在外省的山里

八十年代的老式小区

每周来上海讲课都要坐高铁

这段两小时的路程就像

古代经典和现代世界的距离

不远，也不近

  手机尺寸的天然限度倒逼我们回到更加单纯的书写形式，手机的便利也使我们更有条件回到自然山水中工作。有一天，坐在树下翻阅手机存档的旧稿照片，忽然发现二十年前的手写诗稿与微信记录的形式有一种时空隧道中相遇的感觉。于是，我把它们编在这同一本书中。

  我甚至开始尝试用书法创作的形式来记录微信时代的思想生活，然后把这些"微信日常书写"的书法作品图片和"微信诗体"的读书记录文字一起在公众号中推送。早已过度专业化的思想学术必须重新回到生活世界，而早已过度技术化的生活世界则有望在这个过程中重新找回生命的默化。

2017年5月24日记于青山无竟寓

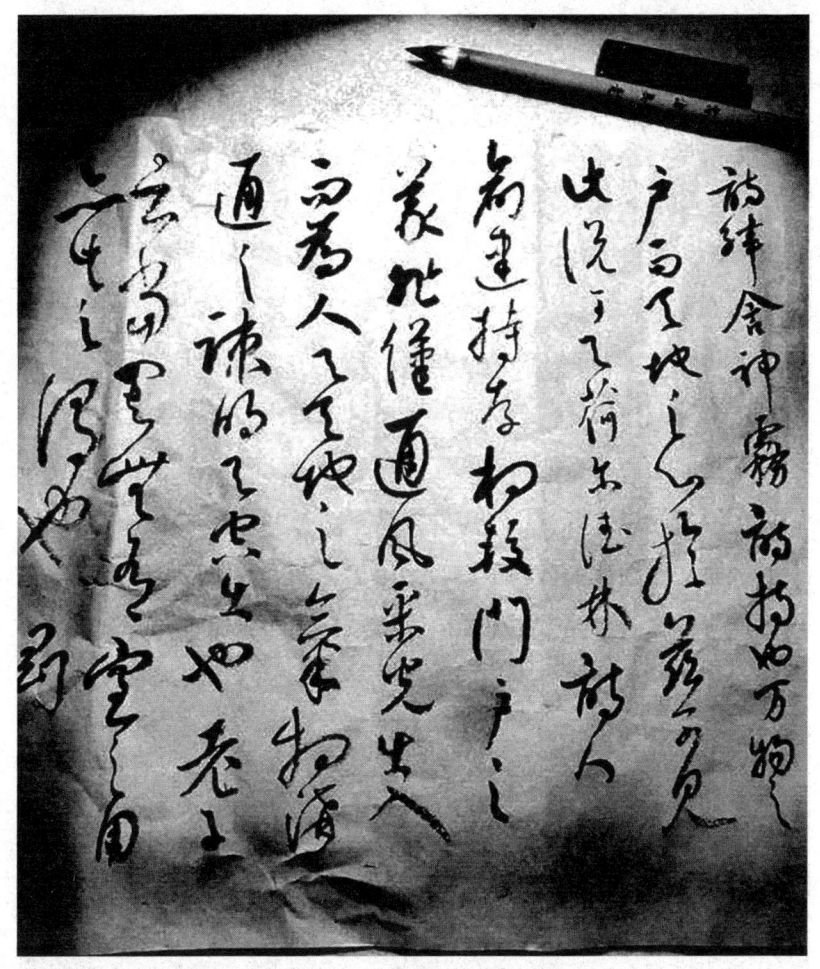

日常书写：《诗经》研读笔记

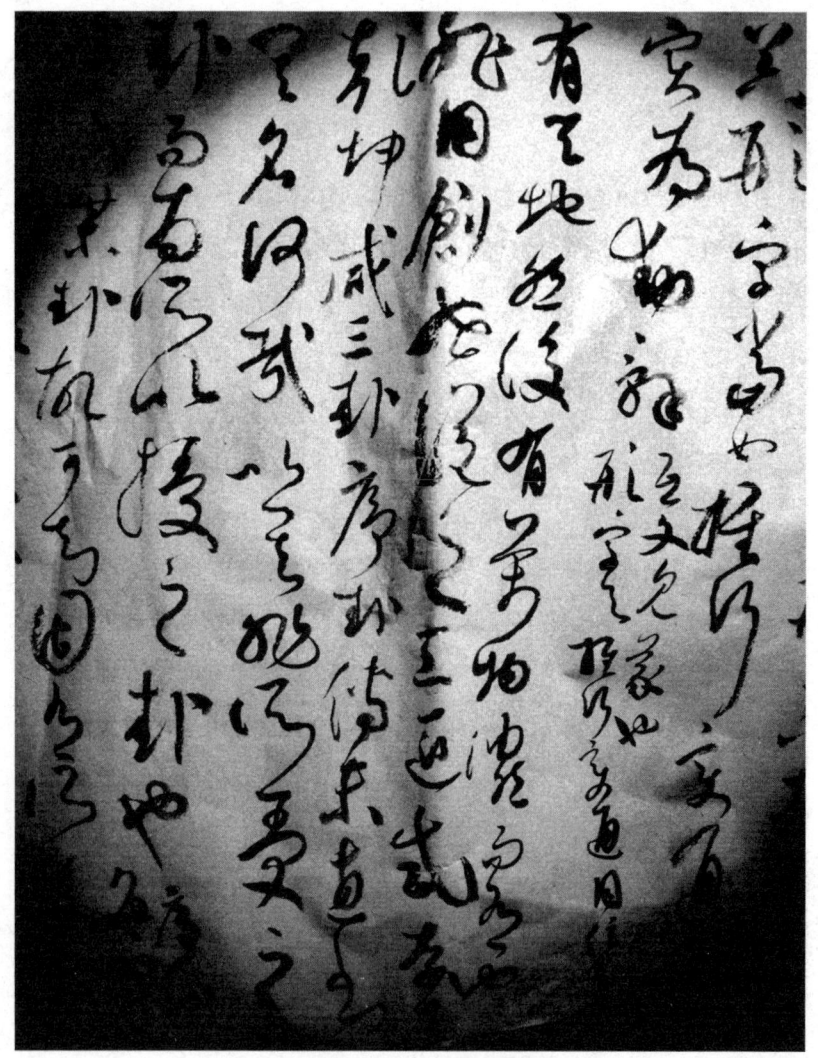

日常书写：《易经》研读笔记

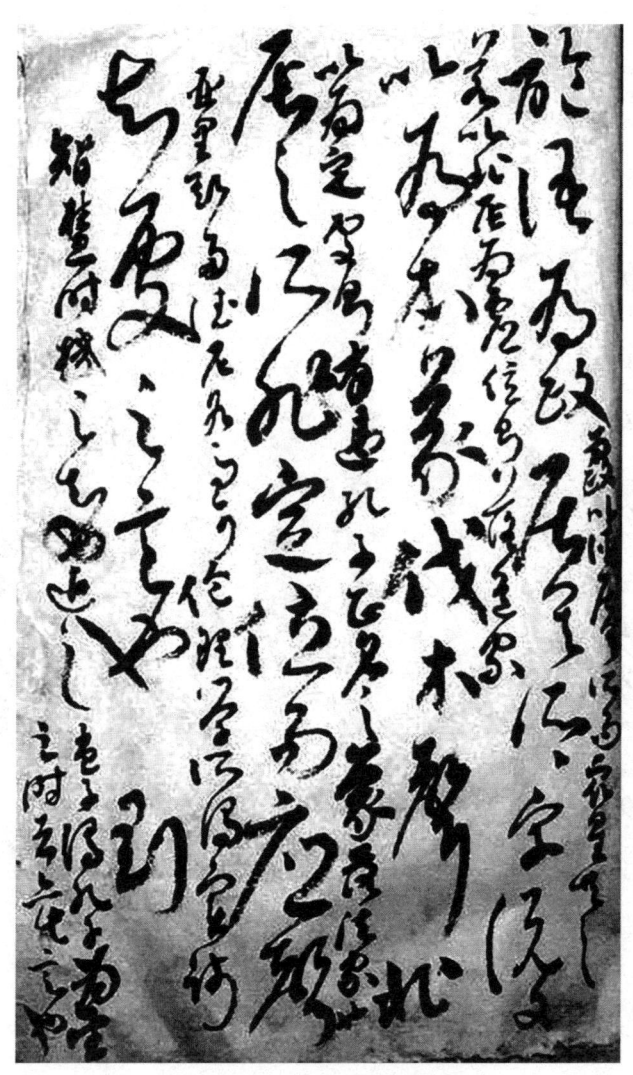

日常书写:《论语》研读笔记

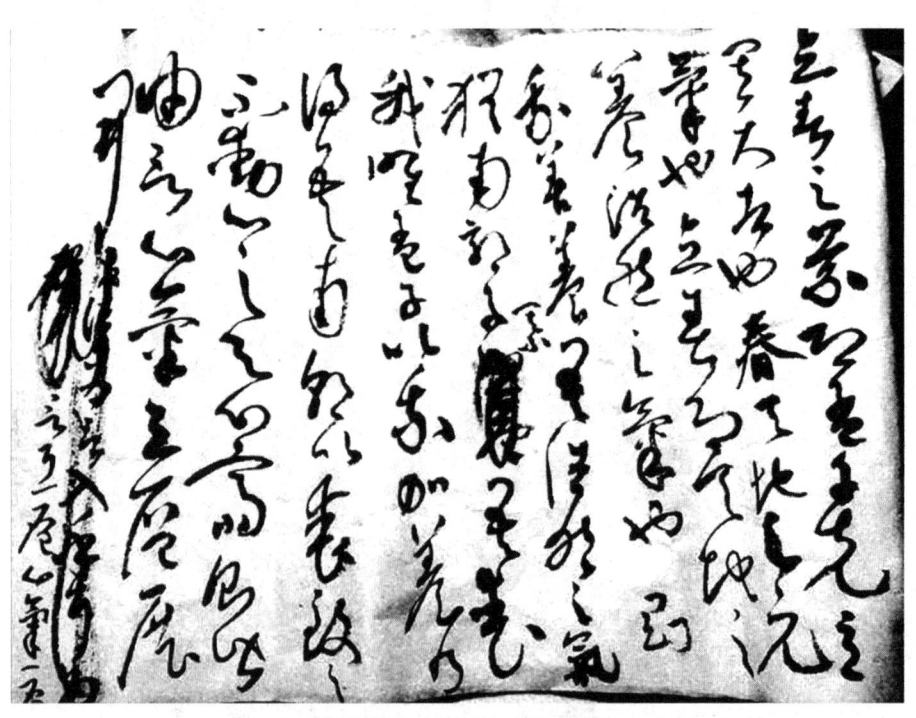

日常书写:《孟子》研读笔记

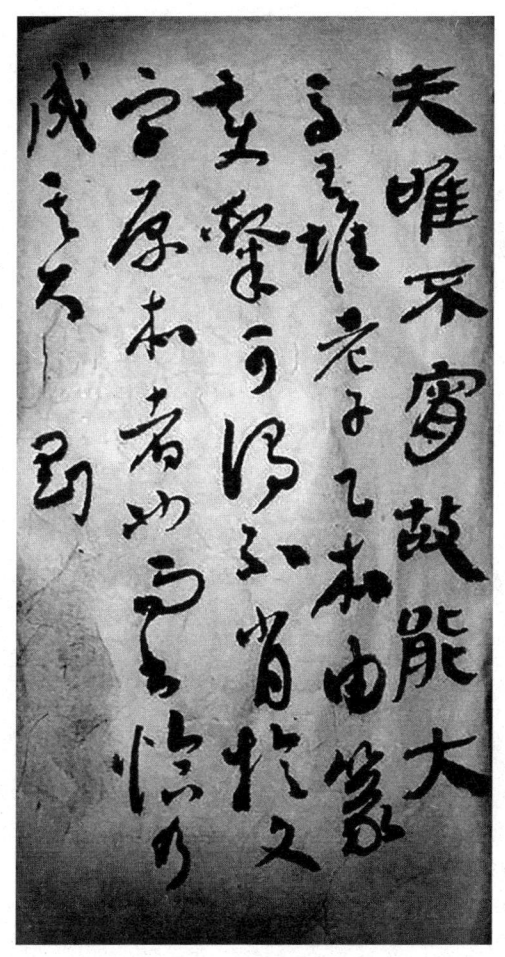 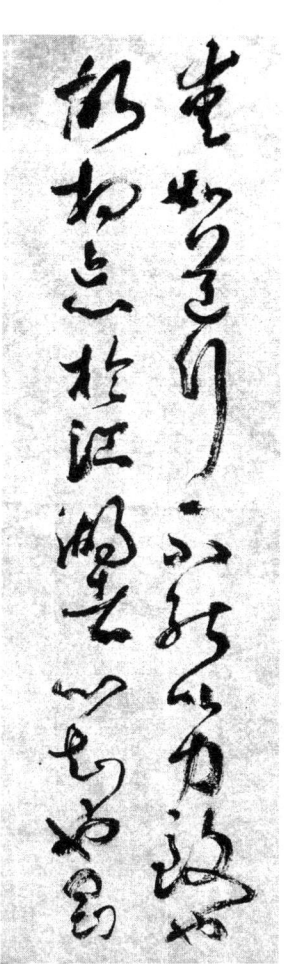

日常书写:《老子》研读笔记　　日常书写:《庄子》研读笔记

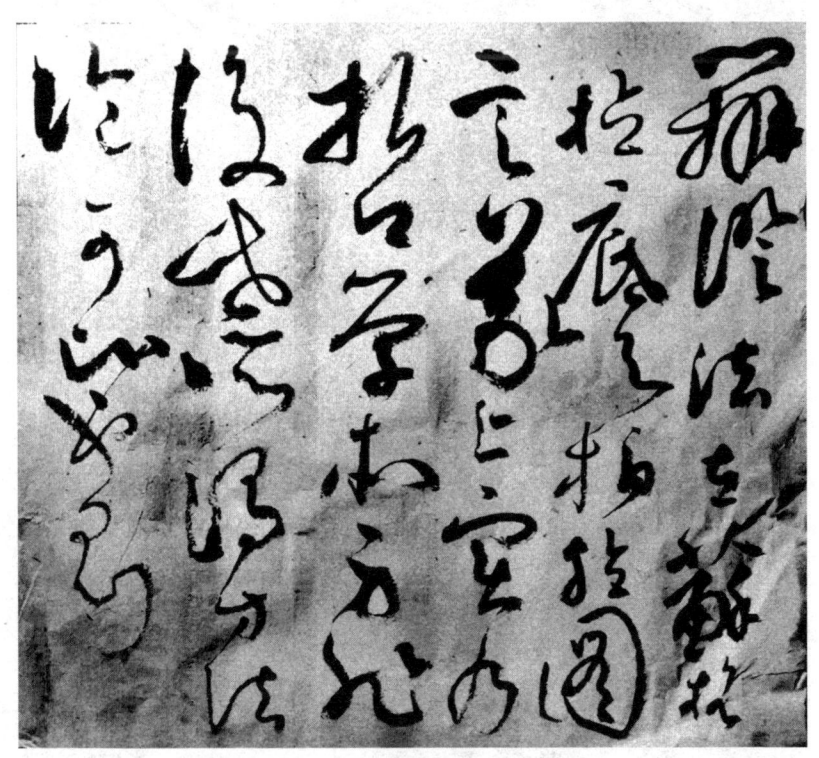

日常书写：西方哲学研读笔记

目　录

经史道艺的生命诠释……………………………………… 001
 有余的空间与生命的整全：《诗经·葛覃》讲稿 ………… 002
 俯仰天地间：读《采蘩》《草虫》《采蘋》 ………………… 017
 风气与物情：《诗经·北风》讲稿 ………………………… 033
 爱是成就生命的整全：《诗经·桑中》讲稿 ……………… 061
 治气与教化：《史记·五帝本纪》读解 …………………… 070
 气化、吊诡与自由：《周易·系辞传》尚象制器章读解 … 087
 伐柯与时中：东林书院《中庸》讲稿 ……………………… 096
 现代性吊诡与跨文化古典复兴：法兰克福提纲 ………… 102
 通古今之变：道里书院微信群讨论辑帖及札记 ………… 121
 借笔传心：书画修身讲记及论书札记十五则 …………… 143
 中庸的体证：古典书画微信群论书辑帖 ………………… 150

当代社会的古典教育 …………………………………… 164
 跨文化古典教育的当代意义：同济人文学院开学致辞 …… 165
 春天，我们开始学习：同济复兴古典书院开讲辞 ………… 170

古典书院的生命存在：期末致辞 ………………………………… 186

蜜蜂与蜘蛛：给古典书院学员的一封信 ………………………… 191

书院作为现代社会通识教育的形式：湖南师大讲稿 …………… 197

听闻感动不如自学默化：同济复兴古典书院第二轮开讲辞 …… 201

生命的默化：同济复兴古典书院第三轮开讲辞 ………………… 212

勇于生命的学问：西政辅仁读书会座谈记录 …………………… 220

古典学问是生命的修行：致重庆大学博雅学生的一封信 ……… 254

在无地中游刃：甘阳与古典教育 ………………………………… 258

通经穷理，经世致用：序言与讲稿 ……………………………… 263

现代社会中的古典教育：腾冲一中讲稿 ………………………… 270

当代社会的儒学教育：以国学热和读经运动为反思案例 ……… 286

回归生命的学问：写给读经孩子的一封信 ……………………… 308

"读经理论"不是教育：微信读经讨论辑录 …………………… 339

学习是最好的教育方法：答澎湃网友和《中国教育报》 ……… 358

"诗书解未半，空负继绝心"：答《东方早报》记者问 ……… 388

素履之往的生命足迹 ………………………………………………… 397

我的平原：答吉林大学校友问 …………………………………… 398

最后的南山 ………………………………………………………… 406

旅德札记 …………………………………………………………… 409

未名书简 …………………………………………………………… 423

岁暮的诗行 ………………………………………………………… 442

漂泊在家乡的土地上：记我的父亲母亲 ………………………… 450

经史道艺的生命诠释

有余的空间与生命的整全：
《诗经·葛覃》讲稿[1]

读书之前，先带大家静坐一下。静坐是对自己身体的每一寸要形成一个觉知。好多朋友问杂念很多怎么办？其实治心最好的方法就是治身，不要一下子搞得太高，太玄妙。我们可以从身体感觉入手，譬如最容易感觉到的是脖子，大椎那个地方：坐姿不对的时候，那个地方很酸。伏案工作，坐办公室，颈椎容易沉重、酸痛。现在冬天，大家穿得多，大椎那个地方受到的压力很大。打坐的时候注意放松颈椎，让它气血畅通，就已经是很好的修行入门了。不要一上来就追求太高妙的境界。先把颈椎、腰、肩、肘、腿调好，把呼吸调好，从身体入手，随时注意调节每一寸关节，到处通顺松快而不懈怠，修心才谈得上。读经典、学书画都是这个道理。中国文化不抽象，都是从非常具体的东西入手。书画用笔都是身体的动作，太极拳更是。《诗经》每一篇都有具体的人物、场景、故事或者草木虫鱼。

用心与格物

《大学》一开篇就从较大的地方往较小的地方下降，集中体现了儒家"极高明而道中庸"的修行方法："古之欲明明德于天下者，先治其国；欲治其国者，先齐其家……"家庭关系的调理，说容易

---

[1] 2014年12月7日讲授于自道精舍，阮永红录音整理。

也容易，都是亲人嘛，什么不好商量？说难也难，因为都是亲人，有时说什么都白搭，还不如对外人容易。所以，"欲齐其家者，先修其身"，从自己入手才是真正的出发点。自己肯定是能把握的，只要你愿意把握。不去把握，那是你自己的问题。孔子说："吾欲仁，斯仁至矣。为仁由己，而由人乎哉！"自己是可以默默用心努力的，只怕"心"找不到，所以曾子要"三省吾身"，孟子要"求放心"，以为修身的肇基工夫。

所以，《大学》接下来也说"欲修其身者，先正其心"：心的把握更取决于自己。身体有病痛的话，还要找医生看，但是心的状况呢？随时可以自己反观自省，形成觉知。即使精神治疗也是帮你自己发现症结，解开心结，找回自己。你可以一下子想得很远，也可以一下子拉回来，很自由，容易自己把握。当然，正因此，也非常容易放纵。心是利器，利于修行，也利于败坏，看你自己怎么用。人被赋予心，这是天地造化对人的眷顾，也是人受之于天的责任和考验。善用心者对得起天地的委托和眷顾，滥用心者害人害己，对不起人之为人、天之命人。

那么，心怎么用呢？《大学》说"欲正其心者，先诚其意"：诚意就是自谦。谦就是诚，不自欺欺人，也不骗人。诚意就是踏踏实实的，随时检省自己的念头，每一个想法都落到实处，不虚诳。接下来，怎样才能正心诚意呢？要格物致知。这就更具体了，就是我们身边的每一件事、每一个东西都要去了解它的道理，都去关心它。不过，这跟逐物外求不一样。老子批评的逐物外求，"五色令人目盲，五音令人耳聋……驰骋畋猎令人心发狂"，是心随物转，是丧失自我，跟着外物跑掉了，也就是孟子说的"放心"，心放掉了（这个"放心"不是"你办事我放心"的放心，它指心跑出去回不来了）。格物致知是什么？格物致知不但不是放心，反而是"求放心"的方法，是去关心每一件事物，以便领悟物理人情的一贯所在，从而认识自己，通过格物致知而正心诚意。

譬如在《诗经》这里，第一次课上，我带大家读了第一篇《关雎》。"关关雎鸠，在河之洲。窈窕淑女，君子好逑……"一种动物在那叫，然后男生追求女生，日常生活中常见的一些情境，每个人生活中都会遇见的。通过这些日常情景领悟天地阴阳夫妇的道理，就是历代《诗经》经学就《关雎》所做的格物致知功夫。

《关雎》与《葛覃》的动静阴阳

今天带大家读一下第二篇《葛覃》。第一篇从动物起兴，第二篇则从植物起兴。动物性动，但《关雎》却以之歌咏"幽閒贞专"的"后妃之德"（据毛诗说）。植物是静态的，但是这个静态的东西会延展："葛之覃兮，施于中谷。"所以，《诗》之有《关雎》《葛覃》，犹《易》之有乾、坤。一者动而静，阳中有阴；一者静而动，阴中有阳。

葛就是葛藤，覃就是延展。葛根是一味常用中药，就是葛藤地底下结的块茎。葛根有三种。一种叫粉葛，广东人煲汤吃，也可以打成粉。一种叫脆葛，湖北有，我们小时候经常吃的，当地瓜吃。这两种都不入药。还有一种叫柴葛，木柴片儿似的，保持了更多葛藤的藤本性。虽然是块茎，但是没什么淀粉。只有柴葛入药，因为只有柴葛才能像葛藤一样延展、延伸，保持"葛覃"之性。

葛根在中药里的用途和《诗经·葛覃》篇里的含义是非常类似的。思考物性之间的"比类取象"也是一种格物致知。"葛之覃兮，施于中谷"：覃就是延展，"施（yì）"也是延伸。葛藤在山谷里长在这片山坡，长着长着延展到那片山坡。葛根这味药在中药里的作用就是把下焦的水往上面引。《伤寒论》葛根汤，如果是外感风寒，脖子颈项强直，后颈不太舒服，就可以用葛根，引药性到达后背的上面。刚才听到下面有同学说葛根可以美容，让面部保湿，甚至丰胸。确有此功效，但这是错误的使用，因为这仅仅是把内在的往外提，下面的往上提，偶尔用用可以，长期用会导致下元空虚。往外提升太过尤其不适合冬天。你要愿意用夏天用，不要说冬天我皮肤干燥，吃点葛根把水分提出来，那叫杀鸡取卵。冬天要闭藏，肾和膀胱的水要闭藏，不要给它提出来。"葛之覃兮，施于中谷"，葛藤可以从一个山坡延伸到另一个山坡，葛根可以提升水气由阴达阳：这都是阴中有阳、静极生动的道理。

所以，《关雎》从动物雎鸠写到植物荇菜，《葛覃》则从植物葛藤写到动物黄鸟："葛之覃兮，施于中谷，维叶萋萋"接下来就是"黄鸟于飞，集于灌木，其鸣喈喈"。由静而动，由植物而动物，仍然是阴中有阳、静极生动的道理。相比之下，《关雎》从动物起兴，"关关雎鸠，在河之洲"，动物在那叫，想要发动，接下来讲到的是"窈窕淑女，君子好逑"，是去追求幽娴贞专的静女。第一篇说的是男人作为阳性之物，他要发动，他要追求，但是追求的对象是什么呢？是非常安静娴雅、幽娴贞专的窈窕淑女。因为，只有这样幽娴贞专的窈窕淑女才是君子的"好逑"（好的配偶）。

读《诗》：生活琐事与生命的安顿

《诗经》在六经中特别是一部关涉女性生活和家庭生活的经典。在《诗经》里，绝大多数篇章都是在讲儿女情长、家长里短。里面甚至有不少怨妇诗，貌似都是很琐碎的东西，这点跟《尚书》《春秋》等其他高大上的经典非常不一样。

既然这样，为什么孔子如此重视《诗经》？"子所雅言，《诗》《书》执礼"？其中的主要原因是儒家对于家庭生活的重视。如果连家庭生活都不能安顿，还谈得上治国吗？还谈得上悟道吗？刚才提到《大学》里说："古之欲明明德于天下者，先治其国；欲治其国者，先齐其家；欲齐其家者，先修其身。"《诗经》是一部齐家之书，而且这个齐家是很具体的，包含感情问题，不只是《仪礼》和《礼记》里面关于婚姻和家庭的制度安排层面。

譬如《卫风·氓》里写一个臭小子，"氓之蚩蚩，抱布贸丝。匪来贸丝，来即我谋"，臭小子笑嘻嘻的，抱着一些礼物，说是青梅竹马，说要娶我，我就充满期待地等他，成天爬到墙头上去，远远怅望复关，"乘彼垝垣，以望复关。不见复关，泣涕涟涟。既见复关，载笑载言"。后来小伙子一直不见诸行动，小姑娘就催他。后来没有按照正常的程序，跟小伙子私奔了。私奔之后，开始过得还好，三年之后小伙子嫌弃她，把她赶回来了，她就开始怨："桑之未落，其叶沃若……桑之落矣，其黄而陨"，骂男人"士也罔极，二三其德"，花心大萝卜。

诸如此类的诗不少。又譬如《邶风·谷风》篇，也是婚姻破裂，破裂后女方很生气，"毋逝我梁，毋发我笱"，我要离开了，但是家里面捕鱼的网是我扎的，你不要去动我的东西。很多地方你会觉得这不是夫妻吵架的东西吗？日常很琐碎的东西，《诗经》里不少。能不能把这些日常的烦恼安顿下来，这是《诗经》能够教给我们的很重要的功课。

《诗》是经，涉及天地人三才之道，需要"启予者商也"的悟性和"举一隅而以三隅反"的延展性、开启性。在这个意义上，我们今天读的《葛覃》提供了很重要的读《诗》方法：延施（yì）。从《诗》中的生活琐事出发，思及人类生活的基本处境和根本问题，思考人类生活的意义和可能方式，这是《诗》作为"经"对读者的本来要求。

日常生活中，每个人都难免有各种各样的烦恼。怎样对这些烦恼有一个认识，给自己的身心生命有一个安顿？最好的办法是我们站高一点，看远一点，对人类的生活处境做一个整全而切近的观照，因观照而生智慧。自道精舍的老板不是叫"观慧"吗？就是"观照而生慧"的意思。生活陷于琐碎烦恼而不自知，是因为缺乏自我反省和观照。先要观照，才能自省、提高，然后才可能"活得更明白点"。这便是读经典也好，看戏、看小说、看电影也好，为什么能帮人打开心结的原因。

生命的默化：当代社会的古典教育

古希腊哲学家亚里士多德的《诗学》里讲到 Katharsis（净化、疏泄）的道理，很有意思。譬如一个人跟老公吵架了，孩子也跟她怄气，"更年期遇见青春期"，气不打一处来。这时闺蜜约她，咱们去看电影吧？结果一看电影，电影里面写的就是一个人跟老公吵架，儿子赌气，如何如何。看完以后，这个人就会觉得心胸开阔一点，因为她可以通过电影观照自己。你会发现别人的生活跟你的生活类似。而且，之所以类似，是因为很多问题不只是你的问题、他的问题，而是人类的基本状态、普遍问题、共同困境。观察别人的生活，阅读他人的故事，往往能引起我们思考人类的普遍问题。所以，亚里士多德说诗（指广义的艺术）比历史更普遍，更接近哲学。

但我们读《诗经》的时候还要再提高一层，不光是看别人怎么吵架我就安慰一点。通过《诗经》的悲欢离合、草木虫鱼，我们可以观察天地万物怎样相摩相荡、相生相克；动物植物怎样动而静、静而动，家国天下怎样分而合、合而分。每个人生活中跟父母、夫妻、子女、同事、领导、下属的关系，所有家庭关系和社会关系，其实都是天地万物各种复杂关系中的一种，而且本质上一样的。你把这些关系调理好了，生命就安顿了。

当你去格物致知，去体会天地阴阳五行万物的这样一些关系，譬如我们说得更具体点，体会中医里面讲肝心脾肺肾、三阴三阳、表里中枢、生长化收藏的关系，把这些关系搞明白，我们的眼睛跟肝是什么关系，我们的小肠跟心是什么关系，我们的皮肤跟我早上是不是大便有什么关系等等，把这些貌似琐碎的庄子所谓"道在屎溺"的事搞明白，你就会成为一个通情达理的人，你会慢慢地成为一个别人要跟你吵架，你却陷入了哲学沉思的人，人家跟你吵不起来的人。这就是修养、修行，就是读经的功用。

《诗经》自古以来就不只是"爱情歌谣"，而是有着实际生活的功用。无论在家庭层面，还是国家层面，都有实际的功用。譬如说皇帝做一件事情劳民伤财了，大臣为了劝谏他，为了提高劝谏效果，也为了自保，他往往不会直接批评说皇帝浪费国家财政，老百姓多辛苦，你不爱护人民，这样下去国家会完蛋的等等。这么说很危险，皇帝生气了叫人拿个大棒子捶你，你受不了。你可以不说这件事，不说劳民伤财，你可以在那背诗，"硕鼠硕鼠，无食我黍"，皇帝说，你什么意思？我说没什么意思，就是读一读诗。

这就是《毛诗大序》里说的"主文而谲谏"：以文为主，不要正面冲突，以曲折的方式来劝谏，效果往往比较好。对上对下都好。学生不听话，孔子怎么批评的："朽木不可雕也，粪土之墙不可杇也。"宰我还在那睡，孔子说"朽木不可雕也"；宰我醒了说，老师你骂我吗？孔子说：没有啊，我是说这个桌子烂掉了，我没有说你啊。这就叫用一种曲折的方式来批评人。诗在古代一直有这种作用，就是用一种曲折的方式批评人，无论引《诗》还是作诗，或者用一种诗化的句子都可以。当然，诗的更多政治用途，譬如在诸侯国外交场合引用诗句以表达某种政治意见，《左传》记载了很多，以后可以带大家阅读。

物性的通达与心灵的空间

"主文而谲谏"有一个前提，就是一个人的通达或通情达理。他对世间万物之间的关系要有一种通达的理解和想象力，各种植物、各种动物的生气都可以感受。孔子说学《诗》可以"多识于鸟兽草木之名"并不是出于知识储存量的要求，而是通达物性的要求。这点中医本草学做得很好。一个好的医家不但要了解人的阴阳五行经络腑脏，也要了解鸟兽草木之性。一个东西的寒热温凉、甘苦酸辛、升降开合补泻，走肝经还是走脾经肺经，都要有知识和感觉。有时候你不一定认识这个草木，但从其生长环境和形态色泽大概能做出一个预估，然后再去试错和调整。神农尝百草就是这样，并不神秘。

如果你对世间万物的相互关系有了一个通达的理解，那么你就容易让自己的心胸更开阔。什么叫心胸更开阔呢？就是你待人接物都能够有更大的距离。这个距离不是说高高在上，不食人间烟火，而是说你的思想有更大的回旋余地。孔子说学《诗》可以避免"正墙面而立"就是这个意思。不学《诗》不通达万物之情，就像面壁而立，狭隘逼窄；学《诗》通达，"以类万物之情"，就能扩大生命空间。

《庄子》里面讲"庖丁解牛"的故事也是这个意思："以无厚入有间，恢恢乎其于游刃必有余地矣。""无厚"就是很薄很锋利的刀刃，"有间"就是牛的骨头和骨头之间的缝隙。那个缝隙本来是一个很小的缝隙，可是如果你经常去观照它，因观照而生智慧，功夫越来越深，那个缝隙对于你来说就会显得越来越大。

人在生活中，很多时候你会觉得没有余地了，无路可走了。在

有余的空间与生命的整全:《诗经·葛覃》讲稿

那样的时刻,好像除了从窗户跳下去,已经没有别的可能性了。但这其实只是一时的想法,有时候只有一秒。在那样的时刻,听听音乐,读读《诗经》,看看草木虫鱼,你又突然发现这个世界其实很开阔。一个经常做"庖丁解牛"观照功夫的人,就能在那一刻还能读诗、听音乐,与自然交流。一个平时就生活在"有余"空间中的人,当他遭遇"有间"的进退维谷,也能找到他的"无厚"之刃。

真正"无厚"的只有心。心无往而不入。善用一心,则无往而不"有余"。"以无厚入有间"是养生的寓言,更是养心的寓言,是"以心修身"的寓言。《庄子》以此通于《孟子》《大学》。所以,如果你每天学"庖丁解牛"的养心功夫,观入万事万物之间的"有余",就连骨头和骨头之间的缝隙都变得很大,那你未来事业的发展、家庭关系的协调又有何难呢?在"有余"的空间中,你会发现各种关系,即使有时显得非常紧张甚至令人绝望的关系,你都可以去找到回旋余地。

书画也是这样。在书画学习中,你要去揣摩从这一笔到那一笔是怎么转过来的?这个字和那个字之间的行气或枝叶山石之间的气息是怎么顺过来的?只有让自己的心和眼总是活在点画笔墨之间的空白处,才能理顺点画笔墨之间的气。只有在"有余"的空间中,笔墨才能游刃有余,即使这个空间有时非常狭窄,譬如在篆刻或繁密的点画结构或枝叶结构中。古人说"疏可走马,密不容针",或者"密可走马,疏不容针",都是"有余"的空间感觉。有余,则密者不堵,疏者不空。无论疏密,都是一气流转,一片化机,无不顺遂。

《葛覃》中无用的"有间"

《葛覃》就是讲这个道理:"葛之覃兮,施于中谷,维叶萋萋",继续延展出去则是"黄鸟于飞,集于灌木,其鸣喈喈"。女孩(无论出嫁未出嫁)在山上采葛藤,黄鸟在灌木丛中鸣叫,一片生机。采葛藤干什么呢?"是刈是濩,为絺为绤,服之无斁"。刈就是割下来,濩就是沤到水里浸泡,再放进锅里煮,把纤维抽出来,然后"为絺为绤",做成葛布。古人夏天穿葛麻做的布,絺和绤,非常清凉。今天用亚麻做夏装,质感很好,但其实并不凉快。葛麻已经没人做了,工艺也失传了。

《葛覃》讲的就是采葛、做衣服、归宁父母这样一个过程。在采葛的劳动过程中,明末经学家王船山注意到整篇诗里面有一个很特别的因素,那便是一个貌似无用的"黄鸟于飞,集于灌木,其鸣喈喈"。你说它有什么用吗?没有用。你说葛的生长、采割,把麻抽出来做衣服跟鸟有关系吗?没有关系。但是这些女孩在采葛的时候有意无意地用眼睛的余光会注意到"黄鸟于飞,集于灌木,其鸣喈喈",有意无意地在鸟鸣声中劳动。这些貌似毫无用处的鸟鸣与采葛的劳动有关系吗?它们是采葛和纺织工序中的一个环节吗?当然不是。那么,诗人在歌咏采葛的时候为什么要写到这些毫无用处的因素?我们来看看船山在《诗广传》里是怎么说的:

"《葛覃》,劳事也。黄鸟之飞鸣集止,初终寓目而不遗,俯仰以乐天物,无恚滞焉,则刈濩絺绤之劳,亦天物也,无殊乎黄鸟之寓目也。以絺以绤而有余力,'害澣害否'而有余心,'归宁父

有余的空间与生命的整全:《诗经·葛覃》讲稿

母'而有余道。故《诗》者,所以荡涤怠滞而安天下于有余者也。'正墙面而立'者,其无余之谓乎!"[1]

船山从《葛覃》的黄鸟中读到的东西涉及诗之为诗的根本所在:有余,有间,使生命可以免于"正墙面而立"的逼仄。"间"字是"门"里面一个"日",它和另一个字"閒"是可以互相通假的。"门"里一个"月"是"悠閒"的"閒"("閒"字在简化字中被取消,合并到"闲"字里去了。"闲"本义是防范)。悠閒有余才有间,无论空间时间。

现代人崇尚劳动,以为劳动是一切价值的源泉,但其实劳动之为自由人的劳动而不是奴隶的劳役,其前提和基础恰恰是有余的生命空间和悠闲的生命时间。自由生活本来不过是人之为人的平常生活,却非常不恰当地被称为"贵族生活"。现代人据说为了追求"自由"而消灭"贵族",但吊诡的是,在消灭"贵族"之后,"自由女神"并没有应邀而至。

"是刈是濩,为絺为绤"是古代女功之事中最繁杂的劳动。黄鸟在这样的劳动中似乎完全多余,但它的出现又那么自然。正是这个貌似多余的元素可能恰恰是全篇的点睛之笔,使得劳动者也好,读诗的人也好,感觉到整个劳动过程的安宁、快乐和幸福。"黄鸟于飞,集于灌木,其鸣喈喈。"有意无意地,鸟鸣贯穿了采葛、制衣和归宁的全程。无论你注意到没注意到,它都在那里鸣叫。就像你采或者不采,葛藤都在山中静静地生长、延展。

---

[1] 《船山全书》第三册,301-302 页,岳麓书社,1992 年。

《毛诗》《郑笺》《朱子集传》都没太注意到这个无用的多余之物，现代学者也不太注意这个东西。刚才说过，我们读诗的时候不要急于对一篇诗做一个简单的定性。我们能不能试着来读出更多的东西？大家不太注意得到的东西？然后在这个东西里面，我们可以得到一点意想不到的收获，给我们心灵一点额外的启迪？诗本来就是逸出的、额外的、多余的东西，就像自由，毫无用处，却必不可少。生活就是这样：我们来劳动，来做事，但往往是由一些在这个事情之外，你有意无意地注意到的一些额外的因素，给劳动带来快乐。这就是"閒"和"间"。诗性文本的阅读，也必须在"字里行间"进行，才能见微知著，自卑登高，由近及远，从细微处发明大义。

整全的生活：保养刀上多余的那一点

《葛覃》的女孩一边劳动，一边有意无意地听着鸟鸣。劳动的闲暇，看看黄鸟飞鸣，无论劳动多么艰辛，她们仍然是"有閒"（有闲）的。这个闲暇就是生活中的"有间"。只有在"有间"的生活中，你才能"恢恢乎其于游刃必有余地矣"。其实每个必死的生命都是这样的一把刀刃。庖丁说"良庖岁更刀……族庖月更刀"，就是好一点的厨师一个月换一把刀，更好的厨师一年换一把刀。可是我的刀呢？"臣之刀十九年矣……若新发于硎"（《庄子·养生主》），用了十九年还像新的一样。

其实每个人都是一把刀，都是与人与物与岁月相靡相刃的刀，

有余的空间与生命的整全：《诗经·葛覃》讲稿

与万事万物摩擦消耗的刀。生命是刀，精神是刃——刀上"多余的"那一点。很多时候刀还在，刃却没有了，多余的那一点没有了。人们往往要等到"无用之物"丧失之后，才知道"有用的东西"原来要依赖"无用"才能"有用"。庖丁解牛的寓言讲的就是保养"无用之物""多余的空间"对于生命的意义。要让身心扩充，活到更大的空间中，进到更大的余地中，生命才是有余的、长生的，"葛之覃兮"的、"黄鸟于飞"的。

如何才能扩充生命的有余空间？我们可以想象，在《葛覃》里两种可能的选择：一种方法是我罢工不干了，我专门去看鸟。其实，真要是这样做的话，你会发现鸟其实不好看。你会觉得枯燥，觉得受到了很大的惩罚。还不如去劳动。所以，古人所谓闲暇或真正的自由也决不是无所事事。

另外一种常见的选择是：为了给自己的生活以更大的空间，我一定要发愤，我拼命干活，我干活的时候坚决不看鸟，为了提高劳动率，我埋头苦干，总有一天会做好多好多葛麻的衣服，成为世界第一品牌，赚好多钱，然后去度假看鸟。

有一个故事是一个诺贝尔文学奖获得者说的，他说有一个土豪老板跑到海滩去度假，看见一个渔夫躺在海滩上晒太阳，美得不得了。老板就问渔夫："你怎么这么懒呢？你赶紧再下海打鱼呀！天还没有黑，赶紧多打点鱼嘛！"渔夫就说："我干嘛打那么多鱼呢？""你多打点鱼不就可以卖更多钱嘛？""我卖这么多钱干嘛呢？""卖更多的钱，你不就可以把小渔船换成大渔船了嘛！""我换大渔船干嘛呢？""你换大渔船不就可以打到更多鱼了嘛？""我打更多鱼干什么呢？""傻瓜，更多鱼可以卖更多钱呀！""我要更多钱干嘛呢？""有了更多的钱，你就可以像我这样在海滩上躺着晒太阳啊！"渔夫说："可我现在不是已经躺在海滩上晒太阳了吗？"

所以啊，生活要打成一片，千万不要把生活中的某个部分作为手段，把另外一个部分作为目的。手段和目的是不能分的，劳动跟休闲也是不能分的。你不能说我这八个小时在劳动，我很痛苦，下班后才是我的休闲、我的生活。人的生命是一天 24 小时不间断，生活也是。生活应该包含生命的全部。

我们读《葛覃》，从采葛到黄鸟，发现了一些不引人注意的细节，从中发现了人生的平常道理。这个道理我们从《诗经》中读出来，读完之后要拿到日常生活中，在家庭、社会乃至国家天下的层面学以致用。无论在工作、家庭还是个人身心修养中，不要妄起分别，把一个方面作为手段、另一个方面作为目的，割裂生命，"正墙面而立"，处处逼仄无余。要学会打成一片的生活，海阔天空的生命：这就是《葛覃》给我们的启发。

俯仰天地间：读《采蘩》《草虫》《采蘋》

《诗经》多采摘之事。就"二南"而论，《周南》开篇《关雎》就有荇菜之采，第二篇《葛覃》采葛，接下来又有《卷耳》《芣苢》之采。《召南》则有《采蘩》《采蘋》，开始直接以"采"名篇。夹在两篇之间的《草虫》虽不以"采"为题，但诗中恰也写到"采蕨""采薇"。这三篇的顺序有各种说法，我们暂不讨论。无论如何，采蘩、采蘋、采蕨、采薇之间，可能有某种关联。至少，俯仰的动作是所有采摘活动的共同之处。而这岂不正是人生天地间的基本姿势？为什么篆书的"人"字有躬身之象？或许相关于采摘这一原初生活方式。海德格尔论古希腊人的"逻各斯"亦从其"采集"初义出发，或亦有相通处。一直到近代之前的山水画，点景人物犹多俯仰之态，亦恐此意之余也。

气臭之信与居敬之象：读《采蘩》之一

采蘩以助祭，今古文无异义。而微贱野菜如蘩，何以有助于公宫祭事之大？或以蘩之气臭也。蘩，诸家皆以为蒿属，是一种富于强烈香气的野菜。香气直入心脾，感发诚敬，肃雍显相，穆如清风，故能感格神灵。"祭如在，祭神如神在"：臭味不可见，仿佛不存在，而其感动心灵又非常直接，"非由外铄我也"。故《郊特牲》云："至敬不飨味而贵气臭也。"气臭至，则人神之信已达矣。至于音容笑貌，则气之感形而已。"神迹"则犹渣滓矣。

"涧溪沼沚之毛，蘋蘩蕰藻之菜"而"可荐于鬼神，可羞于王公"者，以其"有明信"也，可以"昭忠信"也（《左传》隐公三年传）。信者，有应之谓也。感而通之故有应，有应故有信。气臭可以通窍，可以感应，故虽微贱如蘩，可以达信人神，"可荐于鬼神，可羞于王公"。

二气相感则有象，故《易》称"两仪"。仪者有象之谓也，于《采蘩》则见诸"被之僮僮""被之祁祁"也。王质《诗总闻》："'在公'，执公事之时，故竦敬。'僮僮'，竦敬也。'还归'，归私室之时，故舒迟。'祁祁'，舒迟也。大率公事毕则私乐继之，此所以相济而为和，且能久也。"序云："《采蘩》，夫人不失职。"所以不失者，非仅"僮僮"之悚敬也，亦以"祁祁"之舒迟也。一张一弛，和气养于中，故居敬不穷，守职不渝。《葛覃》之黄鸟，《羔羊》之委蛇，皆此义也。

和气的发生须在一个居敬的空间，使二气之相感从容氤氲，生化成象，不至于相刃相靡、相互侵夺。由于"居敬"是一种时间性的工夫修持，所以，"居敬的空间"毋宁说是"居敬的时间"。在其中，有敬事之前的预备，也有敬事之后的淹留。人职之所以不失者以此。故王夫之《诗广传》云："'被之僮僮，夙夜在公'，敬之豫也；'被之祁祁，薄言还归'，敬之留也。先事而豫之，事已而留之，然后当其事而不匮矣：乃可以奉祭祀，交鬼神，而人职不失。过墟墓而生哀，入宗庙而生敬，临介胄而致武，方宴享而起和。"清代《御纂诗义折中》亦云："'被之僮僮'，其人竦直可知也，

俯仰天地间：读《采蘩》《草虫》《采蘋》

是未祭而敬先积也；'被之祁祁'，其人安妥可知也，是既祭而敬犹留也。未祭而积之，既祭而留之，则当祭之时，其敬可想矣"（《御纂诗义折中》四库本卷二）。

"敬之豫"或敬之"先积"即祭祀前的斋戒，《礼记·祭义》所谓"齐三日乃见其所为齐者"，其极则夫子所谓"丘之祷久矣"（《论语·述而》）。"敬之留"则"出门如见大宾，使民如承大祭"（《论语·颜渊》），"当其事而不匮"则"毋不敬"也（《礼记·曲礼》）。所谓"居敬"，居者间也，有"豫"有"留"之谓也。此义或通胡塞尔所谓 Horizont（境域）或海德格尔所谓 Welt（世界）、Zeit-Raum（时间-空间）、Zwischen（之间）之义。[1]《中庸》云"鬼神之为德，其盛矣乎！……使天下之人齐明盛服，以承祭祀。洋洋乎如在其上，如在其左右"，未尝有其"实体"，不过上下左右之"间性"也。居敬者，居于此间也。如在者，如在此间也。

《祭义》载祭祀之时，"僾然必有见乎其位"，孔颖达《正义》解为"祭如在"之义，以为"孝子当想象僾僾髣髴见也"。髣髴（即"仿佛"）二字皆与头发有关。[2]"被之僮僮""被之祁祁"也都是写的发髻（或假发头饰）。祭祀之敬不写神情肃穆、礼器森严，而写"被之僮僮""被之祁祁"：仿佛祭祀之时，至诚所感已无所

---

[1] 更多相关分析可参拙著《海德格尔与黑格尔时间思想比较研究》，同济大学出版社，2004年。

[2] 更多相关分析可参拙文《鸢飞鱼跃与鬼神的如在》，见收拙著《在兹：错位中的天命发生》，上海书店出版社，2007年。

见，惟有头上三尺神灵。先人已逝，音容不再，而祭者之诚令人髣髴见之。发髻是一身中最高的部位，最近神灵。假髻更是如在之物，戴之则有，取之则无。故《中庸》云："诚之者，人之道也。"

坤德助成：读《采蘩》之二

"于以采蘩？于沼于沚。于以用之？公侯之事。于以采蘩？于涧之中。于以用之？公侯之宫。"前两章连续四个由"于以"带起的问句，直接对置了山野与庙堂。最后一章连续两个"被之"，则直接联系了夫人之饰与公侯之事。

如果说在《周南》的第二篇《葛覃》是"合两姓之好"的基本取象（"葛之覃兮，施于中谷"），那么在《召南》的第二篇《采蘩》则甚而进展到夫人助祭对于沟通山野与庙堂的意义。《易》云："乾知大始，坤作成物。"采蘩助祭事虽微细，不载于礼经，但在当时起到的辅成作用可能不小。

"于沼于沚""于涧之中""被之僮僮"是现代人认为《诗经》还有价值的地方；"公侯之事""公侯之宫""夙夜在公"是孔子之后的"儒家"致力于发明经义的地方。但《诗经》的意义既不单纯在现代人喜欢的山野和女人一面，也不仅仅在于"儒家"所谓公侯庙堂一面，而是在于两者之间的原初统一性。孔子诗学的视野即在此原初统一性。

蘩者，至微之物，而用于公侯祭祀之大事，礼经无载，惟见于《诗》。妇人曾经以微细而亲切的方式参与礼乐生活，礼经正史不传，

俯仰天地间：读《采蘩》《草虫》《采蘋》

而赖《诗》存。借由《诗经》，我们可以更全面而具体地想象礼乐生活的日常情境。礼经所载牺牲、玉器、币帛等盛大的礼仪自然是礼乐生活的主体，但《采蘩》《采蘋》之类却构成了不可见的背景。不可见一面之于可见一面的承载、支撑，是《诗》之于《礼》《春秋》的独特意义。六经之中，惟《诗》篇主角多为女人，其义犹《易》之不能无坤也。

《诗》多妇人采摘之事。第一篇《关雎》就出现了荇菜的采摘，随后在《周南》就有葛、卷耳、芣苢的采摘，然后就是《召南》的采蘩、采蘋。相比之下，涉及禽兽狩猎者，在"二南"中只有两篇：《周南》之《兔罝》，《召南》之《驺虞》。采摘是最少人为的直接收获，也是最少借助工具的直接用手指接触草木的劳动。

在各种祭祀用品中，禽兽牺牲要通过弓箭、网罟等工具打猎获取，金玉丝帛等礼器要通过铸造、打磨、纺织等复杂工艺制作，即使出自农作物的粢盛也是一系列农业生产程序之后的产品。而荇菜、蘋、蘩则不过是采摘之物，最简单直接自然。这一类祭品完全来自女性的采摘劳动。六经中，几乎只有《诗经》大量描写这类劳动及其在古代生活中的意义。

关于"二南"中出现过的这几样由妇女采摘的助祭之物及其相关政教涵义，古代注家曾有富于启发的思考。宋儒王质发现"祭祀之菹少用陆菜，多用水蔬。陆菜非粪壤不能腴茂，而水草则托根于水，至洁。故馈食多用陆，祭食多用水"（王质《诗总闻》四库本卷一）。这种说法很有意思，我们甚至可以从中找到《红楼梦》中著名的"男泥女水说"的源头。

《毛诗李黄集解》引王安石说，虽批评其穿凿，但亦存录，或有可取："王氏之说，以为荇之为物，其下出乎水、其上出乎水，由法度之中而法度之所不能制，以喻后妃也；蘋之为物，能出乎水上而不能出乎水下，藻之为物，能出乎水下而不能出乎水上，制于法度而不该其本末，以喻大夫之妻也。至于蘩，则非制乎水而有制节之道，以喻夫人也。'于沼于沚''于涧之中'，则可以为河洲之类，而皆未及乎河洲之大。盖谓夫人之诗，则言采蘩于沼沚之中，后妃之诗则言采荇于河之洲，必有高下之辨。是数者，皆穿凿之学也。"（李樗、黄櫄《毛诗李黄集解》四库本卷三）。

孔子所谓"起予者商也，始可与言《诗》已矣"，孟子所谓读《诗》当"以意逆志"，皆以《诗经》为开放的文本，有待后世读者结合时代问题意识和个人生命感受重新打开，发明经义。王安石此说比较了"二南"中的几种水生采摘祭品，从其各自生长形态和采摘环境联系到采摘人的立法地位，于诗教之义不无启发。在这一点上，陆佃的解读思路与之相似："《采蘩》先言'于沼于沚'，后言'于涧之中'，言夫人于事有进而无退。《采蘋》言涧在前，《采蘩》言涧在后，夫人嫌于事不勤，大夫妻嫌于德不勉也"（陆佃《埤雅》四库本卷十五）。

一说采蘩不一定供祭祀用，而可能与蚕事有关。"公宫"则公蚕之所也。此说虽不同，亦与古代妇女劳动有密切关系。《尔雅·释草》以蘩为皤蒿，而未及其用途。《豳风·七月》"春日迟迟，采

俯仰天地间：读《采蘩》《草虫》《采蘋》

蘩祁祁"，毛传："蘩，白蒿也，所以生蚕。"陆佃根据江南蚕事经验，解释得更清楚："农功有早晚，蚕事有先后。故言求桑于前，以箸蚕之早者；采蘩于后，以箸蚕之晚者。今覆蚕种，尚用蒿云"（《埤雅》卷十五）。何楷《诗经世本古义》引徐光启，亦主此说："徐光启云，蚕之未出者，鬻蘩沃之，则易出。今养蚕者皆然。故毛传云'所以生蚕'"（何楷《诗经世本古义》四库本卷一）。方玉润受到陆佃的启发，亦主《采蘩》为夫人亲蚕之事。[1]

如此，则《召南》第二篇《采蘩》亦可与《周南》第二篇《葛覃》相比较。《葛覃》采葛为絺绤，《采蘩》供蚕事，亦女工之重者。且据陆佃、方玉润，蘩为助蚕之物，帮助蚕卵孵化，不像桑叶那样是蚕的直接食物。无论"助祭""助蚕"，都体现了坤德之为助成的德性。而且，亲蚕也是亲耕的辅助，乃至所有祭祀活动本就是日常生活的辅助（"未知生，焉知死？"）在这个意义上，《采蘩》的"助成"之义对于全部《诗经》来说就有着无与伦比的涵义，因为读《诗》本就是体知生活的辅助、理解世界的辅助。理解世界，体察人性，维建礼乐，移风易俗：这便是诗教之于日常生活建设的具体内容。子曰"兴于《诗》，立于礼，成于乐"，此之谓也。

能感、能降、能群：读《草虫》

《草虫》感情的直白和强烈，使它成为现代人最喜欢的诗篇之一。然而，这种喜爱是深具反讽意味的。正是在对激情的颂扬中，

---

[1] 参方玉润《诗经原始》，中华书局，1986年，第96-97页。

现代人丧失了激情。对于现代人来说，《草虫》感情的深挚强度已经成为一种传说。为什么会发生如此反讽性的变化？因为现代《诗》解强调《草虫》这类诗篇说的不过是男女相思相见，但放弃了进一步思考男女相思相见的根源。

情失其源，则其流不远，以至于干涸，只有借助毒品才能使人重新"充满激情"，这恐怕是现代早期的激情鼓吹者始料未及的结果。当现代人一味争取爱的权利时，忘记了爱首先是一种能力。当爱的权利得到保障时，爱的能力却已丧失。这时候，当他们重新面对《草虫》这类诗篇的时候才猛然发现，原先备受批判的古典《诗经》解读远不只是所谓"强加于爱情之上的道德化解读"，而是深入感情源头的本源之思，以及对爱之能力的深层教养和培护。

古人深深了解男女之情的根源所在，所以从男女出发，谈及《草虫》的夫妇之情与礼（毛诗之礼、朱传之情）、君民之情与义（鲁诗、《左传》及《诗经原始》的君臣之义），至情至性，天道人事，流行无碍。这便是诗教：因情设教，从人情自然出发建设社会伦理、国家生活。相反，现代诗解貌似颂扬男女爱情，反对礼教，鄙弃天道，实际降低了人类爱情之于人类生活的建设意义，也减弱了爱情体验的深度和强度。所以，毫不奇怪的是，伴随着现代人对爱情的颂扬，现代爱情、婚姻和家庭生活反倒日益淡薄。而且，与之相应，伴随着人道主义的日益流行和公民社会的完善，公司、社会和国家领域的人际关系反而变得越来越淡漠。

王夫之《诗广传》论《草虫》："君子之心，有与天地同情者，

俯仰天地间：读《采蘩》《草虫》《采蘋》

有与禽鱼草木同情者，有与女子小人同情者，有与道同情者，唯君子悉知之。悉知之则辨用之，辨用之尤必裁成之，是以取天下之情而宅天下之正，故君子之用密矣。"[1]

"喓喓草虫，趯趯阜螽"：物类相感在同与不同之间。完全不同则风马牛不相及，完全相同则难以相互吸引，甚至相互排斥。陆佃《埤雅》辨草虫阜螽云："《尔雅》曰'阜螽，蠜；草虫，负蠜'，盖草虫鸣，阜螽跃而从之，故阜螽曰蠜，草虫谓之负蠜也"（《埤雅》四库本卷一）。故郑笺云："草虫鸣，阜螽跃而从之，异种同类，犹男女嘉时以礼相求呼。"之二虫一在草间，一在阜上，同又不同，故能相感。男女一在外，一处内，一阳一阴，同又不同，故能相感。天下之动至赜而莫不贞夫一，君子之心纯一而能遍体万物，故能与万物同其情而各复其性。

草虫和阜螽的关系非惟见于首章之起兴，而且贯穿始终。后两章虽不闻虫鸣，惟见登山采蕨采薇，而俯仰之间，犹在草、阜之间耳。"陟彼南山"是阜上之仰观，"采蕨""采薇"是草间之俯察。登于阜上而俯身采草，俯仰之间犹草虫阜螽相感之意也。故《左传》载子展赋《草虫》，赵孟谓"在上不忘降"也。能登高仰观而俯身草野，鸣草虫而趯阜螽，则可为"民之主"也（襄公二十七年传）。"民之主"并不是人民选举的意见领袖，而是"能群"的君子。在选举中胜出的意见领袖是僭主，是巧言令色的刁民代表。能群的君

---

[1] 《船山全书》第三册，岳麓书社 1996 年，310 页。

子则是能让人民"见止""觏止""心悦""心夷"的能群之人。

《草虫》全篇要点有三：其一相感，"喓喓草虫，趯趯阜螽"；其二升降，"陟彼南山，言采其薇"；其三相见，"未见君子，我心伤悲。亦既见止，亦即觏止，我心则夷。"贯穿三点的则是"君子"。君子能感、能升降、能令人相见。孔子谓诗"可以群"（《论语·阳货》），董仲舒云"君者群也"（《春秋繁露·深察名号》）。君子是能令人相见而发生人性公共生活的人，是能让人民在相见中有进退揖让的节度而过着礼乐生活的人。庄有可《诗蕴》论《召南》云："'召'之为'感'何也？《诗》曰：'无言不雠，无德不报。'召，无有不应者也。《召南》也者，圣人南面而听天下，万物皆相见也。"[1] 可见《草虫》集中体现了《召南》的政治哲学意蕴。

《草虫》的政治哲学仍有强烈的当代批判意义。民主政治的本来意义在于建立人性相感的公共生活，而公共生活的建立有赖于那些下降到人群中去的君子。升降、相感、相见：《草虫》的三个要点对于人类政治生活的维建来说缺一不可。然而，当代民主实践越来越堕落为党团、族群、个人利益和权利的角逐，丧失了"令人相见"的公共性，非常令人遗憾。孟子曾经对梁惠王讲的话，今天同样应该对现代主权者"人民"讲：人民啊，你何必言利，亦有仁义而已矣！

鲁诗说深察《草虫》之志，完全行走在人类政治生活何以可能

---

[1] 庄有可《诗蕴》，王光辉点校，参柯小刚编《诗经、诗教与中西古典诗学》，同济大学出版社，2016年，第1-21页。

俯仰天地间：读《采蘩》《草虫》《采蘋》

的问题深处。鲁诗家刘向《说苑》载孔子对鲁哀公说："恶恶道不能甚，则其好善道亦不能甚。好善道不能甚，则百姓之亲之也亦不能甚。《诗》云'未见君子，忧心惙惙。亦既见止，亦既觏止，我心则说'，《诗》之好善道之甚也如此"（刘向《说苑》卷一）。

善恶之所以谓"道"，以其能以类相感也。善善相感则政治，恶恶相感则政乱。草虫相感是物类繁衍的基础，夫妇相亲是家庭生活的前提，君民相感而"能群"是政治所以可能的条件。所以，对于汉代诗经学来说，从《草虫》读出人类生活的深远关怀是像"草虫鸣，阜螽跃而从之"一样自然感发的思想，而不是像现代人臆想的那样"把政治伦理道德的含义强加于自然事物和男女爱情之上"。

能感的关键在下降，《易经》咸、泰之义也，可于"陟彼南山，言采其薇"见之。蕨、薇至微，而能登高俯采，"在上不忘降"之象也。《采蘩》《采蘋》皆在水滨，而《草虫》采蕨采薇则在山上。比之《周南》，我们也可以看到从《关雎》的河洲采荇到《卷耳》登山的变化。"在上不忘降"，故感人尤深。咸卦之义，能降则能感，不能降则不感。不感则否隔不通，不能相见。能群的关键在相见而心降。眼与心都是离卦之象。《说卦传》云："帝出乎震，齐乎巽，相见乎离……"帝道是人类公共政治生活的原初自然形式，不是后世僭称的"专制帝王"之义。

帝"相见乎离"：事物相见，廓然大公，文明开化，政治生活才得以开显。"离"就是相互关联（附丽）和相见（太阳、眼睛）。"文明"就是事物相见、相参而形成的条理、秩序、制度、文化。

生命的默化：当代社会的古典教育

"礼"就是相见的节度：士相见礼、聘礼、觐礼、燕礼、乡饮酒礼、冠礼、婚礼、射礼、丧礼……无不含有人物相见、进退揖让的节度。在礼中，人与人相见，人与物相见，乃至物与物也方始相互敞开，从而成其为物。《中庸》云"不诚无物"。诚者，礼之心也；物者，礼之具也；礼者，人之天也，天之人也，天命人之性而人修道之教也。

所以，《草虫》以其言情之深，可知人类文明之本。情愈深，则及物愈切，喻道愈根本。当然，同时，情愈深，及物愈切，蔽道也愈痼弊。喻道蔽道不在《草虫》之诗，在读者之用心。故船山云："悉知其情而皆有以裁用之，大以体天地之化，微以备禽鱼草木之几，而况《草虫》之忧乐乎？故即《草虫》以为道，与夫废《草虫》而后为道者，两不为也"[1]。

即情为道、废情求道，皆非正道。男女相思之情、相见之欲的根源，在于万物气化，各从其类，感而遂通。"喓喓草虫，趯趯阜螽"：草虫与阜螽同又不同。正如"维鹊有巢，维鸠居之"，鹊与鸠同又不同。君子与民同又不同。相比之下，关关雎鸠、呦呦鹿鸣则是更加纯一的同类。所以，《召南》之气略杂于《周南》《小雅》，而能"日辟国百里"（《大雅·召旻》："昔先王受命，有如召公，日辟国百里"）。如何在较大范围的政治中"好善道"，可能是《召南》之诗尤其是《草虫》篇向后世读者提出的永恒问题。

---

[1] 《船山全书》第三册，310-311 页。

俯仰天地间：读《采蘩》《草虫》《采蘋》

文质相复的诗教：读《采蘋》

毛序以为大夫妻能循法度，是嫁后之事；而毛传末章引《昏义》，以为"古之将嫁女者，必先礼之于宗室，牲用鱼，芼之以蘋藻"。从后者出来，又有主张此诗都是说出嫁前之事（如《诗切》《诗经原始》）。或以为出嫁后追述出嫁前所受教育，皆无妨也。无论如何，都不妨碍采蘋"循法度"之义，故《射义》《乡饮酒礼》都以采蘋为能循修法度。

采蘋之法度循道可见于南涧之滨、行潦。采蘋的法度是道的法度，不只见于采、盛、烹、奠的顺序，尤见于阴阳之和合。阴阳和合在此尤见于水火之间的关系。采蘋的过程就是用火来烹熟水物的过程，就是通过火的文明礼化来把山野之物奠之于庙堂的过程，也就是女人通过祭礼和婚礼成长为人妇的过程。所以，采蘋是一个教化的过程。通篇的问答体也体现了这个过程。采蘋可能是三百五篇唯一一篇通篇问答体的诗篇。《采蘩》虽句式大类《采蘋》，而末章变之。

《采蘋》和《汝坟》一样，都是五行俱备的诗篇：水见于行潦、涧滨及蘋、藻水草，火见于烹煮（"湘"），木见于蘋、藻及筐、筥，金见于锜、釜，土见于"宗室牖下"，亦见于行潦、涧滨。在这个意义上，《采蘋》之于《召南》的意义可能相当于《汝坟》之与《周南》的意义。关于后者，我们在《周南》部分已颇多致意。二者区别在于：《汝坟》就金木关系（"伐其条枚"）和水土关系（河堤限水）出发，意在别离防闲，是礼之严、义之肃；而《采蘋》就水木关系（水草生于水滨）和水火关系（烹煮调和）出发，意在和合生物，是仁之生。皆为五行俱备之诗而一礼一仁、一奇（婚后独守）一偶（将嫁成双），"二南"所以相成也。

《仪礼》乡饮酒礼、射礼、燕礼皆以《周南》之《关雎》《葛覃》《卷耳》三篇对应《召南》之《鹊巢》《采蘩》《采蘋》三篇。无论这一记载是否涉及《召南》篇次问题（王应麟、陈乔枞尝论之），都不妨碍我们根据《仪礼》的记载思考"二南"这几篇之间的对应关系。郑注据《毛诗》解释了这个对应关系（虽然《毛诗》的篇次与之不合）："《关雎》言后妃之德，《葛覃》言后妃之职，《卷耳》言后妃之志；《鹊巢》言国君夫人之德，《采蘩》言国君夫人不失职，《采蘋》言卿大夫之妻能循其法度。"可见"循法度"与"志"有一种对应关系。《卷耳》之"周行"，《采蘋》之"南涧""行潦"，皆有"志于道"之象。《采蘋》"宗室牖下"的祭祀更是世代时间意义上的道（《昏义》"上以事宗庙而下以继后世"），婚姻礼法则是这条道的"修道之谓教"。无论婚前婚后，能修此教的爱情才是道情（向道之情）。

婚姻在古典礼法中不只是两个人之间的私情，也不只是现代法律意义上的契约关系，而是天地大化流行落实于人道的体现。《易》云："有天地然后有万物，有万物然后有男女，有男女然后有夫妇，有夫妇然后有父子，有父子然后有君臣，有君臣然后有上下，有上下然后礼义有所错。"故婚姻之大，非惟人道之事，且事关天地化育，是天道之事。人礼本乎天道，而天地生人通过男女。所以，男

俯仰天地间：读《采蘩》《草虫》《采蘋》

女结合的礼，决定了人类所有其他社会关系的礼。故《昏义》云："男女有别而后夫妇有义，夫妇有义而后父子有亲，父子有亲而后君臣有正，故曰：昏礼者，礼之本也。"

"宗室牖下"的祭祀是为"礼之本"做准备的祭祀，而采蘋则是为"宗室牖下"的祭祀做准备的采摘。从南涧之滨到行潦，再到宗室牖下，"有齐季女"从山野走向道路（这条路可能也将是出嫁的马车要走的道路），走向一个宗室（婚前在娘家宗室受教及祭祀）和另一个宗室（"合二姓之好"）。"牖下"的位置更通天气，可以遥望采蘋的南涧之滨和采藻的行潦。

相对于《采蘩》而言，《采蘋》不再是助祭，而是主祭（"谁其尸之，有齐季女"），只不过这场祭祀本身是一种"宗室牖下"的辅助性祭祀。《采蘩》的快速问答切换已经对置了山野和庙堂（"于以采蘩？于沼于沚；于以用之？公侯之事"），但没有明言自下而上的通道。这条通道有赖《采蘋》的提示。《仪礼》歌《召南》，以《鹊巢》《采蘩》《采蘋》三篇同奏，可能是《召南》原有篇次的提示（曹粹中、王应麟、陈乔枞等主此说）。即使不一定如此，也肯定反映了这两篇在义理上的关联。"牖"的上下通气和"行"的远近通达，提示了祭礼之为通天人、婚礼之为合两姓的共同义理基础：仁性感通。

蘩、蘋与藻皆山野水物，"公侯之宫"与"宗室"都是文明礼乐之所。文明是离卦，必须有火来煮熟水物，才能气化出文明之象。如《尚书·皋陶谟》叙大禹治水之于文明的推动点之一便在于从"鲜食"到"粒食"。《采蘩》从山野到文明的过程没有明言,其中省略的环节在《采蘋》中得到补足:"于以盛之?维筐及筥。于以湘之?维锜及釜。"位处中间的这一章用竹木器具和金属器具构建了从山野到文明的通道。中文俗语以"东西"指物品,尤指器具,可能是因为东属木、西属金,金木有形,可以为器。相比之下,水(配北方)火(配南方)都是不定形的。所以,从"水"或原初的自然("天一生水")到"火"或文明,中间必须经过"东西"器具的有形化过程。在"东西"中,"南北"才能相遇,气化成象。

同时,气化之象无穷,永远不局限于"东西"的范型,而能逸出于器具之外。在这个意义上,《采蘋》既是走向文明之歌,也是复归自然之歌。牖下的祭祀即在宗室之侧,也连通窗外的山涧行潦。这个传统一直到宋代郭熙给皇宫及省部级官府所绘山水屏壁都有体现。正如黄庭坚诗所云"郭熙官画但荒远,短纸曲折开秋晚":那并不是一些富丽堂皇的画,而是荒远的山水,但却画在官府办公的场所。这些屏风照壁上的荒远山水时时刻刻在提醒出仕的读书人,虽进于礼乐而勿忘文明的根基犹在山野。与先秦礼仪中的《采蘩》《采蘋》之节一样,画道也从属于文质相复的诗教。

风气与物情:《诗经·北风》讲稿[1]

今天读《邶风》的《北风》篇。上学期带大家读过"二南",有些坚持听课的同学应该听过。从《周南》《召南》到卫诗(含邶鄘卫三风)有一个比较大的变化,无论这个变化是不是可以像《毛诗大序》所命名的那样叫做"正风"和"变风"的区别。根据郑玄对《大序》"正变说"的落实,《周南》《召南》是"正风",有很多相当于比较正面的立法性质的东西;到了《邶风》及以后的变风部分,就是具体到各个诸侯国的一些政治里的"各有所偏",就会出现各种问题。这些问题表现在《诗》学里,就是各家传注常说的"刺"。从中可以看到古代经学家的社会批判传统是非常强的。

即使有一些诗在现代人看起来是很美的,应该是"美诗"吧,但是也常常被历代《诗经》经学家解读为"刺诗",而不是"美诗"。譬如开篇《关雎》就是,即使在"二南"以美为主的氛围中,鲁诗家都把它解释为"刺诗":陈古以讽今,以美为刺(歌咏古代的丰满以反衬现实的骨感)。

又譬如在古装电视剧里有时被吟咏的诗句,"青青子衿,悠悠我心"(《郑风·子衿》),"执子之手,与子偕老"(《邶风·击鼓》)等等,非常美好,但在毛诗家看来,这些美好的句子同时也

---

[1] 2015年春讲授于同济大学,曹励、张红听录,曹励、徐卓聪校,柯雨晴组织录音整理工作。

是社会批判的武器。在一个败坏的社会或战争的背景中，它们越美好就越有批判性。

国家腐败，教育废弛，穿着"青青子衿"的学子不来上学，老师忧心，牵挂学子，"一日不见，如三月兮"。号称关心儿童教育的现代人读到这里却不关心了，或者不允许古人关心，对古人无比愤怒，因为古人对儿童教育的关心竟然可以如此深情，扫了他们用"青青子衿"谈恋爱的雅兴。

"执子之手，与子偕老"的战争背景尤其令小清新们痛恨不已，至于"怨州吁"更是无厘头，题目《击鼓》就很讨厌：人家要深情表白了，击什么鼓嘛！这么美好的爱情诗干嘛扯上历史人物、国家治乱？儒家好讨厌。明明是山盟海誓，为什么说成是战友情谊？哦，彩虹，好时髦，不许歧视哦……也是醉了。

现代人富有爱心，也富于批判精神，春仁秋义，阴阳有道，各种好。但他们的批判精神却是愤青批判、公知批判；爱心是小资爱心、小清新爱心，各种幼稚。这也就罢了，但为什么不许古人批判，硬说古人奴性，不会批判；又不许古人爱心，硬说古人愚昧，不会爱，各种不好。

古人有齐鲁韩毛四家诗说，现代人诗学也有四家，各种派：小资小清新学派（《诗经》嘛都是爱情诗，表跟我谈别的）、左右愤青公知学派（劳动人民反抗压迫啊）、学院派（《诗经》是研究材料，跟小白鼠差不多）、古典诗词派（老年协会范本）。这是我们今天重读《诗经》经学的时代背景。

用脚投票与王道政治：《北风》题旨略点

回到今天要读的《北风》。老规矩，先请阿慧同学带大家吟诵一下：

> 北风其凉，雨雪其雱。
> 惠而好我，携手同行。
> 其虚其邪？既亟只且！
> 北风其喈，雨雪其霏。
> 惠而好我，携手同归。
> 其虚其邪？既亟只且！
> 莫赤匪狐，莫黑匪乌。
> 惠而好我，携手同车。
> 其虚其邪？既亟只且！

《北风》这一篇，大家刚才在吟诵的时候可以先感受一下它的气氛。中间有一些很特别的地方，初读之下不见得会注意到，但通过注疏的解说会慢慢展现出来。先看一下齐诗的理解（王先谦从汉代焦延寿《易林》里辑出来）[1]："北风寒凉，雨雪益冰。忧思不乐，哀悲伤心。"这个意思可以从前两章的前两句看出来："北风其凉，雨雪其雱""北风其喈，雨雪其霏"。这是一个冰冷愁惨的气氛。

---

1 参王先谦《诗三家义集疏》，中华书局，1987年，上册第201页。后文引用此书简称《集疏》，随文标注页码。

齐说又曰:"北风牵手,相从笑语。伯歌季舞,燕乐以喜。"怎么开始高兴了?与前面讲到"忧思不乐,哀悲伤心"是否矛盾?其实,这些高兴的情景显然是从"惠而好我,携手同行""惠而好我,携手同归""惠而好我,携手同车"这几句来的,也就是说,都是从每一章的中间两句来的。齐说的"矛盾"来自经文本身的"矛盾"。这是《北风》比较特别的地方之一:两种对立的情绪并存于一篇之中。

王先谦有一个按语,是对齐说的一个解释和发挥:"'雨雪益冰'者,与《易》'履霜坚冰至'同意。""履霜坚冰至"是《易经》坤卦初六的爻辞,意思是说踩到秋霜,就应该见微知著,想到隆冬的坚冰也快要来了。王先谦说《北风》的处境跟坤卦初六近似:"惧威虐之日甚,故忧思而伤心",就是卫国的政治状况开始越来越糟糕了。

听过我上学期《诗经》课的同学可能对前一篇《北门》还有印象。《北门》讲到一个在卫国任职的普通公务员,感觉到国家政治已经不可为了。他个人生活处境的内外交困映射了国家状况的内外交困。《北风》承接《北门》,从一个士子的交困激化成大批人民的逃离。《北门》还有"门"的出入:一章"出自北门",一章则"我入自外",仍有往复空间。至《北风》则有去无回矣。从《北门》到《北风》就是"履霜坚冰至"的过程。

至于"相从笑语""燕乐以喜",王先谦则联系到《魏风·硕鼠》"乐土乐土,爰得我所",我们要离开一个坏的地方,去到一个好的地方安居乐业,所以会有喜乐。他接着说:"诗主刺虐,以北风喻时政。"这个"喻"中有"比",也有"兴"。这里先不讨论,后面再展开。

《集疏》接着说："此卫之贤者相约避地之词，以为百姓莫不然，或非也。"这里涉及各家注疏中可能有争议的问题：《北风》逃离卫国的人究竟是谁？王先谦认为是卫之贤者。《小序》以为"卫国并为威虐，百姓不亲，莫不相携持而去焉"。"百姓"本来指百官贵族（《尚书·尧典》："平章百姓"，（伪）孔传："百姓，百官。"），但在春秋的用法里已经包含庶民了。这个问题先不展开讨论。我们暂时只看大体解释方向，应该说是一致的：都是说卫国的政治越来越暴虐，大家受不了了，扶老携幼地想要离开这个地方。

这是典型的"用脚投票"。春秋有封地而无封民，是有这个自由的。周文王起家，以七十里而得天下，就是靠的这个。"用脚投票"的主题，《诗经》中还有《魏风·硕鼠》和《桧风·匪风》。《硕鼠》所谓"适彼乐土"，《匪风》所谓"顾瞻周道"和"西归"（希望回到文王周公之治的"周"），也都是"归于有德"的主题。

用脚投票有两个方向：一是像《北风》《硕鼠》的情形，这个国家不好，我们就到别的地方去；二是相反的情形，就是行仁政，来远人。如果我们施行很好的政治，很有秩序，很仁爱，就可能使很远地方的人都来归附我们。这就是古人所谓"王道政治"的本来意义。这是《北风》题旨中最深一层的东西，先只点到一下，以便大家先有一个问题意识。接下来看每一章的注疏，回头再说题旨。

《北风》三章略讲

首章开头"北风其凉,雨(yù)雪其雱",毛传:"兴也。北风,寒凉之风。雱,盛貌。"北风寒凉,还下着大雪。雨念去声,是动词。毛传通常标"兴"比较多,包含的意思很广。朱子《诗集传》觉得"兴"的范围太广了,把很多改成了"比",有一些认为是"赋"。比如说这两句,朱子认为是"比"。郑笺说"寒凉之风,病害万物。兴者,喻君政教酷暴,使民散乱",已经是有比较强的"比"的意思了。其实,可能也有"赋"的意思在里面,就是描写当时离开卫国路上的实际情形,也是讲得通的。实际上,赋比兴不见得总是单独使用。一句诗同时是比兴、乃至同时是赋比兴的可能性都可以有。诗的妙处就在双关、多义性。庄子所谓三言(卮言、寓言、重言)有时也可以合在一起。

"兴"总是"起兴",是触物起兴。一个场景也好,一个事物也好,有所感触而兴发诗情,带起诗句,就是起兴。"兴"是诗之所起,所以毛传标"兴"独多。起兴之物之所以能起兴,往往因为此物和所兴起之物有关联,以至于兴中有比,比而起兴。乃至有时候,起兴之物是由正在发生的事情引起(起兴之物莫不是身边情景中之物),就会出现兴中有赋,赋以起兴。譬如"北风其凉,雨雪其雱"这句,如果是在离开卫国的路上吹到北风,遭遇大雪(赋),想到卫国之政酷烈如风雪(比),于是触动感怀(兴),发而为诗,未尝不可以一句而兼通赋比兴,不必强作区分,令诗意索然也。

"惠而好我,携手同行(háng)"。"行"读第二声,是名词,

"道"的意思,就是我们携手走在路上。"其虚其邪?既亟只且",鲁诗和齐诗里,这个"邪"字作"徐"。"虚徐"就是从容、舒缓、徐行的样子。鲁说"其虚其徐,威仪容止也"。韩说"亟,犹急也"。"虚徐"和"亟"一慢一快,有一种对照在里面。谁慢谁快?说法不一样,这个快慢对照的意思所指也就不一样。

毛传只是把这几个字作了训诂。"惠,爱。行,道也。虚,虚也。亟,急也。"郑笺说:"性仁爱而又好我者,与我相携持同道而去,疾时政也。邪读如徐。"这里的"邪读如徐",应该是郑笺用了今文诗的说法。"言今在位之人,其故威仪虚徐宽仁者,今皆以为急刻之行矣。所以当去以此也。"他认为"虚徐"和"急"的变化主体是指"在位之人",就是施政的那些人:他们之前施行的政治还是虚徐宽仁的,但现在变了,行起了苛政、急政,对人民压迫得厉害。所以,我们活不下去了,要走。

朱子《诗集传》的解释不同。他说:"言北风雨雪,以比国家危乱将至,而气象愁惨也。故欲与其相好之人去而避之。且曰是尚可以宽徐乎?彼其祸乱之迫已甚,而去不可不速矣。"首先他说风雪是"比",前面已提到,郑笺其实已经有一个"比"的意思。后面的说法不同了,变成了相携逃离的路上两人的对话:一个行动"虚徐",一个"急"着跑。着急跑的那个对优哉游哉的那个说,情况已经坏成这样了,你还磨叽啥,赶紧吧你!这是朱子的理解。王先谦好像也比较取朱传的说法。他说:"以各家注义证之,可见诗人见其同行者从容安雅之状如此,又速之曰'既亟只且',犹言事已急矣,尚不速行而为此徐徐之态乎?"也是路上两个人之间的对话。

第二章:"北风其喈,雨雪其霏。惠而好我,携手同归。其虚其邪?既亟只且!"毛传:"喈,疾貌。"这个"喈"可以通三点水的"湝",所以是"疾貌"。北风刮得紧,刮得急。"霏,甚貌","雨雪其霏"就是雪下得越来越大,大雪飘飘的样子。"携手同归"比较有意思:明明是去国,为什么说"携手同归"?这里会有不同的解释。毛传说"归有德也",就是说你往归有德之君,虽去国而犹归家。所谓"天下往归曰王"。"王道"就是人类本来应该有的生活状态。去往自己本来应该去的地方,就是回家的感觉。朱传说"归者,去而不反之辞也",是说下的决心很大,去了以后再也不回来了,要在新地方安居了,彻底离开这里了。

第三章:"莫赤匪狐,莫黑匪乌。惠而好我,携手同车。其虚其邪?既亟只且!"毛传:"狐赤乌黑,莫能别也。"这里不是说红色的狐狸和黑色的乌鸦难以分辨,而是说"天下乌鸦一般黑",没有区别。狐狸也一样,天下狐狸一般红,"莫能别也"。隐喻卫国施政的人,都是很糟糕的,简直找不出一个好的,所以只好逃离。郑笺说"赤则狐也,黑则乌也,犹今君臣相承,为恶如一",这是把它具体化了,说君臣上下都很糟糕,坏透了。朱传说"比也……皆不祥之物,人所恶见者也。所见无非此物,则国将危乱可知",可能加上了后来形成的意思,以狐狸乌鸦为不祥之物。

朱传又说:"同行、同归,犹贱者也,同车则贵者亦去矣。"这是在考虑到底有哪些人在逃离卫国?毛传说的是百姓,就是民,王先谦说是"卫之贤者",他们从一些情势中预感到了卫国政事的朽坏,决定要走。朱子更细,他说"同行""同归",这些不乘车的人,你可以说他是老百姓;后面"同车",一起坐车走的人,应该是贵族,"贵者亦去"。那么前两章写的是普通老百姓,老百姓先走,最后一章写贵族也走了。

方玉润《诗经原始》讲《北风》诗旨是"贤者见几而作也",和王先谦一致,认为只是贤者去国。他引用姚际恒说"此篇自是贤者见几之作,不必说及百姓",为什么呢?他说:"盖见几为贤者乃早,百姓岂能及也?愚观诗词,始则气象愁惨,继则怪异频兴,率皆不祥兆。"[1] 国之将亡,会有一些征兆出来,譬如他认为诗中讲到的狐狸、乌鸦就是一些不祥之兆。贤者能从端倪中看出国之将亡的情势,所以相携而去。

这一篇的大意就是这样。值得注意的一点是,诗篇虽然很短,却充满了戏剧性:每章都有三个环节,每两句一个环节,情绪变化很大。开头两句是很愁惨寒凉的景象,无论风雪还是狐狸乌鸦什么的。中间两句却转为温暖明亮的调子:"惠而好我,携手同行""惠而好我,携手同归""惠而好我,携手同车",充满了友爱互助。结尾两句都是一场对话(如果按朱传的解释),非常生动传神:一个性情"虚徐",好像很宽仁安雅的样子,大概是久习礼乐的贵族;另一个充满焦虑,富于现实感,不停地催促同伴快走。

---

[1] 方玉润《诗经原始》,中华书局,1986年,146页。

《邶风》中的四方之风与《北风》冬天的位置

逐章阅读之后,我们再试着回到总体的考虑。不像有些争议比较大的诗篇,关于《北风》的解说,今文三家诗和古文毛诗并没有太大的差别。但其中却有细微的差别值得注意。正好刚才明珠[1]也谈到:《毛诗》只是一味简单地看到这篇诗是刺虐,讽刺这个国家政治暴虐,百姓相携而去国;但是今文三家诗说却不但看到国家昏乱和百姓去国的状况,而且很重视在这样一个令人沮丧的状况中奔向未来、奔向另一片乐土的喜悦。在三家诗的解释里面,不但有风雪交加的凄惨(这是构成"刺虐"的主要比兴景象),也有相携相扶、一起奔向美好前程的友爱、憧憬和喜乐。除了"哀悲伤心"之外,还有"相从笑语""燕乐以喜"。三家诗说同时看到了悲喜两个方面。这是不是比《毛诗》仅仅看到"刺虐"要好?为了思考这个问题,我们不妨分析一下这篇诗的起兴和取象。

我们来看经文:"北风其凉""北风其喈",显然都是一种寒冷凄楚之象、危急之象。但是,北风感应出来的气象变化是什么呢?是雪,是下雪。而雪是怎样的情状呢?雪跟冰、霜不一样。王先谦提到《北风》与"履霜坚冰至"的关联,但《北风》最关键的兴象"雪"却被他错失。雪是轻柔的,毛茸茸的,所以叫"雪花"。花是春天阳气所感的绽放能生之物,但雪却看起来像花,虽然它是冬天的阴气感凝而成。霜催叶黄,一经日出即消散,不能滋润生长;

---

[1] 陈明珠,同济大学人文学院博士后,课程助教。

冰在水面凝结，凝之不减，化之不增，来自于水，复归于水。雪则是待化滋生之物，与春天有密切联系，所以形态亦如春花。急促的北风却带来轻柔的雪花，如果不是疾风的裹挟，它的降落犹如漫天飞花，轻柔烂漫。风与雪的关系，岂不正如后面"亟"与"虚徐"的关系？也就是去国之痛与适彼乐土的关系？所以，短短一篇《北风》犹如交响，每一章的结构都是由急而喜，由喜而缓，由缓而复急。无论是风雪之急还是行人之急，急的一面都相关于国家政治的昏乱、情势的危急；缓的一面则相关于同道的相助，和对乐土的向往。前者是现实，作为过去的结果；后者是面向未来的憧憬。

在大自然中，冬天不正是这样一个阴寒到了极端，然后就开始能转向一个新的温和开端的时候吗？《小雅》里有一篇《采薇》："昔我往矣，杨柳依依；今我来思，雨雪霏霏。""雨雪霏霏"诚然是寒凉的，让人心中悲惨，但在雪花的轻柔中又蕴含了重新开始的希望。经过长久的远征狁狁，《采薇》的诗人回到家乡。当年离开的时候杨柳依依，一片春光明媚（这其实不合礼法，因违农时）。行役在外、戎马倥偬时是秋冬。现在，经过战乱，我还活着，我回来了，然而家乡一片萧条，雨雪霏霏。但是，这样一个雨雪霏霏的场景，同时又是安宁的，荒凉的村庄在雪的覆盖下似乎正在悄然恢复元气。人们躲在屋里烤火，互相串门，商量着开春的计划。瑞雪兆丰年，无论是中国人过春节还是西方人过圣诞节，都是在冰天雪地之中，蕴含着面向新生活的希望。这就是《易经》的复卦之象。

我们再来看一下，这样一个分析在整个《邶风》里面有没有道理？在《邶风》十九篇中，是不是正好在《北风》这一篇到了一个冬天将尽、春天又要重新到来的时候？我们可以看一下，《邶风》刚好出现了西、南、东、北四个方向的"风"，一个都不缺。这在十五国风中是绝无仅有的。在"变风"的第一个部分就同时出现了四方之风，这似乎并不是偶然的巧合，而是可能有编诗者的某种意图在里面。

在《邶风》的第五篇《终风》，出现了第一个方向的风。《韩诗》解释说："终风，西风也。"[1] 接下来，在《邶风》的第十篇，或者第二个第五篇，出现了《凯风》："凯风自南，吹彼棘心"，这是南风。然后有《谷风》，根据鲁诗说，谷风即东风。"谷"通"穀"，就是吃的谷子。吃水谷，人才能活。所以鲁诗说谷风是生长之风，是东风、春风。最后就是我们现在读到的《北风》。

我们来看一下这四篇诗出现的顺序。它不是按照东—南—西—北这样一个方向。东—南—西—北是一个顺的方向，就是春—夏—秋—冬或气之生—长—降—藏的方向。在《邶风》篇里，我们看到的是一个反的方向：是从西风开始，然后到南风、东风，最后到北风。从秋天开始，到冬天结束，这不就是"变风"嘛？顺着的是正，逆着的是变。秋天开始，冬天结束，最后蕴含着希望，这就是整个"变风"的节奏。

---

[1] 毛传以为"终日风"，胡承珙以为古文"终""太"形近，终风当为泰风（太通泰）。《尔雅·释天》："西风谓之泰风。"讨论皆见王先谦《集疏》页147，前揭。其实，"终风且暴"，无论可否在训诂上坐实终风即西风，"暴"就已经具有西风的属性。

《诗大序》里面讲，"变风发乎情，止乎礼义。发乎情，民之性也；止乎礼义，先王之泽也。"由于"先王之泽"的影响还在，诗教仍然有效，所以，无论多么充满怨刺的变风诗篇仍然蕴含着重建礼乐的希望。不过，现实不容乐观，时代已经礼崩乐坏，所以变风毕竟以怨刺为主，希望只是隐含其中。《邶风》中直接涉及四方之风的四篇，其结构正好体现了"外急内缓或外怨刺而内含希望、外悲哀而内含喜乐"的时代特点：从暴虐的西风开始到寒凉的北风结束，峻急其表；中间夹着温煦的南风、习习东风，和缓其里。其表肃杀以哀，其里和缓以喜：这不正是整个春秋诗风时代的节奏么？

即在《北风》一篇中，也体现了这样一种结构。《北风》每章的开头"北风其凉，雨雪其雱"（以第一章为例）是急的，结尾"既亟只且"也是急的，中间"惠而好我，携手同行""其虚其邪"却是和缓的、喜乐的，充满了温情和希望。当时外在的表现是国家政治腐败，国人相携逃亡，也是危急之状，内里却还有"先王之泽"的余温，可行宽裕温柔的诗教，虽"主文之谲谏"而犹可"经夫妇、成孝敬、厚人伦、美教化、移风俗"。再往后，等到"《诗》亡然后《春秋》作"的时代，就会出现里外俱急的局面，需要春秋之教的"贬天子、退诸侯、讨大夫"才行。

可见《诗经》变风的时代是一个过渡时代：王道大行的时代已经过去了，霸力纷争的时代还没有到来。其时经典俱在，斯文犹存，是一个美好传统刚刚堕落的开始。这是特别属于《诗》教的时代，介于《书》教和《春秋》教之间。此后《诗》学虽然更加发达，诗人和诗篇作也越来越多,但诗教的形式和功能却有所转变,成为更加个人化的抒情表达。

物情之风与天地之风:正风变风的元素诗学

上面分析了《邶风》里面直接写到四方之风的四篇(《终风》《凯风》《谷风》《北风》)的结构关系,还分析了这一结构关系和《北风》篇内部结构之间的对应关系,以及与"王者之迹熄而《诗》亡、《诗》亡而后春秋作"这样一个诗教大时代的对应关系。

再进一层,把整个《诗经》三百零五篇作为一个整体来看一下,我们会发现一个很有趣的现象。《诗》分风雅颂三个部分,或者国风、小雅、大雅、颂四个部分。风对于《诗》来说,应该是非常重要的一个元素。但令人惊讶的是,全部《诗三百》中,只有变风部分的第一个单元《邶风》十九篇中集中出现了四篇以"风"命名的诗篇,而且正好是四方之风。在余下的二百八十六篇里,只有四篇的题目里有"风":《郑风·风雨》《桧风·匪风》《秦风·晨风》《小雅·谷风》,而其中"晨风"只是一种鸟的名字,与风无关,所以只有三篇咏风之作,这与"风"之于《诗》的重要性似乎是不相称的。

尤其值得注意的是,在正风"二南"的二十五篇中(《周南》十一篇,《召南》十四篇),竟然没有一篇以"风"命名的诗,甚至没有一篇诗中出现一个"风"字。无论在题目中,还是在诗句中,只有到变风的开始部分《邶风》才出现"风",而且是集中出现,西南东北风相继登场。既然如此,为什么十五国风都被称为"风"呢?

难道在"正风"里面就听不见风声吗?"二南"之风在哪里回响呢?为什么要到"变风"的开始,"风"才被听到,而且一下子太多、太强,从四方扑面而来,应接不暇?这些问题提示我们首先要问:什么是正风,什么是变风?正在哪,变在哪?道德政教和伦理的含义,这是大家都知道的。正是正在礼乐;变是变在风俗,这个大家都知道。这一点,《毛诗大序》里讲得很清楚,而且现代学者骂这个骂得也很多。但无论是赞同还是反对,人们没有深思一下这种道德化解释的自然基础是什么。当人们不假思索地把道德化的"风"和自然的"风"截然划分的时候,无论支持还是反对道德化的《诗经》解释,都已经成为一种意识形态化的教条。

什么叫正风,什么叫变风?我们不妨深入到海子所谓"元素的层面"来思考问题。可能有同学会觉得奇怪,怎么海子都上来了?没错,不用惊讶,就是那个"面朝大海,春暖花开"的海子。海子说,诗的深度一定要到元素的层面才是"大诗",而不是"喝水、看月亮"的小诗。深入到元素的层面,才能厘清道德政教、伦理教化的诗教层面和自然层面的关系。在元素的诗学里,这两个层面并不是相互矛盾的,反倒是可以厘清关系、相互支持的。所以,如果你听见我讲海子,就期待我会跟你一样"批判古人的陈腐的诗教观点",赞美现代派朦胧诗,那恐怕你的预期要落空。在大学问那里根本就不存在这类意识形态的斗争。你是现代派,还是后现代派,你是古典派、保守派,还是启蒙主义,这些标签化的东西在我这里毫无意义。

好,我们试着深入到元素的层面来问一个问题。问一个诗教的问题,但同时也是一个自然哲学问题:什么叫正风,什么叫变风?正风,和风也;变风,淫风也。我们姑且先给出这么一个"定义式的说法",然后试着逐渐解释、展开。

正风是和风,变风是淫风。这个"淫"不是我们今天说的"淫秽",它本来的意思是说"太多了"。《岳阳楼记》里的"淫雨霏霏"并不是"黄色的雨",而是雨下得太多了。《百年孤独》里那场"四年十一个月零两天的雨"也是"淫雨"。什么叫淫风呢?"终风且暴,顾我则笑",那就是淫风。而且,不光是那种"终日风"(根据毛传的解释),一直刮个不停的叫淫风,不光是这个。[1]根本上,一般而言,所有直接刮到人的天风都是淫风。这又是一个先行给出的简洁的定义,直接刮到人的天风都是淫风,大家先姑妄听之。

什么意思呢?什么叫直接刮到人的天风?大家看,"二南"里面真的没有风吗?"关关雎鸠"是风不是?是禽兽相风之声,这个风,是"风情万种"的风,是"风马牛不相及"的风,是风牛牛能相及、风马马能相及、风人人也能相及的风,就是阴阳、牝牡、雌雄可以相感的那个风。这样的"风"发而为声,就是鸟兽虫鸣。"喓喓草虫,趯趯阜螽""关关雎鸠,在河之洲",都是这样的风。这都是动物的雌雄相诱之风或同类相引之风。

那"二南"里还有一些没有鸟兽和鸣的诗呢?写植物的诗呢?那些诗篇的风声怎么听?"采采苤苢""采采卷耳",还有"葛藟累之",

---

[1] 王引之以为"终……且……"是常用句式,"终"只是虚词。此说供参考。

采蘋，采蘩，这些植物发不出声音，那这些诗里有风没有？这些诗里同样有风。这里面的风啊，就是植物的生长。譬如我们读过的《驺虞》篇虽然没有鸟兽虫鸣，但有"彼茁者葭"的景象。现在是初春，在我们同济的池塘刚好可以看到这个景象。葭就是刚长出来的芦苇嫩苗。"彼茁者葭"的初生、上升之象，在《易经》里是升卦，地风升卦，下为巽风，上为坤地，这个风又来了，对不对？¹

又譬如采卷耳、采芣苢，尤其是《采蘋》《采蘩》，采过来供祭祀之用。什么是供祭祀？上节课刚讲的，什么叫供祭祀、飨神？飨神，就是人神沟通。什么叫人神沟通？就是人神相感。什么叫人神相感？就是人在下而风及上（馨香亦是巽风之象），这个在《易经》里叫什么？叫做"观"，风地观卦。风地观卦的取义之一就是祭祀、教化。采草木以供祭祀，这里面就含有风教之义。

还有人情的相感也是风。"窈窕淑女，君子好逑"，然后会导致什么情况呢？会导致"寤寐思服""辗转反侧"，在床上翻烙饼。根据中医的道理，里面如果不是因为有风吹，他怎么会不安宁呢？翻来覆去、辗转反侧显然是因为里面动了情。动了什么情？动了风情。这是人情之风。"嗟我怀人，寘彼周行"：《卷耳》思怀远人，也是动情，可怜只有老马相伴，是朝向远方的孤独的歌、无声的风。² "采采芣苢，薄言采之"：《芣苢》伤夫有

---

1 草木初生，取其上升之象则为升，取其发动之象则为震，不可为典要也。
2 参拙文《诗经卷耳大义发微》，刊《古典研究》2014 年秋季卷。

恶疾而不弃（据三家义），是一首节奏极为单纯的回旋曲，是"伴你到老的最浪漫的"风情。"赳赳武夫，公侯腹心"：《兔罝》在下的武夫对在上的公侯也是动了一种情，这种情叫做"忠"（今天可能有人一听忠就生气，好吧，你生你的气，我讲我的课）。"南有樛木，葛藟累之"：《樛木》在上的樛木或后妃向下庇护，在下的葛藟或众妾向上攀援，这是草木的相感，也是人情的相风。这个风可以是男女相风，朋友相风，父子、母子、君臣都可以相感、相风。把这个风调顺，就叫做风行教化。诗教，就是风教，就是风俗礼仪的理气、调顺、燮理阴阳。[1]

我们来看一看，刚才说到鸟兽相感是风，草木相感是风，人情相感是风，这些都是风。我们来想一想，这些难道不正是孔子放在一起讲过了的吗？他说："小子何莫学夫《诗》？"学诗干嘛呢？"迩之事父，远之事君，多识于鸟兽草木之名。"哇！很震撼有木有？孔子全都概括进去了，这些风都在里面，鸟兽、草木、一个动物、一个植物，事父事君，人情相感，都在里面。

那么我们来想一想，所有这些鸟兽、草木和人情，它都是什么？都是物情，都是人物之情。广义而言，人也是一种物，而这个物，不是"object"，不是一个近现代哲学的客体概念。在古汉语里面，"物"甚至很多时候等于"事"、等于"情"，"情"就是"事物

---

[1] 参拙文《治气与教化：五帝本纪读解》，刊《海南大学学报》2013年第3期，亦见收本书。

的实际状况"。一直延续到佛教的翻译都这样。"情"和"色"，这两个字在佛教翻译中，很多时候就等于"物"。无论是鸟兽、草木、人情，都是物之情。

而什么叫做"物"？《中庸》讲"不诚无物"。什么叫"诚"呢？"诚"就是二气之相感而成物。无论是鸟兽、草木，还是人，他都是二气相感的一个中和的产物。所以，无论这个鸟兽、这个草木、这个人发生了多大的问题，只要它还是一个东西，它就还是一个"在那里存在的东西"。每一个具体的东西都是一个"东西"，也就是说，都是在一个具体空间中的存在者。中文叫"东西"，德文叫 Dasein[1]。Da 就是这里和那里、这时和那时，总归是一个具体的时间、地点。上海话怎么说？"来了嗨。""来了嗨"就是"Da"或"be there"，东北话叫"格那旮"。它都是在一个具体的时间、地点存在着的"东西"。它还是一团"和气"，还是"诚"而有"物"（"诚"就是它自己的存在），还没有解体。一旦解体了之后变成什么呢？就会变成相对而言更加纯粹的自然的风。现在它还没有解体，没有变成风，但它有可能变成风，所以，它能相感，相感以气，相感以风。这就是物之情：物与物之间的相互作用，物与物之间的真实情形，物与物之间的感情：物之相感和物之情。

而天地之间的风是怎么形成的，你知道吗？这要有点地理知识

---

[1] 在德国古典哲学那里，Dasein 可指任何存在者，这是本义，到海德格尔才用来特指人的存在方式。

才能解答。我初中的时候得过湖北省地理竞赛第一名，对天地之间的风气问题有天生的兴趣。我那时候听说，风的形成与太阳有关，或者说与太阳和地球之间的夹角有关，也就是与天地之间的某种"错位"有关。这真是令人惊讶的事情。我后来写过一本书，题目叫《在兹：错位中的天命发生》。"在兹"是什么？翻译成上海话就是"来了嗨"，德语"Da"，东北话"格那旮"，《论语》的文言叫"文不在兹乎？"副标题中的"错位"呢？最初的经验就来自初中地理课上学到的太阳和地球的关系，天和地的关系，它是有一个错位的。

《易传》讲寒暑往来，也讲昼夜交替，这都是阴阳变化的大象。但昼夜交替的成因来自地球自转，比较单纯，寒暑往来则出于日地夹角这一空间错位（太阳在南北回归线之间往复），以及海洋和大气中水分的比热较大，导致时间上的天地错位，即地气感受天气变化的时间要慢一拍（夏至后一两月最热，冬至后一两月最寒等等）。天地空间和时间的错位形成了阴阳对比的不平衡和动态变化，就形成了春夏秋冬，也就是太极图的曲线，而不是直线判分。昼夜交替看上去是比较均匀的直线判分，但在寒暑往来中却发生昼夜长短的变化，使昼夜的分割也不再"均匀"（从一年的总时间看又是阴阳对当的）。其根源便在于寒暑往来因有错位而带来曲线判分。"曲线对立"就是"错位的对置"。有错位，所以阴阳才不是势不两立的灾难性关系（如现代人的"主义之争"那样），而是可以形成"和气"的生物结构。易经的爻"相错而成卦"，《十翼》有《杂卦传》，也都是这个道理。

"曲线对立"或"错位对置"会带来阴阳二气的良性互动,这便是风。有风才能生物。《庄子·逍遥游》写大鹏从天上看大地,看到"野马也,尘埃也,生物之以息相吹也",就是写的南冥北海之间的生物之风。这种风是水汽在海陆之间的流动,是阴阳二气的曲线对立在地气中的具体表现。它与日地之间的空间错位有关,也与水的比热较大带来的天地二气相感的时间差有关(海洋比大陆热得慢,也凉得慢)。于是,这里又涉及水土关系。中国山水画为什么画山、画水?西方为什么画风景画?其实是一回事。风景风景,风是怎么来的?风是山和水之间的关系。太阳照耀大陆和海洋,水土比热不同,感受有时间差,然后日地之间的夹角又形成太阳照耀地球位置的变化,时空两个方面的错位带来四季变化和季风方向的变化,这样才能形成风景。所以,风景画的原理根本上在于山水。山水画是元素层面的风景画。

物情之风的天地背景:变风意义再思

上面都是在讲风气生物的原理,它能解释物与物之间为什么能相风相感。但如果还没有生成物情的风直接吹到人,就会给人带来非常荒凉的感觉,因为它让人直接感受到元素,或者尚未生成物情的风气本身。你看这个陈子昂的诗,"前不见古人,后不见来者",这里没别人,就我一个人。没有东西"来了嗨"(在这里),只有我一个人。我一个人干什么?我一个人"念天地之悠悠,独怆然而涕下"。这篇诗如果一上来就写"关关雎鸠""床前明月光""晴川历历汉阳树"一类具体的物事，只要有一件东西搁那儿，这篇诗就不是这么回事了。

《红楼梦》里面多少事，那么多美女，各种性格的男生、女生、老太太、老头，发生了很多很多事情，最后呢？白茫茫大地一片真干净。这些东西都没有了，人直接回到了那个过于纯粹的自然。那叫什么？大荒山，无稽崖。这显然是从《庄子》来的。那我们看《庄子》。《庄子》里最有名的一场风，不对，两场风，就是开头两篇里的风。开篇《逍遥游》"抟扶摇而上者九万里"，那是一场大风，包括刚才说到的"野马尘埃"和生物气息相吹之风。好，这个刚刮完，第二篇《齐物论》又刮一场大风：好多巨大的老树，里面有各种各样奇奇怪怪的孔洞，然后这个风吹过来，呜，呜，呜，发出各种声音。注意哦，这是"喓喓草虫"之声吗？是"关关雎鸠"之声吗？都不是，更不是"琴瑟友之"之声，不是"钟鼓乐之"之声，都不是。它们不是鸟兽、草木、人情相感的和风，而是自然的大风，是大荒山、无稽崖的野风。

我曾经有个时候经历了这样的风。20世纪90年代末，在北大读书时，有一阵子，因为生活当中遭遇的某些事情，就想要离开这个"和美的人世"。秋天，我跑到很远很远的燕山，我都不知道坐了多少车。然后，我一个人就爬，非常荒凉的山，一个人都没有。我爬到山脊上，远远地看到有段废弃的长城，我就冲着那块爬。整个过程是无比的惊险。哇！那个风是大自然的风，直接从天地之间就那么吹来，劈头盖脸，毫无遮拦，无处藏身，随时都会把爬山的人吹到谷底去。我只能紧紧地扒着山脊的岩石往上爬。下面是陡峭的山壁,上面是巨大的风。不知过了多久,我终于爬上去了,还翻进了废弃的长城里面,然后就沿着长城往前走。哇!天地之间一个人都没有,走了很远很远,天都快黑了。最后你知道我看到了什么吗?我看到了人群,我看到好多人拿着照相机在那拍,拍我!然后我问这是哪?他们说:这是八达岭长城。那一刻真是,我不知道是高兴,还是生气,是悲凉,还是愤怒,还是……说不清楚。我又回到了人间世,而且回到了最恶俗的人间世——旅游点。这个故事的结尾没有任何的传奇性:我在八达岭旅游点坐大巴回了北大。

在《邶风》里面,第一场变风的地方,我们能听到鸟兽虫鸣之外的天地之风。前面"二南"里都没有,后面也几乎不再出现。只有《邶风》里的这四篇是天风。为什么呢?因为它是东南西北和春夏秋冬的风,这特别是属于天时和地理的、时节和方位的风。这四篇是《诗经》三百零五篇里唯一的四篇天地之风,在人间的"和气"消散、礼乐废弛之后,让人直接置于天地之中,感受自然的荒凉。在那里,无论"关关雎鸠"的鸟兽虫鸣、樛木葛藟的草木相交,还是钟鼓琴瑟的人情相感,都悄然息声。

可是《北风》篇不是还有狐狸、乌鸦吗?但它们并没有发出和鸣的声音。而且,根据一种意见,它们恰恰是在正常的鸟兽、草木、人情之外的变异之象、不祥之物。就算不采取这种解释,我们看到它的句式是"莫赤非狐,莫黑非乌":这说的是一个具体的、在兹的、"来了嗨"的一只狐狸或者乌鸦吗?不是,它是一个全称判断,

"any fox",任何一只狐狸,它都是红的,任何一只乌鸦,它都是黑的。但在水边有两只雎鸠在那里叫:"关关雎鸠,在河之洲",这是具体的。你看你看,草里面边有两只虫子在那里叫:"喓喓草虫,趯趯阜螽",这也是具体的。凡具体存在的物事都是"有情"(易感其情),不像元素那般"无情"(难得其情)。祝英台送梁山伯的时候,一路上都说"你看你看",肯定都是具体的"有情之物"。如果祝英台说,"你看你看,树上的鸟儿在叫",然后梁山伯说"哪儿哪儿?",然后祝英台说"莫赤非狐,莫黑非乌。天下的鸟都会叫!"那就起不到"传情达意"的作用了。"莫赤非狐,莫黑非乌"与"关关雎鸠,在河之洲"的区别,其关键并不在于一个是不祥之物,一个是爱情的象征,而在于后者是"来了嗨"的具体事物,前者却不是一个具体的特指。所以,《北风》虽然出现了鸟兽之名,但并没有出现一只具体的鸟兽,更没有发出相风的鸣声。

这种情况在《终风》篇,也就是四方之风的第一篇,更加突出。《终风》篇完全没有出现鸟兽,也没有草木,只有天地的风、雷、阴霾,和人世的感慨。《终风》把政治的荒暴、人伦的困局直接置身于天地的自然元素之间。这样的情形与《北风》的风雪去国是高度相似的,除了风雪中的相携还隐含了春天的希望。为什么恰恰是在四篇中的头一篇《终风》和末一篇《北风》让人赤裸裸地置身于自然的大风之中?因为这两篇是一秋一冬,与季节的景象完全对应。而中间的《凯风》(南风)和《谷风》(东风)呢?毫不意外地,我们会发现,那里面有美好的、"来了嗨"的具体事物。《谷风》

除了"以阴以雨"的谷风之外,还有"采葑""采菲"。《凯风》篇更不用说,"吹彼棘心""吹彼棘薪",有棘的嫩芽,还有嫩芽的成长。尤其令人感动的是,《凯风》篇还有黄鸟。上学期在图书馆闻学堂的课上讲过《凯风》,这里也有同学去听过的,当时把"睍睆黄鸟,载好其音"作为一个非常重要的象,还记得吧?可能没有人注意过《凯风》篇的鸟会那么重要。我曾对《凯风》篇做了一个五行分析,那里面的鸟是一个亮点,一个新生的希望。鸟是属火的,而"凯风自南"正好是夏天的风,是暖风。所以夹在中间的一个《谷风》,一个《凯风》,它都还是及物的、及人的,是"格那咯""来了嗨"的,是具体的,是能够引起具体的感应、感触、感受和感兴的。

大家可以想一想,海子的那句"面朝大海,春暖花开"为什么感人?大家都不知道为什么,以为那个只是因为房地产公司的老板用得太多了,好房子都用这句诗做广告,所以令人向往。其实商业广告完全不理解这句诗中蕴含的巨大张力:越是在巨大的,荒凉的自然元素里边,越能够反衬出人类、房屋、家庭生活的小小的温馨的重要性。面朝大海,那是一个巨大的场景,其实不宜人类居住,只宜观光。"我有一所房子,面朝大海,春暖花开":面朝大海,但是在春暖花开的季节。花树的包围缓冲了房子与大海、人与大自然面对面的张力。"给每一条河每一座山取一个温暖的名字":被人命名就是忽然"来了嗨",存在到眼前,不再是自然的莽苍。"从明天起,做一个幸福的人,喂马、劈柴、周游世界。从明天起,关心粮食和蔬菜":从一开始就宣布要落脚到粮食和蔬菜的日常生活,但要从明天才开始。劈柴是为了粮食和蔬菜的生活,都属于房子,喂马却为了周游世界。房子和大海的张力持续到最后,并没有消失。

再稍微说远一点,我夫人张轩辞现在正在开一门课,带学生读亚里士多德的《政治学》。亚里士多德《政治学》对柏拉图《理想国》里提到的"共产共妻"有一个非常重要的批判。[1] "共产共妻"是让城邦的每一个孩子都是每一个父母的孩子,让城邦的每一个父母都是每一个孩子的父母,让城邦的所有的财物都是所有人的财物,让城邦的所有人占有城邦的所有财物。听起来很美,好像我什么都有:我拥有城邦的全部财产和所有的孩子。可是亚里士多德的质疑是:这样的话,谁也不 care 谁,没有一个父母会在乎孩子,没有一个孩子会觉得受到了父母的关爱,没有一个人会觉得自己真的拥有哪怕一丁点财产。于是,城邦会陷入一种"indifference"的状态,一种漠然无比,互不关心的状态。这意味着:一旦取消"来了嗨"的家庭,也就是说拆掉海子诗中的"房子",直接面朝大海,让人类回到一个过于质野和纯粹的自然大场景、大结构中的时候,人类会茫然若失。这就是亚里士多德为什么一再强调界限的重要性,不管是讲政治哲学,还是讲物理、天象、动物、经济等等,他都很重视界限。譬如他在《物理学》里讲的"topos",英文无论翻译成"place"还是"space"都无法完全传达其中所含的"界限"深意。而这个在《中

---

[1] "共产共妻"不见得是柏拉图的意见,也不一定是苏格拉底的意见,但是至少在《理想国》对话中设想了这样的场景。

庸》里就叫做"成己成物",在《庄子》里叫做"莫若以明",或者又叫做物与我"则必有分矣"。在《齐物论》的最后,当各种怪树孔洞发出的非人类所能接受的声音消停之后,庄子做了一场变成蝴蝶的梦,然后他悟出了界限和物化相辅相成的道理。

最后讲一点,虽然我们已经没有时间了:下课铃已响,催我们离开。我要讲的这一点是:回到人间世,我们会发现,《邶风》的这四篇,西南东北,《终风》《凯风》《谷风》和《北风》这四篇,全都是离弃之象。《终风》,根据三家诗说是母子离弃之象,根据朱子是夫妻离弃之象。无论解释为庄姜怨州吁,还是庄姜怨庄公,都是相背之象。庄公也好,州吁也好,都不睬庄姜。然后《凯风》,《毛诗》说是"有子七人,而母不安室":母亲想要撇开七个孩子,想要改嫁。根据三家诗,这是母亲走了,七个孩子在那怀念亡母的一篇诗。不管根据哪家解释,都是母子离别之象。《谷风》,夫妻离弃之象。丈夫"宴尔新昏,如兄如弟",然后就不要他的妻子了。

上面三篇,父子也好,夫妇也好,母子也好,都还是一个家里的离弃之象,以及在离弃之中的抱怨之象。可是到了《北风》篇,最后呢?总其大成,却是国破家亡,由家亡而国破,国人相携去国,一起离开这个国,从家的离弃到了国的离弃。那么回到一开始那个话题,这些离弃之相刚好是"和气生物"的限度,是物情的消散,是风气之变。一个家,一个国,一个鸟兽,一个人,一个"东西"的内在同一性如果分裂了、解体了,对于人来说,就是疯掉了,精神分裂;对于家来说,就是家庭败亡,离婚,分产;对于生命来说,

生命的默化：当代社会的古典教育

就是去世，譬如《凯风》篇母亲的亡故，那是生死离别；对于《终风》篇，对于《北风》篇来说，是这个国家存在体内部阴阳平衡的破坏、和气的舛乱、风气的变戾、良好政治的解体。而这样一个解体呢，它的起兴和取象，就是自然的、太自然的天地之风。而这个天地之风呢，一方面意味着它是一个具体的家、国、鸟、兽、虫、鱼的解体；另一方面又意味着，它是重新的孕育和开端，以及万物相感的自然前提。为什么呢？因为无论是鸟兽，虫鱼，家、国、人，都是在天地之间，由这个天地、阴阳二气、五行和合而成的一个具体事物。所以这个物之和、物之诚，它的大背景又恰恰是这个天地的大气、大风，是《庄子》里面讲的那个逍遥齐物的大风。

　　庄子想要提醒大家的只不过是：别忘了，你那个家国生活里面的那个"小确幸"是有一个自然元素的大背景的。不要忘了这个大背景，他只是提醒这一点。那么从《邶风》开始的变风，它的意义其实也在这里。变风的意义不只是在控诉、怨刺、批判，而是也在提醒我们：正风的和美礼乐诚然是诗教追求的目标，可是，"如临深渊，如履薄冰"的诗人深知，家国礼乐、和美正风的存在前提却是那个有着巨大的、原始暴力的天地之大风。这整个结构不就是《红楼梦》的结构吗？金陵十二钗，那么多温柔富贵乡里面的传奇故事，恩恩爱爱，生离死别，全都是发生在以"大荒山、无稽崖"为开端，"白茫茫大地一片真干净"为结尾的中间，对吧？讲《诗经》呢，怎么成天往《红楼梦》那跑了。这也是一个开头和结尾？今天就讲到这里，下次读《静女》。

爱是成就生命的整全：
《诗经·桑中》讲稿[1]

爰采唐矣？沬之乡矣。云谁之思？美孟姜矣。
期我乎桑中，要我乎上宫，送我乎淇之上矣。

爰采麦矣？沬之北矣。云谁之思？美孟弋矣。
期我乎桑中，要我乎上宫，送我乎淇之上矣。

爰采葑矣？沬之东矣。云谁之思？美孟庸矣。
期我乎桑中，要我乎上宫，送我乎淇之上矣。

《桑中》诗旨，毛诗序以为"刺奔"："卫之公室淫乱，男女相奔，至于世族在位，相窃妻妾，期于幽远，政散民流而不可止。"历代《诗》说大同小异。现代读者则认为《桑中》是对封建礼法的突破，是对自然的回归，以及对自由恋爱的追求。比如郭沫若就用人类学方法，在"桑林"和"上宫"寻找突破口，以为此诗所述是上古男女群合之俗的遗风，是在一个特定节日里对生殖能力的庆祝和崇拜。

不过，即使根据郭沫若的考证，以"上宫"为高禖之庙，我们却可以读出不同的思考。高禖之庙是祭祀求子的地方，后世民间所谓"娘娘庙"即发源于此。大雅诗中，后稷出生就是在娘娘庙中祭

---

[1] 2015年春讲授于同济大学，根据李瑜蓉听课笔记整理。

祀求子而出生的。然而,什么是高禖之庙?什么是桑林之社?同样的东西,郭沫若从中看到的是对男女群合的歌颂,仿佛那就是自由;历代《诗经》经解看到的却是为了建立每个男女生命的完整生活,必须通过诗来刺淫、风化,建立整全的生活,而不只是碎片化的一时欢会。

究竟什么是自然?成就生命的整全还是碎片化的破坏?

高禖之祀和桑林之舞的祈向,原是生命的孕育和延续。但在《桑中》诗里,我们没有看到这些。三章诗句,我们只看到在三个不同地方,采三样不同东西,最后都是做同一件事情:约会,然后送别,只是每次与不同的对象。这是没有结果也不要结果的约会,为了约会而约会。这样的约会不成全生命,反而破坏生命的整全。

自然是个完整的过程,是整全的生命,是一颗种子发芽抽叶开花结果,然后果实落地种子再发芽。人类婚姻繁衍后代,不也是个完整的生命过程吗?为什么整全的婚姻家庭生活不是自然,而人为地截断生命的整全,抽取其中的片段——碎片化的约会,今天约会这个,明天约会那个,无法成全个体生命的整全,乃至于败坏之——反而是自然?

究竟什么是自然?现代公知启蒙我们说,婚姻是礼法、规矩、道德,那都是束缚人类自然的。于是,他们教导我们破坏自己的生活,从活生生的完整的生命中抽取出约会的片段,销魂的片段,今朝有酒今朝醉的片段,美其名曰"突破礼法的自然爱情"。今天约这个,明天约那个，只爱陌生人，过把瘾就死——这样的生活真的自然吗？这样的约会真的有爱吗？现代公知启蒙出来的，究竟是自然的生活还是人为造作的世界？是生命的整全成长还是碎片化的破坏？是自由还是奴役？

没有人不爱自由和自然，但什么是自由，什么是自然，却并不那么容易明白。没有人不关心自己，不想望美好生活，但怎样才是对自己好，自己并不知道。自古以来，无论西方还是中国，所有古典哲学的基本问题意识就在这里。而在现代哲学这里，这已经完全不成为问题了。似乎每个人都知道什么是好，问题只在于如何达到那个好。"哲学家们只是用不同的方式解释世界，而问题在于改变世界。"

但这样一来，问题并没有解决，反而更加深重。而且，在所有现代性问题中，最深重者在于：真正值得思考的问题本身被人遗忘了。启蒙开启了很多，但遮蔽了一点。这一点可能很少，但让人失去很多。生活经验告诉我们，重要的东西往往就是那么一点点，而太多的东西得到了却不如失去的好。莫泊桑短篇小说《珠宝》所隐含的，可能比一整部现代西方哲学史还要多。

《桃夭》与《桑中》：自然的整全生命与人为的青春碎片

古典意义上的道德礼法本来就是人得之于天命之性的自然，是人之为人的本然，是人类自然生命的整全形态。比较阅读《周南·桃夭》和《鄘风·桑中》，或可窥见礼法作为整全的自然和"追求快乐却带来痛苦"的碎片化"自然"之间的区别。

《周南·桃夭》的"桃之夭夭、灼灼其华"在文学传统中曾被演变为"人面桃花",在俗语中又变出"逃之夭夭"。"人面桃花"的故事只有去年的相逢、今年的惆怅,没有明年。怎样留住曾经的美好?时光毕竟"逃之夭夭"。留不住,那该怎么办呢?《桃夭》会告诉我们怎么办:

> 桃之夭夭,灼灼其华。之子于归,宜其室家。
> 桃之夭夭,有蕡其实。之子于归,宜其家室。
> 桃之夭夭,其叶蓁蓁。之子于归,宜其家人。

从花到实到叶,"宜其室家""宜其家人":《桃夭》是一个完整的生命历程,从小姑娘到人妇,从妻子到母亲乃至成为奶奶。这个完整的生命叫做人伦或人性的自然生活。"桃之夭夭"的女子出嫁、生子,以至于儿孙满堂,这是成就一个人的自然和生命。在这个完整的生命历程中,花诚然是美好的,枝叶和果实也同样不可或缺。《易》曰"大明终始",《中庸》云"不诚无物"。《桃夭》"之子"坦然大化于生命的流行,无需伤逝"人面桃花"的青春截面,也无需逃离什么。

而《桑中》却只到处采唐、采麦、采葑,不停地约在桑中,约在上宫,最后送于淇水之上。一次次地送走之后,这个女子的生活被成就了吗?她诚然将生命中最绚烂的"灼灼其华"的青春充分绽放了，但她的生命并没有被成就，而是被糟蹋了，自己把自己糟蹋了。这并不自然，甚至违反自然，是人的自我异化。真正的自然恰恰是成就一个整全生命的人伦生活，青春绚烂，结子成熟，"之子于归，宜其家人"。

这个道理，《氓》最后懂得了。《氓》之子起初不屑礼法，与蚩蚩小子私奔，三年后认识"始乱终弃"四个字，已经晚了。《氓》之歌曰"桑之未落，其叶沃若""桑之落矣，其黄而陨""淇水汤汤，渐车帷裳""淇则有岸，隰则有泮"。跟《桑中》一样，也有桑，也有淇。只是《桑中》的时候，还没有看到桑叶之落、淇水之岸。在卫诗中，河水似多关乎国之大事，淇水泉水却多家事。齐家而治国之道，必也周南之《桃夭》乎？故《大学》征之（参拙文《桃叶、家人与治国平天下：读〈桃夭〉》）。

"二南"和郑卫诗中的采摘：成全还是截断？

《桑中》以"采唐""采麦""采葑"起兴。我们不妨来思考一下什么是"采"？采摘活动在《诗经》中非常突出，几乎是《诗经》兴象中最重要的人类活动。"二南"尤其明显：《关雎》采荇菜，《葛覃》采葛，采采《卷耳》，采采《芣苢》，《草虫》采蕨采薇，《采蘋》《采蘩》，所采的东西无外乎食物、衣物、祭品、药物。

而且，仔细想来，《诗经》先民所采的这几样东西，还蛮有关系。衣食养身，祭祀安心，身心病了要吃药。病的来源无非有三：吃出问题、穿出问题、心出问题。祭祀治心，药物治身。治身之要，在衣与食。衣食原料、祭品、药物，都需要"采"。先民的整全生活方式都涉及"采"，故诗篇多以采物起兴，亦兴亦赋，既是上古生活的写照，也是寓意深远的寄托。

但《桑中》所采，却并非生命的成全，而是截断、破坏、一时的赠送和最终的抛弃。约会的花束（更典型如《郑风·溱洧》的芍药）在最绚烂的时候被采摘，被从整全的生命成长历程中剪出，断绝结子的可能性，这真的是青春的正确打开方式吗？这真的是自然生命的自由恋爱吗？这究竟是成全生命的爱情，还是摧残青春的采摘？

由是观之，从孔子以来对所谓"郑卫之音"的批评传统，究竟是为了自然生命的成长，还是像现代人指责的那样是对自然生命的戕害？"二南"诗篇中供衣、食、祭、药的采摘，原本都是极为朴素自然的人类生活。但现代"湿人"却特别喜欢表彰郑卫之音的《桑中》《溱洧》之类，仿佛只有"采花大盗"式的"采"才是自然的合乎人类本性的生活方式。难怪现代狂欢之后，就只剩下凋零。在伪自然和真礼法之间，人类何不慎重选择？

爱是成全一个人的生命还是 No zuo no die？

今天正好是 5 月 20 号。"520"因其谐音"我爱你"，现在成了一个爱的节日。所以，同学们都在忙着网购、送礼物。但究竟什么是"我爱你"？是像榨取果汁一样，把她最美好的时光和汁水榨出，采下花朵，以"自然""审美"和"爱情"的名义截断她的生命呢？还是把她娶回家，生儿育女，白头偕老，成就她整全的生命？

爱是成就生命的整全:《诗经·桑中》讲稿

现代"女性主义"最可悲的一点在于:它倾向于鼓励现代女性选择上述两种爱情理解中的前者。仿佛越是损害女性生命整全的选择,越是凸显女性权利的选择。女性生命的自然整全被"自然""审美""爱情"和"权利"的虚伪鼓吹者活生生地截断,像采摘下来的花束,虽然比枝头的花更加集中而光彩加倍、香气迫近而更加袭人,但由于脱离生命的源头而迅速凋萎。兴高采烈的采摘,热情洋溢的赠送,然后却是抛弃,最后自我抛弃。相比之下,《桃夭》由桃花而桃实而桃叶,却似乎每况愈下了。《中庸》云"君子之道闇然而日章,小人之道的然而日亡",竟然也是"520"的箴言。

爱是成就一个人整全的生命。反之,以"自然"的名义"审美",消费青春的美好,恰恰是对自然的践踏。《摽有梅》的大龄文艺女青年看到梅凋落了,想到娶她的人怎么还没来,故作诗咏之。同样是求被"采",为什么《摽有梅》列在"二南",不是郑卫之音?因为掉落的梅子已经包含生命的整全。梅子有滋有味,"有汁有蜜",其美好貌似与鲜花肥葩无二。但梅子是真的可餐,而鲜花只是秀色可餐。

《摽有梅》和《桃夭》最核心的东西都在能生的果仁核心里。《易》云:"复,其见天地之心乎?"象山先生曰:"能生之物,莫不萌芽。"果仁是天地仁心具体而微者,是可以重新萌芽、开花结果的完整生命。如梅子一般有滋有味的女孩希望被吉士采摘,其采摘方式完全不同于《桑中》的唐或《溱洧》的芍药。被剪断的芍药送人之后就被随手抛弃而枯萎了,梅子却能落到新的土壤生根发芽,开花结果,成就整全的生命。如此"急时"之诗并非淫诗。这不是为"审美"

而审美，为"快乐"而快乐，而是为了幸福、为了成就整全的生命而打开自己，召唤爱情。真实的爱是自然的幸福，因为爱是对生命的成全，自欺欺人的"快乐"则是人为的虚妄，No zuo no die。

采桑：正是那些微小的事物承载人类生活的美好希望

"二南"多采撷，而卫诗仅出现两次。第一次是《谷风》"采葑采菲，无以下体"，采的是萝卜蔓菁之类的根茎（"下体"）。这些根茎在有的时节采来好吃，有的时节不好吃。女子亦如是，一时青春年少，"有汁有蜜"，一时年华老去，变成"黄脸婆"。《谷风》告诉忘恩负义的夫君，无论根茎是否好吃，叶子都还是能吃的。那个总是好吃的部分是基于德性的夫妻真情。《谷风》是弃妇的怨诗，采物不在时节，但犹有"无以下体"的告诫，以及采其上体（叶子或德性）的希望。

卫诗的第二次采摘就是《桑中》的"爰采唐矣""爰采麦矣""爰采葑矣"。三章采的不同东西，在某种意义上是在讽喻越来越深入的败坏。"唐"是药物菟丝子，是寄生攀援植物，没有根基，意味着最初败坏的只是游女或不安家室的女子。麦是食物，是果实，意味着良家妇女，是正常人家的好媳妇被败坏了。葑是食物，是根茎，意味着养在深闺人未识的女孩都被"采"了。从采唐到采麦、采葑，民风民俗的败坏层层深入，"政散民流""相窃妻妾"。为什么毛诗小序用"窃"这个字眼，超出普通意义的淫奔私会？说明《桑中》所述风俗的败坏深入骨髓，到了根基盗掘的程度。

爱是成就生命的整全：《诗经·桑中》讲稿

《桑中》采唐、采麦、采葑，却偏不采桑。该采的不采，不该采的都采了。《豳风·七月》"女执懿筐，遵彼微行，爰求柔桑"。《七月》采桑堪比《葛覃》采葛，都是妇功正事，是在大自然的劳动中获得人类的温暖生活（参拙文《有余的空间与生命的整全：读〈诗经·葛覃〉》）。劳动和生育都是辛苦的，不像约会那么轻松冶游，笑浪春风。成全生命的爱情也往往包含生命的悲情，像《七月》诗中的采桑女一样含着莫名的悲伤："春日迟迟，采蘩祁祁。女心伤悲，殆及公子同归。"但正是这悲情孕育生命，犹如生产的痛苦。《易》云"厚德载物"，此之谓乎？懿筐、微行、柔桑：正是这些微小的事物承载人类生活的美好希望。

治气与教化：《史记·五帝本纪》读解[1]

从太史公"通古今之变"的历史书写以来，华夏史学传统从来就是融贯古今、鉴古知来的。在这个传统中，通过历代史家的卓绝努力，华夏政制和社会形态虽然经历过多次巨大的转型乃至断裂，但华夏文明始终保持为一个连续性极强的文明，中国政治和治理经验始终在改变和丰富自身的同时保持为一个独具特色的系统。因此，数千年以来，华夏之为华夏，中国之为中国，虽然经历过无数次认同危机，但始终如一、巍然卓绝。《春秋》所谓"南夷与北狄交，中国不绝若线"[2]，诚有赖于此。

然而，自从中国人未经反思地接受了西方现代性的基础思想"历史进步论"以来，中国人非但丧失了理解古代的能力，也丧失了理解现代中国的能力，乃至对于眼下每天都在进行的现实生活都已经丧失了自我理解的能力、自我命名的语言和自我正名的概念。我们不再知道自己是谁、从哪里来、到哪里去，只是盲目地跟在"国际社会"和"普世价值"后面，做永远抬不起头的差等生。

如今，随着举世瞩目的"中国崛起"，人们已经意识到，这个差等生的形象无法解释很多正在中国发生的巨大变化。于是，人们

---

[1] 根据道里书院网络读书会录音整理而成。感谢黄晶在文字整理上付出的辛勤劳动。感谢齐义虎、陈明珠、曾维术等所有参与读书会的朋友给予笔者的启发。
[2] 《春秋公羊传》僖公四年。

推测，现代中国是怎么回事、它是谁、从哪里来、到哪里去等等问题，很可能必须从中国自身的长远历史出发，才能得到些许理解。其中，《史记》的开篇《五帝本纪》很可能是首先要重新阅读的文献，因为这群人从来都是从"炎黄子孙"的称号找到最初的和共同的自我定位。

阴阳：天地生物

《史记·五帝本纪》开篇第一句话中的"成而聪明"在《黄帝内经·上古天真论》的开篇写做"成而登天"。[1] 小小一个词的区别蕴含的意义并不小。孔子编《书》断自尧舜，此前"三坟五典""八索九丘"尽皆芟夷[2]，至于《汉书·艺文志》冠以黄帝之名的书，则多神仙方术一类。而太史公作《五帝本纪》以为《史记》篇首，述黄帝之德，记黄帝之行，不言"登天"，只说"聪明"，岂非孔子删《书》之遗意？《书》断尧舜，《史》自黄帝，取舍固不同而其义则一也。何以见得？我们不妨细读文本。

《本纪》先谓黄帝"生而神灵"：神灵者，非谓"超自然"，而是能感通自然。其次"弱而能言"："能言"是人之为人的文明出发点。"幼而徇齐"："徇齐"如《史记集解》所谓"徇，疾；齐，速也"，相当于孔子说"敏于事而慎于言"之义（《论语·学而》）。"幼而徇齐"是敏于事，"弱而能言"是善于言而慎于言。又"长而敦敏"：敦厚往往不能敏捷，敏捷往往不易敦厚。能把敦

---

1 二者的文献来源应该都是《大戴礼记》。
2 参孔安国古文尚书序。

厚与敏捷这两个矛盾的方面结合在一起，所以黄帝能化五方，合和众善。终于"成而聪明"：回照起初的"生而神灵"。"生而神灵"即《中庸》"天命之谓性"。"生而神灵"之性必须通过人之言行发明出来，是为"弱而能言、幼而徇齐"，也就是"率性之谓道，修道之谓教"。"成而聪明"是最终成就人之为人的聪明，亦即成大人，"与天地参""赞天地之化育"。聪者耳听天命，明者眼观天象，天道之成人而人道之齐天也。《尚书》开篇赞尧之德"钦明文思安安"，亦此义也。太史公书史，犹远绪圣人削删之遗意也。

所谓五帝：帝者，谛也，谛听天命之谓。[1] 聪明就是能听能见：能听天意，能听民意，能看天象，能观民风。太史公对于上古先王德性的描写，不是渲染他有多少超自然的能力，而是写他如何能看能听。天子虽受天命而代天牧民，但"天难谌、命靡常"[2]，除了随时谛听天命，没有任何一劳永逸的"主权契约"。

聪明是把知识和理性从一开始就放在核心的位置。但这里的知识是指什么呢？"轩辕乃修德振兵，治五气，蓻五种，抚万民，度四方，教熊罴貔貅䝙虎"：这里的核心是"治五气，蓻五种"。这是承自神农氏的传统，而神农氏又是从伏羲氏而来。三皇五帝一以贯之的是"一阴一阳之谓道"[3]。"一阴一阳之谓道"原本含义很简单，就是有白天有黑夜，就是"日往则月来，月往则日来，日月

---

1 参《白虎通》卷一。
2 《尚书·咸有一德》。
3 《易经·系辞传》。

相推，而明生焉；寒往则暑来，暑往则寒来，寒暑相推，而岁成焉。"[1]昼夜寒暑往来，于是"天地絪缊，万物化醇"[2]，"四时行焉，百物生焉"[3]，这就是一阴一阳之谓道。这与农作关系最密切，所以"治五气，蓺五种"成为神农、黄帝、后稷、公刘的主线。所以接下来黄帝做过的一件最重要的事情是：命太挠作甲子，就是沿用至今的天干地支记年、月、日、时，所谓八字。《尚书·尧典》任命羲和敬授民时，日出日落，四时稼穑，其义一以贯之，构成中华文明的主脉。黄帝处在中华文明主脉的节点。这条脉发源于三皇五帝，中经尧舜禹汤文武周公，下逮秦汉唐宋历朝历代，一直到现代中国。这条脉的核心就是阴阳之道。所谓生而神灵、成而聪明，聪明在起初尤其是指明天象、历法，也就是知阴阳之理。知阴阳就是知道。

黄帝最重要的武功除了统一炎黄，就是擒杀蚩尤。为什么杀蚩尤？根据孔安国的说法，九黎君号蚩尤，隐约可与《国语·楚语》所载"九黎乱德"相关，连成一条线索，一直到尧舜时代的羲和、四岳。这是"师"的巫觋布魅之线，与"君"的聪明理性构成竞争。"师"把知识做了神话的、垄断的处理，把知识弄成神秘的知识。[4]黄帝杀蚩尤，颛顼平九黎，尧舜流四岳、共工，可能都是这一斗争的表

---

1 《易经·系辞传》。
2 同上。
3 《论语·阳货》。
4 这叫"天师"。后来有儒家"人师"与"君"结合，才形成中国成熟的政教体系。而同时，"天师"的知识也通过史官制度的完善，乃至后世道教建制的发展，成为被驯服的布魅知识。

现。我们可以说它是一条启蒙之路，但这是一种正确的而不是片面的启蒙。片面的启蒙就是西方近现代的那场启蒙，那场启蒙为了解决它那个时代的"神人杂扰"问题而导致天人隔绝。而黄帝-颛顼-尧舜启蒙运动的结果却是"绝地天通"成为"天人合一"的前提。中国从黄帝尧舜开始，到周公制礼作乐，一直到孔子行教，这个漫长的启蒙过程是知识的、理性的，但同时并不是祛魅的。绝地天通并没有导致天人分离，而天人合一并没有导致神人杂扰，这就是"极高明而道中庸"。反之，则有"智者过之，愚者不及"：智者过之，则神人杂扰；愚者不及，则天人分离。《荷马史诗》和基督教是神人杂扰的战争，现代性是政教分离的俗世，而中国则是"乾称父，坤称母，予兹藐焉，乃混然中处"的世界。在这里，"先进于礼乐，野人也；后进于礼乐，君子也"（《论语·先进》）。仕进有先后，命途有穷通，但君子小人之间、在野在朝之间、学与仕之间一气贯之，没有阶级斗争。这根源于天人相通。

所以，华夏先王统治的合法性不在于能行超自然的神迹：那些恰恰是蚩尤、九黎、四岳这些人神巫觋所干的事。华夏政治文明特别浩大、正直的开端在于它是理性的、清明的，同时是虔敬的、德性的。《五帝本纪》载颛顼"静渊以有谋，疏通而知事"[1]：这是一种清明的理性，而不是科学的、偏执的理性。所谓科学的、偏执的理性，就是神人隔绝，完全取消神性的维度，是政教分离，是祛

---

[1] 可参《礼记·经解》："疏通知远而不诬，则深于《书》者也。"

治气与教化:《史记·五帝本纪》读解

魅,是整个世界不再有神性,不再有魅力。读《五帝本纪》可联系到孔子的"丘之祷久矣":那是一种保有山河大地之神性的聪明。人与天地是可以感而遂通的,但是他不会因通神而贼物(贼物即害物,神迹多属此类),因通神而乱人事。他不会玩弄神通,用超自然的手段来玩弄大众。也不会把自然视为表象,致力于寻找表象背后永恒的真实。无论宗教还是哲学,在黄帝的聪明和孔子的中庸智慧面前,都显得太过偏执。

黄帝承伏羲神农,治五气,蓺五种,学在阴阳。而无论老西学新西学,容易耽恋的是超越阴阳时辰的净土。自古中学化西,关节在此。《西游记》第91-92回说唐僧师徒四众在西方天竺国遇辟寒大王、辟暑大王、辟尘大王之难,而终于在年月日时四值功曹使者的指点和角、斗、奎、井四木禽星的帮助下降服妖魔,说的就是用一阴一阳的时辰之道来驯服超时间的不变净土幻象。三大王原是"三个犀牛之精,他因有天文之象,累年修悟成真",可比之西方哲人欲以几何学截断阴阳之变,超诸尘世之上。考三大王命名之意,乃在超越阴阳寒暑之变,脱离俗世尘垢,贪恋佛国香火,适成魔障。唐僧须经此劫,破此魔障,乃见真性。三大王居东北艮方,逃离时亦走艮方。艮,止也,高也。三大王偏在艮方,正是其偏执不变,贪恋高洁之意。故三大王爱吃敬佛香油,假扮佛像窃取供养,又有洁癖,常爱香汤净浴,皆其偏性之情也(《红楼梦》中妙玉差似之)。欲超越时间,寒暑不侵,远离尘世,正是西学魔障之大者。唐之西游取经者已过此关,今之西游问学者何如?

生命的默化：当代社会的古典教育

颛顼"依鬼神以制义，治气以教化"：我们读西方古典政治哲学时，往往面临一个困难，就是所谓physis（自然）与nomos（礼法）之间的鸿沟问题。一直到西方现代哲学形成价值与事实的分离，乃至政治上形成不可动摇的教条：政教分离。其结果便是整个社会的虚无化、犬儒化、价值相对化，乃至低俗化，同时又激起原教旨主义极端保守派的恐怖主义反动。在这种时代背景中，我们回过头来读《五帝本纪》，看看颛顼能给我们什么启发。

"治气以教化"："治气"治的是阴阳、四时、五行之气，这是属于nature，属于physis的；而"教化"是教化人，是拿文化、价值、伦理道德、社会理想，拿正义、美德来教化人民，这是属于culture，nomos，value的。可是在颛顼这里"治气以教化"：这个"以"通"而"，其义正如孔子所谓"吾道一以贯之"，亦如《春秋公羊传》开篇"元年春，王正月"的一气流行。在那里，从天时到人事，乃至草木昆虫，都是一以贯之的。何谓"王"？"王"字三横一竖，是贯穿天地人、贯穿过去现在和未来的。"治气以教化"就是王道，而不是人为地把physis与nomos、政与教、事实与价值割裂开来，使整个现代世界陷入一种深重的危机之中。这就是我们在今天所谓发达的现代社会还要去读古史的现实意义。

"依鬼神以制义"：《史记正义》云"天神曰神，人神曰鬼。又云圣人之精气谓之神，贤人之精气谓之鬼。"这可以矫正我们现代汉语中对神和鬼的一些认识。关于鬼神有很多说法，比如《礼记》中提到，人死之后，精气发越于上谓之神，形骸归之于地谓之鬼，所以，神者伸也，鬼者归也。在我们的祭祀传统中，有在家庙中敬神主，有扫墓。庙祭是敬神，扫墓则是敬鬼。所以，《中庸》感慨说："鬼神之为德，其盛矣乎！"颛顼"依鬼神以制义"要点就在"义"字上。帝喾"明鬼神而敬事之"，其所明者也是鬼神之义。这个"义"就是人文之义，就是把鬼神纳入人文教化的框架中来。鬼神与人文的关系问题在中国政治文明传统中，从一开始就有比较协调的处理方式（荷尔德林："你如何开始，就将如何保持"），即"明鬼神以制义"的方式。孔子一方面"不语怪力乱神"，一方面又"祭如在，祭神如神在"，是这一精神的典范。

对于孔子的"祭如在"和"丘之祷久矣"来说，对于颛顼和帝喾的"依鬼神以制义"来说，托马斯·阿奎那和安瑟尔谟的上帝是否存在的问题简直如同儿戏。但是反过来，从西方神学立场出发，他们会觉得从孔子开始，乃至从颛顼、帝喾开始，甚至从伏羲开始，就在装模作样地神道设教或骗人。西方文化非常自诩的一点就是：它的理性化程度达到了祛魅的科学，它信仰的虔敬达到了"正因为不理解所以才相信"的极端程度。它的理性是彻底的理性，它的信仰是极端的信仰。所以，它的理性和信仰打了几千年，缺乏一个统一的和中庸的东西。它自诩自己的理性和信仰都比你的强。是不是这样呢？不是这样。不虔敬的理性那叫工具理性，不理性的信仰那叫意见。西方现代性的世界难道不就是一个工具理性加大众意见的世界？理性何存？虔敬何在？《中庸》云"不诚无物"，《易传》云"乾坤毁则无以见易"，《黄帝内经·生气通天论》说"阴平阳秘，精神乃治；阴阳离决，精气乃绝"。生气就是和气。文明的生气就氤氲在貌似相反的东西之间的我中有你、你中有我。

五行：圣人行教

尧命羲和一章取自《尚书·尧典》，其中已有《周礼》雏形。周礼依天象"辨方正位"，羲和已据"日永""夜中""星鸟""星火"来定四时、正四方。周礼"体国经野"，羲和已察四方四时，其民如何："其民析""其民因""其民夷易""其民隩"；又察风土物候，鸟兽如何："鸟兽字微""鸟兽希革""鸟兽毛毵""鸟兽氄毛"。从尧到周公，"设官分职"作为政治安排，无不与天地四时、风土人情、节气物候息息相关。王道不只是对人事的安排，而且是对天地之间的人事安排。所以，《春秋》开篇书曰："元年春，王正月。"对人的不同理解，决定了对何谓政治的不同理解。

从"慎徽五典"（《史记》作"慎和五典"）开始，古文《尚书》断开《尧典》《舜典》（今文皆属《尧典》）。在《五帝本纪》的记述中，舜走向政治领域的起点也在这里。五典就是《周礼》司徒五教：父义、母慈、兄友、弟恭、子孝。以五教来化民，叫做五典。这是尧舜以来，华夏文明对政治的基本理解，即政治作为一种教化，作为一种风俗伦理的培育，也就是孟子所谓善推扩之意，就是能齐自己的家，还能带动家家之父能义，家家之母能慈，家家之兄能友，家家之弟能恭，家家之子能孝。于是"家齐而后国治，国治而后天下平"(《大学》)。舜以孝行举于草野,而终有天下,齐家以至于治国平天下之典范也。所以,《五帝本纪》对舜的记述多次重复写到舜的家庭状况:

  虞舜者,名曰重华。重华父曰瞽叟,瞽叟父曰桥牛,桥牛父曰句望,句望父曰敬康,敬康父曰穷蝉,穷蝉父曰帝颛顼,颛顼父曰昌意:以至舜七世矣。自从穷蝉以至帝舜,皆微为庶人。

  舜父瞽叟盲,而舜母死,瞽叟更娶妻而生象,象傲。瞽叟爱后妻子,常欲杀舜,舜避逃;及有小过,则受罪。顺事父及后母与弟,日以笃谨,匪有解。

  舜,冀州之人也。舜耕历山,渔雷泽,陶河滨,作什器于寿丘,就时于负夏。舜父瞽叟顽,母嚚,弟象傲,皆欲杀舜。舜顺适不失子道,兄弟孝慈。欲杀,不可得;即求,常在侧。

  舜年二十以孝闻。三十而帝尧问可用者,四岳咸荐虞舜,曰可。于是尧乃以二女妻舜以观其内,使九男与处以观其外。舜居妫汭,内行弥谨。尧二女不敢以贵骄事舜亲戚,甚有妇道。尧九男皆益笃。舜耕历山,历山之人皆让畔;渔雷泽,雷泽上人皆让居;陶河滨,河滨器皆不苦窳。一年而所居成聚,二年成邑,三年成都。

  尧乃赐舜絺衣,与琴,为筑仓廪,予牛羊。瞽叟尚复欲杀之,使舜上涂廪,瞽叟从下纵火焚廪。舜乃以两笠自扞而下,去,得不死。后瞽叟又使舜穿井,舜穿井为匿空旁出。舜既入深,瞽叟与象共下土实井,舜从匿空出,去。瞽叟、象喜,以舜为已死。象曰:"本谋者象。"象与其父母分,于是曰:"舜妻尧二女,与琴,象取之。牛羊仓廪予父母。"象乃止舜宫居,鼓其琴。舜往见之。象鄂不怿,曰:"我思舜正郁陶!"舜曰:"然,尔其庶矣!"舜复事瞽叟爱弟弥谨。于是尧乃试舜五典百官,皆治。

舜德如何?我们不妨回顾一下黄帝的"生而神灵""成而聪明"和尧的"钦明文思安安",把他们和舜做一个比较。"虞舜者,名曰重华。"重华,一种解释是说"华谓文德,言其光文重合于尧"(古文尚书孔传),另一种解释是说舜"目重瞳子,故曰重华"(《史记正义》):他的瞳子是双重的,似乎暗示他有双重的明德,可以看到更多的东西。我们不知道,在太史公的笔法里,这是不是暗示圣人可以看到一般人看不到的东西?我们来看有关他身世的叙述:这个家世起自黄帝之子昌意,高峰是五帝之一的颛顼,然后从穷蝉开始衰落,到舜父瞽叟嚚顽不化,降到谷底。在这七世变迁中,这个家族的命运有穷有通,有贵有贱,在天地大化流行中载浮载沉。我们一般人容易惑于这种浮沉变迁,为之歌哭,因之怨尤。而面对先祖的圣明贤达和父顽母嚚的现状,舜为什么可以安之若素?是不是一双重华的瞳子可以看到:在这浮沉变幻的人世中发生的穷通贵贱,原不过是一气流行?跟"重华"相对的正好是"瞽叟"。对"瞽叟"的解释,一说是瞎子,看不见;一说是眼睛没瞎,但有眼无珠,

治气与教化：《史记·五帝本纪》读解

就好像看不见东西似的，不能识别善恶美丑、贤与不肖。无论哪种解释，都跟舜之为"重华"形成了一种对比。这种对比是意味深长的，尤其当我们考虑到瞽叟之子、重华之弟的名字竟然叫做"象"的时候。

"象"的产生必须是在明暗交会的地方。象后来被舜封在西南地方，属坤的阴暗之域。象可能并不是一个完全昏庸的地方诸侯。出人意外的是，在后世史书中，象在西南民俗崇拜中的影响若隐若现。

对这种几乎是难以想象的恶劣家庭环境，舜为什么可以安之若素，略无怨恨？他的亲生父亲、继母和弟弟每天都在设计害他，乃至要杀之而后快。他一方面是不怨恨，孝顺父母，关爱弟弟；另一方面，他又不是逆来顺受，如曾参一般愚孝。舜之孝行如流，小杖受之，大杖则走："瞽叟爱后妻子，常欲杀舜，舜避逃；及有小过，则受罪"，"欲杀，不可得；即求，常在侧"。那么，是不是这样一个有着重华之眼的圣人，他其实能看到宇宙大化之流：能看到天地一气流行，看到人世一气流行，他才可以如此洒脱、如此通达呢？才可以既不怨恨又不完全逃避呢？这岂不就是"知道"吗？

一气流行的运化又可以具体分疏为五行或大气的五种流行态势：升曰木，降曰金，聚曰水，散曰火，升降聚散之中行曰土。在太史公对大舜生平的书法中，我们似乎可以读到五行的消息。首先是"耕历山"：耕作是培育庄稼，与草木打交道。木德曰仁。舜耕历山，木气仁德流行无碍。接下来"渔雷泽"：与水打交道。所谓"知者乐水，仁者乐山"，渔雷泽是跟水行之气打交道。接下来"陶河滨"：跟土打交道，土气流行无碍。我们看到，正因为舜能充分地畅通木气,所以他"耕历山,历山之人皆让畔"。木气之化流行于民间,所以人民相亲互让,不再争夺土地。[1]"渔雷泽,雷泽上人皆让居":水气流行无碍,故水畔之民能让居。"陶河滨,河滨器皆不苦窳":"窳"就是病,就是器具的空乏。土气流行无碍,所以民生器用皆不空乏。他可以看到所有气息的流行,解开气息的郁结,疏通流行的孔道,所以他对人世的命途穷通、贫富贵贱都能超然视之、安然处之,对各种争讼、各种纠结不通的东西都能纷然解之、疏而通之。

接下来"作什器于寿丘":什器指各种各样的生产、生活中使用的小器具,如菜刀、锄头、剪刀等等。这些东西要经过火才能做出来。我们知道在希腊神话中,作这些器具的赫淮斯托斯也是火神。在奇门遁甲中,这类小物什对应十二天干中的"丁"。丁属火,是阴火。"作什器于寿丘"实际上就是与火打交道,以使火气流行无碍。舜作什器,以疏通畅达火气流行之人、火气流行之事。最后"就时于负夏":"就时"就是货值射利,就是甲地的某种东西物价低,他就跑到甲地买进,而乙地的这种东西物价高,他就乘着这个时机,及时跑到乙地卖出,从中盈利。"负夏"是个地方,就是到负夏这个地方来"投机倒把",利用时机和差价来射利。显然,这是与金打交道,是搞经济,做生意。这是商品流通,货值生利,金气流行无碍。

这个人做过农民,做过渔民,又做过手工艺人(其中还特别分成两件事:作陶器和什器),最后还做过商人,刚好是五件事。根

---

[1] 后世文王弭虞芮之争,不假狱讼,亦由木德仁教之行也。

据上面的分析，我们发现这五件事分别与木、水、土、火、金对应，正好是五行。可能有人觉得这种解读太穿凿。但如果你考虑到司马家族的家学渊源，就不会大惊小怪。读《太史公自序》，我们知道他是四岳之后，是天官家族。天官的看家本领便是阴阳、历算、易经、术数。读三家《诗》，我们知道史家学《诗》都是学《齐诗》，因为《齐诗》是阴阳家一路的，是用易经象数和阴阳五行思想来解《诗经》。这个传统承自伏羲、黄帝，是华夏文明正脉，并不诡异。只是现代人囿于科学禁锢，思想封闭，少见多怪而已。

三才：王者建国

在上文所引关于舜的几章叙述里，我们注意到太史公对大舜家世和孝行的记述是多有重复的，虽然每章变换角度、详略不等。以太史公继承春秋笔法之志，读者似宜尽心其中大义。[1] 有文献学解释倾向的读者，可能会解释说，这是因为它们抄自不同文献来源。这种解释可能是对的，但肯定是不够的。因为，即使抄自不同文献来源，材料的排序也是值得思考的。《史记》是深思熟虑的作品，不是有待整理的资料汇编。

我们看到，第一章叙述的是舜的一个完整世系的结构，第二章是非常概括的讲了他的父母兄弟、家庭的情况，这就像镜头从远拉到近，是直接顺承了前面对世系的追溯。世系追溯是从时间上讲，而接下来从"舜，冀州之人也"开始转到空间的叙述。世系追溯的

---

[1] 在读书会上，此问题由曾维术、陈明珠提出，特此致谢。

背景是天道，因为人生于父母，父母生于祖先，祭祀便有报本反始、敬天法祖之义，所以《孝经》所谓"立身行道，扬名于后世，以显父母，孝之终也"通于《中庸》所谓"赞天地之化育"。接下来讲五件事对应五个地方："耕历山，渔雷泽，陶河滨，作什器于寿丘，就时于负夏。"这些地方其实都很重要。譬如寿丘是鲁东门之北，是黄帝出生的地方，离孔子出生的地方也不远。在这些涉及各种地方的空间叙述之后，又回头讲到他的家族世系，但这次又是从另一个角度来讲的。前面叙述家世，讲了家庭的困境，以及在困境中尚能笃孝。接下来叙述地方，辗转东南西北做四方事业，与金木水火土五行人事打交道。这时候，他的孝行就不只是被动地承自天命的德性了，而是风行地上的修道之谓教了。[1]

所以，再接下来一章，当第三次叙述舜的家庭时，就以"舜年二十以孝闻"起首，直接点出舜的立身之本：孝德。这次重述将是一个综合，同时从时间和空间角度，从天和地一起来讲了。而能合天地的是一个人，所以句子的起首是他的名字（一说为谥号）。"舜年二十以孝闻，三十而帝尧问可用者"，叙述时间上的成长。接下来叙述他的家庭情况，"尧乃以二女妻舜以观其内，使九男与处以观其外。舜居妫汭，内行弥谨"。接下来又转到地方，叙述他在大地上行教化的效果："舜耕历山，历山之人皆让畔；渔雷泽，雷泽上人皆让居；陶河滨，河滨器皆不苦窳。"当再次叙述舜在这些不同的地方做这些不同事业的时候，就不只是从个人经历的角度历数

---

[1]《易象传》："风行地上，观。先王以省方，观民设教。"

治气与教化：《史记·五帝本纪》读解

一个人出生的地方和工作过的地方，而是从一个政教的角度，讲一个潜在的王者如何走遍大地、教化人民。所以，毫不奇怪的是，这一段叙述的结语是一个缩小版的天下往归之象："一年而所居成聚，二年成邑，三年成都。"只有把天道的时间流行和地道的风行教化结合在一起，才有人事的成聚、成邑、成都。这便是通天地人三才曰王、天下往归曰王的意思。

"一年而所居成聚，二年成邑，三年成都"：这里暗含建国之意。建国肯定是时间和空间都有的，天地人兼备的事业。《周礼》开篇每曰"惟王建国，辨方正位，体国经野，设官分职，以为民极，乃立"某官云云："辨方正位"是根据天象来定的，也包含一个敬授民时的历法问题；"体国经野"是空间上的规划；"设官分职"是人事的安排。天地人通，乃有王者之建国。到这一步，似乎距离起首的"以孝闻"已经很远了。然而，如果我们温习《孝经·三才章》，读孔子说孝之大亦从天地人立论[1]，我们就知道，太史公笔下的舜之孝道并不是简单的顺从父母之类的意思，而是有着更加深远宏阔的政教维度。这个维度在一个以孝行为本的王者身上，原是与"身体发肤"之细与事亲之切一以贯之的。与常人不同的是，舜于孝道之始（"身体发肤，受之父母，不敢毁伤，孝之始也"）就面临着非同寻常的困难：为了保存身体性命这个"父母之遗体"，他恰恰要躲避父母的谋害。一个在孝道之始就遭遇巨大困难的人竟

---

[1]《孝经·三才章》："曾子曰：'甚哉，孝之大也！'子曰：'夫孝，天之经也，地之义也，民之行也。'"

然可以最终达到孝道之大（通三才，"德教加于百姓，刑于四海"），所以这个人成为孝行的永恒典范，激励着一代又一代好学君子。故孟子载颜渊曰："舜何人也？予何人也？有为者亦若是。"[1]

接下来"尧乃赐舜絺衣，与琴，为筑仓廪，予牛羊"：仓廪和牛羊，一个是庄稼，一个是牲畜，是两种能让人活下去的基本食物类型。然后是礼乐：絺衣是礼，琴是乐。既有粮食，又有礼乐。当然这个粢盛和牛羊也是祭祀可用的，也是礼乐的因素。在此之后，又叙述了一遍他的家庭状况，以及他在这样一个困难的家庭环境中如何维持他的极为艰难的孝道。这次叙述的时候，讲了两个具体的事情：一个是登高，一个是下地。登高是"使舜上涂廪，瞽叟从下纵火焚廪。舜乃以两笠自扞而下，去，得不死"：这蕴含着什么意思呢？你准备做天子了，或者是做普通的公卿大夫，你能上，你能下吗？一个能下的人才能上。舜是能上能下。他上去了，瞽叟和象想烧死他，让他不能下来，他想办法下来了，得不死。好，你能下，又能下到多深？"后瞽叟又使舜穿井，舜穿井为匿空旁出。舜既入深，瞽叟与象共下土实井，舜从匿空出，去"：舜能主动地深入洞穴，又能自如地走出洞穴。能通天地人三才，才能上下自如。《诗》云"文王陟降，在帝左右"[2]，《易》曰"天地交，而万物通也；上下交，而其志同也"[3]，此之谓也。

1　《孟子·滕文公上》。
2　《诗经·大雅·文王》。
3　《易经·泰卦·象传》。

气化、吊诡与自由：
《周易·系辞传》尚象制器章读解

绳缚网罗是不自由状态的古老隐喻。《周易·系辞传》在谈及先王"尚象制器"的时候，首尾两次谈到"结绳"："作结绳而为罔罟"，这是《系辞传》尚象制器章提及的第一件器物；"上古结绳而治，后世圣人易之以书契"，这是本章提及的最后一件器物。制器是人类文明的开端，而只有在文明生活中才谈得上自由或者不自由。使用器物的劳动把人与自然区分开来，使自然事物成为人的"对象"，或者说使整全的自然对于人来说开始成为一件一件的事物。

"自由"使人从"自然"中脱颖而出，但几乎就在同时，这个迥然脱出的"人"立刻就被"物"所包围、对待，他自身也立刻成为一种"物"（物化），陷入与万事万物的关系之中。使用器物的文明生活既是超出自然的自由生活，也是无往不在"关系"和"对待"中的不自由生活。器物是带来自由的文明开端，也是带来不自由的文明开端。文明就是自由与不自由吊诡共存的生活方式。这种吊诡直接体现在器物的"器性"和"物性"双重属性之中。读解《周易·系辞传》尚象制器章可能有助于我们思考何谓器物，以及通过器物来反思文明生活与天地气化的关系。在这个思考脉络中，关于自由的话题或许可以展开更为广阔的空间。

三代先王、十二件器物、两个绳结

《系辞传》尚象制器章一共谈到三代先王、十二件器物（可分为四组，每组三件）。首先是"古者包牺氏之王天下也，仰则观象于天，俯则观法于地。观鸟兽之文与地之宜，近取诸身，远取诸物，于是始作八卦，以通神明之德，以类万物之情。作结绳而为罔罟，以佃以渔，盖取诸离。""罔"通"网"，罟也是网。"佃"通"田"，田猎之义。上古打渔打猎都用网。《诗经》有《兔罝》篇，就是写张网捕兔之事。人从自然中出来，最初的劳动只是张网渔猎，获取自然中现成的食物和祭品。采摘植物亦如此类，《诗经》多有之。

值得注意的是，在《系辞传》这里（据说这是孔子写的），文明的开启者、八卦的创始人伏羲只做了网罟这一件器物。这件器物的制作"盖取诸离"，而离卦正是文明之卦。文明的起始以网罟为征象，包含了自由与不自由的深刻吊诡。这或许在警示后人：追求自由诚然是文明的基本冲动，但自由的追求必须容纳不自由的吊诡，否则，对于自由的简单理解和片面追求可能会陷入更深层的罗网之中。人类历史，尤其是以"自由"为目标的近现代人类历史，反复印证了这一警示并非多余。如果认识不到自由的吊诡性质或自由本身就内含深刻的不自由，那么，追求自由的结果必将带来新的不自由，这本身即是自由吊诡性的体现。

绳结的解决似乎蕴藏在《系辞传》"尚象制器"的最后一件器物之中："上古结绳而治，后世圣人易之以书契，百官以治，万民以察，盖取诸夬。""夬，决也"（《象传》），文字书契成为决

气化、吊诡与自由：《周易·系辞传》尚象制器章读解

断事物的利器。文字的决断可以使人更自由地脱离事物的牵绊，似乎心灵和文字就足以构成一个独立的自由世界，无待于自然。然而，这个相对独立的名言世界越发达，"名""实"之间的对待就越僵化，"伪"就越多，人不自觉地被遮蔽和遭受不自知的禁锢就愈益层层加固。文字带来更广阔的自由，也带来更深层的束缚。有形的绳结解决之后，无形的绳结加入到不自由的队列中，与原本已经至赜充塞的事物一起，成为更深层不自由的来源。在这个意义上，《庄子·齐物论》被解读为"齐物与论"（而非"齐物之论"）似乎是更深刻的。

于是，《系辞传》"尚象制器"的第四个器物开始引起我们的注意："黄帝、尧、舜垂衣裳而天下治，盖取诸乾、坤。"这是"无为而治"的经典表述，堪称中国政治的"原理想"，无论儒道。但这件器物非常特别，是《系辞传》所述十二件"尚象制器"中最不可思议的一件。它不是一个东西，而是一种状态，也许可以称为"自由的政治状态"。政治当然不是一个东西，但肯定是一种"制作"（所谓"制礼作乐"），所以在古人的用法里可以毫无困难地与网罟、耒耜、车马、宫室等器物并列在一起。

与政治相类的是第三件发明：市场。经济和政治这两件文明事物的发达带来人类生活的巨大变化。此前只是网罟和耒耜，分别对应渔猎和农耕。无论猎获动物还是培植庄稼，都只有人与自然的关系。"气"只在人与动物、植物之间流转。而一旦有了市场和政治，人与人之间的关系便成为文明生活的主要内容，人与人之间的气机

疏导成为政治经济的主要任务。

于是，第五件器物舟楫、第六件器物车马随即被发明出来，以便在人与人之间流转剩余的产品。而如果剩余过多、气化不畅、分配不公，就会导致社会问题，犹如气血堵塞导致身体的疾病。所以，用于防卫的"重门击柝"（第七件）和用于射击的"弧矢"（第九件）随后就被发明出来。夹在二者之间的第八件器物"杵臼"貌似与社会冲突毫无关系，但毋宁说正是冲突的直接征象，而且是与饮食相关的冲突征象（杵臼相互撞击以舂米）。门柝的防卫和弧矢的进攻只是冲突的表象，杵臼则指示了冲突的实质。

衣裳、宫室、气化政治

《系辞传》尚象制器章述及的十二件器物出现的历史顺序是耐人寻味的。文明初祖、尚象制器的始作者伏羲只做了一件东西："作结绳而为罔罟。"随后神农氏做了两件：农具耒耜和市场交易。两位先王制作的这三件可以视为一组器物。接下来，黄帝、尧、舜并列，被作为一个阶段得到叙述，制作了其余的九件。黄帝、尧、舜为什么合到一起说？司马迁《史记·五帝本纪》的书写或可与这里的叙述相互参稽。

黄帝、尧、舜的九件制作从"垂衣裳而天下治"开始，这是华夏政治文明的开端。这种政治文明形态有什么特点，可以从这里切入思考。我们或许可以提出一个仅供批判的"工作概念"：从黄帝、尧、舜开始的华夏政治文明形态是一种"气化的政治"。我曾写过

气化、吊诡与自由：《周易·系辞传》尚象制器章读解

一篇"治气与教化：《五帝本纪》读解"[1]，对这种政治文明形态的气化特点做过一点分析。《系辞传》"尚象制器"章以黄帝、尧、舜并称，以"通其变"概括这一历史阶段与此前伏羲氏、神农氏的不同，且以乾、坤二卦之大系诸"垂衣裳而天下治"的制度创作。这与《史记·五帝本纪》从黄帝开始记述、孔子删《书》断自尧舜，可能都是一个思路。这个思路便是"气化政治"的思路。从这个思路出发，阴阳二气与鬼神之义、五行气运与圣人行教、三才通贯与王者建国的关系都可以得到贯通的理解。中医思想的源头之所以也被追溯到黄帝，以黄帝命名医经，也是因为黄帝以来的气化思想奠定了中医的基础。医家所谓"上医治国"的理论依据正在于华夏政治和中医都是在黄帝气化论基础上发展出来的。

在气化政治学的脉络中，我们不妨思考一下：为什么"垂衣裳"可以"天下治"？"垂衣裳"和"天下治"之间有何联系？除了"垂拱"的姿态所提示的"无为而治"之外，《尚书·益稷》载舜对群臣曰"予欲观古人之象，日、月、星辰、山、龙、华虫，作会宗彝；藻、火、粉、米、黼、黻、絺、绣，以五采彰施于五色，作服，汝明"，也能提供重要的理解线索。在《益稷》的语境里，这段话紧接在"臣作朕股肱耳目"之后。舜任用的"八元八凯"群贤毕至，各尽其职。舜作为"帝"的主要工作是"谛听天命"、以德配天、垂范百官。所以治者气，所以教者象也，故《五帝本纪》云颛顼"治气以教化"。

---

[1] 发表于《海南大学学报》，2013年第3期，亦见收本书。

在气化政治的礼乐图景中，服章不只是可有可无的装饰，或者等级区分的标志，而是天地气化的垂象：从"日月星辰"到"山龙华虫"是从天到地的气化流行所现之象；从"藻火粉米"到"黼黻絺绣"是从地到人的气化流行所现之象。所以，"垂衣裳而天下治"的道理跟日月垂象、乾坤易简的道理是一样的，都是"君子之德风，小人之德草"或"桃李无言，下自成蹊"的无言教化之义。舜所谓"欲观古人之象"正是《系辞传》所谓"垂衣裳而天下治，盖取诸乾、坤"的一种体现。天地气交，虽万象纷呈而大道至简。体天地之道，观古人之象，执简御繁，故"垂衣裳而天下治，盖取诸乾坤"也。

《系辞传》尚象制器章述及的最后三件器物不再是直接的制作，而是改良型的发明。文明已有一定的积累，如何法天地之道以自新、寓质于文，成为后世圣人的主要任务："上古穴居而野处，后世圣人易之以宫室，上栋下宇，以待风雨，盖取诸大壮。古之葬者，厚衣之以薪，葬之中野，不封不树，丧期无数，后世圣人易之以棺椁，盖取诸大过。上古结绳而治，后世圣人易之以书契，百官以治，万民以察，盖取诸夬。"

房屋宫室是"阳宅"，坟墓棺椁是"阴宅"，文字书契可以营建意义的世界，似乎也与某种意义上的"宅"有关。在"尚象制器"的最后，人类文明生活被三重"宅院"层层包围。一直到今天的人类生活景象，并未超出这三重宅院的范围。不过，当《系辞传》的作者并置宫室、棺椁、书契的时候，却寓含了一气流行的变化于宅院之中，生死安之。如此，则可以"寓诸无竟"（《庄子·齐物论》），

气化、吊诡与自由：《周易·系辞传》尚象制器章读解

宅与不宅，惟变所适矣。

因此，无论是在"自由的制度之下"还是在"不自由的制度之下"，文明的宅院或人类的生活方式本身都是自由-不自由的吊诡结构。人有生有死，有阳宅有阴宅；政有治有乱，有自由有不自由。制度意义上的自由与不自由并非简单的对立、非此即彼，而是无往不在气化的吊诡之中。

绳结、网眼、牵牛

《易》云"一阴一阳之谓道"，吊诡并非气化的病态，而是基本常态。气化论的政治学不谋求自由对于不自由的"最后斗争"（左派）或"终结历史"的戏剧性胜利（自由民主派），而是致力于营建一个默化的、留白的空间，在其中每个人都可以回到他作为天地气化的本来过程之中（"天命之谓性"），即使这一过程是吊诡难测的。回过头来重读《系辞传》尚象制器章第一件器物"作结绳而为罔罟"，我们也许可以超出自由、不自由对待的简单思路，重新思考"结绳""罔罟"与"人""物"的关系，思考什么是人和事物，什么是"成己成物"意义上的自由。

"作结绳而为罔罟，以佃以渔，盖取诸离"：离卦是文明之象，用以渔猎的罔罟是人类文明活动的开端。上下皆实而中空的离卦既是网罟结绳、中有网眼的象征，也是人心中空而能容物的象征。"物"首先不是渔猎捕获的对象，也不是人心知觉的对象，而是渔猎这件事情、知觉这件事情的网络结点。这个结点的直接取象就是网罟的

绳结，见诸卦象就是离卦上下结实的阳爻。所以，"物"之"有"取决于"事"之发生[1]，犹如绳结之"实"依存于网眼之"虚"、离卦上下之阳爻有赖中间的阴爻才能成其为"离"。借用老子的句式，我们或许可以说：作结绳而为网罟，当其无，有网之用。

所以，在先秦文字里，过程性的"事"与实体性的"物"往往是同义的，两个字可以通用。"人""物"并不是兀自独立的"实体"，而是气化流行的结点，而且是吊诡的结点。《说文》解"物"谓："物，万物也。牛为大物。天地之数起于牵牛，故从牛，勿声。"这一极为费解的解释似乎可以从《系辞传》的绳结得到理解的线索。结绳于牛鼻而牵牛，使牛丽于绳而能牵之，正犹如结绳而为网罟，使鱼兽丽于网而获之，或如结绳以记事，使事丽于绳结而录之。唐兰释"事""中"二字，以为皆本"建旗以聚众"之义。[2]"事""物"皆有聚集之义。不聚则不有。但"事"之聚犹见气化流行，而"物"之聚则难免令人执着。见网眼之"中"，则绳结之为"物"亦莫非"事"也，莫非流行也。

"作结绳而为网罟，以佃以渔，盖取诸离"，韩康伯注云："离，丽也。网罟之用，必审物之所丽也。鱼丽于水，兽丽于山也。"在卦象的命名中，恰恰是用表示"分离""离开"之义的"离"字表

---

[1] 可比较《春秋谷梁传》末尾论"获麟"的书法："其不言来，不外麟于中国也；其不言有，不使麟不恒于中国也。""麟"之为"物"的"有无"并非"存有论问题"，而是"获"的"实践论-事件论"问题。
[2] 李圃、郑明主编《古文字释要》，上海教育出版社，2010年，315-316页。

气化、吊诡与自由:《周易·系辞传》尚象制器章读解

达"附着""附丽"之义。鱼丽于水而生,丽于网而死;兽丽于山而生,丽于罟而死。其生其死皆取决于其所丽。老子云"天地之间其犹橐籥乎?虚而不屈,动而愈出",盖天地亦一大网也,一大间也,一大离卦也,故伏羲观天法地、尚象制器的第一件器物即是网罟。在《易经》的气化大生命里,鱼兽之死于网罟,亦犹其生于山水。人类之制作网罟以佃以渔,目的不在于杀生,而在于养生,"赞天地之化育"。生是化育,死亦化育。有生有死才谈得上化育。

网罟为结绳所作,而结绳正是不自由的象征。结绳之为不自由还不只在于绳结的束缚性,而首先在于绳结是一个气化的结点、一个纠结、一个吊诡的东西。绳结正是一个一个的人和物的征象。在这个意义上,人之为个人、物之为个物本来就是有限的,不自由的。但如果看到绳结与绳结之间并不是断开的,而是连成一气的,而且因其互联而空出网眼的,那么我们就能认识到,绳结的有限性本身恰恰是其自由性的来源,因为只有绳结的有限性才能空出网眼的虚空性,犹如必死的可能性既是最大的不自由,也恰恰是人之为自由生命的前提。

伐柯与时中：东林书院《中庸》讲稿[1]

《中庸》是道的学问、生命的学问。没有什么东西不在大化流行的道中产生、发展、衰败和终结，但只有生命的存在有生息和死亡。生命的生息和死亡不是一个从起点到终点的线性过程，而是"生死之间"的整体性。在"生死之间"的有限生命中，每一个瞬间不再是线性过程中的孤立之点，而是敞开为一个生活的世界，在其中有鸢飞鱼跃的天空和大地、慎终追远的先民和来者。如此，则有限的生命竟然也能像生生不息的道一样高明博厚、悠久无疆。这便是《中庸》开出的道境和生命之境。

然而，吊诡的是：当生命处身其中的时候，他并不知道；而当他想要知道的时候，他往往不在其中。知必然包含一种静态的分别，而道却是整体性的过程。心为生命的自觉提供了可能性，也造成了困难。所以，孔子反复感慨"道之不行也，我知之矣，知者过之，愚者不及也；道之不明也，我知之矣，贤者过之，不肖者不及也"。"知"和"道"之间的关系并不像现代汉语的"知道"这个词那样不假思索地连在一起，而是充满张力。知者不一定知道，知道不一定行道，而只有在行道之中才有真正的知道，只有在知道中才有真正的知。

---

[1] 这是2016年秋在东林书院《中庸》会讲和"无锡国学专修班"上的讲稿。

伐柯与时中：东林书院《中庸》讲稿

"知道"或生命的觉知是一种活泼泼地生活在其中的，但又是自觉的浑然一体的知。这种知不是抽象的、对象性的、形式化的知识，而是具体生活中的生命自觉和物我感通。这样的自觉和感通是充实的、有光辉的、往来不绝的"诚则明矣、明则诚矣"。生命的实情构成了知道的基础，而知道本身就是生命觉知的实情。故《中庸》首章即云："道也者，不可须臾离也，可离非道也。"这并不是因为"道"构成了"存在的本体"或"万物构成的原理"，而是因为"诚者自成也，而道自道也（后一"道"字通"导"字，须念作"导"）"：只有在"道之自导"中，才能获得我的充实、物的成就（"不诚无物"）。

这层意思在"伐柯"的譬喻中得到生动的阐发："子曰：道不远人。人之为道而远人，不可以为道。《诗》云'伐柯伐柯，其则不远'，执柯以伐柯，睨而视之，犹以为远。故君子以人治人，改而止。""柯"既是右手拿的斧柄，又是左手拿的树枝；既是用以砍伐树枝的斧柄，又是被斧柄砍伐的树枝；既是修整的榜样，又是修整的对象。在"执柯以伐柯"的"诚者自成"行动中，心、眼与手相感、相应、相诚（相诚所以相成，诚者感应之实也），犹如"道之自道（道者导也）"，在整体的观照和行动中浑然一体，"无入而不自得"，物虽远而犹近。[1]

---

[1] 一说"其则不远"的意思是以"柯"即斧柄作为量具，此说亦通，仍然需要"整体的观照和行动中的浑然一体"才能发挥其量具功能，因为斧柄用于测量时无法用于砍伐，用于砍伐时无法用于测量，所以，砍伐时须目测长短，测量时可估摸砍伐幅度，正所谓"言顾行，行顾言"之状也。

生命的默化：当代社会的古典教育

相反，如果脱离这个"道自道‐诚自成"的行动整体，对象性地去看一端，或不顾斧柄而只看树枝，或不看树枝而独察斧柄，则必然偏斜，与人相远、与物相远、与己相远："睨而视之，犹以为远"。一旦离开过程性的"时中"（这个"中"实无定点，只是"执两而用中"的中庸之道，中庸即用中，庸亦用也），从"执两用中"的中庸状态中脱离出来，想要"正视"其中一端，这样的"正视"对于行动整体的"时中"而言，反而会成为斜视，因为它只顾及一端，未能"并育而不相害"，更未能"川流""敦化"。

在这样的斜视中，由于脱离"为道"以求"知道"，必然导致树枝与斧柄的分离、伐柯与法则的分离、身与心的分离、人与我的分离、政治与修身的分离、学问与德性的分离，乃至所有事物之间的分离、去远、漠不相关。如此，则成就一个不仁的世界、无感的世界、技术的时代、机械的时代。也就是一个哈姆雷特所谓脱节的时代、掉链的时代，也就是"不在道上"的"无道"的时代。子曰："道其不行矣夫！"《中庸》正是为这样的时代而作。面对现代性的深重困境，《中庸》不但没有过时，反而有着无与伦比的当代意义。只是，现代人恐怕已经傲慢到无可救药，虽《中庸》之含弘通达亦无如之何矣。

当然，另一方面，正如我在十年前的文章《睨读中庸》中曾经分析过的那样[1]，如果执着于"道"本身，想要"正眼看它"，以

---

[1] 参拙著《在兹：错位中的天命发生》，上海书店出版社，2007年。

便于"看得更清楚",那么这里发生的事情,仍然会像伐柯譬喻中的对象性观物一样"睨而视之,犹以为远"。与之形成吊诡对照的是,在"时中"的"行道"过程之中,兼顾两端的"睨视"或眼睛余光对于周遭的仁性照拂,恰恰是达致中正的"致曲"之路。中正并不是端着架子,死盯着一个不变的几何中点,目不斜视,而恰恰是通过一种兼摄的、散焦的、气化的、变换角度的"睨视"而来动态地实现"时中"。斜正的关键并不在于视角的正对与否,而在于看视之人是在行道中为了行道而看,还是在道化过程之外为了看而看(即使是为了看"道本身")。道行,则无往不正,虽然在每一个定格的瞬间可能恰恰是斜的;道不行,则虽正犹邪、似正实邪。

《中庸》所言,不过是天地之间的人道。"人道"这个词在"无道"的现代世界只被理解为人的权利,丧失了"道"的意涵。现代思想一定要去掉"道",据说是为了"人"。出于"人道主义",为了"人权",一定要"推翻道的统治""把人性从道的压迫中解放出来"云云。至于"人性"是什么呢?现代人以为不过是基本生理需求而已。基本需求固然重要,但只是人性实现的物质条件,并不是人性本身。在古典思想看来,无论在中国还是西方古典那里,这种现代人性思想恰恰是对人性的遮蔽。现代哲人说"人死了",诚为现代写照。当现代人挣脱"道""解放人性",人类就进入一个"无道"的世界,人性也就荡然无存。

《中庸》的道理说到底就是一个"诚"字,也就是各尽其性的生成。天之为天,地之为地,人之为人,都是"诚者自成也,而道自道也"。"夫焉有所倚？肫肫其仁，渊渊其渊，浩浩其天"：这是一个相互感通的气化混沌世界，也是一个各尽其性的个体生命世界。万物生成既是各正性命的过程，也是相互感通的气化流行。各尽其性既是各自的成就，也是对他物的成就。任何一件事物的存在和变化都是其他事物存在和变化的条件，同时，每一件事物都有自身的界限。故《中庸》云："诚者物之终始，不诚无物。""诚者非自成己而已也，所以成物也。"

"执柯伐柯，其则不远。"然则，此柯与彼柯同乎？异乎？一者欤？二者欤？"睨而视之，犹以为远"，则同不兼异、异不兼同，见一不见二、见二不见一，不立"时中"之大本，中之时用亦不行矣（"用"即"庸"）；执之，伐之，"时措之宜"，用在其中，本斯立矣。故曰"唯天下至诚，为能经纶天下之大经，立天下之大本，知天地之化育"也。

于是这里就蕴含了天人合一基础上的天人之分："诚者天之道也，诚之者人之道也。"天生万物之中，惟人有心之自觉。心非他也，天地之化，见诸人者也。人之用心，犹天地之运化也；然而，"诚者天之道也"，天地化物"不勉而中，不思而得""无为而成"也，是以天无不覆、地无不载、物无不成也，故天地之化溥博无私也。人心之用则存乎其人，故曰"人心惟危，道心惟微，惟精惟一，允执厥中"：惟诚之者能尽其心，能尽其心者，则能尽其性，"能尽其性，则能尽人之性，能尽人之性，则能尽物之性，能尽物之性，则可以赞天地之化育"，赞天地之化育者，心与化同体，而性与天同用也。心化同体者，中也，"天下之大本也"；性天同用者，庸也，"天下之达道也"。故中庸者，"性之德也，合外内之道也"。

故中庸之道，于人则诚之者尽心之道也，于天则诚者自化之道也，故《中庸》论"至诚无息"者，天乎？人乎？天也，人也。天之化物，圣人之用心，一也，莫非诚也。故"致曲有诚"者，"至诚能化"者，亦天也，亦人也。然而，天无不化，而人有诚之能尽者，亦有不诚而未尽者；尽则化，不尽则不化；化则公，公则道心惟微，不化则私，私则人心惟危。故人之于天，诚之不息；天之于人，命之不已。性日生日成，心日反日诚。天无成命，人无成心，故"君子终日乾乾，夕惕若厉"，乃"无咎"矣（或读"夕惕若，厉无咎"）。

故"执柯伐柯，其则不远"者，无成则也。所执之柯，则也，非执无以为则；所伐之柯，则之用也，非伐无以为用。所谓"不远"者，执顾伐，伐顾执，君子慥慥乎其中，道化远近也，执两用中也。故伐柯之道，亦犹天地之道，"其为物不贰，则其生物不测"也：精诚专一，所以变化莫测也。故此柯彼柯同欤异欤？一耶二耶？曰：一而二也，二而一也，化于"执之""伐之"之行也。二者所以异者以此也，所以同者亦以此也，莫非道也。

生命的默化：当代社会的古典教育

现代性吊诡与跨文化古典复兴：
法兰克福提纲[1]

现代中国的本质及其未来命运远非自明之物。面对中国现代性，人们遭遇了前所未有的混杂性和充满吊诡的复杂局面。[2] 线性的"进步史观"或任何一种单纯来自现代西方的"主义"都难以自洽地解释这片土地上发生的事情。现代学者和社会工程专家只是用不同的方式来"诊断"和"治疗"现代性的吊诡，然而问题首先在于理解什么是吊诡。这要求我们不得不重新开启中西方古典哲学的深层意蕴。在这个问题上，无论古希腊的辩证法还是中国古老的《易经》，都具有非常先锋的当代意义。

近来"中国文化复兴"的要求既是现代中国自我理解的需要，也是中国文化回应全球现代性问题的需要。实际上，"中国文化复兴"并不只是最近才兴起的思想趋势，而是伴随中国现代化过程始终的潜在要求，只不过在目前的历史条件下才开始成为人们瞩目的焦点。而且，这个"历史条件"不只是人们常说的所谓"中国崛起"，而

---

[1] 此文是 2015 年 7 月和 2016 年 7 月两次在法兰克福大学社会研究所的"通三统"工作坊及魏玛包豪斯大学的书画工作坊上的报告提纲。法兰克福和魏玛工作坊都是何乏笔（Fabian Heubel）教授组织的，已形成年会形式。法兰克福工作坊以政治哲学为主要议题，魏玛工作坊以工夫美学为主题。

[2] "吊诡"一词出自《庄子·齐物论》，西文对应词"paradox"，或译"矛盾""悖论"，但不及吊诡意蕴丰富，因为"吊诡"有积极的使用，而"矛盾""悖论"较多负面意义。

现代性吊诡与跨文化古典复兴：法兰克福提纲

且是指当代全球社会日趋严重的现代性困境。所以，不难理解，为什么近来日益发展的所谓"中国文化复兴"竟是伴随着"西方古典文化复兴"而同时兴起的，是一种"跨文化的古典复兴"。

更进一步，当代中国"跨文化古典复兴"中的"跨文化"并不是在现代性的"全球世界"意义上的"相对主义多元化"，而是基于"中国"这个词的原初意义即"天下"视野中的"通达"：这既意味着空间层面的中西之间"和而不同"的沟通，也意味着古今之间保持张力的、互相批评和互相建构着的"曲通"。[1] 保持张力的"和而不同"与"曲通"都是吊诡的沟通。

当代中国所以可能有效地发生吊诡沟通的前提在于：一、"天下"意义上的"中国"[2] 及其"通三统"的《春秋》义理在当代的重新启动，可以为古今中西的吊诡沟通提供政治哲学的话语空间；二、中国源远流长的"气化与吊诡"的思想传统（以《易经》为主要源头）在当代的重新启动，可以为古今中西的吊诡沟通提供理论哲学的思想方法和言说方式。源自古希腊哲学的"辩证教育"也通过施特劳斯的柏拉图解释而为当代中国贡献了吊诡沟通的可能性条件。三、中国古典艺术的"修养与转化的主体养成"练习传统的重新启动，为古今中西的吊诡沟通准备了"人的条件"，或者说提供了修身伦理学、实践美学和生活方式转化的可能性。下面分别就这

---

[1] 何乏笔根据牟宗三思想提出"曲通"说，参何乏笔在法兰克福工作坊的报告。

[2] 根据春秋公羊学，"中国"的古典涵义不是"民族国家"，而是开放的生活方式和生活意义的竞争场域，是为"天下"意义上的"中国"。

三点展开论述。出于行文方便,我将采用提纲式的写作,以便勾勒出一个大体轮廓。详细论证散见于我的各种经典文本解读工作。

一、"通三统"作为当代政治的建设性批判资源

1.1. 中国现代化过程中最深层的改变在于"中国"含义的变化。原本"天下"意义上的"中国"逐渐缩小为"民族国家"意义上的"中国"。"天下"并不是西方熟知的"帝国"。"天下"是一个政治文明概念,不是权力统治或疆域概念。"中国"的原始涵义是一个生活方式和生活意义的规范性概念,而不是现代化之后的"民族国家"建制。《春秋》华夏退而为夷狄,夷狄进而为华夏。"天下"意义上的"中国"是一个开放的生活意义空间,在其中,不同的政治文明和生活方式"和而不同"地吊诡并存,展开富有张力的德性竞争。

1.2. 这种吊诡并存而良性竞争的结构被称为"通三统","通三统"而不导致恶性战争和分裂的"和而不同"的"天下"被称为"大一统"("大"是动词,意为"轮流以三统中的某一统为大")。在"大一统"和"通三统"的"天下-中国"政治实践中,儒学逐渐形成一种"富有建设性的批判品格"和"富有批判性的建设品格"。

1.3. 在当代世界的吊诡现代性处境中,"天下""中国""通三统"的理论资源有必要重新开启,成为当代社会的批判资源和建设资源。事实上,无论在先秦、宋明还是在近代"新文化运动"中,儒家都是一种重要的社会批判资源和建设力量。儒家从来不是简单的"异

议者"和"革命派",也不是现代人惯常污蔑的妥协者和"权力帮凶",而是批判性和建设性吊诡并存的士大夫、学者、读书人和文官。除了在古代中国,这样一群人在世界各国的历史经验中是非常罕见的。

1.4. 主要由于儒家文教的影响,中国曾经形成了这样一个特殊群体:一个同时是"学习的共同体""修养的共同体"和"文官士大夫共同体"的特殊人群和生活方式。重新激活他们在自我修养生活、家庭和社会政治生活中的"批判-建设"吊诡并存经验,可能有助于现代性吊诡问题的不解之解。社会专家只是用不同的方式解决问题,而问题在于形成问题的人。

1.5. 儒学自古以来就是一种建设性的批判理论,或者批判性的建设理论。所谓"极高明而道中庸":儒学的政治理想是激进的,因而富有批判精神,未尝满足于当世;但同时,儒家士大夫的政治参与总是从现实形势出发的、顾及历史脉络和未来可能性的建设性参与。这种建设性的批判理论或者批判性的政治参与,在儒家政治哲学中突出体现为"通三统而大一统"的思想传统。

1.6. 通三统可以有多维度的涵义。可以是通夏商周三统、忠敬文三统、黑白赤三统、天地人三统,也可以是通帝、王、霸三统(帝统道家,王统儒家,霸统法家)、过去现在未来三统,还可以是新进提出的儒家、自由主义、社会主义三统。这些不同的三统表述有一个共同点:它们都是"极高明而道中庸"的,都是带有批判精神建设理论,或者有建设精神的批判理论。无论如何表述,在三统之间都有着富于张力的统一性,或者富于统一性的紧张度。

1.7. 大一统不是大统一。大统一是取消张力和差异性的统一性，是缺乏批判性的一致性、同质性。当然，大一统也不是价值虚无主义的"多元主义"。虚无主义的多元主义实际上是伪多元主义，因为它在肯定一切的外表下实际取消了一切，而且使得多元价值之间漠然不相干、兀然对立，缺乏对话和良性竞争。因为对话和良性竞争的前提是对真理、正义、德性等实质价值的追求兴趣。

1.8. 大一统的"大"字是动词，是以一统为大、它统为小，大而化之，两存而兼通之，一以贯之而不遗，虚而待之而不固。出于人类的局限性，没有一统可以完美长存。世易时移，大统弊端日显则逊为小统，小统救弊日切则升为大统，此之谓"革命"。古典意义上的儒家革命是谦逊的、带有批评和自我批评精神的建设性理论和实践，有协商共和的品格，故《礼记·礼器》云"礼，时为大"（因时而变的革命本身即是"礼"之大义）。

1.9. 协商共和是"通三统"的本质。"通三统"的"通"并不是取消三统之间的差别和张力，而是在"大一统"的同时兼存其余两统，以便形成文质相复相救的动态平衡机制：文弊则以质救文，质胜则以文救质。时欲质，则以质为大，张大质统；时欲文，则以文为大，张大文统。"通三统"的理想，一言以蔽之，曰"文质彬彬"。"通三统"是文质共和的政治哲学，其道学基础是《易》所谓"一阴一阳之谓道"。

1.10. 在现代语境中，通三统的本质是以古典思想为第三方和批判性协调人的自由原则与平等原则的相反相成、自由主义与社会主义的协商共和。因此，现代通三统是古今共和、文质共和。这不仅适用于现代中国，也适用于西方。现代中国急需以儒家为第三方、批判者和协调人的自由主义 - 社会主义共和，现代西方也急需以柏拉图古典政治哲学为第三方、批判者和协调人的自由主义 - 社会主义共和。儒学的最新开展必须同时包含对西方现代自由主义、社会主义和西方古典政治哲学遗产三种传统的全面消化吸收，然后，儒学才有能力在现代中国通三统建设中起到有效的批判、协调、共和工作。西方也有必要吸取中国儒家传统的经验。实际上，在欧洲启蒙运动中，已经有过积极的吸收和影响。将来仍须加强。

1.11. 古今文质之辨：就主权者而言，君主为质，民主为文，因为君主有可见人身，人民抽象，须由"代表"的间接机制进行统治。"代表制"即"文制"，犹如符号文象的指代性。不过，另一方面，就政治正当性的理由而言，君主为文，民主为质，因为君主之所以能享有治权是因为君主能"代表"天命，"代天牧民"，而民主统治的理由仅在于其自身，"of the people, by the people, for the people"。

1.12. 王霸之辨：儒学从来就是一种富于建设性的批判理论，古代如此，今天仍然如此。它不会简单地拥护主权者，也不会一味拆毁现存秩序。"良药苦口利于病，忠言逆耳利于行"：它总是以一种不太令主权者高兴的形式为主权者的未来深谋远虑，以一种不迎合、不乡愿的态度为主权者尽忠竭诚。在君主制条件下如此，在民主制条件下仍然如此。批判性、进谏性的尽忠竭诚，突出体现为王霸之辨。

1.13. 民主政治的王霸之辨：君主有可能被"挟持""架空""名存实亡"，民主因其"代表机制"更容易发生盗用"民主"之名的僭政。霸盗君主较容易被识别，因为君主有人身，其行为有喜怒，仁暴易辨；霸盗民主不容易被识别，因为人民抽象、无自然人身，代表制曲折，有欺骗性。在君主制下，儒家政治的批判性表现为"尊王攘夷"的王霸之辨；在民主制下，王霸之辨的批判性仍然不减，仍然有必要进行王霸之辨，"尊王攘夷"，实行真正的民主，而不是民主僭政。"王"在君主制中指"天下往归""通天地人三才"的君主，在民主制下指真正能代表人民的权力机构。王霸之辨的方法是孔子所谓"正名"，君主制如是，民主制亦如是。君君臣臣父父子子，人民人民：以人民为人民，勿以少数特权利益集团或资本操控"人民"之名而行僭政之实。

1.14. 现代政治语境中的通三统：自由主义可能产生民主僭政，需要王霸之辨的批判纠偏，社会主义也可能产生民主僭政，需要王霸之辨的批判纠偏。在现代政治生态中，自由主义一统并不自足，需要社会主义一统补充救弊之；社会主义一统亦不自足，需要自由主义一统补充救弊之；自由主义和社会主义的相反相成亦不自足，需要儒家批判传统补充救弊之。犹如夏统之"忠"须商统之"敬"以救之，夏商二统合在一起的"质"又须周统之"文"以救之，自由主义的"自由"须社会主义的"平等"补救之；自由主义和社会主义的共享的"民主"又须儒家的"教民"补救之。

1.15. 以人民为大，向人民进谏："忠言逆耳"，现代人听见"教民"这个词时候的反感，犹如古代君主听见忠臣直谏时候的反感。我是主权者，我统治一切，我还需要你教吗？现代人民的骄傲自满与古代君主的不可一世如出一辙。主权者的傲慢和刚愎自用从来没有变过，儒家早见怪不怪了。过去君主需要犯言直谏的帝王师，现代民主也需要敢于违反现代"政治正确"的人民教师。人民教师首先必须忠于人民、拥护民主，其次，人民教师不是人民的奴仆佞臣，而是忠言逆耳的劝谏者、教育者、批判者。"忠于人民"是大"人民"这一统，是人民的大一统，"教民"或"向人民进谏"是民主时代的"通三统"。

1.16. 儒家的批判性是现代通三统的可能前提：自由主义、社会主义只是在用不同的方式解释谁是人民、如何代表人民，而问题在于教育人民，无论人民是谁、如何代表。现代各种"主义"都是人民的"佞臣"，理论上对现代主权者"人民"阿谀奉承，从不敢批评；另一方面，奉承的目的又在于盗用其名，行霸道，做僭主。正如柏拉图对话《高尔吉亚》篇所示，一边是提供美食的厨师，一边是提供苦药的医生，主权者（无论君主还是人民）选择哪一边是不言而喻的。而无论时代和政治制度如何改变，儒家士大夫的政治使命从来没有变，那便是在忠于主权者的同时劝谏它，以建设性的态度批判它。在儒家、自由主义和社会主义的现代三统中，儒家是宝贵的另类批判资源，是保证三统能通的前提，因为只有它能在共享民主大统的前提下超出民主的局限性。

1.17. 古典文教的现代新命："子曰，以不教民战，是谓弃之。"以不教之民参加战争是弃之不顾，以不教之民参加选战也是弃之不顾。古典文教的现代新命在于通三统的公民教育。长期以来，为了配合革命动员，自由主义革命者和社会主义革命者进行了前赴后继的古典知识改造、古代历史重述，严重削弱了古典文教（无论西方古典还是儒家传统）的批判本性和批判功能。为了论证现代性的正当性、合法性，现代知识人不惜阉割矮化古典文教，把古典政治哲学打扮成不自由的奴隶思想、未开化的愚昧思想、黑暗专制的野蛮思想，于是，对于现代文明自身的弊病，严重缺乏来自古典视角的批判反思，略有反思，也往往是更加现代性的极端左派或极端右派思潮。

二、气化、吊诡、变与化：古典文教的当代意义

2.1. 现代社会由于长期缺乏古典文教，只有马克思主义意识形态和自由主义意识形态的对抗，以及由此导致的"末人"的价值虚无主义与"原教旨保守主义"的对抗。这两组对抗都是现代性吊诡的表现，其根源都在于缺乏对于吊诡的自觉认识。在这种吊诡处境下，意识形态化的"极端原教旨保守主义"被打扮成古典文教的替代品，与现代文明的缺陷形成对抗，但它本身毋宁说恰恰是现代虚无主义和意识形态化的最极端表现形态。

2.2. 因此，相对温和的自由主义和社会主义能否真正敞开胸怀，从现代性的自我神化、自我膨胀的迷梦中醒来，听一听孔子和柏拉

图的善意批判，把古典文教的批判性纳入到现代公民教育中来（而不只是点缀或歪曲利用），抵御"末人虚无主义"和"极端保守主义"的双重夹击，是现代性能否持续健康发展的关键。

2.3. 一系列轰轰烈烈的、以各种意识形态为背景的现代革命陆续上演之后，人类生活并没有变得越来越好。问题越来越多，矛盾越来越大，处境越来越严峻。越彻底的革命方案带来越严重的问题，越急于解决吊诡越带来更加吊诡的矛盾。于是，"究竟什么是吊诡"的问题开始进入当代反思的视野。

2.4. 从《易经》《庄子》和《中庸》的儒道思想出发，如下几点基本思路开始逐渐明朗起来：

2.4.1. 现代性的基本特点似乎主要是由各种片面化的诸意识形态来标识的。

2.4.2. 任何一种现代意识形态，无论其为左右派的还是"保守主义的"，其基本特点似乎都是要尽量形成"理性主义的单一化立场"或者"信仰教条的排外立场"，也就是说，都是"反吊诡的"，或者至少都是"非吊诡的"。

2.4.3. 但吊诡的是，恰恰是这些"反吊诡"或"非吊诡"的诸意识形态带来越来越严重的吊诡现代性局面。

2.4.4. 这种吊诡现代性局面是一种"外在吊诡""消极吊诡"或"不自觉的吊诡"。

2.4.5. 这种"外在吊诡""消极吊诡"或"不自觉的吊诡"诚然是一种"问题"或"病态"，但如果仍然使用一种"反吊诡"或

"非吊诡"的单一化意识形态立场和方法去谋求"解决现代性吊诡问题",那么,结果只会陷入更加深重的"外在吊诡"局面。

2.4.6.《易经》《庄子》和《中庸》的智慧提示我们:为了"解决吊诡问题",很可能首先需要培养一种"内在吊诡"的思想方法和修养主体,突破现代性意识形态对人的片面化、单向度化、实体化、意必固我化,养成一种平淡默化的能力、"以不解解之"("悬解")的"积极吊诡"能力。

2.4.7. 因此,教育、工夫、修养与转化,而不是革命、推翻、改造和"设计",才是"积极吊诡地走出被动吊诡"或"内在吊诡地走出外在吊诡"的可能方向。

2.4.8. 因此,"气化的本体论"和"工夫论的美学"不得不成为当代政治哲学和批判理论的关键论域,而这些正是儒家"六经之教"传统中的核心要义。

2.4.9. 在这个意义上,"中国文化复兴"的意义恰恰不是"保守主义的"和"民族主义的",而是"当代的""世界的"和"跨文化的"。尤其当我们注意到当前的"中国古典文化复兴运动"同时也是一场"西方古典文化在汉语世界的跨文化生成运动"的时候,就更是如此。

2.5. 古典文教之最要者在《易》教(涵摄柏拉图所谓"辩证的哲学教育"),最切者在《诗》教(含广义的艺术修身)。所以,承上面的政治哲学讨论而来,下面拟分论《易》教观物之气化,与夫《诗》教养性情之中和。

2.6.《易》教与《诗》教的关系,或"气化本体论"与"工夫美学"之间的关系:观物之气化与吊诡,所以知主体之"毋意、毋必、毋固、毋我";养"工夫主体"之性情中和,所以知"不诚无物"。"成己"所以"成物","成物"所以"成己"。"物"与"我"之间是一气之化:既是物化(质),也是文化(文),是物我之间、文质之间吊诡的"曲通"。

2.7.《易经》作为"《易》教",犹如《理想国》里的"辩证"作为"城邦护卫者的哲学教育",都是一种"气化主体"的习练和养成过程。在这个意义上,"《易》教""辩证"和"哲学"的本义乃是工夫论意义上的生活方式、自我养成。这是"理论哲学"所以产生的生活本源。

2.8.通过"辩证的工夫"或《易》教的涵养,"困难的自由心性"得以逐渐养成(《尚书》:"人心惟危,道心惟微,惟精惟一,允执厥中"),"复杂而单纯"的事物理解得以养成(《易传》:"至赜而不乱")。这个主体养成过程在儒学传统中被称为"变化气质"。在"本体论"意义上,这种教育-伦理学相应于"气化论的事物理解",在"美学"意义上则相应于"工夫论的艺术习练"。(也可称之为"气化论的艺术习练"[1]。)

2.9."气"与"化"。无论"气化论的事物理解"还是"气化论的艺术习练",要点皆在"化",而不在"气"。"唯物论"的

---

1 参《庄子·人间世》"听之以气"的"心斋"。

"气"物而不化,恰恰是"气化论"的反面,"唯心论"或"唯理论"对"气"的批评也完全未能理会"气化论"的要义。在"气化论"的提法中,"气"不过是"化"的取象。气聚而成物可象,散不可见而非无,最能一有无虚实,又能分物我彼此,故以"气"论"化"则象具而不泥,以"化"论"气"则道行而不虚。非取象于"气",化甚难言,尤其难与"变"相区别。

2.10. "变"与"化"。"变"是一个东西或状态"变成"另一个东西或状态。"变"是"二"的结构,容易导致宰制性的权力关系,或者对抗性的"外在吊诡"(变或不变,这是一个问题)。"化"则以"气"为中介,"澹然无极""不与物交"(《庄子·刻意》),形成鱼可相忘其中的"江湖",使人可以涵泳其中得到自我教化,也可以使物在其中潜移默化。

2.10.1. 化是连续的变,变是貌似断裂的化。故《周易·系辞传》云:"化而裁之谓之变"。化的裁断才是变。

2.10.2. 变既是化的阶段性完成,也是化的假象。但只有通过变的假象,化才能被感知,而同时,正因为只有通过变才能感知化,所以化也往往被变遮蔽。

2.10.3. 变是对立的"二"的外在吊诡或消极吊诡,化是"一"和"三"之间的"二"(这个意义上的"二"可称之为"两")的内在吊诡或积极吊诡。"一"可以避免"两"的对抗性,使非暴力的"化"得以可能,使"两"的关系成为内在吊诡或积极吊诡;"三"可以带来"两"之吊诡的生动性,使"两"的积极吊诡成为创生性的吊诡，生生不息。

2.10.4. 变与化之间的关系，正是革命和默化之间的关系，也是展示艺术和修养艺术之间的关系，或权利主体与工夫主体之间的关系。这个区别可贯穿形而上学、政治哲学、伦理学和美学。

2.10.5. 作为问题或病症出现的现代性吊诡是外在吊诡或消极吊诡，其产生根源正在于不知化、不求化，片面割裂古今中西，以意识形态对立的态度追求变：以今变古、以西变中，以为这种轰动视听的变就是革命，结果造成冥顽不化的现代性痼弊。

2.10.6. 解决"外在吊诡"的现代性问题的方法，不能再从隔绝对立的"变法"或轰动视听的"革命"思路出发想问题了，因为那样只能继续加剧现代性的外在吊诡。当代跨文化古典复兴已经提供了另外一种可能性：即从"通三统"的"化法"或潜移默化的"教化"思路出发想问题，形成内在积极吊诡的文化和生活方式。

2.11. 于是，这意味着：修养，即功夫主体的化成，而不是轰动视听的"政治制度革命"，应该成为现代性吊诡处境中的首要任务。

三、工夫美学与气化主体的养成：古典艺术的当代意义

3.1. 艺术作为展示还是作为修养？在作为展示的艺术中，艺术家与艺术品、艺术品与受众之间，都是外在吊诡关系。作为修养的艺术则不然：修养是一种气化的涵养，无论艺术家、艺术品还是受众都涵养在这"一片化机"之中，发生潜移默化的物我交融、古今对话，从而变化气质。

3.1.1. 在这个过程中，不但艺术家和受众"变化气质"、养成气化主体，而且就连艺术品本身也发生了变化。

3.1.2. 音乐作品的每一次演奏都发生在演奏者和听众之间的气化感通之中，因而每次演出会因场景不同而成为一场新的创作。古琴打谱则更是充满丰富可能性的古今对话：对于同一个古代琴谱，不同琴家打谱出来的版本可以有很大区别。

3.1.3. 书画艺术品的历代题跋，更是表明每一件书画艺术品都是处在古今对话之中的"未完成品"或"待完成品"，也就是说，书画作品并不只是用于展示的"视觉艺术品"，而是在贯穿古今的、沟通物我的、连绵不断的"工夫修养脉络"中的"气化艺术品""工夫修养道具"。书画艺术品的创作出于艺术家的气化状态和工夫修养活动，其被收藏和鉴赏也是欣赏者得以进入气化状态和工夫修养的渠道；就其本身而言，书画艺术品本身也是身处气化中的物，是在历史时间中的"工夫品"。而在气化和工夫脉络中的"物"（Ding）则是"事情"（Sache）或"事物"（Ereignis）。

3.1.4. 现代博物馆和展览机制以"保护、研究和欣赏"的名义，粗暴割断了历代书画作品的"题跋生命线"，把它们从历代文人修养的气化生命脉络中隔离出来，阻断了作品所连接的书画修养历史传统，人为建构出展示艺术的格局。原来处在持续生成的题跋脉络中的作品，从修养的道具（修道之具）变成了对象化的研究材料和观看对象。书画作品本来是一件"事物"，一件能使创作者、鉴赏者、题跋者共同（共时性地或历时性地）"参与其事"的"事物"（气

现代性吊诡与跨文化古典复兴：法兰克福提纲

化流行之物即为"事物"），但在展示艺术中却变成了一件脱离气化流行的孤立之物。现代观众隔着玻璃橱窗观看艺术收藏品的对立吊诡格局，是现代社会结构和事物存在方式的隐喻图景。[1]

3.2. 事物与气化。"物"在古文中本来包含"事"的意义；"情"也有"情实"之义。对象化的"物"是现代中文思想从气化脉络中割裂出来的孤立之物，孤立"个人"亦如是。脱离气化脉络的孤立物品和孤立个人之间（以及人与人之间）相互冲突，便形成外在吊诡的现代性困境。困境之源并不在吊诡，而在人物孤立的现代性。解决现代性吊诡的根本方法并不在消除吊诡，而恰恰在于回到吊诡性的气化脉络中，形成内在吊诡的事物世界和人类生活方式。作为工夫修养的艺术习练是形成气化的事物世界和人类生活方式的重要方面。[2]

3.3. 事物与行道，或事物的气化发生与仰观俯察的行道生活。气化论的事物理解相关于行道的艺术生活。事物（Ereignis）是气化本体论的存在方式，与之相应，行道是工夫美学的具体生活方式。作为工夫习练的艺术活动所要体察和取法的是事物的气化发生（"气韵生动"），在此过程中，艺术习练者自身的生命也融入大化流行，为之氤氲鼓荡，激浊扬清，"鸢飞戾天，鱼跃于渊"，仰观俯察，

---

[1] 何详细分析可参拙文《画道、易象与古今关系》，见收拙著《道学导论（外篇）》，华东师范大学出版社，2010年。

[2] 关于事物与气化的关系，更详尽的分析可参见拙文《气化、吊诡与自由：周易系辞传"尚象制器"章读解》，见收本书。

117

道化不已。一件伟大的艺术品给予观者的，首先正是这一片化机，引人入道。道者导也。作为工夫修养的艺术本质上是"进乎技矣"的行道导引。

3.3.1. 所以，在这个意义上，临摹、写生、创作之间并无本质区别。历代文人的工夫修养书画传统向来如此理解临摹、写生和所谓"创作"之间的关系。三者之间有区别，但一气贯之，是良性的内在吊诡关系。临摹是"与古为徒"，属"地道"（历史传统）；写生是"与天为徒"，属"天道"（天地自然）；创作是发生在"我"里面的天人物我古今对话，属"人道"（身心性情）。在书画工夫修养中，三者缺一不可，共同组成天地人三才的完整工夫修养世界。

3.3.2. 相比之下，现代艺术训练方式是隔绝天地人三才的"对立之二"的外在吊诡结构：临摹与创作形成古今对立，写生与创作形成物我对立。于是，脱离气化脉络的"艺术家个体"的"风格焦虑"和"创作强迫症"片面强调"表现"，而"表现"的目的又是为了"展示"，于是在"表现"与"展示"之间又形成艺术创作与艺术产业之间的对立、艺术家与艺术资本之间的对立，其本质是当代艺术家的"孤立个体生活方式"与"孤立之物的现代世界存在方式"之间的外在吊诡关系。作为工夫修养的艺术生活堕落为展示和收藏的艺术产业，相应于本体论上事物的气化关联堕落为孤立人物的现代世界，以及社会政治层面的消极自由主义和技术宰制统治。

3.4. 模仿与取象、得意。与展示的艺术相应的物是脱离气化脉络的孤立之物，因而展示的艺术创作活动被理解为"模仿"

（mimesis）。作为工夫习练的艺术所要感发的是事物的生气和我的兴致，以及事物生气和我之兴致之间的交互感通、激发、对话、融合。所以，工夫论的艺术创作并非"模仿"，而是"取象"和"得意"：取天地万物生气氤氲之象，得天地万物生生不息之意，感发我之兴致，涵养我之性情，发之于心，命之于笔，成之于墨；而每当落墨成象，则反身而诚，即知我心之仁愚、性情之静躁，乃有以自知自觉，过则敛以收，不及则振以作，文胜则救之以质，质胜则救之以文，速则缓之，迟则疾之，轻则欲重，重则思轻，刚以柔，圆以方，则一阴一阳之道，变化无穷也。

3.5. 气化之妙、取象之意，惟心知之，惟身体之，惟性感之，惟意会之。人之有心，犹气化之有神。"一故神，两故化"（张载《正蒙》），惟心能一之，惟心能两之，故工夫习练之艺，惟心能神，聚之于一气，惟心能化，散之于万殊。

3.6. 心性之"闲"、事物之"间"与笔墨之虚散。在工夫习练的艺术生活中，处在"一神"与"两化"之间的心灵状态，可称之为"闲"。惟心之"闲"可体事物之"间"；惟体事物之"间"，然后有笔墨之"虚散"。故书画修身之道，蔡邕云"书者散也，欲书先散怀抱"，然后或有虞世南"皆有虚散"之致也（《笔髓论》）。

3.6.1. 惟虚散能聚气。"气"与"心"都有很强的内在吊诡性质，或"反者道之动"的特点：越有越无，越无越有；越虚越实，越实越虚；越聚越散，越散越聚。故气化之密，惟"鸢飞鱼跃"而后有"纯亦不已"；工夫之密，惟"虚己应物"而后能"惟精惟一"。以此

"虚壹而静"之心，写"至赜不乱"之物，"听之以气"，命之于笔，然后字画之境乃可进乎"疏可走马、密不容针"之能品，而臻于"疏不容针、密可走马"之化境矣。如此，则"小大由之""出入无疾"矣。《易》云"君子学以聚之，问以辩之，宽以居之，仁以行之"，此之谓也。

3.6.2. 艺术工夫习练中的聚散关系，非常完美地在《庄子·养生主》的"庖丁解牛"寓言中得到了说明。通过聚精会神而又志逸神闲的观照（即"聚而能散"的观照），庖丁才把牛这个囫囵大物看成一个气化的虚散有间之物，从而才能在更大的"有间""余地"中"游刃"，以便通过分解和杀生的解牛行动而获得更整全的气化生命，"善刀而藏之"，在刀牛合一、生死一气的层面重新找回生命大化的囫囵整体，得养生之道焉。

通古今之变：
道里书院微信群讨论辑帖及札记

"道里"的意思是"安安而能迁"，以迁流不息的"道"为安居之"里"。十多年来，道没有变，"里"却跟着网络技术的发展，一路从网站、论坛、博客，移到了微信。微信已经成为书院师友最日常的读书交流媒介。这里辑录的是近两年在道里书院群陆续发生的一些对话，话题从当代延伸到古代，兼及中西经典。参与讨论的有高校教师，也有学生和民间学者。

如何把古代和现代中国讲成一个和而不同的连续故事

无竟寓：一个著名左翼的"农场答问"近来在朋友圈刷屏。从他的答问可以看出，他近年读了不少史书。这可能是他能超出现代左右两派意识形态僵固思想，回到古典政治智慧的原因。但他的农场还是有很多问题，最终办不下去。左派的变化气质可能尚需时日。从他的例子看，很显然，只有从传统中国经史的政治智慧出发，才能真正看懂现代中国，以及对未来全球局势形成一种更加清明的洞察。从古典智慧出发，他比他先前的那些左派朋友不知道进步了几个十万八千里呢，完全不可同日而语，霄壤之别。

倒是自称"传统文化"的"老大野蛮读经"完全忽视读史，宁可背诵子书和字母都不认识的外文，也不读史，可能也是造成他们偏执愚昧的一大原因。"读经运动"尊奉的祖师爷牟宗三先生其实很重视读史，不知他的这个学生怎么回事？据说他们是怕"史书中的阴谋诡计污染了读经孩子纯洁的心灵"。这真是只读过野史小说的人对中国伟大史学传统的小人之见。甚至让人怀疑他们真的读过六经没有？《诗》《书》《礼》《易》《春秋》哪一部不是亦经亦史、大经大史？

谢宇：群里好多朋友也在看白彤东的这篇《中国如何成为专制国家的》。我觉得作者通过严谨而翔实的学术分析得出了这样的结论："中国古代不是专制社会。"这是一个文化上的结论，一个有足够理智的人都不会反对这个结论，而且我想陈独秀他们绝不会不知道，或者知道以后不赞同这点。但是试想一下如果我们现在生活在 20 世纪初的中国，作为"一战"的战胜国的国民，自己的国家却被别人宰割，人们开始尝到被殖民的滋味了，这滋味可不好受，这意味着你和你的子孙后代都将是别人的奴隶。一个有理想有抱负的热血青年，想要知道是我应该怎么办，怎样投身到这个时代，这个民族得向前迈进冲破障碍的浪潮中去。他们不想，也不需要知道昨天的中国到底是专制还是怎样。他们需要的是敌人和靶子，是力量的聚合和释放，是铁和血的冲动，是革命，是新生。如何在政治上调动和组织这股力量，才是值得当时的先进者考虑的关键。而显然中国古代不是专制社会，这样的结论似乎太平淡了，或者我们研究研究再下结论，显然也等不及了。作者或许觉得五四太急躁了，但是他想要告别五四的举动或许正是他所要告别的五四。

无竟寓：那么今天的时代问题意识呢？古代究竟如何，对于今天是否重要？现代革命者为了当时的革命需要而建构的古代，对于当时的革命事业诚然有促进，但是对今天呢？对未来呢？是否仍然有影响？好影响还是坏影响？今天如何面对古代和现代人建构的古代这两重遗产？今天如何把古代和现代讲成一个和而不同的连续的故事？

杨骐文：今天如何把古代和现代讲成一个和而不同的连续的故事？这个问题问得好。我觉得要把通古今之变放在究天人之际的大学大问中，而这种大学大问，最要紧的是去掉一切以有用为标准的急迫功利心态，回到古典心态的问学状态。由此心性才能开启大道，学达性天，把古代和近代讲成一个和而不同的故事。进一步，需要有一批甘于寂寞的学人，从东方和西方的文化源头出发，化解一切的成见、急迫、功利、概念框架，让古代故事和现代故事之间的对话回到一种由原初大道开启的古老而新鲜的语言境遇和历史境域中。从这种对话境域出发，我们讲的这个故事才不会被脱离了天人的人智所支配，被偏狭、激情、欲望所裹挟，包括民族主义情绪，现代性的优越感，或者复古心态等等所左右——而是靠天机大化与人智的缘构发生，不断得以涌现。回到古典心态，建立中国的古典学问，乃是一个根本的命题。正如柯老师在《道学导论外篇》里说讲的一样，西方文化已经成为现代中国构造自身的一种传统。各种资源的碰撞与消化，非"古典心性的相逢"不能化机。

"现代革命者为了当时的革命需要建构的古代，对于当时有积极的影响，对于今天有何影响？"我觉得最根本的影响是影响了世道人心，包括国人看待中华传统文化的心态。再往深里想，影响了

生命的默化：当代社会的古典教育

我们今天致思的心态，导致一种人智脱离了天道大智，要么虚无，要么独断偏狭的人欲、人智、人造状态。不回复到天人状态，就不能通古今之变。当然，究天人之际，又必须有儒家的进取，进入古今、中西的大视野去关怀现在，究天人之际才不至于空洞无物。

古典学问在当代的紧迫任务，我以为一是治经，二是治史，三是从容平和的生活技艺的体验。治经使我们获得思想的大开合的方向，治史使我们在经的贯通下，从古代各个社会阶段的表象中看到与我们今天的社会遭遇相似相通的历史境域，看到我们所共同面对的问题，从中获得历史的启迪。而游艺于生活，使我们始终保持我们作为人的姿态，始终提醒我们，我们的问道之学，乃是人的学问，生命的学问，活泼的学问，始终保持孔子和原儒一样的生动状态。至于今天如何把古代和现代讲成一个和而不同的连续的故事？具体的路径和言说，我现在谈起来还有些吃力。

无竟寓：吕翔发来他关于封建郡县的研究计划，这是我的回帖，与这里讨论的问题相关，分享给大家参考：

"讥世卿"诚然有反对广义的封建因素这一面，但其本意恰在于维护狭义的封建，而狭义的封建内部本身已经蕴含了对封建的自我约束。狭义的封建严格区分了天子、诸侯、卿大夫这三层。天子虽然世袭，但并非被封建的君主，而是给出封建君主的"天王"，即无封之王，《诗》云"率土之滨，莫非王臣"即此义。如果一个封建诸侯能得天命而天下往归，进居中国而有天下，在法理意义上即意谓其超出了原先比较狭隘的封建畛域，成为天子和天王，不再是封而建之的诸侯,虽然京畿仍然有一个范围。

狭义的封建仅限于公侯伯子男这些诸侯,只有他们才是被天子封而建之的封建君主。公羊学"反封建"的意思,在这一层上的表现是简化封建的层级,合伯子男为一等。卿大夫一层是文官,由天子任命,本来就有制约封建的意思。卿大夫本来就没有被天子封而建之,而只是被命执事(士者事也),所以卿大夫私自世卿世禄便是僭越,是以封建的形式扰乱封建礼制,或者说是以私立的封建家法破坏封建的公共秩序(一王大法)。所以,讥世卿既是对私立封建形式的批判,又是对封建公法的维护。

另外,在公羊学的天王层面,也蕴含着对封建的制约,因为它是一个超越封建的因素。后来,郡县制对封建的克服恰恰依赖天王的超封建性。法家建构的帝王专制不过是对其封建权力的收回。只不过,一旦收回,不再封建诸侯,其为天王的法理基础可能就被抽空了,因为这意味着专制者以天下为私产,不再是"王"(王者天下往归),更谈不上"帝"(帝者谛听天命);而且这同时就意味着一个纯功能性的权力和资源分配体系的诞生,有意义的政治生活不再可能(政者正也)。

所以,法家专制未能长久,直到汉以来的选士制度以"功名"的形式给士大夫以官职之外的德性名号[1],重新建立一个政治意义的世界,专制者才重新构造了自身统治的法理基础,从霸主上升为

---

[1] "孝廉""方正""贤良""文学""进士""秀才"等称号都是有德性含义的,而且并非官职,而是任职的功名前提。

王者。无论封建时代的诸侯封号，还是文官时代的功名德号，都是本质性的德性名号和意义载体，而不只是功能性的职称。孔子所谓"正名"，董仲舒所谓"深察名号"：封建、郡县之别的表现诚然在制度结构，而深层区别可能在名教。

《王制》篇对于今文经学家来说为什么那么重要，意义便在于教育和取士制度可以重构秦以后的政治正当性基础，或者说可以为一个纯功能时代的政治生活奠定意义基础。在这个意义上，汉代经学家的努力，对于今天来说，仍然有着非常现实的重要意义。近来群里流传陈赟评汪晖《中国现代思想的兴起》的文章也很好，其中关于古代儒家消化郡县制的努力与现代中国构建之间的关系很精彩，值得参考。

各种现成的东西如何能在一个大天地里化机流转？

杨骐文：我们今天的很多治术，包括管理、技术设计，乃至治学之术，都是一种人术、人智人巧。最根本的问题症结不在于"人治还是法治""专制还是民主"，而是脱离了天道大智的人治人术的问题。譬如转基因问题，现代民主制的单一想象和具体设计问题，各种城市病，单一的模式化、简单化、效率化运作思维等等，都是单一的人智人巧脱离了宽厚复杂的大境大域而引发的种种病症。脱离了那种"肫肫其仁、渊渊其渊、浩浩其天"的深弘境域，你的主张、我的主张，西方的观念、中国人的观念……各种各样现成的东西，如何能在一个大天地里化机流转？

子曦：群而不党和结党营私的古今之别：在"祛魅"之后，人们不再有"敬"，不再"敬业乐群"。不能群，便要结而营私了。有敬，便有天理节制人性。不敬，便是人欲泛滥。敬鬼神而远之，原本是从容中道的敬而不迷信。如今反迷信反到极致，便走向了全然的不敬。然而这实则不过是走向了另一种迷信——对 logos 的迷信。这其实都是复质太过，导致质野无文的结果。

五石山人：涣卦即言此理，此即古今圣贤正好下手处。

子曦：所言极是。涣而不能节，所以离于中孚。

五石山人：但这也许恰是天地之中 hold 不住的一股生气，也要好好呵护住。

杨骐文：只有在一个天人相通的大天地里，各种治术，各种君子人臣的活动，才能构成一种既有张力，又能和解的整体。各种人为的揭蔽式的技术设计，也才能不脱离那黑暗的母体，白与黑、光明与黑暗才能一起运化，才不至走向偏狭和危险的单向度的境地。

现在的局面有点类似夏朝。太史公曰："夏之政忠。忠之敝，小人以野，故殷人承之以敬。敬之敝，小人以鬼，故周人承之以文。文之敝，小人以僿，故救僿莫若以忠。三王之道若循环，终而复始。周秦之间，可谓文敝矣。秦政不改，反酷刑法，岂不缪乎？故汉兴，承敝易变，使人不倦，得天统矣。"所以，子曦认为需要效殷人，承之以敬，说得很在理。

接着我的话题，纠结或者限于"民主还是专制""开明还是威权"的问题意识，都是一种西方的概念化单一思维方式。我们需要在一种更大的天地里、更大的视野下激活我们对所谓以概念标签锁定的所谓君主制、专制等等的想象，在一种更丰富更复杂，同时也最简单、最根本的想象中开启我们当下的政制想象和实践。当然，厘定各种概念和思想资源的限定和来龙去脉是有必要的。

无竟寓：对于现代性状况的自我认识、定位，与考镜源流的古典学工作相得益彰，相互促进。二者共同构成了通古今之变的前提。关于现代性的文质定位，我向来认为现代性并没有达到它貌似想要追求的"质"，反而恰恰走向了更加过度的"文蔽"：各种现代意识形态（"意底牢结"）的遮蔽。从貌似质简的逻各斯到意见观念满天飞的主义泛滥，过与不及同病，文质交相胜，寒热错杂，便是现代性疾病的基本诊断。

中西之争还是古今之争？

谢宇：我觉得，今天既是昨天的明天，也是明天的昨天。真正看清了今天，就看清了昨天和明天。古代并不是某种僵死的遗产，而是我们的血脉中流淌着的鲜活的血液。昨天不仅存在过，而且活在当下，并且还会流传到明天。我觉得在时间意义上，古代和今天以及明天没有什么不同。新的不那么新，旧的也不那么旧，日光下没有什么新鲜事。还是有君子，还是有小人。但是在价值意义上的古今，却有着某种对明天的立法意义。正是人在时间先后意义上对古今之别的反省，使得价值意义上的古今有了对明天的立法作用。但麻烦就麻烦在这里。五四不仅建构了一个中国古代，还建构了一个西方。西方,而不是古代,成了现代中国的理想。但我们现在发现,不仅现在的西方有它的问题,而且西方自身也有古今之别。但理想之为理想就在于"不能实现"与"应当实现"的向上冲动。因此,只有"永恒的古代"才能承担理想的寄托。明天总是会到来的,西方总是会被我们发现的,"明天"和"西方"的理想总是会破灭的。但我们今天已经染上了"西方"和"明天"的疾患,对古代的叙述也未能幸免。"解铃还须系铃人":如何安顿好中国的古代,以至为明天立法,或许还需到西方取经。

徐子明:到西方取经?

杨骐文:从西方的古典智慧出发取经?

谢宇:就是将古今之争消解为中西之争,再将西方文明消融。西方文明到底是不是"唯一的"?或者"最好的"?抑或东西文明其实是"独立互补"的?我们得跟着前辈学者走一遍。通过学习和解释西方经典,来把它们变成未来中国传统的一个面相。

徐子明:首先要通中国学问,才能化西吧?

子曦:我倒觉得古今之争不可消弭为中西之争。因为相较于中西之争,古今之争才是更为常在的问题。尤其今日的"东西之争",倒恰恰可以归结为西方的"现代性"给中国的古典带来的冲击,从而可以将之化为我们早已习于应对的古今之争。如此,我们便能接续我们数千年来的传统,再次去通古今之变。在这种努力中,我们或许就能实现无竟寓先生说的"把古代和现代讲成一个和而不同的连续的故事"。所不同的是,在这次的努力中,我们将不仅仅需要通我们自己的古今之变,还要去通西方的古今之变。但是从另一个角度看,以"天下"为观的中国,自古又其实是习惯于"首出庶物",以期"万国咸宁"的。所以,这也并不全然外在于我们的历史经验。

谢宇:我想说的就是您说的这种意思。我书还没读好,表达也不好,还要继续努力读书。

无竟寓:迈尔多年前来访中国时说:"你们中国人的nomos是什么?你们学施特劳斯,就应该向他一样解经,不是解柏拉图和迈门尼德,而是解你们自己的经典,找到你们自己的nomos。"

王旭:柯老师,我觉得迈尔的观点是个不错的提醒,但是有点片面。因为近代中国遭遇了西方政制文明的冲击,而西方的问题主要是"古今之争",我们则同时面对"中西之争"和"古今之争"(个人认为,中国的"古今之争"是由"中西之争"所衍生的),如果我们不能知己知彼,何能百战不殆?我觉得您的话很对:"我们只读经典,不管哪国。"您说,是吗?

无竟寓:"古今之争"和"通古今之变"问题是中国思想史的基本问题,是儒家和诸子百家的基本问题意识。"中西之争"是后起的,本质上属于"古今之争"问题。只是目前的"古今之争"是通过"中西之争"激发出来的,是暂时的"中西之争"促使大家回到更原本的"古今之争"问题。

迈尔的提醒对于近现代中国学人来说有意义,因为他们只想着如何研究西方,从西方寻找治疗中国问题的药方。今天看来,迈尔的提醒确实反而落后于中国古典学人的问题意识了。今天的中国学人不但要读解中国古典，找到中国人自己的 nomos，理解和提升中国现代性，而且要读解西方古典，帮助西方解决现代性问题。

严兴功：现代性问题已经不局限于某一个国家或文明，是全世界共同面对的问题。在文明体内部解决现代性的问题会对其他文明体有借镜和启示。通古今之变也是为更好地接续传统与现代。

古今不是时间的界定，而是心性品质的区分

三友斋：斥责现代，也不一定就是为了发扬传统。现代也是一种传统。传统里也有很现代的东西。虽然物质和技术的进步推动了"现代"，但是，"现代"不一定就是物质和技术。孔子有孔子面对的"现代"，苏格拉底有苏格拉底面对的"现代"，但是，本质上，所有时代所有文化中的"现代"都有其共通之处。反省和批判，不是为了让我们远离某一个时代或某一种文化中的"现代"，而是要挣脱人类精神始终与之缠斗的那个"现代"。

子曦：时间之流滚滚而前，是人所不能改变的。从这一角度而言，"贯通"是一种必然的事实。然而就具体情形而言，百折必东归于汪洋的河流，既可能成为造福于人的水脉，也可能成为泛滥成灾的洪水。而所谓的"现代割裂传统"，说的乃是"现代"刻意的想要建筑堤坝，将自己与"上游"与"传统"区别开来。而我们希望的"疏通"，便是希望能拆除这些"现代的堤坝"。如果缺乏如此的"疏通"，对于"时间"本身而言，当然不是什么大事，只是多一段曲折，它终将东去的。但是对于身处其间的人来说，则是洪

水之灾。对于历史是一小段弯路,对于人就是一生一世。

汤伟贵:古代和现代不完全是时间上的界定,而是心性质量的差异,崇古者即为古人,崇今者即为现代人。所以,古人可以活在过去,也可以活在今天;现代人可以活在今天,也可以在过去找到他们的身影。

子曦:与其说"崇古"和"崇今",毋宁说是"谦卑"和"傲慢"。这是两种截然不同的德行。

汤伟贵:是的,质量上就是如此。谦卑者必然慎终追远。

子曦:对于"古","今人"始终抱有一种"拒绝"的态度,认为那已是"落后的、无足轻重的""遗产",最多只能作为"对象"被"今人"居高临下地审视和裁判,然后拣出些"还算有用"的东西"废物利用"一番。他们自视"今"乃是不同于"古"乃至是"远远高于"一切"古"的存在。"今人"并不把"古"视为"道之所由""今之原初"。这种自高自大、罔顾事实的态度,便是"今人"的傲慢与偏见。这种"今"的立场使得他们在反省自身时会选择性忽视一些最基本的常识——虽然他们熟稔于将那些常识运用于"古"。比如他们会说"古"时会发生所谓"历史的倒退""后生"不一定高于"先生"。然而,当他们自视的时候,就忘记了这一点,认定作为"后生"的"今"一定高于作为"先生"的"古",自命自己绝没有处于某个"历史的倒退"之中。

时代并非时间纪年，而是文质相复历史中的位置

周熙元：我们身处当代，本身就已经接纳了现代，我们只不过在此基础上不认同罢了。就像我批评胡适以我了解胡适，看过胡适的书和文章以及他人对胡适及民国时期科玄论战的研究为基础。我接纳了胡适，但不认同胡适。认同或者不认同，都必须以承认和接纳为前提。亚马逊丛林里的土著人没有接纳现代，所以他们不会对现代有什么看法，无论认同还是不认同。

子曦："古"非"复古"。"复古"同样是一种很"现代"的属于"今"的东西。今日喧嚣尘上的"文化遗产"说，其实也是典型的"现代病"症状。把一脉相承的东西判定为只属于"死者"而无视它在"今"的实际存在，这便是选择性失明之病。"今"的态度是把"历史"看做"死者的遗产"，"古"的态度是把"历史"看做"活人的记忆"。前者的生命已经割裂，后者乃能一以贯之。关于"古今"问题，无竟寓先生曾在《"笔墨当随时代"中的天人古今文质关系》文中说道：[1]

"'时代'并不是线性坐标时间系列中的纪年，而是文质相复历史中的位置。《文心雕龙·时序》所谓'时运交移、质文代变'，《书谱》所谓'质以代兴，妍因俗易'说的都是这个意思。如果从'修文复质'的历史观点出发看古今人物的话，那么，决定时代位

---

[1] 此文参见柯小刚《心术与笔法：虞世南笔髓论注及书画讲稿》，浙江人民美术出版社，2016年。

生命的默化：当代社会的古典教育

置的东西就不再是物理意义上的线性时间坐标，而是人对于'天命之性'的自觉、认取、修为和担当的程度。'尚友古人''与天为徒、与古为徒'，修德复性，则无论生在古今，皆为'上古之人'；'比而不周''党而不群''孤陋寡闻''师心自用'，则无论何时何地，都不过是小人、俗人、近人。故《书》云'皇天无亲，惟德是辅'（《蔡仲之命》），古今亦无定，惟德是命。"

谢宇：子曰："学而时习之，不亦说乎。"其实在当下现实的层面上来说，古今并没有什么太大的变化。虽然外在的感性存在似乎呈现出翻天覆地的变革，光怪陆离，难以把捉，但是人类本身其实丝毫没有变化。人世的实质平静得像一潭死水，变化的只是表面的涟漪。而这正是学的可能性所在。这正是培根所愤慨的"说过的话还在说，做过的事还在做"。先秦诸子都有强烈的复古情怀，所谓的复古绝不是回到时间上的昨天（昨天是回不去的），而是向上的超拔。我们都是终有一死的凡人，我们每个人的有限性使得我们自己和我们的族群在时间中一次次的下坠。正是在这里有学的必要性。我们学习古典的意义就在于跟着古人思考我们自己的本性，跟着他们踏踏实实地在人世无悔地活一遍，承担起我们现代人自己肩上的使命，然后才有抬头仰望星空的力量。

周熙元：近日自省，深感惶愧。"如果一个时代的人都在鼓吹古代文化的伟大，但实际上并不理解古人何以伟大"，这句话简直就是说给我听的。我没有什么古文功底，没读过多少经典，不知道经典为何物，但却狂热地要维护经典，现在想想确实莫名其妙。虽然我想从现代的主义之中抽身,但至少我原来还是"经典主义"者,把经典抽象化了。而真正的古典是拒绝"主义"和抽象化的。我批评形而上学的强力意志,自己却化身为"拆迁队"试图以强力对强力。我被强力意志异化了,而枉顾尼采早就告诫过柏拉图主义是颠倒的虚无主义。由此我已经重新落入了"主义"的泥潭。如果不知反省,继续下去,最好的结果顶多是在"主义"的市场里增加一种貌似古典的现代产品。我终于明白:虽然胡适仍然是我的论敌,但是我并不是为了追求征服的快感,所以教条地划分敌友是不必要的,也是没有用的。真要追随经典,就要让经典入心。

哪里有承担,哪里就有斯文之命的发生

周熙元:我昨天看《希罗多德的王霸之辨》,看到吴小锋写的序言里提到柏拉图把人的灵魂分成"理性""欲望"和"血气"三个部分,说到当"理性"战胜后两者时,灵魂就是善的。并且还说言辞是与"理性"相关的,身体的行动与"欲望"和"血气"相关。这让我想到:相比之下,中国是如何论述的呢?在柏拉图的那种前提下,和谐当然不可能,有的只能是两个阵营之间的斗争,或者由于力量平衡造成的暂时休战或胶着。这种结构后来到了笛卡尔那里就变成了"思维实体"和"广延实体"的对立,发展到近代就成了身心问题这种在海德格尔看来是伪问题的东西。于是我又联想到梅洛庞蒂的身体现象学了。不得不说,希腊人乃至西方人很符合佛经中对阿修罗的描述。相比之下,中国的"心"并不是西方的 mind

或者 heart，也不是两者的简单堆砌，这就和柏拉图的"灵魂"不一样了。而且，中医似乎也没有把身体和心一刀切的传统。身心、行为、情欲、思考、精神……从根本上就有着内在联系。此中有深意，我才疏学浅不能了之，希望高人给我解惑，告诉我，我该读些什么书？突然想到张轩辞老师的博士论文《灵魂与身体》好像也是这方面的内容，是吧？

谢宇：嗯，聊一聊我看书的体会吧。柏拉图在《理想国》里面是通过对言辞中的城邦的政体分析来讲人的正义的。灵魂三分仅仅只是一个比喻，正义的实现并不是说理性要"战胜"血气和欲望，而是说三者都有"节制"的美德。就是说，对谁应该居于统治地位和谁应该居于服从地位形成正确的共识，各安其位，各尽其性，这样才是自然状态。当然，以后西方人的流弊也是从这个比喻来的。血气与勇敢相关。所谓血气之勇，是对应于战士的德性。战士既可以服从他应该服从的统治者"理性"的命令而成为义理之勇，也可以协助欲望，和商人们一起篡夺理性的统治，成为有勇气去追求荣誉或者财富的个人，而不是有勇气去运用理性的个人。这就是不正义的城邦和个人。宋儒讲存天理灭人欲、天人交战，虽然也强调天理不外乎人欲，两者是手心手背的关系，但后世也僵化之为"以理杀人"，足见"战斗"的惨烈。

无竟寓：柏拉图对话是"情节的论证"，都是"剧中人"的话。柏拉图本人未说一句。抽出剧中人对话，作为"柏拉图主义的观点"，重构"论证"，这是分析哲学的做法，完全未能进入柏拉图的问题意识。类似的误解也出现在庄子的"道家解释"中。寓言体的写作召唤用心而敏感的读者,抗拒粗率的总结。

虞如勋:古典不单在持论内容,更在论说方式。现代人最难成就的,是后者,不是前者。持论内容古典,并不代表就一定跟随着古典先贤,可能只是现代的改头换面。用现代的方式哪怕以古典的内容反对现代,仍是现代子孙。施特劳斯也曾警告过:"别在追求苏格拉底的目标时,堕入了色拉叙马库斯的手段和性情之中。"此处几微之辨,真有志于古典者,不可不察。当然,现代亦非全无是处。现代性之弊,并非简单化的"是古非今"即可克服。施特劳斯甚至认为,"古今之争"的要义在"争",而简单化的"是古非今"却意在消解"争"。这种简单化的"施派教条主义"恰恰是对施特劳斯思想遗产的轻慢和歪曲。

恕我直言,熙元兄即有此"教条施派"之病。弟本不欲多言,自己亦常愧圣贤之教,自修不暇,无以方人,只是见兄此病其来有渐,而道里群中似少有人以此病痛直言与兄,甚忧兄若于此一念之微不早加剔辨,来日恐成大病,故不得不直言相告。私以为,陆王于今之学子最可贵处,在叮咛警告:莫做学富五车的禽兽。理欲义利公私人禽之辨随处皆有,转身即遇,不可不察。莫道陆学不广大。辨志、立志、持志最难。与兄共勉。

周熙元:确实,确实,我要改进。我一想到颜晓闽兄之前所说的"以前争强好胜",然后想到我现在就是颜兄所说的这个年龄段,果然病得不轻。

生命的默化：当代社会的古典教育

颜晓闽：网络群里容易不辨年纪，还是早点注重修养为好。

徐子明：相熟的网友还是须通问年龄。古者乡约：德业相劝，过失相规，礼俗相交，患难相恤。有志于学的网友之间也可以来个网络乡约：德业相劝，过失相规，疑惑相助，问难相长。如此可谓之微信共学矣。

三友斋：《论语》开篇第一句"学而时习之"是讲"学"。第二句讲有朋自远方来，这句仍然是讲"学"。为什么强调远方？相隔辽远，所学不同。各以所闻相陈，以学会友，才能收切磋琢磨之效。第三句又讲人不知而不愠，这句还是讲"学"。是说讨论切磋之中自己所闻所知为别人不闻不知也不应该感到愠怒。毕竟人与人心智、经历有那么大的不同，对事物和学问的理解很难强同。所谓"不亦君子乎"，是说，对人类心智的不同、思想的差异有着深刻理解和包容，那才叫君子。先儒解此章，多失之支离。其实全章也就是一个"学"字可通。

谢宇：所以，儒学从来不是宗教而是教化。教化并不反对某种宗教性的存在，但却是神道设教：君子以为文，小人以为神。这并不是欺骗，而是对人本身的关切。因为，不是所有的人都能承受冷酷的理性对人自身的追问，鲜有人能肩负起沉重的存在。无论是礼的幽冥朝向，还是民间的巫术，都给了一般人躲避的洞穴，给他们铸了只金牛犊，会有人帮他们背十字架的，他们这样以为。不过，教化不同于宗教，没有神子来背十字架，而是君子自己承担。教化，就在于让一般人能过上"七十者衣帛食肉"、黎民不饥不寒的适当生活的同时,能够在庶、富以后有所教化,让一般人能有一个有伦理约束的善好生活,让那些应当体道的君子从一般人里生长起来,挣脱利欲的锁链,而存其大者,沿着道路向前,上升,并且回转,能下学而上达,在日用平常之中得闻性与天道,勇于铁肩担道义,撑起这片乾坤,以仁为己任,死而后已。而宗教的危害在于闭塞了那条道路,无论是神义的还是人义的世界都是一样的死气沉沉的封闭洞穴,而它们的边界是用异教徒的鲜血划出的。宗教开出的民主制和奴隶制、人和工具乃是硬币的两面,既隐蔽在他们的政体里,也隐蔽在他们每个人的灵魂里。现在的中国早已沾染了蛮夷的戾气,把原本已经安抚好了的野兽唤醒了,龇着牙要咬人。我想又何必以春秋大义责不读书之小儿女呢?一代人有一代人的责任,这遮天蔽日的洪水正需要疏导。我们学生这代人还太年轻,力量还太单薄,需要从老师一辈求来食粮。

无竟寓:微信好好用,可以成为很好的书院。有朋自朋友圈来,群而学之,不亦乐乎?施特劳斯之意,现代价值自然不宜用一种"激进保守"的态度完全否定,但也不是毫无反思的接受。在这一点上,他可能是最接近儒家的现代西方哲人。非宗教而虔诚、非主义而政治之"学"并不因时代变化而不再发生。子曰:"文不在兹乎?"这个"兹"在哪里,取决于每一个读书人的当下承担。哪里有承担,哪里就有斯文之命的发生。哪里有这样一群人在一起学习,哪里就是"学以聚之、问以辩之、宽以居之、仁以行之"的书院。

生命的默化：当代社会的古典教育

与网友论学札记四则

默之问：施特劳斯所谓"像古人自己那样理解古人"是否可能？

无竟寓答曰：要不要探寻古人原意和探寻出来的是不是古人原意，这是两个问题。"要不要"是你自己定的为学心志，"是不是"是付诸公论的学术论题。即使一个人努力探寻柏拉图原意，你也不会真的以为他的解读是"柏拉图转世灵童"所作，亦何伤乎？而如果所有人都不再 care 古人原意，古今差异就将夷平，今人的傲慢或将把自己送入文明灭绝的坟茔。"探寻古人原意"：这可以是一种尚友古人的对话态度、开放态度；以"不可能探知古人原意"为理由而不顾古人原意：这是一种封闭独断的、自以为是的态度。现代人崇尚对话开放，为什么面对经典却如此封闭独断、为所欲为呢？《春秋公羊传》结尾说："其诸君子乐道尧舜之道与？末不亦乐乎尧舜之知君子也？制《春秋》之义以俟后圣，以君子之为，亦有乐乎此也。"古人岂不亦知今人？这是古今对话的前提之一。今人欲知古人，这是对话的前提之二。今人不欲知古人，古人徒唤奈何。古意如何？今人相互之间不能取得一致意见，干脆就取消古人维度；人应如何生活，今人不能取得一致意见，干脆就取消道德维度；国家之间何为正义，今人不能取得一致意见，干脆就取消天下维度；现代人对这些问题的处理方式就像有人得了脑瘤，你干脆就切除他的脑袋，这是好医生吗？争论可怕吗？民主自称喜欢对话争论，可喧嚣的现代世界为什么寂静无声？现代性从启蒙运动到今天的历程，简而言之就是从对哲学的过分执着而未果，导致对哲学的过分放弃，就像一个志在必得的孩子遭遇挫折之后迅速堕落为满不在乎的痞子。

自然与人文的关系，在中国文化中为什么是一气贯下、顺理成章的？在西方文化中为什么是隔绝的、对立的？这个问题很可能与中西文字的不同有关。文字承载人文。西方拼音字母只是人为造作的约定符号，或被认为是神造作规定的符号（如梵文），它记录音节而本身没有文象（gram），所以只是字母表（alphabet）。而中国文字则不只是人工的约定造作，而是天人感应所生（不是纯属人为的造作约定）："古者庖羲氏之王天下也，仰则观象于天，俯则观法于地，视鸟兽之文与地之宜，近取诸身，远取诸物；于是始作《易》八卦，以垂宪象。及神农氏，结绳为治，而统其事。庶业其繁，饰伪萌生。黄帝之史仓颉，见鸟兽蹄迒之迹，知分理之可相别异也，初造书契"（许慎《说文解字序》）。

六经父母也，百家诸子也，而儒家特诸子之长耳。非六经，儒家一子而已。《诗》云"无父何怙，无母何恃"？非儒家，六经旧典而已。且百家嚣嚣，谁执牛耳？庄子伤百家往而不反，"不幸不见天地之纯、古人之大体"，非儒家则大体愈乖而乾坤毁矣。《中庸》云"肫肫其仁，渊渊其渊，浩浩其天"，言天地之纯，非仁者莫能守之矣，何必以仁义为大道之废？且夫子云："无忧者其惟文王乎？以王季为父，以武王为子，父作之，子述之。"是亦孔子也：前述

生命的默化：当代社会的古典教育

尧舜禹汤文武周公之旧典，笔则笔，削则削，则旧典新文，新周故宋，损益三代而为万世法，经之为经遂景行天下矣。故先王旧典虽富，非孔子则六艺难明，经学不昌矣。故古人云"天不生仲尼，万古如长夜"，非虚言也。自是仲尼之徒无不谨守述作之训，述经者其本也，著作者其末也，以此而大有别于诸子百家矣。故汉宋大儒无不皓首穷经，翻为注疏，其末流始有不知而作，等于诸子者也。故孔子云："女为君子儒，无为小人儒。"君子儒者，六经之儒也；小人儒者，诸子之儒也。虽然，亦不过六经之羽翼也，又何伤乎？经者常也，道也，文本之谓与？辞章之谓与？何往而不适也？故儒子亦不过经学之别宗耳，不必黜之太甚。故今世之亟虽在经学建宗立极，而儒子纷纷亦不过经学复兴之前兆耳。《易》曰"勿恤有庆"，是之谓也。

读《近思录》朱子序言有感：朱子对同时代人的重视，非常值得大家学习。采摭时人言论编语录、汇集时人经解编集疏、选取时人诗文编文集：这是中国文化自古以来的"尊今"传统。现在，人们要么挟古自重、挟洋自重，要么标榜个性、文人相轻，不再有同志切磋、同侪问学。没有时人，只有自己和师心自构的"古人"，所以有学无问，学问不兴。回首春秋、雅典、汉宋，哪个学术繁荣的时代不是群星灿烂？要出来一起出来？《近思录》《四书章句集注》岂不都是这样的群星谱？周虽旧邦，其命维新。先贤非惟好古，而且尊今，故能通古今之变，不绝斯文。其道如此。

借笔传心：
书画修身讲记及论书札记十五则

书画是同济复兴古典书院的常设课程。2016年秋冬学期的书画课采用了会讲形式，与燕凯、鹿芸薇、丘新巧、陈亦刚同台会讲"书画修身"主题，同时在同济图书馆举办了书画联展。会讲结束之后，我作了一首小诗，聊以记录我在会讲中谈到的几点意思：

> 凝神铸朵钩，散锋因气化。
> 味象舌无根，传心笔有借。[1]
> 遂作片片雪，不从别处下。

"借笔传心"是虞世南《笔髓论》中的讲法，我在拙著《心术与笔法》中也尝谈及。前天与燕凯、芸薇、新巧、亦刚会讲"书画修身"的时候，最后正好落脚到这一点。"传心"一本作"转心"，可能更贴近笔法经验的实情。不过，传心的意思更广，也更通俗。

书写是在"流"与"留"之间的节奏感。"留"或停驻的时候不死、保持某种流动性，"流"或畅行的时候不浮滑、保持某种滞涩感，其中的枢纽可能就在指腕的暗转之意中。梁武帝《观钟繇书法十二意》所谓"轻谓屈也，决谓牵掣也"，可能就含有这个微妙

---

[1] "借"古音念作 jià，我老家的大冶方言仍然如此。

的意思在。迟与速、提与按的节奏如果缺乏指腕转动的微微内撅和外拓，笔画字势可能会缺乏一点意态，不耐涵泳玩味。指腕微转的技术意义可能并不像某些论者所提倡的那么大，但对于保持指笔临界触感的觉知来说，却可能是心法的一点可有可无的借力点。

古人修身所谓"几希"便在这一点用心与否。心之为物，"操则存，舍则亡，出入无时，莫知其乡"（《孟子·告子上》）。书画之为器，无非操存用功之方也。书画工夫，可以几十年积累而终难免俗，也可以"一悟超三益"而功力不逮。所以，右军虽工夫不及伯英，天然不及元常，而终能折衷其间，文质彬彬矣。

体物体身，道之本也

这次古典书院会讲和书画展览的主题是"书画修身"。书画如何修身？要点在"体"，作为动词的"体"。这个意思，我在展览的前言中写道：

> 张子《正蒙》云："体物体身，道之本也。""体"在这里是动词，使"物体"能体、"身体"能感的动词。"书体"之"体"，亦未尝不如是也。"书者如也"，如其道也。如之之道，体之也。修身体道，书体斯立；诚身格物，画格乃齐。体之不已，格之不息，立之破之，有法无法。于是心与天游，艺与道进，然后书画之为道也日生日成，变化日新而至于人书俱老，古淡无波，则庶几哉！

作为动词的"体"是身体之为身体的关键。能"体"之物才是"身"。字体亦如是，也是能感的血肉之躯：里面有骨力支撑，外面有血肉腴媚。蔡邕所谓"下笔用力，肌肤之丽"，前者骨也，后者肉也。但骨肉结构的要点并不在于刚柔的结合，而是像身体一样，是有血气心知的形体，是有意态的形象。骨肉的刚柔犹如《易经》阴阳的刚柔，并非结构性的对待，而是一气之化，相摩相荡，亦刚亦柔。《诗》所谓"薇亦柔止""薇亦刚止"，都发端于"薇亦作止"。

所以，唐以前的书论，貌似在讲"结构"的地方，其实都是在讲"意"。譬如"横平竖直"这种初学者都知道的流传说法，其实来源于梁武帝《观钟繇书法十二意》："平谓横也，直谓纵也。"其中区别可谓几希，只在一个"意"字。"横平竖直"是"结构"，"平谓横也，直谓纵也"则是"十二意"中的两种意：写横须有平意，写竖须有直意。结构上写得平直并不难，初学即可达到；得平直之意却不易，须如孙过庭《书谱》所谓"既能险绝，复归平正"之后，方得其意。

有意的形就是象，譬如蔡邕论"隶书势"如"崇台重宇、层云冠山"，卫夫人论横"如千里阵云，隐隐然其实有形"，都是以象明意。至于"奂若星阵，郁若云布"则是意象互发："奂""郁"是意，"星""云"是象。有些譬喻则以某种物象的动作态度来托意，如袁昂评钟繇书法如"飞鸿戏海，舞鹤游天"：飞而戏、舞而游的动作姿态定格在海天之间的鸿鹄白鹤之上，便是钟繇书"意气密丽"的绝佳取象。袁昂《古今书评》大多以此格式出之。人、鸟兽、器物,无不可以取象达意,状貌书势。

譬如取象于人的性情姿态以喻书:"王右军书如谢家子弟,纵复不端正者,爽爽有一种风气";"陶隐居书如吴兴小儿,形容虽未长成,而骨体甚骏快";"张伯英书如汉武帝爱道,凭虚欲仙"等等。取象于物态以喻书,如:"萧子云书如上林春花,远近瞻望,无处不发";"崔子玉书如危峰阻日,孤松一枝,有绝望之意";"师宜官书如鹏羽未息,翩翩自逝"等等。在这些譬喻中,人、物形体都是有一种姿态意向的。有姿态意向的形便是象。对事物观其象而体其意的过程,与作书、观书的过程是一样的。所以,蔡邕说"纵横有可象者,方谓之书。"

观象体意的书法是继承伏羲作《易》和仓颉造字的大传统。在汉魏六朝人的论述里,一讲书法就从伏羲、仓颉说起,并不像后世那样只是出于敷衍和装饰,而是真实的书写经验。画亦如此。宗炳《画山水序》云"圣人含道映物,贤者澄怀味象",显然不是用舌头来品味,而是用全身心来体味。《正蒙》云:"身而体道,其为人也大矣!"书画之为小事,犹微躯之为小体;而书画果能为修身之具,借以诚身体道,则其为艺也亦大矣哉!孟子曰:"从其大体为大人,从其小者为小人",存乎心之所向也,不亦易乎?不亦难乎?惟诚者知之。故卫夫人云:"自非通灵感物,不可与谈斯道也。"

论书札记十五则

《礼器碑》气韵:《诗》云"穆如清风",又云"穆穆文王,於缉熙敬止",庶几近之。习《礼器碑》须多读《诗》之雅、颂,存雍雍穆穆之意,然后或得其体气。

《礼器碑》庙堂之作而天机内蕴,平正点画多有微妙律动,须以敬畏之心贯注指端,不能自已,则自然平正而律动矣。

尝于雨天临《礼器》,见窗外云山,密云垂布而不妨飞动之势,重若轻,轻若重,忽悟蔡中郎《隶势》所谓"郁若云布""庭燎飞烟""层云冠山"之妙。

《曹全碑》似媚实厚,敦朴似不能言者。古诗十九首之"青青河畔草,郁郁园中柳。盈盈楼上女,皎皎当窗牖",陈思王"美女妖且闲,采桑歧路间,柔条纷冉冉,落叶何翩翩",亦如此类。慕之者众,知之者鲜矣。

《石门颂》须以篆意入八分,圆劲婉通,龙盘鸟申,写出疏林扶疏气象。临摹《石门颂》常见病,譬如"高祖受命"之"命"、"汉中大守"之"守"、"武阳王升"之"升",原石皆以简帛书出之,常见学生临摹时改为规范八分,殊减意趣。"命"字末笔垂画,或以为石裂所致,是不知简帛书者言。又如"载""截"戈画之势奇逸,临者常恐重心失稳,改作通常结体字势,逸势尽失。"武阳杨君",两"易"相连,而体态迥异。临者多雷同,殊减生动。原碑大小错落,一任自然,临者多有平均大小,章法自少天趣。"傥而益明"之"而"、"今而纪功"之"而",诸直画比例悬殊,有鹤立顾盼之姿,临作多见拉平诸画,逸趣尽失,正庄子所谓断鹤胫之长以补凫足之短,不亦谬乎?反之,"继纵"之"纵"排比短竖,逸趣横生，如强分点画，长者使长，短者使短，又无趣矣。

写《孔宙碑》，感觉像雪，无声无边地下。《孔宙碑》复归平正，从隶书又回到篆书的笔意，似少变化而意实多。在曲阜孔庙的时候，看到《孔宙碑》和《礼器碑》并列排在一起，石头非常高大。从现场的气势看，似乎略胜《礼器碑》一筹。

《平复帖》法帖之祖，远绪汉人遗意而开晋唐风流。此帖萧疏散淡而沉着老辣，后世王颜二家已在其中矣。

《刁遵墓志》是妩媚的大汉，在刚劲雄强的外表下有很多温柔细腻的东西。学魏碑不堕恶趣，须会得东晋神气，切忌一味逞强使狠。北碑南帖同出汉人，原无二理。

褚河南书清通入神，暗通《礼器碑》笔意。试以《礼器》写褚书，以褚书写《礼器》，莫不相与启发，有神应思澈之效。常以汉代和魏晋笔意写唐人法书，做书法的知识考古学工夫，颇有益于通古今之变，明白唐人渊源所自。世俗学唐者多不知此，难免学唐一生而不见唐人真相，翻成俗书而已，良可叹息。

临鲁公《祭侄稿》，学者多病痛快有余，而沉着不足。其实，无论胸中如何发愤，手头应该总是沉得住的。王羲之书论说心欲急，手欲迟，即此意也。心急则能流，手迟则能留。流则便利，留则迟涩。流涩相生，作书乃可养心悟道，成为工夫引子。心不急则涣散无神，手不迟则点画无根。心急手不迟则轻浮上火，流而不留；手迟心不急则滞浊刻板，留而不流。心手相印，流而能留，方得妙道。到此乃有工夫可做。

近观米书《章吉老墓志》，悟米书所谓"刷字"绝非一味爽利，其深层态度仍在颜书《争座位帖》一类篆籀笔划的笔锋触感和节奏感，并不像晋人那般快速变幻而神采斐然，而是如棉裹铁，连绵不断的柔势，可以卷怀，可以展开，收放自如。世俗多谓老米鄙薄唐人，直返晋室，真不知时之论也。一时之书，一时之人也。唐在晋宋之间，非唐无以为宋。

尝见某生从小到大写《蜀素帖》，外形几可乱真，而了无生趣。观其作书，但匀速描字，并非自然书写，故无生气。此俗师教人之法，遗毒甚远，误人至深。反之，又有"发扬个性"的教法，轻慢古人，疏于临帖，流毒亦广。过与不及同病，书道所以不明也。

平时要多看帖，融会贯通。在看帖的过程中，古人法书会兴发志意。心灵活泼起来，然后下笔才能活泼。写字前要静坐、默思，然后落笔。要从整体上体会法帖气息，然后可知细节问题都是全局问题。譬如行距和字距，熟视玩味可知，它不只是距离、章法的问题，而是整体气息的问题。

八法撇曰"掠"，但不可粗率，其中亦须有所矜持。

作书发力须微妙，不到而到，到而不到，勿穷其道。

生命的默化：当代社会的古典教育

中庸的体证：古典书画微信群论书辑帖

　　古典书画微信群是同济复兴古典书院师友切磋书道画艺的自发群落。这里辑录的是近两年在群里发生的一些书画讨论对话。书院师友以书画为修身体道的生活方式，从书画技法的具体经验出发，谈及古今、文质、中庸、性情、道艺等话题。恐随网络播迁散佚，故辑录于此。虽不过即兴发言，吉光片羽，亦未尝无益于学也。

书法的文质古今

　　于钟华：马湛翁论书，以为龙门诸刻"刀镌斧削，箭拔弩张，翻成恶道。有似索虏之乱华，无复儒雅气象"。虽似有失偏颇之处，然亦足为习魏碑者戒。盖书之为书，实本于文，故书既为书法之法，也是书本之书，亦为书经之书，三者合一始为书之本义。循其本义，书自当以文气为尚，以儒雅是求，舍此而求粗蛮犷狞，终非书之正道也。

　　无竟寓：非龙门之过，学者之过也。善学者亦未尝不可以文写质，以自然松透写刀刻之迹也。

　　程士元：龙门就是龙门，天生如此。嫌我丑，直接找兰亭君好了。

　　无竟寓：见兰亭之朴率质厚、龙门之内秀文心，书道乃通。碑帖分学，南北分宗，各得一偏以自好，道术将为天下裂矣。

　　林俊臣：石刻之漫漶斑驳，未必不能唤起吾人思考人文与自然具化的感触。返源式的同一性思考，可备一格。

无竟寓：钟华兄以东坡重神采，山谷重形质。愚以为神气阳也，形质阴也。内经云：阴平阳秘，精神乃治。阴阳离决则亡矣。东坡未尝不重形质，山谷亦未尝不观神采。画亦如之。气韵生动出神采，画法之阳也；骨法用笔出形质，画法之阴也。阴平阳秘，书画乃治。

陈志平：钟华先生此文虽为高论，然亦不乏可商之处！东坡执笔用古而法则今，山谷执笔用今而法则古！就其同者而言，坡、谷之纵横皆变于古，同为罪人可也。就其异者而言，坡顺而谷逆，坡自我作古，谷求与古同，坏古法者乃坡而非谷，此与钟华先生所论异也。

无竟寓：志平兄此论有意思，可与钟华兄文对观。无论如何，书至宋一大变，虽有罪于晋唐，亦未尝无功于晋唐。唐之于晋，晋之于汉，汉之于秦，秦之于三代，亦未尝不如是也。魏碑之功过，尤为古今公案。孔子曰："知我者其惟春秋乎，罪我者其惟春秋乎？"故书史者，心史也，惟会意者知之。

陈志平：同为一书，三代秦汉，字学也；魏晋隋唐，书学也；中晚唐五代宋明，心学也；清至民国，形学也；近当代以来，美术学也！

无竟寓：比较世传陈抟老祖书和康南海"开张天岸马，奇逸人中龙"，优劣立判矣。陈抟山林气，南海市井气，一望而知。

程士元：南海的碑学审美取向格调并不低。此人虽有鼓吹之嫌但不失开创之功，并能做到身体力行。前面那副他常写的"开张"

对联看不出真有多少刻意模仿陈老祖的字体，但是明显在学他的气。要说市井气，他早年的书法才叫地道的市井气。窃以为，其所引领的碑学中兴是书法史上视觉多元审美的一大需求，意义深远。我们后人怎么学碑那又是另一问题了。这多少和我们今天在讨论如何学习古典的情景类似。

无竟寓：南海问题不在碑学、书学，在人。那生活状态，气不养，字不可能好。他的书学、碑学是好的，评北碑诸品极有见地。拙文《日常书写》[1]尝论："现代书法危机的深层原因并不在书法本身，而在现代日常生活方式的转变和现代艺术生态的状况。对现代日常生活方式和艺术生态状况的关照、反思、批判和重建，应该成为日常书写问题的哲学前提。"

古甬：我对北碑一直感到困惑，看起来它完全没有受"魏晋风流"的影响。当时的北朝书家，怎么可以视钟王为无物？

无竟寓：魏晋南北朝显然都承自汉隶，这一点不言自明。所以，从汉出发来看，北碑南帖实无隔阂。

程士元：我好像在华人德先生的书中看到，北碑没受"魏晋风流"影响，主要是因为政治地域的原因。不知为什么，我更希望看到北碑南帖的隔阂长期存在，长期衍生，就像国画南北宗一样。一方水土养一方人，不同的笔墨各自呈现，这样可能更好。

无竟寓：子曰"和而不同"。差异性和丰富多元诚然重要，但

---

[1] 发表于《中国书法》2014年第2期，亦见收拙著《心术与笔法：虞世南笔髓论注及书画讲稿》，浙江人民美术出版社，2016年。

中庸的体证：古典书画微信群论书辑帖

吊诡的是，差异性之为差异性，多元之为多元，恰恰有赖于共同的大本大原。万，万而已。一，则能万万。万万，则一之用无穷矣。现在书界一味扬帖抑碑，殊不可取。清代碑学中兴，确是书史大事，意义深远。南北之争，碑帖之争，根本就是伪问题。盲目分派只能保守僵固的差异性，一一各一，实无差别。和而不同才能万象纷呈，永锡尔类。

朱宇："现代书法"多从碑来，已经完全摆脱了古典修养工夫的书学传统。传统的书学被"解构"为纯粹的笔墨线条，追求视觉的冲击。譬如井上有一的作品，愚以为无益书学，尤其不宜群里的初学者接触，还望群友勿发相关图片。个人拙见，实属抱歉。

无竟寓：我也不喜欢"现代书法"。不过，难得的是，在井上的书写中仍然能看到一种节制和反省，或者节制与表现、反省与发泄之间的巨大张力，而不只是一种单纯的视觉表现或情绪发泄。很多所谓"当代艺术"沦落为一种低级趣味的发泄，乃至排泄，实属可悲可耻。

丘新巧：柯老师所言极是。第一次看到曾翔"表演"书法的时候，我立马想到井上的那种克制隐忍，正是您提到的这一点。

张欣：现在临《曹全碑》，试着体会柯老师解《中庸》时发挥的"睨而视之"[1]，先通篇泛览，感受其意，再具体到一个字，心中就有了它的"气""质"，有蠢蠢欲动的书兴升起。然后下笔，

---

[1] 参拙文《伐柯与时中》，亦收入本书。

虽不一定写得尽如人意，但自己在这种互感中感到很快乐，很愿意被那些美丽的阴阳的行迹化掉。用这种体验去看生活中的很多事情，也就从局部的藩篱中抽离出来，多了些全局拂照的"大"，日渐心平气和。

"中"是个动词

丘新巧：不妨把中锋用笔理解为中庸之道。中庸不是平庸，诸如沈尹默等笔笔中锋之说，就把中庸解作平庸，遗害甚大。

无竟寓：中侧锋问题于画更大。见过笔笔侧锋的"速成山水"，固然俗不可耐，斯文扫地；而刻意"笔笔中锋"的"正统山水"亦未免师心自用，厚诬古人矣。读经何尝不如是？现代体制教育鄙弃经典，固可悲矣，而"读经运动"愚昧背诵、野蛮读经，则令人发指。

林俊臣：落墨于纸，纯中锋或纯侧锋皆有刻意之处，笔笔皆侧，笔笔皆中，毋必也。

无竟寓：道法自然，过犹不及。

林俊臣：能不失笔即可。

无竟寓：不失笔说好。不失笔，不背势，意之无意，像与不像，皆不过一团和气、一片化机，则可谓得之矣。至于工夫深浅，则日月至焉可矣。

林俊臣：不失笔，意即有感。

无竟寓：即在觉知中，在心、手、力、管、毫、纸、墨、水、字形物象、章法气脉的生动对话和动态调整中。

中庸的体证：古典书画微信群论书辑帖

丘新巧：中锋，中字似乎可以解为动词。无论笔锋如何运动，都能保持回到中位的笔势，方是好的。

无竟寓：就像骑车，偏而不倒时，犹在中道。譬如转弯时，其势须偏侧方能守中不倒；刻意"中正"背势，反而要倒了。此意孟子论之甚详。艺人不读书，奈何？

于钟华：中锋与偏锋成对，正锋与侧锋成对。中锋即笔锋在笔画道中，偏锋则是指笔锋偏离了笔画道，所以偏锋乃是非笔锋所书，而是笔毫笔肚擦出。正锋与侧锋皆属中锋，正锋指笔锋行进时在笔画道的正中间，这是一种理想的状态，而侧锋则笔锋在笔画道的一侧，譬如一人与我正对面即正锋，侧脸对我即侧锋。又如行车于道中即中锋，行车于道正中即正锋，行于道之一边即侧锋，然车出道外即偏锋要不得，车毁人亡太可怕，故为书之道力追正锋，自然常态得侧锋，切忌偏锋，总之要中锋，即行车于道中，此之谓得道。

无竟寓：钟华兄区分得更精细。

肖朗：正书宜中锋，行草随性。

无竟寓：这个不敢苟同。体有不同，法无二致。赵松雪云："结字因时相传，用笔千古不易"，故古人云写真如草，写草如真。

陈漫之：中者常，侧者变，中者经，侧者权。于笔而言，中锋侧锋皆笔之用。唯偏则失之。方其行笔之妙，纯任自然，初不知耳。下笔之时，气定神凝，心手相合，动静合度。中锋侧锋浑然不觉。用笔一事，审其乖察其偏为要，中则直可悟而甚难言，去其偏即得其正可也。

涩感与心力

无竟寓：作书宜从容涵泳，每多蓄势停驻，"时间留白"，然后兔起鹘落，方得笔意丰富耐看矣。

张欣：在精舍看柯老师写字，听到老师的笔心行走在纸上发出沙沙的声音，像"春蚕食叶声"，优美极了。想到无论是书法还是其他技艺的学习，都是在纠结与顺畅之间踯躅前行。譬如庖丁解牛，修炼的是"以无厚入有间"的本事。人生的快乐从来都伴随痛苦，可我们为什么依然说写字是快乐的？人生是快乐的？求道是快乐的？我想这可能就是卡夫卡说的："'道'很可能是会绊倒你的绳子。"生命的愉悦在于真实的快乐，而不是快感。快乐是一种德性的追求，是自我的发现，是通向人性的自由。

董其昌在《画旨》中说："字须熟后生，画须熟外熟。"燕凯老师也曾讲过："书法之气不是顺滑之气，而是熟而后生，而后生生不息。"庖丁解牛之气看似"丝般顺滑"，其实也要越过无数筋络交错的根结，在"技近乎道"中"踌躇满志"。艺术与生活的修行，都是要在这些随时都可能绊倒我们的"绳子"中淬炼得游刃有余。这才是真正的生命体验。生命在涩行中兀自美丽着。

汤如冰："涩感"即取"新生而破之"的那种"生涩"之意境，这样理解可否？在具体写字的时候，即在此"生涩"意境之中，人、笔、纸、墨等要素的统合协调。是否如此呢？

无竟寓：对的，涩感是一种感，是一种笔意，不是老干部体的那种做作抖动。世俗所谓"碑学"，就是那样被恶搞坏掉的。更悲催的是，为了反对那种做作抖动，刻意追求自然流畅，导致用笔浮滑，又把所谓"帖学"搞坏掉了。

林俊臣：涩，逆觉也。

无竟寓："逆觉"说好！清人有云，书道就一个字，逆。

陈漫之：这涩感、逆觉，不独书法，诗文亦然。比如杜甫的诗，就有很强的"涩"感，这涩感源于心的沉厚不流，故笔下亦沉着，举一句为例："荒庭垂橘柚，古屋画龙蛇。云气生虚壁，江声走白沙。"这句中虽信笔写来，自然之中，细味却有"涩"感。心气沉凝，故能下笔沉厚而不浮。却不能造作得来，全在气质变化，学问涵泳。不然刻意求"涩"，便是作。又如渊明的诗，平淡自然之中亦有"涩"感。笔愈简而气愈凝。后人和陶，多袭其"淡"，无渊明那种胸襟节操，只是模拟形色，笔下便持不住，流出去。

无竟寓：漫之兄说的好。非独陶渊明，包括阮籍，魏晋诸子，都有类似的情况。人们往往用一种标签化"名士风流"来看他们，不得其真。魏晋小楷亦然。比较钟王和明代王宠，其中区别可知。王宠"涩感"不及钟王，所以看起来有点单调。生涩才能生自然趣味和变化。

张欣：涩让气韵生动，不浮不躁，不僵化不呆板。

陈漫之：柯老师说的"涩"感，乃是一种普遍审美感受，不拘艺术门类，超越一家一范。

窦建英：流动的厚重感，算是涩的一种表现吗？

无竟寓：自然。

陈漫之："涩"的前提当在"沉"。我有一种生活体验，分享一下。我老家冀东乡下，小时候扶过犁巴。看长辈扶犁巴，犁铧穿过泥土，垄沟形成的过程中，新鲜的泥土自然分向两边，从远处看很有"美感"。垄沟的好坏，功夫全在扶犁的手上，必得沉着而又自在，手稳不住，垄沟深度下不去，也出不来泥土自然分开的效果。稳住但又不是双手死把着，个中大有微妙处，呵呵。

李欢友：这土地不仅滋养生命，唤醒哲思，还以其式涵养书艺。

陈漫之：少时随父辈下地干活，扶过犁，最喜欢新翻泥土香。坐在田头，吹着野风，看天上白云缓缓向东。那种体验，好久没有了！这是以前写的一首忆旧诗："昔日扶犁村野，微风小憩垄头。坐看新翻泥土，白云冉冉东流。"

无竟寓：临了几行虞世南《孔子庙堂碑》，发上来大家多批评。感觉《庙堂碑》须以精诚写之，"其言似不足者""屏气似不息者"，然后似得其意。

于钟华：忘息为好，否则易伤身。

无竟寓：于兄误解了，我写字的时候没想呼吸的问题，这里只是借用《论语·乡党》那句话的意思，来讲庙堂碑给我的笔意感觉。

于钟华：误解兄，惭愧！蔡伯喈"气不盈息"，言呼吸自然，不刻意为之，多见人屏气作书，对兄生此误解。

无竟寓：兄所论问题很重要。屏气作书的毛病，我以前也有过的。那是功力浅时，太紧张着意导致的。懂得用心不用力去写的时候，就自然忘了呼吸，指腕肩臂也自然放松，写多久都不累了。屏气作书，指腕拘挛,眼睛也紧盯着每一笔,这样写字会非常累,也非常伤身体。

于钟华:是,真写时忘书写,至忘己为上。今人写字多倡发力,或寻发力点云云,事实上,写时当"未尝致纤毫之力"。

日常诗意,风规自远

行诚:我笨,学不了画。

无竟寓:不要泄气,画其实比书法容易。你之所以觉得难,一是因为平时画册看得不多,二是因为画时不够放松。画要用书法笔法,但一定要比书法更放松,打散,打掉物形,打掉我执,才能逐渐学会体贴物性,意与物会,进入枝叶、山石、花瓣、苔点、水流,与万物为友,与气化同游,画境就对你慢慢开显了。到那时,手上就可以慢慢找到感觉,以前学的书法才能得到更深的理解。不妨参考丘新巧论日常书写的文章,可为学画者借鉴:"日常书写本身的平凡性首先要求一种志气和平、不激不历的风格。但仅仅这点还不够。一种好的日常书写必须获得可以更新的、不断提升的力量。""这种理想是:通过一种平凡的、内敛的、不张扬的书写,将日常的诗意全盘托出。"

鹿芸薇:"平凡、内敛、不张扬"是指的表象还是内里?平凡与非凡,内敛与张扬,应该是在拉扯中达到平衡,进而融而为一,相互表里吧?诗意不只是平缓安详优美,大江东去的恢宏,小桥流水的静婉;千金散尽的豪情,粥饭不易的悲怀……都是诗意,都成文章。请柯老师和新巧兄指教。

无竟寓：我想新巧文中之意，应与此同。渊默而雷声。不必作意非凡，更不必作意"日常""平凡"。后者恐更"作"。世俗多见"伪弘一体"即是一例。

鹿芸薇：极是！

陈漫之："一种更新的、不断提升的力量"，从哪里来呢？这书写之机，本不在"平凡性""不激不励"上，乃在笔与心无间，心与自然无间。若无间，则自然有"不激不励"。这"平凡性"，本是有我而无我，不劳把捉的。才着力，已失之。譬如我们看禅师静坐，看甘地纺线，凡外表所流露的，皆其"平凡性"，然此是末，若探其本，乃在其心之定、意之凝，此恰是"可以更新的、不断提升的力量"之所在，即是生生不息之所在。

无竟寓：郭熙论山水必以"远"，何也？忧"执笔者所养之不扩充"也，非仅透视也。羲之何以"不激不励"而犹"风规自远"？以"先缓引兴，心逸自急"也。"引兴"，缓养心之远致也，节制手头近习也；养之久，则沛然莫之能御，不知手之舞之、足之蹈之，则自然"纵狂逸放，不违笔意也"。"若强逸意而不相副，亦何益矣？"故进退有节者，"止于至善"之进也，"安汝止"之能迁也，养心之术也，非独笔法也。

林俊臣：转化"手头近习"可否兼涵节制与导引两意？

无竟寓：对，一定要兼含节制与导引两意，否则节制就成了压抑。昨晚《尚书》读书会也刚好谈到大禹治水的重要性：疏导而非堵截。

林俊臣：导引不违天机本性，节制不使怒张。"笔法"在此为开放的虚空意，等待崭新意义的到来。

无竟寓：皋陶"予未有知"亦为"开放的虚心"，如天之运万有而不滞一物，常行不怠而日日惟新。经典培养一个人的平实、睿智、通达、智慧。这是一种真挚深沉的生命情志，而不是意识形态化的可疑激情（王氏野蛮读经就有此嫌）。

陈漫之：明道先生说，天地之间只一个感与应而已，更有甚事。"一种真挚深沉的生命情志"，就是这"感与应"吧。

张毅：这就像打坐。首先是觉知，不善改之，善者专注。不善又起，改之。善者专注。久而久之，心就变得调柔，心就会打开一扇又一扇的不可思议的窗户。

道艺性情

陆庆祥：道由情生。为艺为学者，若无真乐真哀内充于中，则其艺其学无甚可观。兄乃能哀能乐之人，世之能有真乐真哀者，几人哉？万物本乎情而归乎情。情外无物。情者，生也。君不闻，天地之大德曰生乎？离却此情，则天地复归于蒙寂。故情生万物。

赵逸之：道由情生，此论甚好。

王瑜：所论精妙，不过对情的定位略有不同意。性者，生也；情者，感物而起。《郭店楚简》有云："性自命出，命自天降，道始于情，情生于性。"

陆庆祥：然世之所为情者，直欲耳！能得真情者鲜矣！情亦生，即情即性，元无二也。性，不可说；可说者，情也。犹火不可说，可说者物之燃也。

王瑜：情的确重要，但《世说》中记载，有因情过重而伤生者，似亦不可。

陆庆祥：因情伤生，非情之罪也。犹引火烧身，非火之过也。君子不立乎危墙之下耳。

王瑜：引火烧身，虽非火之罪，实因火而起，何如以理节之，宜情宜理，岂不文质彬彬？不过，我论情理，兄论情欲，着重点可能不同。

曹广林：世未有不学而能达真性情者。情者心之所发，不学而至者也。可学而至者，其情之理也。真性情之可贵唯其贞也，不在任情放达之情态也。

陆庆祥：单论情，确实恍惚难辨。不以理害情甚难，不以情伤生，亦甚难。如人饮水，冷暖自知。所以诚就很重要了。诚之者，人之道。惟诚能乐。

王瑜：所谓真诚，才有真性情。

无竟寓：诚意正心，然后可以达情。人莫不有情，达之惟难。不达情者，或麻木无情，或狂妄滥情，过与不及，皆有伤于生理也。生理者，性也。惟达情可以适性，惟正心可以达情，惟诚意可以正心。故自道学以至于艺术，壹是皆以修身为本。孟子曰"修身以俟"，所俟者命也，天之及人也，物之感人也。《乐记》云："人生而静，天之性也。感于物而动，性之欲也。"所谓"感情"，情有所感乃起。故《诗》多起兴，天之及人、物之感人而已。古希腊文 pathos、英文 passion 有被动之义，亦此理也。故《中庸》云"不诚无物"，言物之感人、人之动物，在乎天人相应，非能妄作者也。故修身以俟者，养其仁通能感之性，则情之所发，每每达之。

邵静：理学复性，艺术畅情，其实就是质与文的关系，二者之间诚然有张力，但不宜割裂。质以文显，文因质立。

杨骐文：工夫修养是参天地之化育以调正性情，这是比艺术更根本、更整全的格物致知。正是在这一意义上"进乎技矣"。诗何以能兴于鸟兽草木而养正性情？柯老师在《气化与修养：魏玛书画工作坊讲稿》中谈及的"事物与气化""气化与心性的相感"等等，给人以很大的启发。物与物之所以能发生生动的联系，并非逻辑意义上的可以推出，也并非感觉经验的机械联想，而是气化相生，心性相感。在这种相生相感中，性情得以滋养调正、顺遂条达，这就是修养工夫。不如此，就仅仅只是知识的推出和获得，与心、物无涉。在这里，经验主义与理性主义，主观与客观，求知与修身的外在吊诡，都可以回复到心物气化相感的内在吊诡中。在外在的吊诡中，往往偏废一方，却掉入另一方的窠臼；言一方，却无往不与另一方相冲突，无法在更深的层次上回复到事物与心性的统一上来。

无竟寓：这次在何乏笔组织的德国魏玛书画工作坊中，我在看蒋三石作画的时候体会到：作画、写作都是一种"作"，而只有"不作"和"等待"（俟）才能避免"妄作"。凡欲有所作，须先静观，等待，敞开，感受，生发，一点点地从无到有，心气相生，物我同化，于是絪緼成象，或渐有所得矣。古人所谓"观喜怒哀乐未发前气象"自然是一种性情修养，但又何尝不是一种"等待"或"修身以俟"的艺术工夫？

当代社会的古典教育

跨文化古典教育的当代意义：
同济人文学院开学致辞[1]

同学们，欢迎来到同济大学人文学院！从拿到入学通知书的一刻起，太多恭喜和点赞肯定早就在你们的朋友圈里刷爆了，满满的都是幸福。但就在你们上学的第一天，在这个开学仪式上，我感到更多的却是忧虑和责任。我下面要说的话可能有点沉重，但我想作为大学生，你们要学的第一课可能就是观察社会，思考时代的问题，学会批判和承受，增加生命的厚度和重量。我不善言谈。院领导嘱我代表哲学系讲话，不敢推脱，只能勉强谈一点感受。

同学们，这并不是一个读书的好时代。就在近两年，一些发达国家缩小乃至取消了人文艺术类院系的设置，减少了投入。世界更快更高更强，钱越来越多，大学排名越来越靠前，人文精神却越来越堕落。所谓"世界一流大学"越来越像公司，不像大学。好在中国还没那么穷，不必要那么功利。同济大学更是"逆生长"，人文学科在最近十年获得了长足发展。正当同济人文建院七十年、复院十周年之际，迎来你们这一届新生。我由衷感到高兴，也感到教育的艰难和责任。

我当然知道，你们之中并没有几个真想读书做学问的。不过，没

---

[1] 这是 2016 年秋在同济大学人文学院新生开学典礼上的致辞。

生命的默化：当代社会的古典教育

关系。人文教育的首要目的是成人，而不是培养专业学者。人文教育首先是生命的学问，是成人之学、"为己之学"；专业学者的养成当然不能少，但只是自然而然的收获，自愿自觉地养成，无法也不必批量生产。亚里士多德《尼各马可伦理学》中所谓最幸福的生活方式——收入不多但衣食无忧，在闲暇中沉思哲学——并不是所有人都愿意享受。人类中的大多数都富于牺牲精神，投入宝贵的生命，换取身外之物，不以为苦，反以为乐，常令我敬佩不已，自愧弗如。

在作为"成人之学"的人文教育中，有的人毕业后会去企业，有的人去媒体，有的人去政府机关，有的人选择专业技术工作或自由职业，有的人留在高校做学问，这些都可以是生命的学问。反过来，如果一种人文教育并非"成人之学"，学问不能契入生命，那么它培养出来的学生即使成为专业人文学者，甚至学术大咖，跟真正的"人文"也没有什么关系。而另一方面，一个好学深思、进德修业的普通职员或公务员却很可能是"人文"的。人而文之，谓之化；文而不人，谓之病。

所以，我们同济人文的院训是孙老师提出来的"人文化成，同济天下"。"人文"的要点首先在"人"，是"人"在"文"的陶冶下，变化自己的气质，然后能做好本职工作，在家济家，临事济事，在单位同济单位，在天下同济天下。"人文"首先是个动词，重在"化成"，然后才有名词的"人文"；"同济"首先也是个动词，有人"同心同德同舟楫，济人济事济天下"，然后才有大学。

"人文化成"这个说法来源于《易经》的贲卦象传："观乎天

跨文化古典教育的当代意义：同济人文学院开学致辞

文，以察时变；观乎人文，以化成天下。"人类文明之大，是可以配天的。大学之所以大，正在于"大学之道，在明明德，在亲民，在止于至善"，故贲卦象传又说"文明以止，人文也"。大学是人类文明的继承者、守护者和发扬者。一年一度从大学走出毕业生，奔赴各行各业，同时接纳新生，学习各门专业。

然而，正是在越来越发达的专业设置和社会分工中，大学精神却在衰落，人类文明因而面临越来越严峻的挑战：知识越来越精深，生产越来越发达，人却不见了。社会成为巨大的机器，大学成为机器配件加工厂；大学生是车床上有待加工的半成品，毕业生不过是用于装配机器的成品。人类从此分为两种：学生和毕业生，或者待加工零件和成品零件。借用鲁迅先生的话，就是等待做奴隶的人，和做稳了奴隶的人。

这是一个伟大的时代，这是一个恐怖的时代。人类从来没有创造过如此丰盛的财富，也从来没有制造过如此贫乏的生活。人类从来没有这么自信过，也从来没有这么迷茫。在这样的时代，大学承担着重建人类文明和生活意义的重任，无所逃于天地之间。你可以满足于"每天小小的确定的幸福感"，不必"观乎天文、观乎人文"，也不必"人文化成、同济天下"，但如果有一天，个人的"小确幸"也不再可能，人类的补救就来不及了。有多少爱可以重来？有多少文明可以重建？大学之道，不能再等了。

正是在这样的时代任务面前，古典教育的意义才凸显出来。今天谈古典，完全不是出于中国现代早期的"国粹""国学"民族意识，也不是出于西方现代早期的"古典学"专业意识，更不是出于

生命的默化：当代社会的古典教育

"发思古之幽情"的癖好，或者"保守主义""复古思潮"的顽固。今日重提古典教育乃是出于大学之道的先锋意识、人类文明的当代意识、现代性的批判意识。直面现代性危机和当代文明困境，重建大学之道，正是人文精神和批判性的体现。相反，不敢直面问题，百般曲护现代社会，讳疾忌医，自我陶醉，则恰恰是号称批判的保守、自以为开放的封闭。

为什么古典教育具有这样的先锋性、当代性？因为古典教育首先是"整全之人"的教育，是人之为人的自由教育、博雅教育（liberal arts）。这是教育的本源。现代教育在"实用"和"效率"中迷失了本源，我们今天有责任批判它，补救它，重建人的教育，找回人的自由和尊严。以前，连续几届开学典礼，我都讲过：自由不只是一种权利，更是一种能力，是人之为人的教养。做稳了奴隶的机器配件不是自由人，等待做奴隶的"人才工厂"里也没有自由人，即使你拥有充分的"自由权利"。心甘情愿地付出一辈子的生命，去换取身外之物，这不是自由人，即使没有任何人妨碍你过这样的生活，也没有人强迫你工作。在"自由的权利"中丧失"自由的能力"，这是现代教育丧失大学之道的恶果，也是大学人文精神退化的原因。

这个暑假，我在德国了解到德国大学和中小学古典教育的整体衰败，非常痛心。德国的文理中学原来是必修古希腊文或拉丁文的，现在只剩下少数学校可以选修。无论黑格尔、马克思，还是尼采、海德格尔，都是在中学就打下古典基础，然后才能在大学和博士阶段深造自得，成为一代大哲。而今天的大学，还能期望这样的群星

跨文化古典教育的当代意义：同济人文学院开学致辞

灿烂吗？一位做东亚研究的德国教授告诉我，他问班上的同学为什么选择日语专业，回答竟然是因为喜欢动漫。这自然没什么不好，甚至很卡哇伊，但大学人文的厚度真的不能再薄下去了。在美国的时候，一位意大利学生告诉我，他们的中学原来是必修拉丁文的（相当于我们学文言文），但现在也不学了，改成了英语。与中学改革相配合，大学教育也随之日益工具化、实用化，江河日下。

随着现代化的进展，古典文教的衰败已经持续了几个世纪，今日已经达到了"黑夜中最黑的时刻"（海德格尔）。而与此同时，极端现代化的、同时又是极端野蛮的原教旨保守主义又在方兴未艾，日趋疯狂。极端工具化的现代性和极端原教旨的保守主义正在撕裂地球，人类文明面临普遍危机。正是在这样的危机时刻，古典教育却在中国成为一种越来越普遍的共识。通过古典教育来培养自由和批判的能力，学会关心自己、认识自己，自知知人，知人体物，已经成为越来越多教师和学生的迫切需要和自觉选择。无论西方古典，还是中国古典，正在得到越来越多的研究和阅读。无论大学师生，还是社会公众，普遍表现出对古典的热情。不同于殖民地时期的民族主义和文化保守主义，这次古典复兴是当代的、前卫的、跨文化的、开放的、批判的行动，是以人类现代文明的普遍危机为问题意识的天下担当。"人文化成，同济天下"——让我们一起努力！

生命的默化：当代社会的古典教育

春天，我们开始学习：
同济复兴古典书院开讲辞

　　同学们都已经看出来了，我这篇导论课开讲辞的题目"春天，我们开始学习"正是我给你们留的第一道作业的题目。你们向我交作业，我也向你们交作业。古典书院是教学相长的地方，不是谁给谁灌输思想的地方。

　　在这个万物复苏的季节，我们即将开始共同学习的历程。在翻开经典、进入课程学习之前，我们需要略为踌躇，沉思一下：在这个开始的季节，有那么多事情有待我们去开始，为什么"学习"这件事情如此急迫？这个问题不但是我留给你们的作业题，也是你们向我提出的问题。你们充满期望地来到这里，什么都不用说，我都能感到你们在提出这个问题。书院之所以开办，正是出于这一问题。

　　在这个春天的下午，面对这么多求知若渴的眼神，很多感慨，一时不知从何说起。先从最近的地方说起，算是发条微信朋友圈吧。从元旦发出招生公告以来，整整两个月，每一天，每一秒都被古典书院的各种琐事占据。事无巨细，各种忙，有时累到恶心。书院收到 600 份报名申请，录取 100 名正式学员，200 名候补学员。2012 年，我们做"同济大有公益国学班"的时候，只收到 200 份报名，录取 30 人。三年间翻了三倍，这是文化复兴远超 GDP 发展速度的节奏啊！"大有"虽然因故停办，但文化复兴的脚步日快一日，这是多么令人振奋的事情。朱子诗云："昨夜江边春水生，蒙冲巨舰一毛轻。向来枉费推移力，此日中流自在行。"习大大春风化雨，咱啥都别说了。春天来了，大家开始学习吧！

"接轨"与"接地气"

2007年同济大学百年校庆的时候，我们人文学院的孙周兴院长叫我设计一个方案，给同济的道路楼宇重新命名，增加些人文气氛。我于是跑到学校档案馆查资料，了解校史，这一看大为感动。我2003年从北大毕业，投奔孙老师，来同济工作。一直只知道这是一个工科院校，其他不甚了解。看了校史才知道，同济是整部中国近现代史的缩影，乃至折射了数千年文明兴衰的启示。

同济是1907年由德国医生宝隆创建的。去年，我们引进德国学者何心鹏（Volker Heubel，也是我们古典书院的茶道老师）来同济工作的时候，他听说这个故事非常高兴。我告诉他，我听到过一种传说，说"同济"这个名称起初是德文"Deutsch"（德意志）的上海话音译。无论这个传说是否可信，今天已经很少有人知道了。

不过，现在人们同样很少知道的是："同济"这个名称的中文典故出自两千多年前的《孙子》（即《孙子兵法》）。《孙子·九地》云："夫吴人与越人相恶也，当其同舟济而遇风，其相救也如左右手。"关于这个典故，我在2007年写的《何谓大学：致同济大学百年校庆》中，曾这样写道："不无巧合的是，孙子此处谈及的地理，正是如今这所大学所在的地方：吴越之间。孙子告诫说，在包孕吴越的震泽（太湖）风浪之中，吴越两国应当同舟共济。孙子有此眼光，因

生命的默化：当代社会的古典教育

为孙子不只属于吴越。孙子奔吴，所来自齐。但他也不只属于齐。孙子属于'中国'。原本意义上的'中国'并非现代民族国家意义上的中国。原本意义上的'中国'乃是天下。以天下观之，孙子所论之吴越虽小，其义则大；以天下观之，今人所谈之世界各国，有列国而无世界，其地虽大，其义则小。"就在我们上课的综合楼下面有一块石头，上面大书"同济天下"四字。根据《孙子》的原意，这四个字是非常符合同济精神的。当我把这个意思告诉何心鹏的时候，他更加热爱中国、喜欢同济了。

从书院微信公号选刊的学员入学申请中，大家可能早已注意到本期学员的一个非常突出的特点：很多学员有跨文化背景。在我们这一期的同学中，有外籍学员，有外企职员，有海归学子，有在国外投资的创业者，有从事涉外工作的，有学外语的，有对外汉语教学的，有做外语出版的。没有任何事先的预定，不期然而然，我们收到的申请中，跨文化背景人士占有极高比例。为什么会这样？一位学员的话可能很有代表性：越是"接轨的"，越要"接地气"；越是"接地气的"，越能"接轨"。同济复兴古典书院就是"接轨"和"接地气"的对接书院。这个情况，可能会让那些"公知神""启蒙帝"们大跌眼镜（无论左派右派）。这些年来，公知神、启蒙帝们闭目塞听，一直停留在八十年代，自个儿悲情不已，不知道社会发生了多大变化。

其实，"复兴古典"这个难免刺激现代人神经的说法只是一个巧合。"复兴"是我们的赞助商兴业全球基金的公益项目品牌。多

春天，我们开始学习：同济复兴古典书院开讲辞

年来，在这个名称之下，他们在各地资助了很多公益文化活动，不一定与古典有关。作为"复兴"系列的项目之一，"同济·复兴"古典书院的意思只不过是说，我们是"复兴"在同济赞助的书院，这个书院主要读古典，如此而已。

所以，请心忧天下的公知神、启蒙帝们放心，我们没那么刺激，并不想高大上地"复兴"什么逝去的王朝。你们奄有天下已经五百年，而且可能还有五百年，你们忌怕我们这些绿色无公害的老朽书柜们干什么呢？我们只想找几个素心人一起晒晒发霉的大书，寻思着在这个已经完美的现代世界，可能还有那么一点点不足的地方，需要我们来同济同济。

当然，我们的担心完全是多余的，但我们想要为现代世界帮点小忙的心绝对是忠诚的。在一些问题上，我们可能是"反对派"，但绝对是"忠诚的反对派"。请你们不要拒绝我们苦口婆心、忠言逆耳的劝谏、帮助。古代儒士对君主有冒死进谏。今天，君主早已垮台，但儒士的坏脾气没有变。"为往圣继绝学，为万世开太平"：不管现代世界自以为多么完美、不可一世、完全不需要古典资源的帮助，我们也要尽那份可笑的、不自量力的、古老的责任，来帮助现代人类。

我们热爱现代，所以复兴古典。我们心忧苍生，所以同济天下。我们很可笑，没有资格讲大话。但请允许我们像你们一样自由：自由地做一件事，说几句话，即使不合时宜、迂腐可笑。最终，你们可能会发现我们不但不是无害的，反而是非常有益的。你们声称的所谓"多元主义"如果用得不好，会害了你自己；如果用得好，会

最终拯救你自己。你们的成败命运将取决于,在你们的"多元"结构中有否古典?以及古典占有一个什么样的位置?研究一下耶鲁法学院的课程表,可能会有启发。

只提供教学,不提供服务

这些年来,"古典学"这个在"西方发达国家"早已 out 的词,如今在中国却非常时髦。"正宗古典学""究竟搞哪一套"?吵得不亦乐乎。古典书院跟这些热闹有关系没?一毛钱关系都没有。古典书院的"古典学"肯定是"不正宗的",因为只要是"古典学的"就肯定不是"古典的"。古典书院不搞"古典学",只读古典。

另一方面,这些年来,"国学"这个在"中国现代化进程"中早已 out 的词,如今也非常热闹。各种国学班、老板班、总裁班、MBA 班、读经班、国学讲坛、国学大师、国学智慧、国学鸡汤刷爆了屏。古典书院跟这些热闹有关系没?一毛钱关系都没有。古典书院不教"国学",只读经典。国什么学?书院的西学古典读书小组是哪国的学呢?我们只读经典,不管哪国。

实际上,西学古典对于我们今天来说非常重要。无论对于西方,还是对于中国,都非常重要。一说起"传统文化",大家默认是指中国传统文化。其实,西方也有传统文化。西方并不是从来都像现在这样,而是有其历史。在西方的现代化过程中发生的很多情况,优点和缺点,进步和退步,跟中国发生的情况是类似的。今天,在现代化的全球社会中,无论中国还是西方,都需要回到各自的传统

春天，我们开始学习：同济复兴古典书院开讲辞

文化，寻找现代问题的根源，总结经验教训，重新出发，设想新的可能性。在这个过程中，中国尤其需要学习西方古典文化。因为中国现代性的问题在很大程度上来自西方现代化的影响。解铃还须系铃人。如果不了解现代西方的来龙去脉，我们就无法解决现代中国的问题。所以，如果说西方还有一定理由可以不学习中国古典的话，中国没有理由不学习西方传统文化。

前天我拿到图书馆闻学堂主任曹洁冰老师统计的古典书院读书会报名情况表。书院的西学古典读书会没多少人报名，其实可惜。是否愿意学习西方古典，现在是最能检验一个人有否决心"为往圣继绝学，为万世开太平"的，因为今天"平天下"必须通西学。现在，国学还能赚点钱，现代西学也有用，最纯粹无功利的学问是西方古典学，一毛钱资源都捞不到。对于个人"没用"，但是对于现代中国来说，理解现代必须了解西方。而深入理解西方必须了解西方的来龙去脉，通西学古典。所以，几乎可以说，谁能坐得住古典西学这个最冷的板凳，谁才能为圣贤事业的"开生面"打好必要的基础。

综上所述，同济复兴古典书院既不是"古典学的"，也不是"国学的"。所以，我们是毫无特色的书院，不炒作任何概念，只知道读书。老老实实读书，踏踏实实做人。我们甚至不是"书院"，只是借这个名，表达我们的向往。说实在的，我们只是读书会：爱读书的人会到一起，如此而已。我们顶了一些花花绿绿的帽子，"同济""复兴""古典""书院"，四顶帽子都是给人看的，方便称呼而已。本质上，读书人跟这些名相一毛钱关系都没有。在春天的野外，"浴

乎沂，风乎舞雩"，上无片瓦，下无立锥，无门无户，师生问答——这才是真正的书院。做书院十年，我才明白，书院的本质在"人文"：有人，有文，就是书院。书院在心，在志，不在房子、资金和认证。

  这个毫无特色的书院既不提供学历服务，也不提供培训服务。我们根本就不提供服务，只提供教学。哥收的不是钱，是向学之心。哥给的不是认证，是认真。在《古典书院预录通知函暨考勤考核办法》里，我们就曾告知过每位申请者："书院不是休闲会所，不是电影院，是学习的地方。书院只提供教学，不提供消费服务。如果希望购买服务，请移步其他相关机构。在此，古典书院也顺便告白相关机构：敝书院跟各种老板班性质不同，不存在竞争关系，敬请放心。书院在非常有限的条件下投入了大量时间和心血，开展公益教学，这是不符合'经济规律'的，也是无法'扰乱市场'的。"谢谢！

何谓大学

  体制外的商业化国学培训市场我们不会扰乱，或者说根本不搭界、扰不到；那么，体制内的大学教育秩序有否可能扰乱呢？毫无疑问，也是八竿子打不着。我们根本就没兴趣分蛋糕，也没蛋糕可分。我们是一群精神食粮意义上的"素食主义者"，都是吃素的，毫无战斗力，连蛋糕都不吃。

  好吧，这个不担心了。但是，你们这些同济老师不务正业，不好好教自己的学生，招社会学员干嘛呢？可能很多同学会觉得这个问题好奇怪，怎么会有人问这样的问题呢，真是令人心寒！同济是

春天，我们开始学习：同济复兴古典书院开讲辞

国家教育资源，国家资源自然要为国人服务。同济老师无私奉献，履行人民教师为人民的本职，难道不对吗？好吧，别着急，我来答复一下。导论课就是要疏导各种疑问和误解。

其实，同济复兴古典书院并不是"外面的"，而是"同济的"。不但因为老师主要是同济的，而且，学员也有很多同济的，包括人文学院自己的本科生和研究生，其他院系的本科生、研究生、博士生和教师，还有各种校办机关的老师。即使校外学员中，同济校友也占了很大一部分。有些大学的老师热衷教社会学员，可能因为总裁班收费高。可我们不收一分钱。我们没有必要热衷教"外面的"，不教自己的。我们自己的教学和科研抓得很紧。如果抓不紧的话，我们就是不称职的老师，哪有脸面教社会？我们体制内外一起教，只是因为有教无类，不分彼此。而且，古典书院的课在周末，毫不影响大学的正常教学。不但不影响，反倒有促进。因为，大学本来就应该开放，承担社会教育功能，在学院内外形成"同舟共济"的良性互动。

我们来听听古典书院的一个社会学员郑利冉对这件事的看法："今天无意间在朋友圈看到朋友兴奋分享的报名链接。原以为这样的高端课程只是针对同济师生，没想到还面向社会人士开放。同济的包容和开放再度让我钦佩不已！在此特意谢谢组织方的老师对社会人士的关照，相信同济精神也会因此而得到真正意义上的复兴和发扬！"利冉同学是学建筑的，"当初选择在同济附近的单位工作，也是为了抓住每一点时间，可以在同济多听课多学习。过去一年，我大部分晚上都在同济旁听，笔记已经记了多本，业余生活也因此而充实精彩。"面对这样的求知热情，一个同济老师可以这样说吗：

生命的默化：当代社会的古典教育

"阿拉是同济的老师，侬算是哪里的？阿拉只为同济服务，侬算什么？"这是合乎同济精神的理由吗？"同心同德同舟楫，济人济世济天下"：同济精神断然不会如此封闭狭隘。大家说对不对？

在8年前写的《何谓大学：致同济大学百年校庆》中，我曾经这样写道："大学是有生命的。大学的生命即是文化日新的生命。年复一年走进大学复又走出大学的，是人类生命代谢中最鲜活搏动的血液。大学承担着为人类的公共生活培养公民的任务。而文化，就其源初意义而言原本就是这种意义上的培养教化。而在培养教化中，作为培养对象的青年人又反过来以生命的投入复活了文化，更新了文化。大学于是成为人类生活的心脏，以其不息的搏动实现着人与文的交换，新与旧的更生。"[1]

"百年校庆就是这样一个更生的节点，正因此它才成为一个节日，一个重新诞生意义上的历史时刻。正是在这种对大学人文和百年校庆的深层理解之上，我们在此思考何谓大学，承担大学的文化使命和社会责任。只有通过文化使命的承担和教育责任的落实，我们的大学人文和百年校庆才能以时代的精神标记自身……同济大学之同，即同济大学之大；同济大学之大，以同济大学之同。何谓大学？这或许是同济大学这所独一无二的现代中国大学，在她的百年诞辰之际，以她的名字所道出的回答？"

从12年前来同济工作以来，我一直在致力于打通学科壁垒和体制内外的界限，让教育回到它最朴素的本质：一群素心人聚在一

---

[1] 此文见收拙著《古典文教的现代新命》，上海人民出版社，2012年。

春天，我们开始学习：同济复兴古典书院开讲辞

起读书，尚友古人，变化气质。不为学历，也不为工作。不是培训，也不是附庸风雅。所以，我们的古典书院与社会上的各种国学班、老板班、总裁班、MBA 班、读经班的区别是很大的。我们的学员中有老板、白领、公务员、医生、律师，也有社区工作者、村干部、农民工、贩夫走卒。有大学师生，也有读经妈妈和读经少年。有银行行长，也有一贫如洗的民间学者。天下兴亡，匹夫有责。复兴古典，同济天下。愿与理解的人共勉，也请不理解的朋友原谅！

在书院的网站（后勤与技术支持团队正在建设中），我想这样介绍我们的书院："志于道——这是一个启发智慧的共同体；据于德——这是一个砥砺德性的修身营；依于仁——这是一个爱众亲仁的同学会；游于艺——这是一个逸兴横飞的艺术雅集。"

"古典书院教授经史子集、传统艺术、中医养生，但这些都不足以概括真正值得学习的内容。更贴切的表述是：通过经典研读、心得分享、艺术实践，我们希望逐渐改变自己，尚友古人，变化气质，学习一种生活方式。这种生活方式曾经在历代圣贤君子中延续了数千年，优雅而朴实，自然而幸福。复兴古典，同济天下。我们希望传播正能量，使这种健康的生活方式在现代社会成为新常态。"

"书院提倡'为己之学'，比较适合性情散淡的读书人，也适合以天下为己任的大人。意在觅食如下事物的童鞋慎入：学历、学位、考级、装点门面、心灵鸡汤、国学快餐、传统文化速成。凡参加过上述类型的培训而深感不足的朋友，可能会发现这里是你一直在寻找的地方。"

教学安排和制度设计

在书院的课程安排里，大家都已经看到了：我们的课程涵盖了五经、四书、历史、诸子、古典文学、中医、书画、京昆古琴、茶道等内容，非常丰富。当然，有同学就有疑问了：一个学期，每门课讲一次，能学到什么呢？如何避免走马观花、到此一游？你自己说不是"国学快餐、传统文化速成"，可是，从你们的课程设计里，我怎么看怎么觉得像麦当劳呢？恐怕"功夫还是真的好"吧？

质疑的同学还是粗心，没看完课程表。在我们的课程表下面还有两条备注说明：一、每讲仅列大致范围，具体选读篇目或讲授内容由主讲老师确定。以后每学期将重复开设这些基本经典和实践修养课程，但每学期讲授不同篇目或不同内容。譬如《庄子》第一学期讲《逍遥游》，第二学期讲《齐物论》；书画第一学期讲书法，第二学期讲山水画，如此等等。二、兴趣小组活动安排：设经史子集四个读书会小组、书画小组、中医小组、昆曲小组等兴趣小组，由辅导老师、助教和组长根据参与学员的兴趣协调安排。

所以，大家看到的课程表可不只是一个学期的课程表，而是未来好多年的课程表。那么，究竟是多少年的呢？那不是我们说了算，而是你自己说了算。任何一个学员，只要有足够的兴趣和恒心，一直坚持跟随书院学习，完成书院的考勤考核任务，学习成绩优秀，那么，他就可以一直学下去，逐年深入，登堂入室。当然，如果考勤考核不能通过，那就只能劝退，把位置让给候补学员了。

那么，疑问又来了：一、如果一个学员有真兴趣，想坚持长期学习,但是某个时间段之内不得不出差、出国、乃至生孩子,怎么办?很简单,可以申请休学,将来再复学。二、新进候补学员能跟上老学员,赶上学习进度吗?答:这个问题是小学生问题,以为书院学习是 1+1=2。中国传统文化的学习诚然是逐层深入的,是有次第的。不过,这种次第跟先学加法、再学乘法的顺序不一样。没有听过《关雎》的同学,突然补充进来听《鹿鸣》,毫无问题。无论对于从《关雎》开始听的老学员,还是从《鹿鸣》开始听的新学员,涵泳往复、逐层深入的过程都是一样的。这个过程取决于学生自己慢慢做功夫,而不取决于老师讲到了哪一篇。

无论是老师刚开始讲《学而》还是已经讲到了《先进》,无论新学员还是老学员,每个同学都能听懂一些,也不可能完全听懂。同理,老师能发明一些经义,但也不可能把某篇经典完全讲透。对于学员来说,即使听同一个老师讲同一篇,同一个学员今年听懂的东西和三年后听到的东西肯定不一样。而且,实际对于老师来说也是这样:同一个老师在不同时间讲同一篇,讲法也肯定不一样(当然这种情况在古典书院基本不存在,因为经典篇目太多,每年讲不同篇目还讲不完)。所谓教学相长:传统文化的教学就像植物生长,无论老师还是学生,功夫都在相互启发中涵养,逐渐深厚。所以啊,功夫确实还是真的好,不过前提是这功夫确实得是真的,是在教学相长中积年累月涵养出来的,不是快餐酱紫。

况且,在我们的课程设计中,还有一个自愿报名参加的读书会及兴趣小组活动环节,可以帮助大家消化吸收课上讲的东西,防止听课只是浮光掠影、到此一游。还有，我们设计了作业考核制度，每次上课之前，学员必须预习相关材料，听课之后，必须写作业巩固深化。这些制度设计都是帮助我们预防课程快餐化、观光化的办法。相信经过一段时间的运行，书院教学会逐步走上轨道；将来在实际教学活动开展中，还可以逐步修改完善。

附录：古典书院学习方法答问

按：古典书院开办之初，学员路宁提出疑问："《诗经》才读一篇《关雎》就转到《尚书·尧典》，《尧典》才读明白大意就要转到《礼记·曲礼》，节奏是否太快？如何避免走马观花？能否一学期只读《诗经》，以后再读别的？学员作业好的并不多，如何提高作业质量？增加学术讨论，提高创造性？"下面是笔者在学员微信群的答复辑录：

以前有个学生听信"著名书法家"误导，每个月只写一个字，反复写一万遍，下个月再换一个字写一万遍。结果这学生把书法写成了印刷体，还特自以为是，没法教了。所谓"专精"如果是这样做，是否比"走马观花"好？

当然，"走马观花"失之浮泛，徒增虚荣，自然并非修学之道。为了防止"走马观花"，我有时一学期只讲一篇文章，甚至只讲几段。有一年在同济的研究生课上讲黑格尔《法哲学》，一学期的课程只读了导论的开头几段。不过,这样的讲法其实对于老师更有收获,对学生来说反而更难。除非学生基础好,否则收获不大。

对于我们古典书院的学员来说,恰恰达不到一年只读一篇的能力。目前,貌似"走马观花"地过一遍,反倒是更容易的:第一遍混个眼熟,为将来的精读深造打基础。在深造阶段的"一学期只读一篇"的精读法中,为了读好这一篇,不得不涉及几乎所有其他经典。如果不在初始阶段对基本经典有个概观,其实是无法深入一门的。

六经是一个整体,是一个编织的网络结构。同时,六经的每一篇又有非常强的相对独立性。在孔子编修之前,每一篇都是相互独立的。所以,古人引述文献,常说出自《曲礼》,不说出自《礼记》。说出自《尧典》,不说出自《尚书》。诸子亦如是。《庄子》《孟子》皆为后人所辑。这周读一篇《庚桑楚》,下周读一篇《公孙丑》,一点都不妨碍。读一篇即读全体,读全体亦无异于读一篇。

其实,路宁的烦恼来源并非出自书院学习节奏太快,课程设计太多,而是因为总体知识背景太缺乏、读书太少。即使反过来,每周只读《诗经》,问题其实并不会因此消失。我在同济课堂连续每学期讲《诗经》已经三年,而学生的反应刚好与路宁相反:老师,你每周讲《诗》都涉及《书》《礼》《易》《春秋》历史、诸子,乃至古代现代的各种西学,有时还谈到佛学,我们都不懂啊,这样听《诗经》课能有效吗?可不可以先带我们读其他经典,然后再来精读《诗经》啊?

其实,最好的学习方法是精读泛读相结合。我们可以把古典书院每周下午的大课讲授理解为泛读,每周一篇;把每周六晚上的读

生命的默化：当代社会的古典教育

书会理解为精读，一学期乃至多年连续读一本经典（目前有诗经读书会、礼记读书会、春秋读书会等十一个读书会和兴趣小组供选择）。另外，我的同济课堂和其他老师的同济课堂，其实都是为大家开放的。工作日有时间的同学都可以去听。这些课基本上都是每学期精读一本经典，可以作为精读课程的选择。工作日如果没有时间，大家可以选择道里书院的网络读书会。目前每周六晚上读《自然权利与历史》，周日晚上读《诗经》。《诗经》已经连续读三年，才读到《小雅》，是典型的精读方式，可以与古典书院的泛读课程相结合。这个读书会是我从2007年开始的，已有八年历史。完全开放，公益免费。由我和曾维术、陈明珠、齐义虎、李明坤、王江涛等几位优秀青年学者一起带读。参与者分在全国各地，乃至海外。

"提高创造性，提升作业水平"是很重要的建议，也是书院学习的目标。不过，现代人在这方面有点急于求成，缺乏耐心，想走捷径。读书如学书法，须先临帖，胡乱"创作"无益。可先多写读书笔记、听课笔记，搞清楚古人说了什么，老师讲了什么，才有实在收获。笔记多了，将来自然能创造性写作。就像书画，临摹多了，创作自能上路。这个意思，现在很少有老师敢于明言。这在古代师徒相授中，实为常态，非常有效，教学相长，进步很快。现代老师是弱势群体，不敢明言传统教学法，怕学生反抗，控告老师压制学生创造力（能压制的还是创造力吗）。于是，老师只敢迎合学生，鼓励他瞎"创造"，反正害的不是自己。

那么，"自学成才难道不可能吗？"以前有学生在听我讲了上述意思后反问。我回答说：其实，唯有"自学"才能"成才"，没有任何老师和书本能教人成才。临摹字画是自学,读书是自学,听课是自学,讨论问题也是自学。唯有"自"才能"学"。

第一年的学员作业,确实无法有太多期待。不过,三年之后,我相信大家的作业会有本质提高,产生一些真正有价值的成果出来。所以,你现在明白我说"我希望我们的书院是长期的,学员是长期的"是什么意思了吧?

我这些年做教育,基本的情绪是绝望。但是,也要有耐心。就像养花:有心栽花花不红,无心插柳柳成荫。唯一可能的教育方式是自学。教育不过是督促大家自学而已。

其实,你以为你每天读《诗经》就能把《诗经》学好吗?有些读经班的学生早就把《诗经》背得烂熟,懂吗?一点都不懂。学习没有捷径可走。六经、经史子集、诸子百家、中西文化,古代现代,没有什么是能绕过去的。不是说,你天天读一本书,就能读懂那本书。

你知道吗,在古典书院一开始的计划里,除了经史子集、六艺经史、诸子百家之外,还有古希腊语、拉丁语、梵文等古典语言和新老西学经典。考虑到现代学员很难接受,只能作罢。不过,说真的,今天不懂西学,中学是很难真通透的。古典书院砍掉了一大块西学古典(欧洲、印度都是西学),已经为大家减负了很多。

时代注定我们必须要做承前启后、融通中西的一代。这是我们的使命,无所逃于天地之间。就算我们自己做不到,也至少要为后代铺个路。就算我们的社会学员做不到,也至少可以为各自的孩子做个铺垫。为了人类文明,为了孩子,我们没有理由不勤奋。

生命的默化：当代社会的古典教育

古典书院的生命存在：期末致辞

一个学期没写一篇文章，这在我二十年的学术生涯中还是第一次。时间都去哪儿了？都给了古典书院的同学们。这个学期，我第一次只做教师，几乎没做学者。我很快发现，这并不是我想要的生活。同学们应该也已经感觉到，柯老师后来脾气好像不太好。我相信同学们很能理解我的感受，因为来书院学习的朋友都是爱好学习的人：大家虽然从事各种工作，但都是向往学习型生活的人。无论《论语》的开篇，还是《尼各马可伦理学》的结尾，都在启示一种最快乐的生活方式，那便是学习。学习：这是古典书院的师生在一起要做的全部事情，也是古典书院作为社会通识教育机构的意义所在。

"国学"与古典意义上的"学习"

同学们，中国自古就是一个爱好学习的文明体，中国社会自古就是一个学习型社会。中国之为中国的特质并不在于肤色、种族，而是"教学为先"的文明意识。在这个意义上，这个国家的"国"和这个文明传统的"学"确实有着源远流长的、本自固有的关联。在这个文明传承的意义上，而不是在现代狭隘民族主义的意义上，我也愿意承认"国学"这个词的合理意义。"国学"并不是"这个现成国家的现成学问"，而是"朝向未来的学习成就这个朝向未来的国家"。"苟日新，日日新，又日新"：通过学习而自我更新是华夏文明的远古历史经验，也是近现代中国革命和现代化建设的经验，更是未来中国持续发展的保证。

这个学期，大家见证了"国学"越来越"热"的社会趋势。从去年底的习总书记曲阜之行到刚刚出台的《全国领导干部国学教育系列教材》出版和"国学本科专业设立"，国学教育推进迅猛。在一百年的持续变化之后，人们开始思考变化的主体是谁？是谁在变化？为谁变化？原来，是我们自己在变化，是为了我们自己而变化，而不是为了别人而变化，也不是为了变成别人。《庄子·齐物论》云："非彼无我，非我无所取"，又云"周与胡蝶则必有分矣，此之谓物化"。变化的前提是认识自己，认识自己的目的是为了变化。无论根据孔子还是苏格拉底，这个过程正好就是古典意义上的"学习"。

古典书院：纯粹值得骄傲，特别令人悲哀

古典书院的学习是纯粹的、特别的，是毫无特色的独一无二。纯粹，所以毫无特色；脱俗，所以特别。纯粹值得骄傲，特别令人悲哀。自发的学习在这个国家的文明传统中本来是多么简单纯粹的事情，今天却不得不被人目为怪异脱俗、与众不同。古典书院既不提供学历或准学历认证培训，也不提供商业性质的文化消费服务。"书院只提供教学，不提供服务"。书院既不收钱，也不出售认证和服务。书院只是一个简单纯粹的学习之所，而这正是"书院"或希腊人所谓 academia 的古典意义。古典书院在现代社会为什么能存在？因为简单纯粹的学习是人之为人的永恒需要。古典书院在现

代社会存在的基础不是别的，只是人心固有的学习本能。

而现代人的心灵却被太多意识形态的浮尘遮蔽，误以为各种"主义"和意见就是学问；现代人的生活又被太多工作忙碌所占据，以为各种项目和企划就是事业。在这样的现代处境中，古典书院的存在很不容易。半年来，我们遇见了很多朋友，得到了非常多的帮助，这是目前社会的主流，令人非常感激，充满希望；然而，从某种或左或右的"主义"偏见出发敌视古典的意见，从蛋糕或奶酪的立场出发阻挠书院的力量，也让我们感受到了现代社会的丰富多彩，非常美妙。

现在谈谈钱，让书院对钱脱敏

有个美妙的问题要跟大家谈一谈。人们已经在传说，古典书院是免费的。有些同学可能也一直以为自己在上一个"免费的书院"。我想告诉大家：这是一个美妙的错误，至少是不那么准确的认识。古典书院确实是公益的，但并不免费。费是不可能免的。做任何事情都要劳动付出，这就是费，没法免。半年来，我没有赚一分钱，反而倒贴一两万元和无数个日夜的义务劳动，这就是费；很多老师、班委和组长、学生学术委员会都在义务劳动，同学们半夜都在写作业，这都是费，怎么免？

其实，免费的理念是低下的，因为免费败坏人，使人以为不需付出即可得到。公益是高尚的，因为公益提升人，教人不求回报亦可付出。公益并不等于免费（如道里书院长期以来的低收费公益班），免费也不一定是公益（如商业促销、试用装）。所以，古典书院的

古典书院的生命存在：期末致辞

招生公告上写的是"由兴业全球提供全额奖学金"（将来或可再加上唐鹤千公益基金的帮助），从来不提"免费"二字。我们既不提低下的免费概念，也不标榜高尚的公益。我们不炒作公益概念，更不屑提免费。把免费当做多么了不起的事情，同样是把钱看得太重要。

有朝一日（希望这一天不会到来），如果书院没有外来资助了，书院公益发展微店也运行不下去了，不得不向同学们收费了（我知道有些人在盼望这一天，因为他们希望看到我们因此而解体），我将非常高兴地欢送一部分人愤愤地离开，因为他们的"道德洁癖"不过是贪小便宜的幌子。我们不希望收费使书院堕落为土豪的休闲会所，也要防止免费使书院堕落为贪小便宜者的广场舞公园。我们必须在毫无经济压力的时候就谈这个敏感的问题，因为只有这样才能让书院对钱脱敏，不至于因为有钱而堕落，也不会因为缺钱而解体。收费或者不收费，书院都是公益的；收费或者不收费，书院都在那里。

教学相长、人文化成：让我们一起成长

这是个不差钱的时代，差的只是文化、理想和担当。同学们知道来书院读书，已经很难得了。但是很多同学对于书院学习这件事的认识还只停留在周末听听课的层面，以为古典书院与其他国学培训班的区别仅仅在于：人家收费，我们这里免费，如此而已。这是很浅薄的认识，远未进入古典书院的文化使命和精神生命。

书院是"为往圣继绝学，为万世开太平"的地方，是古人经典、书院老师和学员相与共感的生命体，是"人"与"文"交融生发的

道场。在古人经典和书院学员之间,老师起到一个中介的作用。老师之所以为老师,在于老师是"先生":先读了几年书,在"文"中先养成了自己这个"人",然后可以带学生进入"文",养成每个同学自己的"人"。

如果大家懂得上面的道理,应该就能理解,当我听到班长转达部分同学向我质询如下问题的时候,我该有多么伤心了:"我来书院只是听课,书院丛书的出版跟我有什么关系?"(当然,大多数同学是支持书院丛书出版事业的,兴业全球也拟追加专项资助。)同学们,老师并不是天上掉下来的,并不是生下来脑门上就写了一行字:"古典书院教师"。老师既没有义务一定要做你们的老师,老师成为老师也并不是不用读书、研究、著述就能成为老师。

老师关心学生的学习,学生支持老师的研究,这既是古典书院自古以来的人文传统,也是现代大学从十九世纪以来的学术传统。古典书院绝不只是免费培训班,也不是国学休闲会所,而是富于人文精神的教学机构和负有文化使命的研究机构。教学功能可体现老师对学生的关心,研究功能可体现学生对老师的支持。书院应该是一个教学相长、人文化成的地方。这样的师-生关系、人-文关系、教-学的关系,才是古典书院的精神核心和生命存在方式。让我们以这种方式与先贤同在,与经典同在,共同成长!

蜜蜂与蜘蛛：给古典书院学员的一封信

同学们，古典书院正在经历一场风波。你们中的部分同学在几个班委同学的带领下，"拉出队伍"，正在筹建自己的现代书院（虽然他们准备读的书可能仍然是貌似经典的古书）。我曾主动辞去院长和理事等职务，希望能让班委同学满意，但是没有用。我不得不承认，我失败了。这可能是在中国当代社会通识教育中发生的第一起古今之争事件。我现在想对出走的学生领袖和跟从的同学说，你们身处其中，但不一定知道自己在做什么。所以，我想给你们写这封信，帮你们分析一下这件事的伟大意义。

另外，还有些同学在古典书院和现代书院之间感到困惑，不知如何选择。对这些同学，我希望这封信也能帮到你。正如你们上学期在书院读过的《礼记·曲礼》所云"礼闻来学，不闻往教"：我并不想争取你。书院不收学费，退学比"想走就走的旅行"还容易（最近收了每年800元的会费，用于合租场地，账目公开透明，可无条件全额退还。还有学员曾自发捐款，亦可无条件全额退还）。我只想通过这个事件来跟你一起思考：什么是现代？什么是古典？古典书院的教学目的并不只是增进古典知识（知识在网络时代很容易得到），而是认识你自己、关心你自己，思考生命的意义，做一个真正的自由人。也许，当你明白什么是古典书院，你就已经不用来参加书院学习了。

生命的默化：当代社会的古典教育

首先，部分同学的出走是件好事。我承认我从一开始就知道这是迟早会发生、甚至是我期待发生的事情，只不过没想到会以如此戏剧化的形式发生。在上学期的柏拉图《理想国》课上，有同学问柏拉图的哲学写作为什么采用戏剧性的对话形式？今天或许能多明白一点点。

古典书院开办之初，我本来就不想多收学员。古典教育的目的是培养自由人，而学会自由是如此艰难，以至于在现代社会几乎不再可能。我起初只想招三十人，三年前的"同济大有国学班"就控制在三十人。其实，三十人都算大班，最好十五人左右。因为自由只能通过辩证教育即对话教育来展开，而只有小班才能开展对话教育。但是各方要求增加人数。经过反复博弈，五十人、八十人、一百人，最后竟然放宽到三百人（一百名正式学员，两百名候补学员）。当然，被挡在书院门外的报名者更多。子曰"有教无类"。看着一封封诚恳的申请信，你很难忍心拒绝。最后，从六百名申请者中选出了六分之一，其中最早的一批成了班干部，现在正在带走其他学员。

我从一开始就知道，面对这么大数量的社会学员，"不提供服务、只提供教学"的古典对话教育、心灵教育几乎是不可能的。书院通过严格的考勤考核学规先后劝退或吓跑了一百多人，留下来的同学也难免心生怨恨，渴望"自由"。这是个古老的悖论：为了教人学会自由，却不得不引进约束。或许，自古以来，自由教育根本就是不可能的，除非与二三学子在"浴乎沂，风乎舞雩"的河边偶尔发生。

就在前天的书院大课上，我和李明坤老师都谈到自由教育在现代

蜜蜂与蜘蛛：给古典书院学员的一封信

社会的困难比在古代更加严重。现代社会也许做到了"多元宽容"，但正是这种"怎么都行"的虚无主义使对话不再可能。假"自由"之名而带来的"我执"封闭了每个人的心灵。假"多元"之名而导致的互不关心使社会陷入了普遍的"小人同而不和"状态。相似观点的人聚在一起结党抱团（里面又不可避免地会持续分化下去，直到分裂为一个个不可一世的"自我"），相互确证其"我执"和"共识"，丧失了心灵的开放感通和学习对话的能力，而后者正是古典教育的灵魂。

也是在前天的课上，从武汉远道而来的一位传统文化基金会负责人屈先生告诉我说，他们在华中师范大学开展的国学公益讲堂用很高的奖学金吸引人们来学习五经四书。譬如能把《论语》背诵下来，就能得到一万元奖学金等等。我一方面赞叹他们的发心和功德，一方面思考这种方法的利弊得失，感慨现代社会古典教育的艰难。

天价国学班的时代过去了，而古典通识教育的困难并未稍减。虽然有越来越多的企业和基金会开始资助国学教育的开展，免费乃至有奖学金的国学班也越来越多，但究竟是用古典来为现代生活方式服务，加重现代病症的程度，还是保持古典的批判性，把古典用作治疗现代疾病的苦口良药，甚至都还没有成为一个自觉的问题。

同学们，我上月底去重庆参加"全国古典学第三届年会"（给重庆大学博雅学生的信也曾与你们分享），读到刘小枫老师惠赠的新书《古典学与古今之争》。书中谈到在文艺复兴和启蒙运动之间，欧洲曾发生"古今之争"的大规模论战。现代派的完胜使这场思想史大事完全被掩盖。而在近代中国，在压倒性的现代化运动中，伴

生命的默化：当代社会的古典教育

随着现代学院派古典学科的日益繁荣，古典思想和古典生活方式却被作为"腐朽反动"的东西从精神和肉体上消灭。直至今天，这个过程仍在持续，虽然表面上看形势有所逆转。古典书院部分学员的"另立山头"不过是时代大势的小小反映，属于"历史的必然性"。"进步是不可阻挡的客观规律和时代潮流。"

　　古典书院并不想也不可能与"社会进步的潮流"对抗。在开学第一课的讲稿中（可从同济复兴古典书院公众号历史消息找到），我就讲过，现代知识人已经主宰世界思想五百年，而且还有可能继续主宰五百年。那么在这两个五百年之间，古典书院能做什么呢？什么都做不了，甚至不可能存在。事实上，它也并不存在，除了在古往今来读书人的心中，以及偶尔在这里惊现一下，在那里出没一下，遇到好学的青年就姑妄教一下，即使冒着苏格拉底式的致命危险。正如斯威夫特（英国17-18世纪"古今之争"事件中的古典派代表）模仿现代蜘蛛嘲讽古典蜜蜂时所说：

　　　　蜜蜂啊蜜蜂，你算个什么东西！你无非是个流浪汉，要家没家，要积蓄没积蓄，祖上也没给你留下什么遗产，生来除了一双翅膀和低低的嗡嗡声之外一无所有。你靠在自然界四处打劫谋生，是个强盗，无法无天的盘旋在草地和花园上空；为了偷窃，你会像抢紫罗兰那样轻松自如地抢劫一棵荨麻。而我可是居家的动物，依赖自身的积蓄生活。这么大的城堡乃是我一手建造的(可见我在数学上的进步)，所有材料也都取自我本人。

蜜蜂与蜘蛛：给古典书院学员的一封信

那么，古典蜜蜂是怎样回答现代蜘蛛的呢？我愿把斯威夫特的回答转抄在这里，与留在古典书院的同学们分享：

> 我感谢上天惠赐我翅膀和音乐！神若不是有最崇高的目的才不会赐予我这两样礼物哩。我确实遍访草地和花园中的所有花朵，但是，无论我采集了什么，都既滋养了我自己（无竟寓按：子曰："古之学者为己"），也丝毫无损于花朵的美丽、芳香和美味，甚至有助于植物的繁衍（按："诚者非自成己而已也，所以成物也"）。
>
> 至于你，还有你在建筑和数学方面的技能，我没什么可说的。据我所知，你为建造那座房子可能没少花费苦力和心思，但它的材质显然不怎么样。我希望你除了技艺和艺术，也考虑一下质地（按：古质今文）。你甚至自夸不用任何其他生物帮忙，全靠自己吐丝织网。但你用来织网的材质是什么呢？不过是你胸中积蓄的尘垢和毒汁。我绝不是在小看或贬低你这两种材料的实际储备，但我恐怕，要增加这两种东西，你多多少少还是有赖于外界的小恩小惠。你身体中的尘垢肯定来自下面清扫出来的垃圾。一只昆虫为你提供一份毒素去杀死另外一只。
>
> 所以，归根结底就是一个问题：哪一种生活更高贵？一种生活只关心四英尺见方的弹丸之地而且狂妄自负（按："蜩与学鸠"），虽然自给自足，却变一切为废物和毒汁，最后造出来的只有毒药和蛛丝；另一种生活方式却以天地为家，凭着不

生命的默化：当代社会的古典教育

懈追寻、潜心研究以及对事物的正确判断和辨别，奉献了蜂蜜和蜂蜡……你尽可以用无穷的奇思妙想绘制蓝图，但如果材质只是从你的内脏（现代人脑袋里的东西）排出的粪便，最终的大厦不过是一张蜘蛛网，其持存还有赖于被人遗忘在角落里。

而我们蜜蜂（古典派），除了翅膀和歌喉，即我们的飞翔和语言之外，甘愿承认一无所有。但我们所获得的其他一切，都出自无尽的辛劳和寻觅，遍及大自然的每个角落；有所不同的是，我们更乐于用蜂蜜和蜂蜡而不是尘垢和毒液去填满我们的蜂箱，进而用两种最高贵的东西来造福人类：甜蜜和光明。[1]

同学们，让我们冲出现代蛛网的层层围堵，飞进古典的花园，做一无所有的自由蜜蜂，为人类带来甜蜜和光明吧！《诗》云"鸢飞戾天，鱼跃于渊"，愿与诸君精进共勉！

---

[1] 转引自刘小枫《古典学与古今之争》，华夏出版社，2016。原题"A Full and True Account of the Battle, fought last Friday, between the Ancient and Modern Books in St. James's Library"。

书院作为现代社会通识教育的形式：
湖南师大讲稿[1]

毋庸讳言，今天讨论教育问题的背景是：现代大学已经堕落为职业培训公司和学术工业制造公司。在学生眼里，学校理所当然是就业培训服务机构；在学校眼里，教师是雇员，学生是客户上帝，监管雇员为上帝服务成为大学管理的主要工作。理工科的研究生管导师叫"老板"，更是直接暴露了现代大学的本质现代大学已经丧失了教育的古老责任。这是近年来大学古典通识教育和民间传统文化通识教育兴起的背景。

在大学古典通识教育方面，刘小枫和甘阳做出了开创性的贡献。中山大学博雅学院、中国人民大学古典班、重庆大学博雅学院、清华大学新雅学院相继开办，已经积累了丰富的教学经验，形成了可供借鉴推广的模式。最近在重庆举行的"中国古典学第三届年会"以"《理想国》的通识教学研讨"为主题，有百余名古典学者和一线大学古典通识教育教师参加，展现了大学古典通识教育开展的盛况。不过，这些实践仅限大学体制内，有待面向更广阔的社会空间展开。

另一方面，民间传统文化通识教育近年来也开始蓬勃发展，形成所谓"国学热""读经热"。不过，由于缺乏引导和规范，目前形势并不乐观，总的来说是问题多于贡献。当前民间开展的传统文化通识教育主要分两类：商业性的和准宗教性的。问题都很大，必须检讨。共同的问

---

[1] 此文是应刘铁芳教授邀请，在湖南师范大学教育科学院做的讲座发言稿。

题都是低俗,即使出发点很好,或者很感人。相对而言,商业性的还稍好一点(有些是高校面向社会开办的"国学班"),虽然格调不过,旨在牟利,但还算有一定社会教育意义。准宗教性的模式提倡愚昧读经,贻害无穷。

在这种处境中,同济复兴古典书院想尝试一种新的可能性,依托高校学术资源,面向社会开展严肃的古典通识教育。同济复兴古典书院正式建立的时间并不长,2015年元旦开始招收第一批学员。但在书院开办之前,我以道里书院的名义已经做过十年的探索,积累了面向社会开展古典通识教育的经验。现在谈谈我对现代书院教育的思考和办学实践,请关心古典通识教育的人士批评参考。

科举制度早已取消,我们失去了传统书院存在的土壤。不过,科举制度对于古代书院的负面刺激功能,今天我们仍然可以从体制内教育得到。醉心于功名利禄的科举和致力于职业培训的现代教育有异曲同工之妙。无论在科举制度下,还是在现代职业教育背景中,书院作为一种社会通识教育的形式都是必不可少的。社会边缘自觉担当主流责任,古今中外往往而然。

古代书院的存在形式既非官办,亦非商办,也没有采用宗教组织的形式,而是真正的"民非":民办非企业机构,无论注册没注册。今天,最适合书院的存在形式仍然是"民非"。古典书院在学员的努力下注册了民非,这既是适应现代社会组织形式的需要,也是继承古代书院传统的需要。以民非的形式与官办体制教育、商业和宗教都保持有距离的互动、有张力的合作,以非官方、非商业、非宗教的形式承担社会通识教育的责任:这既是古代书院一直在做的事情，也是未来书院应该继续做的事情。

但书院的教育对象不得不发生变化。以前教专职读书人，现在只能主要针对企业和事业机构的职员。以前教专业读书人倒不是因为古人爱读书，而是因为科举体制保证了专业读书人可以当官，即使不能当官也能赢得社会尊重，衣食无忧。所以，读书人心无旁骛，书院即使开到山里，也不愁生源。现代社会就业压力重，在校大学生和研究生一心想着毕业找工作，所以，他们即使心慕圣贤也没时间来书院读书，只能等到工作有成再来读书。"学而优则仕"是古代书院，"仕而优则学"是现代书院（仕不见得是当官，可以是做事）。区别可以说很大，也可以说没什么本质区别。

教育对象的变化不得不带来教育形式的调整。这个调整既要适应变化，又不宜迁就变化。适应变化，譬如教学时间只能选工作日之外的业余时间，密度不能太大等等；不宜迁就变化，譬如读书内容不能降低要求，须用经典注疏，不用心灵鸡汤、通俗读物，须写心得作业，抵制消费化、娱乐化、体验化等等。同济复兴古典书院课程体系以十三经注疏为主，以史籍、诸子（含佛学和西学古典）和中医、书画、音乐和茶道等游艺内容为辅，周末上课，课后必须写作业：这些都是适应现代社会需要的尝试，也是不向现代社会完全妥协的尝试。

教育自古以来就是有张力地适应时代需要、不妥协地满足学生需要的事情。完全的迎合学生叫服务，完全的迎合时代叫媚俗。无论在服务还是媚俗中，真正的教育都荡然无存。反过来，完全不顾时代的变化和学生的需要，也会取消教育，使教育堕落为灌输。教

生命的默化：当代社会的古典教育

育既非服务，亦非媚俗，更不是灌输。教育是一种自由艺术，是古今对话的艺术、师生对话的艺术、社会批判的艺术。

在这种对话中，教学活动与古代经典、今日现实、学生和各方机构，乃至与教师本人的固有偏见都构成一种良性的张力。在这个意义上，教育就是生命本身，就是自由本身。教育是任何一个自由生命（也就是"人"）学会自由的成长过程。所以，在真正的教育中，教师得到的成长往往超过学生，因为教师是所有张力关系的结合点。古今各在一端，学生和机构各在一端，教师身处其中形成各端之间的张力，也协调各端之间的关系。一个教师能发起、容纳和调节多大的张力，教育就能达到多深多广的程度。

通过这种古今对话、师生对话的张力互动，学生可以逐渐养成建设性的批判能力、批判性的建设能力，乃至"疏通知远"的古今通变能力，成为现代社会的成熟公民，肩负现代社会健康发展的责任，改变戾气十足的现代习气。只有通过这样的古典通识教育来变化现代气质，养成越来越多的成熟公民，现代社会才有可能重新找回健康幸福的生活方式。否则，要么自取灭亡，要么持续发展而毫无意义，现代人将越来越远离"人类"所指称的物种。

爱人，所以教人：这是书院传统，无论孔子以来的私学传统还是柏拉图的学园传统，自古以来，一直到今天和未来，矢志不渝的共同事业。子曰："文王既没，文不在兹乎？天之将丧斯文也，后死者不得与于斯文也，天之未丧斯文也，匡人其如予何？"《诗》云："青青子衿，悠悠我心。纵我不往，子宁不嗣音？"愿与诸君共勉！

听闻感动不如自学默化：
同济复兴古典书院第二轮开讲辞[1]

这是一个麻木不仁的时代。良心未泯的人都在到处听课、看微信鸡汤，寻求被感动。然而，只有与古人交朋友，读历代圣贤的经传注疏，自学默化，涵泳体会，才能真正变化气质，建立自己的读书生活，内心充实，散发光辉，照亮身边的人。

同济复兴古典书院就是这样一个地方：它只带你阅读古书，尚友古人，潜移默化，自求多福。它不要你追随，反而要赶你走。它只帮助喜欢读书的人自学默化，不欢迎到处听课的人来赶场子、凑热闹，寻求廉价的感动和"智慧"。所以，在这个书院，读书必须落到实处：一个字一个字地读，读书之后才能听课，听完课必须写读书笔记。不读书、不写笔记的学员，必须劝退。这里既不是"廉价国学感动服务"的地摊，也不是"高级智慧开发服务"的VIP会所。还是以前说过的那句话：古典书院只提供教学，不提供服务。[2]

在民间国学乱象和学院学术的堕落中读书修身

"国学热"熙熙攘攘，已经往来好几拨了。"百家讲坛""弟子规""老实大量读经"……演讲越来越感人，眼泪越来越奔放。

---

1 同济复兴古典书院第二轮课程导论，2016年9月17日讲于同济大学云通楼。
2 参考第一次导论课讲稿《春天，我们开始学习》，见收本书。

生命的默化：当代社会的古典教育

然而，每次哭过之后，心灵越来越空虚，需要更强烈的感动才能填补。而生活，一如既往地奔波劳碌，浑浑噩噩，麻木不仁。"国学"成为一种大众化的"廉价感动服务"，帮助人们忍受机器时代的麻木，但也加剧机器的不仁。与此同时，"国学"也成为一种高成本的"智慧开发服务"，面向"高端人士"传授"风水宝鉴""管理秘笈"。智慧越来越离奇，收费也越来越离谱。这便是"国学热"的时代背景。

另一方面，学院人文学科越来越堕落：教授成为课题经费的奴隶，博士成为核心期刊的打工仔。大学成为职业培训机构，却不如蓝翔；中小学成为应试集中营，却比不上满街的辅导班。民间国学的乱象，责任未尝不在现代学术体制对于传统学习型社会的破坏，以及过度专业化对于大学和社会联系的剥离。现代学术的发展恰恰伴随着传统读书人群体的消亡。所谓"传统读书人"不只是说他们读的书是传统经典，而且首先是指他们读书的方式是传统的。传统的读书方式是《学记》所谓"化民成俗"的，是融入社会生活之中的，而不是现代学术分工造就的"专业学者"。所以，首先是专业学者不再像一个真正的读书人那样读书学习，也不再像一个真正的教师那样教书育人，然后，社会才陷入普遍的文化蛮荒，斯文扫地。因此，学院学者并没有资格高高在上，对民间国学说三道四。他们应该做的，首先是重新成为一个真正的读书人，投身教育，然后对于民间国学才有可能形成良性的批评和引导。

同济复兴古典书院就是这样一种尝试的产物。这是一批富有社会教育奉献热情的学院学者，和一批真想读书的学员组成的人文读

听闻感动不如自学默化：同济复兴古典书院第二轮开讲辞

书会：人和文会在一起，人读文，文化人，人文相互滋养，就是书院。《诗》《书》《礼》《易》《春秋》《论语》《庄子》《史记》、宋明理学、古典文学、西学源流、西学古典……每一堂课都会帮我们打开一本人类文明的大书，读书养人。至于中医、书画、古琴、茶道，则是落实到身体的修行，养人读书。古典书院只做生命的学问、涵养的功夫，生活读书打成一片，学院内外融为一体，无视现代学科划分、专业区隔、体制门户。

所以，书院的教学采用"滚雪球"的方法：不设固定学制，随时申请加入，加入时"雪球"可大可小，小者可大，大者可化。俾使人各有所得：小者小得，大者大得，今年小得，明年大得，涵泳往复，深造自成，无入而不自得焉。老师亦如是：今年小讲小得，明年大讲大得，今年讲这一篇，明年讲那一篇，篇章映发，群经互启，温故知新，教学相长，天下之乐，莫过于斯也。子曰："学而时习之，不亦说乎；有朋自远方来，不亦乐乎"，盖云书院教学之乐也。虽然，亦有人不知而笑之者，君子不愠可矣。

古典书院近来的发展和自我警醒

从书院公众号选刊的学员作业，我能感觉到同学们的进步，非常欣慰。记得刚开始的时候，很多同学连标点符号都不会用，或者不认真用，内容也是敷衍了事，甚至有直接拷贝百度文章的抄袭现象发生。经过两轮"滚雪球"的学习和淘汰，同学们的作业越来越好：读书越来越用心，感受越来越切己，思考越来越深入。书院助教的评阅工作和公众号编辑也做得越来越好。书院和各位同学一起成长，这是比规模的扩大更令人高兴的事情。

事实上，书院一直在拒绝扩大。很多"发展"的机缘，我们都主动放弃了。我们只想耕耘一块小园地，不务虚名，不逐利益，不占山头，不立门户，坚持公益，素心读书。当然，如果遇到同样素心读书的朋友，自然也乐意合作。《易》云："丽泽兑，君子以朋友讲习。"8月底在福建蓝田书院的会讲，9月初在江苏金坛开设分院，都是这样的丽泽之悦。将来，在这些合作办学的山水佳胜之地，我们或可逐渐开展一些游学活动，"浴乎沂，风乎舞雩，咏而归"。

此外，古典书院也在同济图书馆闻学堂的协助下，开始试办公益少儿国学班和少儿夏令营，积累了一些经验，目前已经形成比较稳定的公益教学项目。书院丛书也已经出版了第一辑四本，有我主编的《诗经、诗教与中西古典诗学》、拙著《虞世南笔髓论注及书画讲稿》、张轩辞《灵魂与身体：盖伦的医学与哲学》、丘新巧《姿势的诗学：日常书写与书法的起源》等。去年秋天，我们还举行了首届古典教育论坛，请到了张祥龙教授、何乏笔教授等中外著名学者，跟书院同学一起研讨古典教育在当代社会的意义。希望以后能形成比较固定的年会论坛。

不过，正如我前不久在金坛分院揭牌时说过的那样，书院越是发展壮大，我越是充满忧虑：我们能持守素心读书的初心吗？我们会不会为了追求"规模扩大"而发展出某种"便于推广的模式"？钱关好过（民非机构本身也不允许盈利），名关呢？急于"推广"

听闻感动不如自学默化：同济复兴古典书院第二轮开讲辞

的功利关呢？这些都是可能的障碍。如果我们不敢直面这些可能性，不敢提醒自己、批评自己，那么，好的出发点完全有可能做成坏事。这样的例子在所谓的"国学界"已经太多了。

这便是我为什么要在这次导论课上讲"听闻感动不如自学默化"的原因。这个主题是一个双重的提醒。首先是提醒书院的教师：教育首先是学习，是教师的自我教育和变化气质。讲课不是表演，不是宣导，不是推广，不是说服和感动听众。讲课首先是自诚，是"不大声以色"的"闇然而日章"，然后才是由内而外、自然而然的感人动众。其次，"听闻感动不如自学默化"也是提醒学员，老师和课堂远不是书院学习的主体。学习的主体只能是你自己面对古人和经典，老师、课堂和同学都只是辅助。首先必须有读书生活发生在你与经典之间，然后，书院对于你来说才是真实存在的。你自己如果不读书，不独自涵泳默化，那么，即使你每次按时来到同济的教学楼或图书馆，认真听课，深受感动，甚至按时完成作业，文采斐然，你也并没有踏入书院之门。

尚友古人，涵养默化，不依赖任何机构和"大师"

为什么要读书修身？为了养成心灵的空间，以便与人和事物保持一定距离？为什么保持一定距离？为了更好地亲近人和事物。现代生活强调效率、快速反应，缺少从容和缓，结果导致什么都很急，人与人、人与物、人与事容易发生"短兵相接"的摩擦，没有安全感，所有人与事物之间都是疏离乃至异化的状态。结果，效率并不

生命的默化：当代社会的古典教育

高，反应也不快，沟通不畅，性情淤塞，大家都很不开心。

反过来，如果每个人都能先静下来读书修身，对人对事都能多少形成一点"貌似旁观但其实非常关切"的心态，反身而诚，恬然让出心灵的空间，以便容受人、事和物，给事物以时间和空间，多一些耐心，多一些等待，保持一定距离，你会发现人和事物反而更加亲切，更容易沟通，世界更顺畅，生活更幸福。为什么读书修身能有这样的效果？因为读书修身是人文之化，是把人化入一个"小德川流、大德敦化"的生命世界，在那里，"肫肫其仁，渊渊其渊，浩浩其天"，所有人、事、物都化了，气化顺遂，无事自宁。

那么，怎样进入这样的读书修身生活呢？各位主要是社会学员，都是有工作的，即使学生也多为非文科专业，有很多专业课程要学，经典阅读只能抽空进行。但修身却可以是连续的，而且应该是"不可须臾离也"的。修身和读书的关系，有人以为是冲突的，尤其是那些带有宗教倾向的同学容易这样想。他们害怕读书会形成"所知障"，妨碍修身。其实，要看读什么书、怎么读。以涵泳体贴的方式读经典，契入生命，恰恰是修身的必要部分。否则，缺少古人和经典的陪伴，修身往往容易走向狭隘、偏执，乃至迷信。有时，如果是在一些"国学大师"的指导下进行，还有可能陷入邪教性质的个人崇拜而不能自拔。这些"大师"的教法五花八门，但共同点都是怕你读书。这是非常危险的。如今在"国学热"中，这些东西非常流行。古典书院的同学是读书人，要学会鉴别，谨防上当。

读书修身是要自己默默用功、变化气质的，不能依赖什么机构

听闻感动不如自学默化：同济复兴古典书院第二轮开讲辞

和"大师"。古典书院的老师们不是什么"大师"，只是各位读书修身的朋友和建议提供者。"学而时习之，不亦说乎"，希望这是书院师生各自的读书修身生活；"有朋自远方来，不亦乐乎"，希望这是书院的课堂和读书会切磋。书院不欢迎追随者，只喜欢交朋友。成为书院朋友的条件是：他必须是一个自己爱好读书修身的人，以及希望在书院的师友共学环境中提高自己的人。我们的读书修身方法是自学默化，不是听闻感动、追随"大师"。

在现代社会的紧张节奏中，随时涵泳体贴是最方便的自学默化方法。首先，要找到涵泳的大池子，那便是人类文明的基本经典，纵身其中，澡雪精神，涵养身心。其次，要疏通源流，气脉通畅，上下求索，左右流之，那便是要读历代注疏，不要只读经典白文，或者盲目背诵白文。经典并不是一次成型的教条，而是"其命维新"的文化生命，是与时偕行的、活生生的意义开显，是在历代注疏中不断重新开启的斯文之命。所谓"传统"并不是迷信的经典崇拜，而是一代一代读书人的生命成长和传承。读书人并不是作为一个信徒去面对僵死的经典教条，而是在读书中与历代圣贤君子交朋友，与他们一起感受和思考，让经典的智慧对自己开启、在自己的生活中落实。第三，"古之学者为己，今之学者为人"，每取一瓢饮，记住有心得的句子，时时涵泳讽诵，切己体会，自修有得足矣，切勿贪多求快，炫耀博闻强记，夸夸其谈，无一入心，更无身体落实，虽多何益！

我知道很多同学来参加古典书院的学习是为了孩子将来的经典

生命的默化：当代社会的古典教育

教育，这是非常令人敬佩的出发点。做父母的人自己读书修身，是孩子最好的学校。现在社会上流行各种各样的"读经学堂"，很多是缺乏资质的：堂主和老师不读书也就罢了，却也不允许孩子读书，强以全日制的"纯音流声闻大法"、反对任何感受和理解的伪背诵来冒充"读经"，使圣贤经典蒙羞、读经孩子受害，已经引起学术界的批评和社会的公愤。我们的学员中不乏那种伪读经方法的支持者：有送孩子去全日制伪读经学堂的家长，也有读经学堂的堂主和教师，还有从读经学堂出来的学生。他们中的一部分在伪读经实践中逐渐发现问题，慢慢醒悟过来，正在积极调整。还有一些支持者仍然在观望、思考。这都很好。只要秉着为自己负责、为孩子负责、为经典负责的态度，最终都会看明白的。古典书院无意立什么山头门户，也不需要拥护者、追随者。我们只是素心读书，切己修身，从不昧着良心鼓吹什么，以"传播国学"之名害人。

政治正确、娱乐至死、新兴邪教三位一体的当代世界和跨文化古典的未来

"国学"真的不是一个好的提法，从百年前诞生的时候开始就带有病弱狭隘的殖民地心态，今天又被低劣的商业传销和民间迷信恶搞，早已成为人类文明的笑柄。"国学"这个不伦不类的词根本就配不上它所指称的内容。经史篇章何等浩瀚，经纬天地，经纶天下，从来是天人之学，现在却被戴上了"国学"的小帽子。几十年前，"国学"是学院学者们整理的"国故""材料"，以便迎合现

听闻感动不如自学默化：同济复兴古典书院第二轮开讲辞

代学术体制和现代政治的需要，给他们虚构的"华夏文明棺材"钉上一枚钉子；现在，"国学"是街头大师们泡制的"鸡汤""智慧"，以便迎合现代心灵消费市场的商业需要，给他们炒作的"国学热"添一贴狗皮膏药。无论学院学者宣布"中国文化已死"的狂妄，还是街头大师贩卖"国学热"的愚蠢，都跟华夏文明的实际历史和现实生命毫无关系。这些注定都只是无伤大雅的小插曲，必将成为不值一提的历史片段。而新一代读书修身的文明继承者和建设者已经成长起来，成为文化复兴时代的中流砥柱。

目前社会上的"国学热"和"读经热"真的是乱象纷呈，到了一个必须自律、调整、提高的关节点。再乱搞下去，不及时进行自我批评和调整改变，"国学"和"读经"终将厚诬古人、败尽声誉，成为华夏罪人。在这个危机时刻，大学应该负有批评和引导"民间国学"和"读经"的社会责任。批评不是自由主义和马克思主义的专利。儒家自古就有极强的批评传统。而且，儒家批评传统的优点在于：一、儒家批评总是含有自我批评的批评，是自反、自律、自省的批评。二、儒家批评总是建设性的批评，不是为了批评而批评，更不是打倒批臭。三、儒家批评是君子不党、独立不倚、和而不同的批评，不搞派系斗争、党同伐异。近年我在法兰克福大学两次谈及儒家和批判理论的关系，尝有相关分析，有兴趣的朋友可以参看。[1]

---

[1] 何乏笔先生组织法兰克福"通三统"年度工作坊，去年我曾讲《儒家作为建设性的批判理论》，今年讲《现代性吊诡和中国的跨文化古典复兴》，两篇都是提纲形式，将作为拙著《道学导论内篇》的部分内容出版。

生命的默化：当代社会的古典教育

正如我上周在同济人文学院新生开学典礼上所说过的，古典教育之于当代社会的意义远不只是中国的问题，而是全球性的问题。[1] 几百年来，伴随着人类现代化的物质进步，古典教育在全世界持续衰落，现在已臻极点，达到了"黑夜中最黑暗的时刻"，已经危及人类文明的基础。无论华夏文明，还是西方文明，乃至伊斯兰文明，都在持续受到各种现代意识形态的侵袭。无论左派、右派，还是号称捍卫传统的原教旨保守主义意识形态，都在掏空各大人类文明的基础。各种平正中庸的正教都在式微，而大众庸俗文化和小众邪教文化都在蓬勃发展。

为什么越是"文明发达"的现代社会，越是催生各种邪教小团体？因为现代社会的主体已经腐烂，除了"政治正确"的虚伪就是"娱乐至死"的恶俗，没有人告诉你如何建立读书修身、自学默化的日常生活。无论政治宣传、商业广告还是文化传播，到处都是音量开到最大的广场舞喇叭，宣称自己是最好的、唯一的，你可以把一切都交给它，它帮你搞定一切。人于是分为两种：宣传者和受众，或服务提供者和消费者。无论物质和灵魂，一切都可以外包。不再有人真正关心自己，为自己负责——在古典的意义上，也就是说，到处都是"奴隶"，不再有"自由人"。

于是，在普遍的"奴隶"状态中，如果尚有一些良心未泯的人，还知道追求严肃兴趣的人，往往只能被各种新兴邪教俘获，或者成

---

[1] 此讲稿收入本书，即《人文化成，同济天下》一篇。

听闻感动不如自学默化:同济复兴古典书院第二轮开讲辞

为新兴邪教的创始人,满怀愤恨地诅咒这个庸俗堕落的大众社会,希望以教团的拼死抵抗来拯救世界。这无异于饮鸩止渴。只不过,当现代社会的精英义正辞严地谴责邪教的时候,他们从来没有勇气和智力反思到,现代生活方式本身恰恰是产生邪教的土壤。在一个缺水的干枯世界,饮鸩成了止渴的唯一方法。而这也正是邪教自辩的理由,由此使得邪教更加邪恶、理直气壮、道貌岸然。民粹主义、反智主义成为"读经"的底色,商业和娱乐成为"国学"的精神,孩子何其无辜!经典何其无辜!先贤何其无奈!人类何其无望!

同学们,你们可能觉得我说得太过绝望,未免恰恰落入我自己批评的现代性反思的吊诡。好吧,我不说了。实际上,这些也并不是我真想说的。今年暑假,我去寻访了黑森林深处的海德格尔木屋。在那座深深地扎根土地的又小又矮的木屋前,我忽然明白了海德格尔晚年所谓"Gelassenheit"(泰然任之)的意思。在那里,我看到云横山岭,水流溪谷,一切固将自化。

生命的默化:
同济复兴古典书院第三轮开讲辞[1]

古典书院的课
就要开始第三轮了
此刻,我坐在山上
写这篇导论课发言提纲
我的电脑坏特了
只能用手机写简单的句子
仿佛回到从前
只有简单生活的时代

我和听松住在外省的山里
八十年代的老式小区
每周来上海讲课都要坐高铁
这段两小时的路程就像
古代经典和现代世界的距离
不远,也不近

不远,因为只要你愿意
翻开书没看一会儿就到
不近,因为这真的是两个世界
一个安静而充满生机
一个喧嚣却死气沉沉
春天来了,春天在哪里?
这或许是古典书院
导论课的基本问题

"使物自喜"

现代生活最习焉不察的
是持续不断的背景噪音
而古典最让人一往情深
而不知所以的
却是在在于斯的静谧
和不觉地微笑

---

[1] 2017 年春讲于古典书院。

生命的默化：同济复兴古典书院第三轮开讲辞

可以惊天动地，但仍然静谧
可以悲歌啸傲，但仍然微笑
那微笑仿佛不在自己脸上
而在事物的嘴角
但那嘴巴不说话
只是存在着，微笑着
看你与物同在
山林水云，经史子集

感知事物的静谧和微笑
可能是进入古典的门径
有时，为了找到那个入口
古人教我们先习静坐：
静坐"非欲坐禅入定
盖因吾辈平日为事物纷拏
未知为己
欲以此补小学
收放心一段工夫耳"
（王阳明《与辰中诸生》）

向来被误以为"高明"的
静坐，求放心
原来只是小学基础工夫
日常工作倒恰恰是高级事务
然而，多数世人太聪明了
筑基不牢就要盖高楼
不暇补做小学工夫
只有少数哲人自知愚昧
时时自省，找回放逸的心
然后做好日常工作
"使物自喜"
悄悄地辉煌
却不把成功放在心上

"使物自喜"是《庄子·应帝王》
讲"明王之治"的话
今天的帝王是 we the people
诸侯是企业和政党
仍然有"应帝王"的问题
"明王之治"的问题
以及王霸之辨的问题[1]

---

[1] 参我的法兰克福讲稿，亦收入本书。

即使在家庭关系中
或独自面对自己
也有"应"和"明"的问题
灵魂内部的王霸之辩
原是柏拉图和孟子的共同命题

人之为人的问题
不因时代变化而消失
经典之为经典的意义
也不因时代变化而丧失
同样的问题
可以在不同的情境中变容
同样的经典
也可以在新的语境开启

"周虽旧邦,其命维新"
"天之未丧斯文也,匡人其如予何"
"六经责我开生面"
从六经到孔子,到船山

到每一个打开经典的现代人
"苟日新,日日新,又日新"[1]

斯文之命

这些年,我常教人书画
亦或有助于找到那个入口
这是条小道,通向后花园
并不直接登堂入室
却比较适合现代人

中国文字不是拼音字母
那样的形式化记音符号
而是天地万物的文象
无论这些文字如何变形
总与人生天地间的原初经验
血肉相连
每个字都有生命
有性格(character)

---

[1] 拙文《文面的似与不似》有更多相关分析,见收拙著《思想的起兴》,同济大学出版社,2007年。

生命的默化：同济复兴古典书院第三轮开讲辞

以至于写字竟然能成为一种
生命存在的形式

书法并不是美书（calligraphy）
而是斯文之命的存在形式
读书，写字，画画
在读书人的生活中很难区分
几乎就是一件事
这件事让读书人的生命
成为生命
虽然他必将死亡[1]

如果不得不远离山水
生活在高楼和高架之间
静观字画可能是最便捷的
进入那个充满生机的
静谧世界的入口
如果有空写一写
则几乎是晤对古人
心与天游了

那些字静静地呆在哪儿
微笑着看你，融化你
既安于自己的位置
又化气于全篇
每个字都散发着
母亲般慈祥的光
相互浸润，叠加
形成一种有厚度的疏明
愈厚愈疏，愈暗愈明
《诗》之温柔敦厚
《书》之疏通知远
仿佛都在其中了

吾又尝观古人水墨花卉
"于兹见天心"
（高攀龙《静坐吟》）
山水逶迤，淡然远引
居然就展开一个
无穷的境界
《易》之絜静精微

---

[1] 参拙著《思想的起兴》前言，同济大学出版社，2007年。

《乐》之广博易良
亦在其中矣
六经化人之深
虽曰未至，心向往之矣

鲲鹏之化

《诗》云"鸢飞戾天，鱼跃于渊"
生命运化的秘密可能在
鱼和鸟之间
《逍遥游》鲲鹏寓言的
三重讲述
可能是古典书院
第三轮开端的必读书目
前日"于野会讲"
方楚道讲鲲鹏故事三变
诸君讨论，颇有心得
我也记下自己的想法
有些在会上谈过
有些是刚才爬山时想到的

"北冥有鱼，其名为鲲
鲲之大，不知其几千里也
化而为鸟，其名为鹏
鹏之背，不知其几千里也
怒而飞，其翼若垂天之云
是鸟也，海运则将徙于南冥"
如此壮阔，然而悄无声息
"野马也，尘埃也
生物之以息相吹也"
九万里之上，听万物耳语
"其视下也，亦若是而已矣"

天池是生命默化的
起源还是目的？
为什么在寓言的三重讲述中
第一次，天池是南冥
第二次没提
第三次竟然是北冥？
鹏之图南是飞往天池吗？
但为什么最后一次讲述
却发生剧情反转
逃离天池，飞往南冥？

生命的默化：同济复兴古典书院第三轮开讲辞

"化"这个字，其实只在
第一重讲述中提及
第二重讲述并没有鲲
只有一只大鹏
孤独地远征，徙于南冥
"去以六月息者也"
第三重讲述则同时给出鲲、鹏：
"穷发之北有冥海者，天池也
有鱼焉，其广数千里
未有知其修者，其名为鲲
有鸟焉，其名为鹏
背若太山，翼若垂天之云
抟扶摇羊角而上者九万里
绝云气，负青天，然后图南
且适南冥也"——
鲲自鲲，鹏自鹏，各是其是
这难道是"化之不化"
或"不化之化"？

如果是这样的话
鲲鹏寓言的三重讲述
难道是越来越趋向于
在有形迹的事物中体现
化之无迹？
——越来越不化，然而
越来越能化？
然而小鸟似乎并不同意

在三重讲述中
小鸟的地位变化值得思考
第一重讲述只有鲲鹏关系
没有出现小鸟
其他什么也没有
第二重讲述不见了大鱼
只有大鸟南飞，却又增加了
两种会飞的小生物，蜩与鷽鸠
"之二虫又何知？"
显然是负面的形象
第三重讲述同样有小鸟斥鴳
不过剧情却又反转
这次是小鸟笑大鹏：
"彼且奚适也？"

第一重是能化的大鹏？

小大由之?
所以，只有鲲鹏之化
根本就没有小鸟?
及其带来的小大之辩?
第二重是化过之后,能运的大鹏?
这时，它真的胜过小鸟?
第三重是运过之后，大过之后
只剩下"大"的大鹏?
于是，反不及小鸟?

所以，对于第一重讲述中
能化的大鹏来说
南冥是天池
对于第二重讲述中
只是会飞的大鹏来说
哪里都不是天池
（第二重讲述中没有天池）
对于第三重只剩下"大"的
大鹏来说
伟大的飞翔却恰恰是
离开天池?

如果是这样的话
鲲鹏寓言的三重讲述
岂不是一重比一重低下?
相比刚才的分析来说
岂不又是一次剧情的反转?
然而，如果是这样的话
东郭子曰"何其愈下邪？"
低者不低，"每下愈况"
反转自身将被反转
被反转又会被反转
反亦一无穷，转亦一无穷
"为是不用而寓诸庸"
此之谓以明

以明，则三重讲述的
下行不碍上行
上行不碍下行
和之以上下而休乎天均
"是之谓两行"
故地籁之万窍怒号
人籁之比竹呛声
讲的讲，听的听

生命的默化：同济复兴古典书院第三轮开讲辞

哭其哭，笑其笑
皆不如生命质地之默化[1]
"诚者自成也，而道自道也"

"咸其自取，怒者其谁？"
"莫若以明"，"而使其自己也"

---

[1] 参去年的第二轮导论讲稿《听闻感动不如自学默化》，亦收入本书。

生命的默化：当代社会的古典教育

勇于生命的学问：
西政辅仁读书会座谈记录[1]

靳松：今天非常高兴请到柯小刚老师、张轩辞老师和唐杰老师来到我们的西政辅仁读书会现场！那下面我们的读书会先停一下好不好？机会难得，大家可以跟几位老师互动交流一下。我先向各位老师介绍一下我们的读书会。我们的读书会有来自各个专业、各个年级的同学，大家一起读经典。读书会不是课程，没有学分，来参加的同学都是自发的。法学的同学来得多一些，哲学的少一点。有几位同学已经跟我们读了两年多，他们有一些问题很想请教柯老师。目前在西政只有我们一个这样的经典读书会，不像在综合性大学可能要多一点。读书会目前只有我和董卫国老师带学生读，难免局限，所以同学们有什么疑问的话，今天一定要珍惜机会多提问。柯老师的学问是中西兼治的，无论哪方面的问题都可以问。一般性的治学问题也可以问，譬如哲学思想的学习，是从先秦进入较好，还是从宋明进更好？从古希腊进入好？或者从德国进更好？我们都可以来请教柯老师。有请柯老师为我们讲几句！

柯小刚：早就听说辅仁读书会，今天很荣幸有机会来跟大家交

---

[1] 这是 2015 年 11 月 29 日在西南政法大学辅仁读书会上的座谈，由辅仁读书会同学录音整理。

流。毫无功利目的的自发读书会我也做过很多,现在我们的同济复兴古典书院也是类似的性质。我想先跟大家分享一点,就是这个学科那个学科、中国的外国的、古代的现代的,这些标签暂时先放到一边去,不要太在乎这些东西。很多朋友焦虑古典学术的学科定位以及古典学术在学术体制中能不能站住脚,能否占有资源?我不太关心这个问题。资源于我如浮云。我从优势的西哲学科转到弱势的中哲学科,从教十几年,没有一分钱课题经费,照样读书写作画画,办书院和读书会,其乐无穷,不知老之将至(过四十就感觉快退休了)。别人觉得我吃亏,我自己觉得很开心。

"古之学者为己":一个人一辈子要做什么?这才是值得关心的问题。人的一生很短,要珍惜生命,做有意义的事情。九十年代以来,所谓"学术凸显",所谓"学科建设""学术规范接轨",我看主要作用是耗费学者的生命,虚头巴脑,真东西很少。读书本来是寂寞的圣贤事业,却被五花八门的学科点、博士点、课题、基地、排名、填表、评审、核心期刊、CSSCI 占据,一点书卷气都没有了,斯文扫地。学者日益庸俗,学风日益败坏,简直要在体制外才有安静读书的空间了。

刚才在你们这栋大楼的一楼大厅看到西政校门和岳麓书院校门被 PS 到一块,不知贵校与岳麓书院有何渊源?这让我想起前不久去湖南师大演讲,拜访了一下岳麓书院,尤其是其中的船山祠。王船山一辈子躲在深山里面,没有课题也没有学科点,能带的学生也很有限,相当于一个私塾,收入勉强够生活,还随时面临政治迫害的危险。但他几十年如一日,写那么多东西,没有一本书得到过国家资助,没有一本书帮他评到过什么职称,甚至难以刊印。昨天晚上跟"经典与解释"丛书的马涛红编辑聊天。她说这套书已经出了350多本,到现在还没有一分钱国家课题资助。以前有一个民间的资助,现在连民间的资助都没有了。刘老师曾说我一分钱不要还做这么多事,还不好吗?难道要很多钱不做事,或者做出来的都是垃圾学术成果就更好吗?

同学们现在可能还不太懂我在讲什么,资源、学科点什么的,还不太清楚咋回事。但你们关心毕业后找工作对吧?那同样是社会资源的争夺。要争夺你就去争夺,争到最后你会觉得空虚,没意思。我想这个道理,读书会的同学都懂,否则大家不会毫无功利地来参加这样的读书会,读那些"没用的经典"。

同学们,我们要趁年轻,多思考这一辈子值得过的生活应该是怎样的?找到一种可以全心全意去追求的有意义的生活方式,其他东西可以完全置之度外。这并不迂腐,历史上有很多这样的人。人生苦短,要活明白,要有勇气追求智慧,生命不能虚度。孔子"十有五而志于学"。"志"就是你要不要过得不一样?天下熙熙,皆为利来,天下攘攘,皆为利往,都是权势资源的争夺。你要不要去争夺?你能不能过得不一样?过得更有意义?自己决断,这是一件很简单的事情。年轻人现在不是都要过得不一样么?能不能真的不一样?这需要勇气,做出生命的选择。我就跟大家分享这一点。

对了,刚才听到你们刚好读到《论语》的子路篇对吧?子路这个人最勇敢，虽然有时候有点鲁莽。这次来重庆开古典学年会，最大的感受就是"勇气"二字。我觉得我们古典学界已经是最有勇气、最有志向的学术团体了。但是我觉得有一点，可能除了刘老师，其他人，包括我自己，都是勇气不足。我就先说这一点，下面听大家讲。

高高山顶立，深深海底行

李鸿均：很高兴见到柯老师，我想请教老师一个问题：施特劳斯和海德格尔都很期待现代性困境中东西方之间的交会，并且这个交会只能是根源之处的深层交会。柯老师学兼中西，很想听听柯老师对这个问题的思考，还想听听老师这几年潜入中学深处的感受。谢谢！

柯小刚：岂敢岂敢！你对我的褒扬，我不敢当。"学兼中西""潜入中学深处"：我宁愿把这两点看成你自己的学术追求，这是非常难得的。前者好像是站在沙坪坝顶上，纵目俯瞰；后者是沉潜本源，好像潜入嘉陵江底。这么高的境界我是差得远的，你可以努力达到。做学问真的是要这样：一方面要非常广博，眼界开阔；另一方面要耐住寂寞，坐冷板凳，一个问题钻就钻到很深。这两个方面有时候会矛盾，但是可以结合起来。禅宗有句话："高高山顶立，深深海底行"，意思大概可以相通。从这个观点来看现代性困境之下的中西古典交会问题，也是很有意义的。你提的问题，我想也可以从这个角度出发来试着思考一下。

"中西古典心性的相逢"要求我们未来的学者要有一个广博的

视野。在这次重庆古典学年会中,有人谈到这个问题。今天的古典学已经不太可能是单纯的中国经学或儒学,也不可能是纯粹希腊罗马的古典学,而是应该有一个更加广阔的视野。但这个广阔还不只是在知识意义上去了解更多的语言文化和文明传统等等,而是指对整个现代人类的处境、现代社会的状况有一个比较整全的把握。而这恰恰是日渐博学的现代学术最缺乏的维度。

譬如我听说在某高校的中国哲学专业里,做理学的和做经学的、做宋学的和做汉学的老死不相往来。至于佛、道,更被排除在外。西学也不学。这很可惜,没有前途。随着儒学越来越热,门户之争也在加重,很不健康。刚才路上唐杰说,有人统计现在中国每天在天上飞的有一百万人。我觉得也可以统计一下每天宣布自己是儒家的,可能至少也有一百个。各种背景的人投机到儒家里来争夺话语权,没时间读书。所以,这些年我回避了很多会议,埋头读书。什么港台大陆,什么经学理学,这个党那个派的,各种山头和奶酪我都没兴趣,也没时间。我宁愿坐在家里读书静坐,写字画画。

做西学古典的也有些问题需要反观自省。有些读了几页施派著作的青年学生自我陶醉、自我封闭得厉害,很轻浮,托付不起先贤和经典赋予的重任,无法面对现代人类生活的危机。读古书的封闭小圈子跟那种高度专业化的现代学院派共享一种傲娇。这是我想讲的第一点:要有一个古今中西的广阔视野。

当然,另一方面,儒家的门户和施派的小团体和那些弹簧专家、隧道专家、亚里士多德专家、训诂专家还是有区别的。古典小团体

勇于生命的学问：西政辅仁读书会座谈记录

虽然在视野的广度上可能存在问题，但在比较深的内在修养上、对问题的深入体察上，是有优势的。至于学院派，一方面囿于专业化视野和封闭的小圈子，另一方面又缺乏生命的深度，最是可怜。但在现代社会，这种学术生活方式被打扮成学院正统，占有优势资源，糟蹋了很多优秀头脑，非常可叹。当然，比起不学无术、哗众取宠的"公知"（无论左派右派）来说，学院派又要好得多，因为他们至少是认真读书的。

上面两个意思结合到一起就是"极高明而道中庸""高高山顶立，深深海底行"。这本来是古典学养的常识，无论中西。可是在现代化的学术生活中很少有人知道这种要求，知道后也很少有人相信，相信后很少有人去做，做的话很少有人能做到位。一方面，强调视野广博的人满天飞，他们看大量的书和文件。这种人喜欢开会，喜欢写论文，因为在所谓的论文和会议讨论里面，包括在讲课中，可以非常好的展现他的学识。反过来，一些比较喜欢自己做工夫的人呢，往往自我封闭得很严重，不爱与人交往、讨论，有时候会走火入魔。我见到过这样的学者和学生，有的以为自己就是圣人了。我们可以看到这两种毛病，现在都很突出。

我相信西方文明也好，中国文明也好，现在面临的是共同的现代性问题。施特劳斯和海德格尔都曾意识到中国文化传统的重要性，但当他们认识到的时候已经老了，没时间学了。那一代西方哲人还没有足够的时间和兴趣来深入阅读中国。而我们中国学古典学的年轻人，比如说重大博雅学院、中大博雅学院、人大博雅班，从本科阶段就开始学古希腊文、拉丁文。英文更是我们从小学就开始学的。然后，我们现在又坐在一起读《论语》，读十三经，读诸子百家。这是什么气？这是文明复兴的生气。这样下去，所谓"根源深处的中西方交会"也许会在未来的中国发生。

这些年西方流行中国威胁论。但如果他们了解到中国学生发奋修习中西古典学问的状况，应该能感觉到这不是中国威胁论，而是中国帮助论。中国人开始担负全球责任，帮地球人的现代文明擦屁股。无论是中国文化里面曾经有的一些问题，在现代环境中扩大了的问题、新产生的问题，还是西方文明某些方面的缺陷导致的现代性问题，全球现代人类面临的问题，中国好学的年轻人都在思考，尝试应对和解决的可能性。

条件简陋的读书会常能感到向上的气息

谢宇：柯老师好！我通过微信公众号关注到您在办道里书院和同济复兴古典书院，经常举办学术活动，还开设了不少课程，涵盖了非常全面的经典阅读和书画、古琴、中医、茶道等修养课程，我们读书会的同学都很想参加，可惜远隔千里，无法如愿。昨天，我和几个同学一起去重大旁听了古典学年会。回来的时候，大家一起交流感想。我们觉得自己就像沙漠里长出来的野草。离我们最近的博雅班，来回交通也要很长时间。我是上大学之后才知道要学习这些经典的。我很想请教柯老师，在我们这样的环境里该怎么做？如何进行整全的修养和学习？

勇于生命的学问:西政辅仁读书会座谈记录

柯小刚:这两天听到中大和重大的老师谈论两边博雅学院学生的差别。大家说到一点:中大的学生很优秀,重大的也很优秀;但是相比之下,重大的更朴实。为什么呢?可能重大的少了一点娇气,因为"条件差一点"。跟重大的同学比起来,西政读书会的同学似乎又更朴实一点,因为"条件又要差一点"。人穷诗工,不要怕"条件差"。你们的读书会一没建制,二没学分,三请不到名人来讲,不热闹,但这些不见得都是坏事。

我做道里书院有十一二年了,长期处在边缘和地下状态,大家读书很用心。现在有了古典书院,有大学的支持,还注册了民非,规模也大得多,有一两百学员。这一方面是好事,另一方面也有弊端。在不确定性当中,在资源缺乏的状态当中,几个素心人一起来读书,有可能走到前面去。条件改善之后,反而有可能落后。精神的事业有时必须伴随寂寞和"较差的条件"。八十年代学者都很穷,没什么资源可争,素心问学,气氛很好;近二十年越不差钱越抢着挣钱,变着法儿制造等级差别,整天填表、申请、评审,学者围着资源条件转,学风都坏掉了。

我记得 2003 年从北大毕业,到上海做的第一件事情就是做了一个《论语》读书会。当时没场地,就在唐杰的复旦北区研究生宿舍里读。你知道我当时有什么感受吗?我才知道原来北大学生太浮躁。而当我在同济开课,又明显感觉到同济的学生更素朴。今天在你们的读书会,我能感到一种相互取暖的和气、蓬勃向上的生气。我很熟悉这种气息。在我做的一些条件简陋的读书会上,常常能感受到这种气息。相反，越高大上的地方可能越缺乏这种气息。这是一种静谧低调的奢侈，只属于穷人。

子曰："君子求诸己，小人求诸人。"孟子说"求放心"：放逸出去的心，一点一点求回来。相对简陋的条件有利于求诸己、求放心。年轻人定性不够，容易惑于外在的光环。外界光环越少，可能越不容易迷失，不会觉得自己多么了不起。等到读书日富，工夫日深，见识提高，知道光环都是假的，就无待于条件的好坏了："素富贵行乎富贵，素贫贱行乎贫贱。"

所以，我建议各位不必妄自菲薄，盲目崇拜名校。不如趁这里安静，踏踏实实读点书，点点滴滴做点工夫。将来如果有机会去到资源更多、视野更开阔的地方深造，别人会明显感觉到这个同学是学有根底的，没有那种从本科开始就是"显得什么都知道、但又不是真知道"的"名校毕业生"习气。那种"名校习气"恰恰就是"好条件"惯出来的，或者说是不善于正确利用好条件而造成的弊端。真是可惜了好条件，还不如没有。

在"好学校"里，每周赶五场讲座，每场都是名师，段子多得说不完，到处显摆，没时间读书静思，虽多何益？反不如一学期只有一本书可以啃。我记得本科的时候在旷野中的吉林大学新校区好不容易找到一本英文版《精神现象学》（那时外文书极少），翻开每一页都能看到前辈学者掉的头发，很受激励，于是也跟着翻了一遍，头发掉了一遍。后来我去德国和英国访学，德文和英文资料唾手可及，读书的感受却不及本科时那么深入骨髓。

柏拉图《法篇》曾谈到类似问题。在一个相对贫瘠的山区建设的城邦，公民德性和伦理容易培养，青少年教育也相对好做。而港口城市熙熙攘攘，光怪陆离，投机获利，老实吃亏，人就坏掉了，青年也容易游手好闲，很难有严肃的兴趣。磁器口、外滩、比雷埃夫斯港，都是例子。国外著名学府都在山城小镇，学风淳朴。古代中国书院也多在山林。现代中国大学却集中在大城市，导致学风浮躁，商业气息太重，我们只能练习"大隐隐于市"的工夫了。

"修"的节制和"养"的生发

海玉龙：我本来也有很多问题要问的，听柯老师一席话，解决了不少疑问。我还有一个比较切己的问题：我们读儒学经典，经常听到"切己、求诸己"的说法。那么，对我们学生来说，应该如何做工夫？读经典能明白一些道理，但切己修身往往跟不上。

柯小刚：这是个好问题。明天准备给重大高研院讲的也是这个主题："读书问学与工夫修养"，欢迎大家再过去听。这个问题对现代人来说尤其重要。这个月上旬，我们在同济做了一个"古今通变"工作坊。期间，我请德国汉学家何乏笔先生在同济做了一个讲座，题目叫"福柯的工夫修养哲学"。他的博士论文做的是福柯，但不只是规训与权力的福柯、疯狂史与性史的福柯、知识考古学的福柯，而是"关心自己"的、来自古希腊修身思想的福柯。对于这样一个福柯的研究者来说，写书法、打坐、弹琴、读《庄子》和《易经》就不再是"哲学"之外的部分，而是哲学本身的重要方式。对于他来说，哲学就是功夫修养的生活方式。

福柯晚年曾在法兰西学院做过"主体解释学"的系列讲座，谈古希腊的工夫修养哲学传统。在福柯看来，哲学本来就是事关工夫修养，只是后来才蜕变为"理论"。希腊哲学的最初箴言，我们一直以来从教科书里看到的都是"认识你自己"，但福柯说这个翻译是错误的，应该是"关心你自己"。"关心自己"是对自己的cultivation（修养），self-cultivation（自我修养）。英文 culture（文化）、cultivation（修养）的词根与农业劳动有关。Civilization（文明）则来自拉丁语的公民、城市。所以，一边是城市生活的原形，一边是农业生活的原形。文明生活的发展往往会陶醉于物质商品的繁荣和理论观念的繁荣，遗忘原初素朴的耕作养护，无论是庄稼还是身心的耕作养护。越是在过度文明化的时代，越需要回到素朴的身心修养，否则文明就会丧失根基，走向奢靡腐败。这也是《春秋》公羊家"黜文反质"的义理。

"修养"包含两个方面，一个是"修"，一个是"养"。"修"是什么呢？修剪、除草。"养"是什么呢？浇水，施肥。"修"是"秋义"，是否定性的一面，自我克伐的一面，譬如《尼各马可伦理学》里讲的节制；"养"是"春仁"，是肯定性的一面，涵养培护的一面，是往外生发的一种志气，譬如古希腊人讲的"努斯"。在亚里士多德那里，无论是《形而上学》还是《伦理学》里都会讲到这个东西。另外又如《尼各马可伦理学》中讲到的 megalopsuchia（大心、灵魂博大）和 philia（友爱）等等，都是往外生发的，养护性的东西。

一个是修剪、节制、做减法,一个是养护、培养、扩充(或用孟子的话叫推扩)。这两个方面加在一起,才叫做修养。

"修"和"养"要结合在一起做。比如静坐、书法,能很能把这两个方面(修剪和生发)结合在一起。打坐的时候,一方面是收视反听、息虑凝神,是在内敛、节制、做减法;另一方面呢,也是在养护神气,生发志意,推扩仁心,做加法。书画也是这样:一方面是内在的节制,心静气平,意多笔少,多蓄势引兴,勿妄动。另一方面,在节制蓄积的同时,逐渐会有一种志意的生发,会让你在不知不觉中手之足之、舞之蹈之,一不小心竟然就满纸云烟了。

我们看明道先生的诗:"万物静观皆自得",这个静,就是"修"的一面,内敛的一面;"四时佳兴与人同",这个"兴"就是"养"的一面,生发的一面。很多书法作品,一开始是比较节制内敛的。写着写着,楷书变行书了。再写着,行书变草书了。这个不知不觉的过程不就是《中庸》讲的"闇然而日章"吗?这不就是从修到养的过程吗?这个过程是什么呢,不就是"工夫"吗?在时间中的涵养修行就是工夫修养。修剪有时,涵养有时;节制有时,长养有时。"有时"就是工夫。修养的时间性就是工夫。"学生怎样做修养工夫?"跟其他人并没有什么区别。一个修养自己的人一辈子都是学生。首先不要急,其次要当下就做起来。学生阶段的学习不是为了达到某种结果的工具性过程,而是工夫本身的时间性。孟子讲"拔苗助长"的故事,勿忘勿助长,说的就是工夫修养的时间性。

我曾经在《诗经》课上结合《汝坟》篇讲过"修"和"养"的

道理。《汝坟》有生发性的、养护性的元素，也有修剪节制的元素。修剪不但没有压抑生长，反倒有助生气的舒发。这篇诗是写一个女子对行役在外的丈夫的思念。思念是一种向外生发的东西，趋向远方。感情和欲望像汝水一样翻滚流动，又如河边年复一年旺盛生长的草木。但这个女子每年都去砍伐它们："伐其条枚""伐其条肄"，要修剪节制。她丈夫在外面做什么呢？也是在伐，跟王师一起征伐远方，讨伐无道。《采薇》也是修剪与生发相须为用的诗。"薇亦柔止""薇亦刚止"。"昔我往矣，杨柳依依。今我来思，雨雪霏霏。"行役征伐和室家之思，秋义与春仁，形成一种富有张力的和谐图景。修和养的关系也是这样的。

"为学日益"与"为道日损"并不矛盾

梁创飞：听老师的谈话，内心很感慨。我有一个问题是这样的：老子说"少则得，多则惑"，又说"为学日益，为道日损"。老师刚才谈到在偏僻的地方读书，反而有助于打下比较扎实的功底。您所说的功底，是不是建立在我们学的内容比较少的前提下？在博与专上，我们应该怎么选择？

柯小刚：这涉及刚才谈到的"工夫"二字。要看时间。在不同的时间会有不同的要求。当你没什么学问的时候，去求博，求为学，可以做加法为主。学问相对广博了，觉得自己心性不厚，性情太薄，跟不上知识的长进，就要重视修养。在现代的各种学术场合，我们看到有太多的学者都是知识太多，修养太少。他们整个人的气都是薄的、惶惑不定的，神气是散的。这种"广博学问"往往需要一种比较散的气来把它带出来，东一句，西一句，十分钟的话可以涉及十个人，二十本书。我们会觉得这整个的"学问"都是浮躁的，但他真的读了很多书。针对这样的状况，老子说"为学日益，为道日损"。因为他有东西可以损，而且确实需要损啊。

但是，如果我们还没读什么书，那损什么呢？没有东西可损嘛。没有东西可以损，那就先"为学日益"。这也是《易经》里损、益二卦或者孔子文质相复之意。如果质过了，"质胜文则野"的时候，就要学文，以文救质。如果文过了，"文胜质则史"，那就要以质救文，所谓"行有余力，则以学文"。所以在孔子那里不是单向度的或文或质关系，而是双向动态调节的文质相复关系。在"文质彬彬"的修养学问中，"为学"和"为道"不是简单的对立关系，"日益"和"日损"也不是二择一的关系，而都是相反相成、相复相救的双向动态关系。它们之间有张力，但却是一种健康的相互依存、相互帮助（相救）的关系。老子的讲法很有意义，特别是对学者来说非常有针对性。但他讲得不够远，没有孔子讲得透。因为老子把"为学"和"为道"、"损"和"益"对立起来了。所以，孔子可能比老子更深于《易》学。

梁创飞：那就是在我们目前这个阶段，最好是先"博"，而不是"专"？

柯小刚：很难说完全如此。只是你现在想专都专不了。你目前能做的可能更多是去多看、多读、多思考。用刚才说过的话题就是"下

生命的默化：当代社会的古典教育

学而上达""高高山顶立，深深海底行"。在读书还比较少的时候陷入一种带有神秘色彩、宗教体验式的东西并不好。这样的例子我见过一些，都不成功，甚至很危险。本来很好的苗子，浪费了读书的时间，最后没什么成就，很可惜。这个问题在儒学里其实不矛盾，可以处理得很好，就是工夫修养和读书的关系问题。读书本身也是一个工夫修养的事情。

读好书本身就很养人。经常有学西学的朋友和学生跟我说，想从西学转到中学，因为他们觉得中学养人，西学不养人。其实西学也要看读什么、怎么读，读得对路同样养人。至于中国学问，无论儒释道、汉学宋学，无论四书还是五经，都是养人的。有的朋友认为只有四书才是养人的，能促进工夫修养的，而五经太多，看得累，让人逐物而不知返。这种见解似乎还蛮流行，其实是没有真正读进去。《诗》《书》《礼》《易》《春秋》多吗？子曰："多乎哉？不多也。"孔子就是一个博学多能的人。

这里也涉及一开始讲的勇敢问题。前面我讲的是立志的勇气，要敢于探索和追求有意义的生活方式。现在则涉及一种面向知识的勇敢：勇于求知，不要怕。有一种所谓的"心性修养"是害怕知识的，或者说有一种所谓的"工夫修养"是不读书的、不敢读书的，不敢读古文，也不敢读希腊文，不敢读《尚书》，也不敢读《荷马史诗》，不敢研究现代革命史，也不敢了解美国宪政。为什么呢？因为一旦试着去读书、了解，他的"工夫修养"就完蛋了。那叫什么工夫修养呢？那么弱的东西配不上工夫修养的名称。对这样的同学，我会

勇于生命的学问：西政辅仁读书会座谈记录

告诉他，不要侮辱工夫修养好不好？如果"工夫修养"是那么脆弱，我觉得这个人没有工夫，也没有修养。

当然，话说回来，这还不是目前学生和学者的主要问题。现在更主要的问题恰恰是反过来，缺乏知识反省的勇气，或追求生命学问的勇气、修养自己的勇气。我见过那么多博学的人，一个个神气都是散的，性情是浮躁的，一点工夫修养都没有。有的人虽然没有下定决心要去过一种修养的生活，但还有羡慕，会试着学学打坐，写写书法，弹弹琴，这都是好的。但有的呢，尤其是一些所谓"学者"（今天的"学者"按古典标准不过是知识工匠），却只会嘲笑我们迂腐，甚至骂我们腐朽、反动，至少是落后。对于这种被现代性偏见洗过脑的人，谁也帮不了他。福柯通过古典阅读得出的"关心你自己"的哲学箴言，对于这种人是没有用的。他既然自己都不关心自己，别人也没法帮他。

我今天中午就听到一种批评：一个很好的学者批评我学书画是玩物丧志。我的学生中也有这样批评我的。他们觉得我应该花更多的时间做大学问，不要写字画画，那是小道。这样的提醒，我非常感动。但是我告诉他们，"虽小道必有可观者焉"。当然，"致远恐泥"，是以君子不为也。如果我们用体道的心去玩，那书画艺术就不是一个风花雪月、附庸风雅的事情，更不是玩物丧志的事情，也不是那种浪漫主义或者小清新的消遣，更不是一种可资炫耀的技术。如果你把它作为一种体道之具，那么书法呀，绘画呀，静坐呀，琴箫呀，跟读书解经做学问并没有本质的区别。我觉得孔子就是这样的生活状态。孔子可不像今天的学者那样天天都在写论文。他弦歌不辍，每天都有很多时间在弹琴唱歌，还要习礼。读书做学问并没有占据他生活的全部。但他又不像老子那样排斥知识，排斥学问。他是个好学的人，也是个好玩的人。学和玩都是道具（体道之具）。我们可以多读读《史记》里的《孔子世家》《仲尼弟子列传》，还有诸子书中关于孔子及其弟子的记载，想见其为人。从活生生的圣贤例子里，我们可以学习怎样做学问、怎样做工夫修养，以及怎样处理好二者之间的关系。

诚明自知的静坐方法

梁创飞：在您的谈话中，我能感觉到您的心非常的静，声音非常的稳，包括您的夫人，也非常非常的安静，我想问这是怎么做到的？

柯小刚：这个要学静坐，大家有不有兴趣学一学（同学们鼓掌欢迎）？我从初中的时候开始练习静坐，大学时断断续续有练习，初学静坐可注意这么几点：

一、盘腿之前先拉筋，尤其是拉开膝关节，拉伸经脉。

二、盘腿可以从单盘开始，逐渐学会双盘。起初可垫高后座。坐时要端正而放松。端正容易紧张，放松容易懈怠。要逐渐体会怎样在端正中放松，在放松中端正，端正而放松。这跟写字画画的道理是一样的。

三、为了做到端正而放松，可以逐节去感受自己的脖子、肩膀、脊椎、腰，每一个关节。如果感到哪里松懈了，就端正一下，哪里紧张了就放松一下。面部表情也要反省体察，如果自觉紧张了，就放松一下，如果垮掉了，就端正一下。要对身体的每一寸形成觉知。

四、练习腹式呼吸，使呼吸逐渐深静绵长，但不要憋气，须自然深化。随着气息的精微深入，可以逐层深入地体会"正心诚意"的意思。即使不在静坐，日常谈话做事中，亦可自觉心地光明磊落，诚恳笃实，气定神闲。这些就是我二十多年来的静坐经验，卑之无甚高论，愿与大家分享。

廖浩：请问老师是否证得初禅？

柯小刚：我也不知道，你觉得呢？对我来说，静坐已经成为日常生活的一部分，像吃饭、睡觉、读书、写字、画画一样，没有什么特别的地方。据说书法也有考级。我从小写毛笔字，但从来没考过级，也没参加过官方协会，不知道算几级？

某同学：静坐的时候会有很多纷繁杂念来袭，应该怎么办呢？

柯小刚：诚心就好。诚就是认识自己，不自欺。没有杂念是没有来由的。杂念纷至沓来，你不知道它们都是从哪里来的，说明你还不够"诚"。"诚则明矣，明则诚矣"。《中庸》诚明的工夫正是静坐的主要任务。诚明的觉知力是很平常的东西，并不神秘。人莫不有心，而心常易放逸。静坐只是去"求放心"：求回放逸出去的心。"大学之道在明明德"：修身只是让固有的明德明起来，并不神秘。

人莫不自爱，而往往自失于纷繁杂务，没有时间关心自己。静坐不过是一个专门觉知自己、关心自己的时间。各种杂念纷至沓来，说明你还在关心明天的考试、校门口的烧烤、双十一的抢购、歌手海选的投票……这些诚然都是你关心的东西，与你的兴趣和利益相关，是自我关心的一部分，但你还是没有开始关心自己本身。你关心自己的东西，但不关心自己。你并不是一个东西。"东西"容易关心，因为它是对象化的，容易看到，进入意识，想摆脱都难；"自己"不容易关心，因为它不是一个对象化的事物，很难自觉观照。

静坐就是帮我们学会"非对象化"的自我觉知，学会真正关心自己。从哪里开始关心呢？从自己的身体感觉和呼吸开始。具体方法就是刚才讲过的几点。登高自卑，行远自迩：从简单具体的地方入手，不要好高骛远、凌空蹈虚，追求神秘体验。工夫日久，你就能慢慢学会关心自己，心静气沉，杂念不生。

经典研读和教学是深层政治

李鸿钧：柯老师，我还有一个问题：在这个技术统治的时代和全球化的经济环境中，学术和政治的张力是怎样的？学者应该怎样介入政治实践？

柯小刚：教育是学者的天职，而教育是最根本的政治，无论在什么时代。中西古典能在当代世界发挥的政治作用尤其应聚焦在教育领域。我以前很关心政治，关心比较具体的政治制度，以为制度才是特别相关于政治事物的。这种见解还比较浅薄。读《理想国》可以帮我们走出这种意见，深思何谓政治事物。我这几年关心"政治"越来越少了，把更多的精力投入到了教育事业中。子曰："奚其为为政？"《学记》云："建国君民，教学为先。"儒家向来以教书育人为本，并以此为政治活动本身的重要部分。教书育人，首先是教养自己，然后带人一起读书、修养。教学相长，所以教师必须是学者，学者也必须是教师。

任何时代都没有完美的制度，只有持续努力改变自己的人。这些人叫"学人"。中国政治传统最伟大的地方在于，它是"学人"的政治。制度是习气性的东西，有很强的惯性，往往是越来越坏。很多东西慢慢感受就知道了，读《易经》和历史可以帮你体察人类生活形式的无奈。很多东西都有它的优点和缺点，而只有"学人"和"修养的人"是充满可能性的、能改变自己的，是可以变化气质的。制度的习气则很难改变，就算改变也往往越改越糟、始料未及。

人也充满习气，但是人有心，可以主动改变自己。心是一团火，可以燃烧，可以照亮，可以日新。心是人最宝贵的东西，要善于用心。用心之道叫"心术"，本来是个好词，后来变坏了。学习、修养、教育、变化气质：这些都是"心术"的基本内容。

中国文化一直以来就有用心好学的传统。你们不是在读《论语》吗？《论语》开篇就是"学而时习之，不亦说乎"，是开心的好学。我们有那么多经典，还有那么多历代注疏。今天的学者如果能重新打开经典，在时代的问题意识中阅读历代注疏，阐释经典，发明经义，通古今之变，就是莫大的政治了。

人群生活是有很强惰性的，所以，即使是为了更好的生活也不宜变化太快。欲速则不达。书法讲意在笔先，和太极拳讲意到、气到、形再到。变制不变心是变而不化。重要的不是变，是化。变是政治的浅层，化是深层。化的工作比变的工作更是政治的根本。学者的经典教学就是在化的层面做工作的深层政治。

我们可以看一下《礼记》里的《礼运》篇、汉代董仲舒的《春秋繁露》、宋代《朱子家礼》等儒家政治思想经典。我们可以看到孔子也好，汉代公羊家、宋代理学家也好，其实都是因势利导的改革家。既要改革时代的弊病，又不妄图激进的变化。西方古典思想也是这样。我以前带学生读完《理想国》，很多同学陷入了沉思。从一个制度到另一个制度，没有一个制度是完美的。亚里士多德比较了一番之后，勉强说好的政体是一种混合政体或均衡政体。说了像没说一样。读《易经》更能帮我们明白这个道理，说了等于没说而又不同于没说的道理，也就是中庸的常理。认识到这一点，就意味着我们开始走向政治成熟。

今年暑假，我在法兰克福大学社会研究所的工作坊讲到"儒学作为批判理论"的特点：它自古以来就是一种富有建设精神的批判理论，也是富有批判精神的建设理论。儒学的批判性很强，但从来不是为了批判而批判、为了破坏而批判，而是为了建设而批评。儒家总是自我节制的、建设性的合作者，但同时又是一直保有批判品格的社会政治思想。它可以跟各种可能的政治制度、治理形式相结合，在结合中提供批判资源，在建设性的合作中自我提高，也提高合作伙伴。除了不断学习和提高，它几乎没有别的兴趣。

勇于生命的学问：西政辅仁读书会座谈记录

在《论语》里，我们可以看到像公孙弗扰、佛肸这些人欲召孔子，孔子想去。他的弟子就想不明白，这种叛乱势力，你怎么会想去合作呢？看《礼运》，思考"天下为公""天下为家"的关系，我们能体会到孔子其实是无可无不可的。时势到那儿了，只能是天下为家，那就天下为家吧。但是你说你天下为家，你做到了没有？所以就要正名，家其家。你说你是诸侯国，达到诸侯国的要求没有？也是正名，国其国。你说你是贵族君子，达到了君子的要求没有？君君、臣臣、父父、子子，必也正名乎。

今天的民主制也仍然要这样。管你是社会主义民主还是自由民主，管你是任何一种形态的民主，或者共和，一句话，有没有做到你所声称的自由、民主、共和或社会主义？在君主制的既定条件下，孔子提出"君君、臣臣"的正名要求（君要像君，臣要像臣），在人民主权的既定条件下（无论哪种"主义"下的"人民主权"），也可以正名：民民（民要像民）、人人（人要像人）。今天讲以人为本、人权之类的，人其人，做到了吗？现代社会的"人权"概念是按人之为人的要求来把人当人，还是按照禽兽的标准来把人降低为禽兽？

人禽之辨不可不讲，义利之辨不可不讲。制度很多时候不能选择，只能顺应。但这不是关键，关键是正名，因势利导。凭空幻想一个制度没用，甚至有害。在民主已经占据绝对政治正确的时代，还有儒学朋友提倡恢复君主制，这不是保守，这是激进，不成熟，有害。但关于君主制的研究很重要，可以成为一种批判资源，帮助现代人建立有反思理性的健康民主，而不是自我神化的愚昧民主。

生命的默化：当代社会的古典教育

历史从来不只是发生在过去的事情，而是当代人类之为当代人类自身的生命经验。一味想要脱离历史传统的自我神化的现代性是幼稚愚昧的，也是危机重重的。

儒家只能跟君主制结合？没有君主制，儒家就会死？这么想的人太弱了吧？何曾望见夫子高墙之一仞？儒家在古代历史条件下可以因势利导，结合君主制，教化君主制，提高君主制；在现代历史条件下也可以跟民主制结合，教化民主制，提高民主制。《书》云："罔违道以干百姓之誉，罔咈百姓以从己之欲。"以前不得不跟君主制结合的时候，儒家做"帝王师"；今天不得不跟民主制结合的时候，儒家做"人民教师"。既然是教师，就负有教化提高的责任，不能一味讨好谄媚学生。民主制也需要被教育和提高？胆子也太大了吧？不自量力吧？人民还会错？人民还需要教育？网民口水就可以把你淹没。没错，曾经面对君主，士大夫敢于抗颜直谏。如今面对人民，儒家需要更大的勇气和智慧。

今天的公知母知一骂儒家就说你是帝王师，你真可耻！好像老师是学生的奴隶。今天做人民教师，任务更艰巨，因为民主时代的教育被降低为一种服务，还真的成了某种意义上的奴隶。教育日渐普及，设施日渐发达，真正意义上的教育却日渐衰落，乃至于"何谓教育"的根本意义完全沉入深渊。这成为现代政治最严重的失败和困难。制度也许日渐发达，然而人本身及其生活方式却日渐败坏。在当代状况中，教育比以往更加具有根本性的政治意义。因此，教育可能是儒家在当代社会最主要的政治使命。

儒家在现代社会的发展应该不拘一格

靳松： 最后两个问题吧？时间不早，已经九点多了。

海玉龙： 我还有一个问题。刚才柯老师讲的意思让我想起春秋公羊学中的"实与文不与"问题，因为我最近在读蒋庆老师的《公羊学引论》。蒋老师一直在做儒教的事情，我想问一下柯老师怎么看待这个问题？

柯小刚： 没错，刚才说的问题就涉及文与实两个层面的关系问题，也就是儒学的批判性和建设性的关系问题。"实与文不与"就是建设性的批判理论，或批判性的建设理论。至于儒教的路线，我其实是不太赞同，但也觉得没必要特别地反对。我的估计是，儒教会存在下去，也会发展，但不会也不应该成为儒学的主流。赞同的朋友无视宗教化的缺陷，反对的朋友又把这危害夸大了，都不好。

我觉得儒家在当代社会的发展应该不拘一格，因应各方面的问题和各种需要而发展出多样化的形式。儒教可以成为其中的一种形式，但不应该是唯一的形式。对儒教建设的批评意见之一认为儒教不过是对基督教的模仿，这其实是皮相之见。儒教不是模仿谁，而是因应现代社会结构的一种调整。只不过，这种调整方案有利有弊。有利的地方在于它方便儒家在现代社会的组织和发声；有弊的地方在于它会把儒家做小，成为一种意识形态化的立场。现代社会并不缺意识形态化的各种立场和声音，缺的只是"疏通知远"的历史理性、"通古今之变"的政治成熟、"通三统"的沟通机制。儒教化有利于发声，但不利于这种声音发挥它本来应有的作用。

"仁义礼智信"是普适价值,很难成为一种特殊宗教的意识形态化立场。作为一种"人之为人"的普适性文明文化,任何人都可以认可"仁义礼智信",无论他信仰什么宗教,主张什么意识形态立场。儒教化会使得这些价值成为某种宗教的价值,成为与其他宗教不同的价值。自由权利话语没有采用宗教话语,有利于它成为普适价值。儒家可以吸取这个教训。

我前些年在美国圣母大学访学一年。圣母是一个天主教背景的大学。为了让自己的观点得到更大范围的赞同,拥有更强的公信力,一些天主教学者倾向于掩盖他们的天主教背景。为什么掩盖呢?很简单的道理:如果他不掩盖的话,论敌会说你那个观点是天主教的,我又不信天主教,凭什么我要赞同?譬如目前在美国争论非常热烈的堕胎问题、同性婚姻问题:天主教是严格反对堕胎和同性婚姻的,但天主教学者为了辩护其观点,恰恰要诉诸更普遍的理性论证和经验研究,而不能只是强调这是天主教的观点,否则是无法说服非天主教徒的。

宗教化的形态在西方历史上产生过巨大的弊病,带来了很多麻烦。政教不分曾给欧洲带来巨大的问题,政教分离又带来新的问题。儒家在中国历史上没有形成基督教式的宗教形态,所以,儒学跟政治的结合有很多特殊的优点,也有独特的缺点。我们今天应该多去研究这些优点在哪些方面(如科举制作为一种选举制度的优点和政治参与制度的优点),然后去继承和发展这些方面;以及反思缺点在哪?如何避免?面对西方的当代问题,必须回顾西方历史;面对中国现实问题，同样需要回顾中国历史。

思考儒家宗教化的利弊问题，还需要考虑宗教生活形式在当代社会的状况。一方面，在自命为有史以来最文明、最科学的现代人这里，尤其在过度启蒙的唯物主义中国，宗教几乎就是愚昧落后的代名词。在这样的情况下，儒家主动谋求宗教化是不明智的。但另一方面，伴随着越来越全面和彻底的技术化、物化、虚无化，当代世界又出现了一种宗教回潮的趋势。不只在伊斯兰世界，西方也有宗教回潮，包括各种新兴邪教在社交网络中的层出不穷，迅速蔓延。这个世界在越来越乱。乱世需要宗教，也会带来宗教繁荣。

所以，宗教化形式的利弊和发展趋势还需要观察。所以，我又不是那么反对儒家宗教化。如果到了某个时势，整个世界处于急剧变化的时期，我可能也会积极主张宗教化。没有一定之分，要看情况。因为各种形式都只是形式而已，不是那么重要。考察形式的利弊要读史，不能陷在意识形态斗争里面不能自拔，因为意识形态化的思考会执着于某种固定的形式，不能疏通知远，培养实践智慧。刚才不是讲工夫修养、心性修养吗？儒学是大学问，真正的工夫修养并不排斥博通经史、知人论世。读史也是一种工夫。读史懂得各种制度形式的利弊得失，可以帮助我们悟道、修身、知人、开务。

结合经典阅读和生命经验来思考基本问题

毕波：听柯老师一席话，解决了我很多问题。这里我还有一个疑难：我近来读书，领悟到要通过学习西学来焕发中学生命力的道理。西学的"存在"和中学的"道"是两个文明中最深层的东西。我感觉"存在"和"道"很不一样。现在有学者提出我们能不能沿着海德格尔的道路"去存在中心",返回"四因说",通过对存在物原因的追问回到对道的体验,这是不是一个可行的交汇契机?我想请教一下柯老师。

柯小刚:我无法给你一个固定的答案。道需要每个人要自己去走。能思考这么根本的艰深问题,应该已经在路上了。你是哲学系吗?如果是法学院的就更令人惊奇了。

董卫国:他是法学院转到哲学系的,转过来一年了。

柯小刚:那就更难得了!大概是这些根本问题在吸引着你,引起你的兴趣,带你来到哲学系对吧?沉思和修行是人之为人的最深刻、最严肃的兴趣。那些极深的问题是一些路标,引导我们思考世界,体察人生。那些问题对于思想的期待不见得是一个正面的回答。所以,对于过分急切的追求,和对于俗人的漠不关心一样,它同样是锁闭的。

决定要过一种沉思和修行的生活,但不急于得到什么结果,宽心、坦然、坚定、温柔地走下去,你也许会遇见想要追求的东西。在那一刻,你可能会发现它并不像起初所想象的那么耀眼,而是非常朴素,平淡无奇。到那时,你就会明白它为什么总是倾向于躲避过于急切和热烈的追求,也会明白为什么它能吸引到的追求者总是那么少。

"道"与"存在"如何会通?我建议你不必急于寻找,但也

勇于生命的学问：西政辅仁读书会座谈记录

不要忘记这个问题。可以把问题有意无意地放在心里，然后分别阅读中国经典和西学经典。本科四年，八个学期，每学期可以有一个阅读重点，所有阅读又可以围绕一个根本问题展开。我的大学就是这样度过的。我跟张轩辞一样，都是从中学时期开始喜欢哲学的。我在高二的暑假写了第一篇哲学论文，是给一个同学写的一封信，十三页，三千多字。我们当时的思政课本里说："当社会产品极大丰富的时候，这个社会就可以在自己的旗帜上写上'各尽所能、按需分配'的大字。"我对此表示怀疑：什么叫做"需"？一个人的"需要"有界限吗？有底吗？什么叫做"极大丰富"？人的需要没有底，极大丰富没有底。这是个无底深渊。那个时候我就隐约感觉到问题的关键不在需要，也不在产品，而在人心，在人的心性。所以我很反动啊，那么早就变成"唯心主义"了（众笑）。

上大学最高兴的是第一次走进图书馆，终于有书看了。当时是在初建的吉林大学新校区，大片玉米地围着几栋楼，图书馆在中心，几乎就是我大学生活的全部。大学第一年，我把图书馆里能找到马克思著作都翻了一遍，发现马克思本人很有意思，远不是教科书里所写的那样。不过，虽然读了一年马克思，到了大二的时候，我仍然觉得心性和修养问题是关键，于是转到道家，读老庄。那时能读出一些感觉，但还没有能力用到社会问题的思考上，于是转到社会学和心理学、科学哲学和分析哲学，还自学了大学物理、高等数学，还有数理逻辑。

大三的时候，我读了一些佛经，开始修习静坐和中医，一度还想出家。我妈妈信佛，原以为她会很高兴，没想到她却反对我出家，我就没出家。三年的摸索有很多兴奋，也有很多疑惑和苦闷。大学的最后一年开始读熊十力，一下子觉得五雷轰顶，茅塞顿开。这种思想，人们称之为"儒家"。好吧，那我就成了"儒家"，到现在没变过。那是九五年，远没有今天的所谓"儒家热"。我的学士论文做的是熊十力《体用论》，这本书是熊先生晚年身体很不好的时候写的，本诸《易经》，深辨儒佛，力道很大，有兴趣的同学可以去找来看看。

准备考研的时候，我很犹豫：报考中哲还是西哲？按我当时的兴趣当然要考中哲。但是，当我找到"中哲"的论文来看时，很快就发现一个问题：那些貌似运用中哲材料、研究中哲问题的论文，本质上都是西哲，而且还是半通不通的西哲。于是我想，宋儒所谓"沉湎佛老，反求六经"在今天可能也还是必经的曲折，只不过今天是要经历西学的曲折。那段时间很痛苦，每天坐在图书馆外面的路边看蚂蚁，还写了一篇关于蚂蚁的小说。最后我决定考西哲。

北大七年，包括在德国一年，除了读西哲原著，学外语占了不少时间。现代西文古典西文都学。在这个过程中，我一直不间断的在看中国经典，尤其是儒学经典。2003年博士毕业到同济，起初是在外哲，同时也开中哲课，不久就转到了中哲。这些年都在讲《诗经》，想重新开启经学进路的《诗经》解读，但不是为了解经而解经，而是为了思考人类永恒不变的基本问题（"究天人之际"），以及世易时移的时代问题（"通古今之变"）。这两方面的问题从来都是相互关联的。你刚才的提问也是这样，既涉及最根本的存在问题和道的问题,也涉及我们这个时代最迫切的中西文化关系问题。对这些问题的思考不宜抽象进行,要结合古代经典的阅读和个人生命的经验来展开。

哲学思考"存在"的基本问题,但"道"是要亲身走出来的。不只是"个人体验"的行走,而且是"与天为徒""与古为徒"的行走,是与时偕行、尚友古人的行走。走在"道"上,生命是充实而广阔的。读书和写作会成为生活本身的一部分,与身心修养、家国天下打成一片,只是一事。所以,对我来说,无论是关于"存在问题"的基本思考,还是修身体道的切己工夫,都融化进经典解读的具体工作中了。面对你关于"存在"与"道"的提问,我虽然无法给出直接的回答,但我希望能用一篇一篇经典解读的写作给你一些可能会有帮助的暗示。

我近年很有紧迫感。《诗经》讲了五年,还没有写到四分之一。我想尽快完成后转到《尚书》,然后是《礼记》《易经》《春秋》《论语》《孟子》以至于《庄子》和经典书论、画论。我不追求有什么创发,我没这个能力,但也不满足于只把古人的注疏抄一遍。古书不用抄,图书馆里都有,电子版都已经很全了。我要去读一遍,写一遍,活一遍,也就是跟着古人走一遍。我的解读也不追求"独门秘籍"的材料。现代学者热衷于搜罗偏门材料,发掘新材料,因为他们要"填补空白""学术创新"。我只愿反复阅读人类世世代代反复阅读过的那些经典大书,因为我要走的只是人类的常经大道,平淡无奇,大道至简,无所隐尔。找到最基本的几种注疏版本(不

生命的默化：当代社会的古典教育

读注疏又是愚昧读经，在今日"读经热"中流毒甚远），用自己的生命去体贴，涵泳其间，念兹在兹，沉潜往复，切磋琢磨，日久必有所得，必有所述。

用经典来滋养自己，时有所得则记录下来。日积月累，就是解经著述。解经是平实的切己工夫，不必装模作样。古人很多经典解读都是笔记、讲稿或问答的形式。在这些形式的经典解读中，往圣先贤的智慧和时代的问题意识交融在一起，共同朝向人类未来生活的可能性。今天的人类生活，无论中国人还是西方人，都在面临一些根本性的困境。起初人们倾向于把所有问题归诸"传统的残余"，所有进步归诸现代化。但随着"传统的残余"被清理得越来越彻底，现代化越来越深入，有些问题却越来越严重。这时候，有些向来鄙弃传统、妄自尊大的现代人终于开始学会一点自我反思，学会用一种开放的态度翻开古代经典。谦受益，满招损，有些道理永远不会过时。

读书的兴趣起初是多么简单的一件事儿！读着读着，读成了研究生，博士，教授……初心渐渐忘掉，不知道跑哪儿去了，然后就不知道为什么读书，然后到处开会，发文章，评职称，跑课题……无比的琐碎。到头来一辈子，几十年中没有一篇东西是直面经典的！没有一篇东西是照亮自己生命的！没有一篇东西是自己跟着往圣先贤这么活过来的、走过来的！岂不是辜负了当年那个爱读书的少年自己？因为你是本科生，然后又问到这么好的问题，稍微有一点动情，啰啰嗦嗦讲了一些求学经历和感悟，希望对你的问题有点旁敲侧击的帮助。

勇于生命的学问：西政辅仁读书会座谈记录

注疏是帮我们在经典中游泳的水

王子：老师您好，我以前读《庄子》，会把自己想象成一条鱼，游于《庄子》的文本，感到非常快乐。可如今在学术的视野中读《庄子》遇到了瓶颈，感觉自己不再是一条鱼，而是一片云，飘在天上，回不到地面。在读书会上对比读《论语》时，我感觉《庄子》和《论语》之间有一条隐秘的连线，但是我又看不清那条线在哪儿。现在希望自己不要像云一样飘，能扎一个根，定下来，所以就不知道该如何读《庄子》了。

柯小刚：你的问题可能涉及两个方面，一是"为学"和"为道"的关系问题，跟刚才有个同学的提问比较类似；二是所谓"儒道关系"问题中更加具体的表现，即《庄子》和《论语》的关系或庄孔关系问题。时间有限，我主要就前者谈一下，因为大多数同学缺乏必要的背景知识，目前更需要的是关于治学方法和读书生活的一般性建议。后一个问题比较专门，也许可以留待将来有机会的话再来跟大家做深入交流。

我明天将在重庆大学文字斋的讲座也会涉及相关主题：如何处理读书问学和工夫修养之间的关系？我先给一个简单可操作的建议：在经典原文的阅读中，我们一定要结合历代注疏，看古人怎样发挥经典义理。在"经典"和"注疏"之间的张力中，我们可以逐渐体会"下学而上达""极高明而道中庸"的感觉，在高明玄思和笃实问学之间找到一种相得益彰的平衡。历代各家注疏有时难免支离之弊，但好的注疏总能帮我们打开经典的多方意蕴。经典本身的

生命的默化：当代社会的古典教育

意蕴自然超过所有历代注疏的总和，总是逸出任何一家解释之外；但我们自己的阅读能力和理解能力却可能远逊于古代注家。重视学术的目的不是为了学术本身，而是为了更好地体道。

如果说读经典，有时候觉得自己像一条畅快的鱼，在池中游泳，那么古人的注疏就是给池子加注的水。"注"本来就是"注水"的意思，"疏"是疏通水道，都是帮我们游泳的条件。池子里的水越来越多，味道诚然可能越来越淡，但可供畅游的空间也越来越大。经典原文的阅读当然很畅快，但是由于我们自身的局限，能从经典本身得到的很可能只是小小的一汪水。如果我们自身并非圣贤的话，"好读书不求甚解"的自得其乐很可能变成非常有局限性的、小小的快乐，我们有可能变成井底之蛙。而那些历代注疏就像是河伯，可以带我们去看大海。借助河伯的引导，我们看到的大海仍然是经文，只不过这个经文经过注疏的打开之后，它的浩瀚我们才能看到。

当然，现代有很多所谓的"研究"恰恰窄化了经典，而不是打开经典的浩瀚和深度。原因在于现代学术范式和研究方法的形式化和封闭性。现代"研究者"的心灵是高度僵化的，带有太多积重难返的先入之见。所谓的"启蒙"和他们自称的"理性"毋宁说恰恰是愚昧和固陋。经典研读本来可以滋养学者的生命，但这种高度病态的学术生活方式却给现代学者的身心健康带来了深重的残害。而且不但伤害自己，他们还伤害了学生和读者，扼杀了他们阅读经典的乐趣。更可怕的是，他们伤害了经典，降低了人类文明的高度。一千年后，未来的人类回顾这个时代的学术，可能会使用类似"黑暗中世纪的经院哲学"之类的描述。

所以，我相信在学生年代，如果不是做专门研究，没必要看现代人的研究著作，但古人的注疏和义理发挥一定要看。譬如读《庄子》，郭象（或以为是向秀）的注一定要读，包括成玄英的疏，带一些佛教色彩，也很有意思。或者明代方以智的《药地炮庄》以儒释道三家贯通来解《庄》，也是汪洋恣意、博大精深，读起来也是非常开心的啊！古人的注疏和义理发挥，各家都是一片天，非常丰富、开放。这个意义上的笃实博学与"为道日损"一点都不矛盾。它只会扩大我们读经典的快乐。这只是一个小小的建议。你的问题还涉及"儒道关系"的方面，庄子和孔子的关系问题，时间不够展开，或许可以留到将来有机会再谈吧。

生命的默化：当代社会的古典教育

古典学问是生命的修行：
致重庆大学博雅学生的一封信

"读书问学与功夫修养"：在昨晚那场以此为题的讲座中，我既没有展现学问，也没有体现修养。讲座的关键词是哲学生活的快乐和幸福，而你们听到的却是焦虑：辩证教育的艰难、中庸的"不可能"、古今通变的吊诡……我并不是一个好的演讲者，过于急迫的问题意识总是不由自主地伤害"修养"，带来更多张力。现在回沪的飞机上等待起飞，我想通过书信的形式，继续昨晚的话题。希望空间的距离和时间的沉淀可以减轻人类生活的亘古难题给我们的思考带来的窘迫。

我的焦虑由来已久。从初中开始爱上哲学，我就未尝一日释怀于对遥远事物的关怀。所谓"读书问学与功夫修养"的话题，对我来说就是远方关怀与近处生活的关系问题。读书问学是把生活带向远方，功夫修养是把远方带回近处。读书把生活带向哲学，修养把哲学带回生活。哲学的关怀使修养成为一种体道功夫，不至于堕落为玩物丧志的技艺；生活的修养使读书成为一种向道的问学，不至于蜕化为"学院派"的专业。这样的堕落和蜕化实在太容易发生，以至于人们总是就知行孰先、道术孰要、学术与思想何者为重的问题争执不休。

而在这几天的古典学年会上，有一个人却以他的在场无言地教

古典学问是生命的修行：致重庆大学博雅学生的一封信

导着所有学者和同学，什么叫做"知行合一"的生命学问。这个人就是张志扬老师。在一百多人的会场上，他是年龄最长的学者，但也是神气最聚而怀抱最散的学者。他坐在那里，不用说什么，就在诠释着什么叫古典德性。这样的践形工夫，如果不是几十年如一日的集义养气、知白守黑，是不可能做到的。相比之下，我们这些年轻学者要么精神紧张，要么神气懈怠。书是读了点，工夫却差得远。

在一次分会场的茶歇间隙，张老师对我和张轩辞说："这样做古典学跟他们批评的学生打电子游戏有什么区别呢？学院游戏，玩进去，出不来。这样下去，中国跟着现代性屁股后头跑恐怕还要170年，无论中国还是西方古典，都还看不到希望……"张老师满怀忧虑和叹息的语气，和他眼中闪动的光芒，久久令人难忘。我这次讲座的焦虑，直接来自张老师这番话的感染。在讲座中，我能把他的焦虑传递给你们，却未能折射他眼中的光芒。

无论中西，古典学问本来都是生命的学问。如果没有智慧看破现代学科体系的迷障，没有勇气蔑视现代学科资源分配的权力，没有准备好在赤贫中坚守为己之学，立定脚跟，坐稳屁股，青灯黄卷，皓首穷经，用生命点燃经典，用身心践形古学，那么，确实，别说170年，就是1700年，也是毫无希望的。

前天晚上，我去西南政法大学的《论语》读书会与同学们交流。这个读书会在靳松和董卫国等老师的带领下埋头读书，默默用功。没有建制，没有学分，更没有古典的院落和书房，来自各专业的同学却维建了一个实实在在的心灵书院。你们的唐杰老师陪我一起去的。他跟我一样明显感觉到西政读书会同学的朴实和真诚。越是简陋的条件越能做生命的学问，潜心问学，切己修身，这是无数先贤行状昭示给我们的道理。在这样的自发读书会那里，我看到同学们眼中闪动的光芒，感觉非常熟悉。

在那一刻，我仿佛回到十二年前刚到上海的时候，就在唐杰的复旦北区研究生宿舍，我们也组建了一个《论语》读书会。我那时刚写完研究海德格尔和黑格尔的博士论文，却带领一批西哲研究生读起了《论语》。从那时开始，道里书院、同济复兴古典书院，一路走来，越来越多的素心读书人成为我们的朋友。这些年来，越来越多的西学朋友转向了中学，现代学者转向了古典。在这个据说是自由多元、流行跨界的时代，学科的转换本来平淡无奇，但生命的自省和转化却是刻不容缓的大事。

这些年来，我被贴上了很多标签："儒家""保守主义""业余书画家"乃至"江湖郎中"。如果不是因为北大和现象学的背景，我恐怕早已被学术界扫地出门。当然，虽然仍然忝列其中，恐怕早已为学院学者所不齿。在他们心目中，我不过是一个"民哲"。在我博士毕业的时候，有一位著名哲学家曾判定我"不适合从事哲学研究工作"，导致我找不到工作。如果不是孙周兴老师和同济大学收留，我可能还在面试，努力向人证明我能读懂他们认为是哲学的那些书。

但我永远无法掩盖我的"民哲"本色，也从来没有试图掩盖过。我不敢以"民哲"自命，但肯定不是"官哲"。从学生年代，一直

古典学问是生命的修行：致重庆大学博雅学生的一封信

到今天，我持续不断地收到各种"民哲"寄给我的伟大构想、人生感悟、宇宙体系、治国方略。毫无疑问，这是些缺乏基本学术训练的胡思乱想，没有什么价值。然而，面对他们义无反顾地投入思想的勇气和热忱，那些每天忙着凑字数、拼成果、跑课题、申职称的专家教授们没有惭愧吗？

博雅的同学们还小，但恕我直言，据我了解，你们中的一些同学已经染上了傲娇的习气。名校名师、二次录取、国际交流、保研直博，还有古奥的语言、崇高的经典、优雅的艺术，这些足以败坏一个质朴青年向往读书、追求智慧的初心。无论在未来的学术竞争中，还是在社会资源争夺中，你们将拥有无与伦比的优势。然而，正因此，你们也可能带有更加难以疗救乃至首先是难以发觉的缺点。如果不懂古典学问的本质是生命的修行，勇于自省，敢于放弃，那么，古典对你们的败坏，和你们对古典的败坏，将是你们的人生和古典学术的双重灾难。

长夜漫漫，心路启程。延误多时的飞机终于等到了起飞的指令，滑上了跑道。让我们重新开始，明年再会！

2015 年 12 月 1 日

生命的默化：当代社会的古典教育

在无地中游刃：甘阳与古典教育

古典教育从来就是艰难的，因为古典教育的目的是教人学会自由，而这几乎是不可能完成的任务。古典教育在现代遭遇加倍的困难，首先是因为自由的涵义已经晦蔽不明。自由被认为是"不受妨碍""保护奶酪"，不再被理解为一种需要学习的能力，或者需要养成的生活方式。自由变成了一种只需去争取、然后通过法律来固定和保障的权利。

于是，刷微博显然比读经典有着更加崇高的自由属性。如今大多数聪明的头脑都在微博上"争取自由"，身心生活则完全交给电子游戏、娱乐节目和微信鸡汤。教育则完全堕落为职业培训，终极目标不过是职场的成功。人变成了"光荣的劳动者"，遭受普遍奴役而感觉无比自由。鲁迅当年的话，"要么是做稳奴隶的人，要么是想做奴隶而不得的人"，用在他为之欢呼的现代社会似乎比他蔑视的古代社会更加恰当。

热爱人类的人民教师被控诉并施以刑罚，这是屡见不鲜的人类情绪。反思和改变自己是痛苦的。有时候，年轻人对教师和长者的关怀报以仇恨、诬蔑，乃至欲置之死地而后快，这甚至可能是一种变态的爱的表现。没有人不爱自己，没有人不关心自己的成长。然而，认识自己是痛苦的，成长是艰难的，爱自己是需要能力的。首要的能力是"知识"：知道什么是好，什么是不好，什么是要去亲近和

在无地中游刃：甘阳与古典教育

学习的，什么是要远离乃至摈弃的。然而，教育和学习的悖论在于，如果知道这一切，教育和学习就不再必要；而如果不知道，教育和学习则不可能。

然而，无论教育如何艰难，每个时代都有他们的教师。抛开各种各样的意识形态分歧和鸡毛狗血的八卦，我们这个时代的教师当然是甘阳和刘小枫，无论你喜欢或者不喜欢他们。我承认我在学生年代并不喜欢他们，虽然身边的同学几乎都是他们的粉丝。我曾毫不掩饰地公开批评作为自由主义者或新左派的甘阳，以及作为文化基督徒的刘小枫。但是，2002年前后，当他们开始转向古典，提倡博雅教育和德性教化，我改变了对他们的态度，开始积极参与古典事业，虽然至今并不完全赞同他们的所有主张。

在现代社会做一个"保守派"或古典生活方式的践行者是艰难的。首先，你必须准备承受极端的孤独。滔滔者天下皆是的非左即右、非杨即墨，没有一方会成为你真正的朋友。而且更可怕的是，他们是现代社会的"双头霸王"。古典思想在现代社会还能苟延残喘，很大程度上只是因为这个霸王的两个脑袋并不和睦。目前自由派愤愤不平，只不过因为他们势力太强，左派选择了与保守派结盟。而这个联盟必然是脆弱的。左派实际上是更加彻底的自由派，当他们疯狂摧毁传统文化的时候，自由派望尘莫及。当然，自由派与生俱来的庸俗对于古典的"非暴力败坏"又是左派无法梦见的绝活。按中医思想，左派阳亢，右派阴湿，莫非病态而又不可偏废。治病之法不在去左或切右，而在燮理阴阳，使生和气。这个可能性只能

生命的默化：当代社会的古典教育

寄希望于中庸之道的儒家。

当甘阳提出"通三统"主张的时候，中国"施派"开始成长为儒家。"儒家"自古分大小。作为"三统"之一的"儒家传统"是其小端，"通三统"是其大端。大儒以天下为己任，不必有儒者之名。今日世界，全人类面临同样的问题：古今冲突、左右撕裂。如何"通古今之变"，以古典为中介结合左右两派主张，形成良性张力关系，不只是现代中国的迫切要求，也是世界各国的共同需要。

在这个冲突日益加剧的时代，《易经》和《春秋》的古老智慧很可能是疗救人类现代疾病的良药。这么说丝毫没有"民族主义"的意思，因为经过千百年的中西文化交流，《诗》《书》《礼》《易》《春秋》早已成为人类共同的精神财富。去年暑假，我参加法兰克福大学社会研究所的工作坊，讨论"通三统"对于现代中国和现代世界的意义，发现这种思想具有极强的当代意义。[1]

但在目前，"通三统"还只是一种方向性的设想，缺乏具体支持。在制度层面有可能落实之前，更重要的准备工作在"人"和"文"，也就是经典研究和古典教育。只有从这个任务出发，才能理解刘小枫的《经典解释》丛书和甘阳的博雅学院教育事业的意义。也只有从这场事业的历史意义出发，才能理解刘小枫和他的朋友及学生们为什么能在没有一分钱国家课题资助的情况下翻译和写作那么多经典解释书籍，以及甘阳为什么如此忘我地投入巨大的时间和精力每

---

[1] 此发言提纲亦收入本书。

天与青年教师和学生们在一起，事无巨细，关心每一个年轻人的成长。

2011年的一个学期，我曾在中山大学博雅学院做驻院学者，开书法课（这是博雅的必修课，同时开放给全校选修），目睹甘阳对青年教师和学生的关爱，深为感动。这种态度极大影响了我后来在同济做古典书院的方式。但结果怎样呢？毫无悬念，正如反复发生过的历史一样，自由教育必然是失败的，无论你付出多少努力。这无关乎做事的方式，甚至无关乎时代，而只关乎成长的根本困境和教育的古老难题。而在无地中游刃，这不正是自由生命的本质吗？

古典教育不再可能

古典在现代社会的任务仍然是孔子说过的"有教无类"。这个任务在今天的具体表现是：帮助自由主义和左派。所谓帮助，意味着既不反对也不拥护其中的任何一方，而是帮双方一起提高。左派和自由派是现代社会思想中的两个寡头，以他们的相互反对来掩盖他们勾结在一起统治现代思想的本质。然而，十多年过去了，工作并无成效。现代意见的不可一世、缺乏自我反思能力，远甚古代君主。左右派的互相攻击不亦乐乎，以至于完全顾不上反思学习。在这种情况下，古典教育也许已经不再可能。

出于这样的考虑，我开始尝试迂回的教学方法。最初的尝试便是在2011年的中山大学博雅学院。那一年的秋冬学期，我在博雅学院做驻院学者。我第一次尝试教书法，而不是现象学或儒学经典。同时，还协助听松坊一起在博雅开设中西方古典医学思想比较的课

生命的默化：当代社会的古典教育

程。期间，恰逢博雅学院主办一次"四书教学会议"，我提交了一篇论文《身心兼摄的教法：四书与中医的相互发明》[1]，也是探索这种教法的可能性。但我当时完全估计不到，左派和自由主义意识形态对现代头脑的联合禁锢是如此之深，以至于任何方法可能都已无效。

古典是生命的学问，是工夫修养，是必须通过每个具体生命去体认的真知。有鉴于此，我能理解为什么在我的书法课刚刚批评过所谓"当代书法"，甘阳老师就请来一位日本当代书家来给学生讲当代艺术形式的意义。在博雅的课表上，我们惊讶地发现，不但有《荷马史诗》、莎士比亚，也有科幻电影、美国宪法。选择自由是自由选择的条件。不过，这既有可能是正面的条件，也有可能是负面的条件。没有什么东西能保证一种条件只发挥正面作用，不发生负面作用。而在现代社会环境下，几乎可以肯定的是，绝大多数情况下发生的恰恰是负面效果，而不是正面作用。

因此，古典教育在现代社会几乎已经成为不可能的事情。去年底我在重庆大学写给博雅学院学生的信，和一封写给同济复兴古典书院学员的信，都是在讲近年来对这一问题的思考。[2] 在不合时宜的时代尝试不可能的事情，即使采用善巧方便也可能无济于事，但有人坚持不懈，这便是今日古典教育的处境。《诗》云："就其深矣，方之舟之。就其浅矣，泳之游之。何有何亡，黾勉求之。凡民有丧，匍匐救之。"愿与有心人共勉！

---

[1] 见收拙著《古典文教的现代新命》，上海人民出版社，2012年。
[2] 都已收入本书。

通经穷理，经世致用：序言与讲稿

　　收在这里的两篇文稿，一篇是在"通经穷理：儒学与古典学第三届年会"上的开幕致辞，一篇是为"经典书写丛书·通经致用子系"写的序言。前后相隔十年，以主题可以相互发明，编到一起。十年前，我主编的"经典书写丛书"有"书写子系"和"翻译子系"，出过十几种。"通经致用子系"并未出书，所以，这篇序言也未曾发表。收编于此，希望可以另外一种形式延续十年前的未竟之思。

经典书写丛书通经致用子系前言

　　"经"的本义，原来不过是丝线和布匹的条理，引申得出今人熟知的"常道""义理"和"准则"等意思。这些引申的意思犹如织好的布匹，凝结了曾经的编织活动。然而，正如丝布源于编织，"经"是经典，更是书写：不但是手在纸上的书写，更是双脚在大地上的书写，人民的历史的书写。《易·屯》象曰："云雷，屯。君子以经纶。"云雷屯盈，刚柔始交，天地间万物游丝，形同乱麻。当此之时也，必待君子经纶天下，理其法而制其序，然后方有建国之利。如今，文明秩序已经建立，犹如锦绣已经织就，华文已经著册；然而，那曾经的经纶行动，那曾经伟大的编织和书写，如何通过代代相续的政治实践而得到传承和发展，才是这套新生的华夏服冕如何在将来日新其命的关键。"经典与书写·通

生命的默化：当代社会的古典教育

经致用子系"的使命，便是要去理解和行走那场历史云雷的经纶之道，疏通它的否隔，向上通达这条道路的古典源头，向下条畅这条道路的现实路况和未来开展。

易理的经纶并不是玄学，而是深深根植于行事层面的深切著明。如《尚书》成王《周官》："立太师太傅太保，兹惟三公。论道经邦，燮理阴阳。"在这里，易道的经纶燮理，直接就是设官分职上的纶道经邦。经从糸从巠。糸丝也，巠水道也。经纶水道可能是华夏政治经验的最初源头。《禹贡》每言某水既从、某陆既作、某泽既豬、某原底平之类，实与《周礼》天地四时官开篇每谓"体国经野"一脉相承。此道汤汤，不绝若线，一直贯注到今天的政治实践。

"通古今之变"的"通"，保证了"通经致用"中的"经"和"用"并不是两件事，而是一以贯之的一件事：经既是经典，也是大道经行。"经"本就行成于"用"，"用"则是"经"的发用和权变。就其本源而言，"经"原本就是"用"的结果，二者深深地联结在大道之行的践履中。只有当"经（行）"固化为"典（册）"，获得"经典"的权威之后，人们才容易在一个过度文贲的时代陷入文本的崇拜，而遗忘了典册下面曾经的经行，那些支撑经典的大地经验。

然而，处今之世而行通经致用之道，首先还须辨明，古人所谓"用"，大不同于今人所谓"用"。古人所谓"用"是立功立德，是完善个人并造福家国天下，而且这种造福绝不仅仅是物质上的富强，而且尤其包括意义空间上的养护和化育。而在今天，"用"在很大程度上已经被压缩为物质的生产和征服。侧身蛮力竞争的世界丛林，华夏经典的力量自然隐而不显，远不及高新技术来得"有用"。在竞争压力之下，劳动分工成为增加产出的不二法门，甚至"经典研究"本身也成了学术劳动分工的一个门类，其目标是为物质生产的"人力资源"培育提供一种可有可无的补充。

于是，经典成了过去时代的陈迹，至多是凝聚集体认同的象征符号，对于这个日新月异的新时代来说，似乎不再带来实质的"用处"。于是，随着现代化的加深，原本一体的"经""用"逐渐走向了殊途两分。其结果既是先王经典的束之高阁，也是王道大用的湮没无闻。经者常也：经之为经，就在于它是贯通不同时代的常经大道，通达于古往来今的经世致用。离开了经世致用的大用，专业化的经典研究就蜕变成了现代学术工业生产的小用，变成为了文本崇拜和文本批判，违背了经典作为常经大道的本义。于是，脱离了经典的整全视野，时代之用也日益偏狭，进步的亢奋和无根的虚无交替支配着时代的精神。

是到了重提"通经致用"这一古老训诫的时候了！但这并不是复古，而是回到"经""用"之间的常道，通以致之的大道。在这个惶惑的时代，一部分人要先行动起来，通过经典的学习和致用的书写，恢复整全的视野，生发新的写作方式和实践方式，即便这样一种通经致用的尝试与既有的知识生产体制存在着潜在的紧张。

"通经致用"子系为这些有心人而设：我们将鼓励经典的研究者在历史和实践的视野中解读经典，阐发微言大义；鼓励将经典的视野和方法应用于历史的沉思和时代的剖析；鼓励法学、政治学、经济学、社会学、人类学等学科的研究者将具体的学科研究转化为经典视野中的探讨；更欢迎从事非学术工作的社会实践人士将自己的经世心得诉诸文字，与众分享。我们相信，只有在经世致用的视野里，经典才能真正得到深刻的理解；同时，只有在经典的烛照下，经世致用者零散的体悟才能找到语言，得到深化和系统化，从而使得他们的经世实践能够进入一个有机的意义空间，获得"功"和"德"的意义。

先贤俞樾有言："士不通经，不足致用。"又说："通经而不足致用，何贵通经？"诚哉斯言！愿以此与有心人共勉。

分科时代的通经穷理：
在同济人文建院七十周年之际的思考

非常感谢各位老师和朋友来参加"同济大学人文学院七十周年院庆系列活动"之"通经穷理：儒学与古典学第三届年会"！

有的朋友可能会奇怪，同济人文学院不是建立不久吗？怎么忽然就七十年了呢？确实，今天的同济人文学院是在十年前，在孙周兴院长的带领和全体同事的努力下重新建立的。但早在1946年，同济人文学院就已经建立，而且是由熊伟、冯至、陈康、冯契等一批现代早期最优秀的学者共同建立的。50年代院系调整，同济人文学院被拆分并入复旦、华东师大等高校。2003年，孙周兴教授主持创建同济大学德国思想文化研究所，随即在此基础上于2004年恢复哲学系，2006年恢复人文学院。

同济人文复院后发展迅速，先后建立了欧洲思想文化研究院、中国思想文化研究院、当代哲学与未来文明研究所等三个主要研究院所，建立了哲学一级学科博士点，含外国哲学、中国哲学、古典学、宗教学、政治哲学、科技哲学、伦理学、哲学心理学、美学、文化哲学等10个博士点。值此建院七十周年、复院十周年之际，抚今追昔，令人感慨。作为七十周年院庆活动之一的"通经穷理：儒学与古典学第三届年会"在这个时候召开，尤其引人深思。七十年、十年、当下：这三个时间节点似乎正好代表了现代学术范式建立、反思和重新出发的三个关键时刻。

昨天晚上，我看会议文集到深夜一点钟，感觉各位朋友有一个比较集中的问题意识，就是在现代学术分科制度严重割裂古典学问之后，是否有可能重新找回整合的可能性？七八十年前，在20世纪的三四十年代，从西方留学回来的早期现代学人纷纷回国，致力于建立文史哲及各门社会科学分科严密的现代学术体系。同济也不例外：譬如冯至回国来同济自然是参与"文学"专业的建设，熊伟回国来同济自然是参与"哲学"专业的建设。

然而，吊诡的是，中国现代学科分化体系恰恰是在西方学界开始反思和批判这一体系的时候建立的。这种反思批判在中国的反响一直要等到半个世纪后才能听到。而在中国的反响中，问题背景又更加复杂了一层：这时候的问题不但涉及古典整全视野与现代分科学术的关系，又纠缠进了中国古今学问与西方古今学术的关系问题，乃至日语转译在其中发生的种种桥梁和误导作用等等。

生命的默化：当代社会的古典教育

大约十年前关于"中国哲学合法性"的讨论就是在这些日趋复杂的问题背景中体现出来的中国现代学科分化体系的自觉反思意识。与此同时，同样是在最近十多年间，学术界出现了国学学科重建、经学复兴和西方古典学的大规模引入，民间也形成了读经热、国学热（虽然问题很多，难免泥沙俱下）。现代学科分化的反思和古典整全学问的重建，一破一立，似乎都在指向一种新的可能性，返本开新的可能性。这种可能性构成了我们这次"通经穷理：儒学与古典学年会"在此召开的时代背景。

"通经"与"穷理"在中国古典视野中本来是相辅相成的两个方面，并没有本质的冲突。子曰："学而不思则罔，思而不学则殆。""通经"并非记诵之学、章句之学，而是为了发明经义、穷理尽性的经典解释；"穷理"也不是师心自用、凭空玄想，而是尚友古人、涵泳经典的修身明道之学。非"通经"无以"穷理"，非"穷理"无以"通经"。"通经""穷理"共属一种修身志道的生活方式，紧密联系，不可分离。

然而，在现代学术分科体系的建立过程中，"通经"被"文献学""历史学""语文学"等刀片分割为毫无生命的材料，"穷理"被"哲学""思想史"等刀片分割为概念及其历史，各自分门别类地堆放进现代大学的不同系科，成为精神空虚的现代学者用以制造论文、争夺资源的工具。"学术"的虚假繁荣成为现代生活日益堕落的掩饰，但无法成为它的药物。

于是，在"以人为本"的时代，人类的学术既不关心人，也不深思"本"。但一再被灌输"黑暗古代"和"光明现代"图景的人类不再相信谎言。"人"开始要觉醒，反思自己的"本"。当代中国儒学与古典学的兴起也许是一种现代性的反动，但绝不是黑暗陈腐的保守、复古，而是朝向未来的觉醒，朝向人类生存之本的生命复苏。《易》云："复，其见天地之心乎？"学术要重新成为整全生命的学问，拒绝被庞大而细碎的现代学术机器宰割。

不可否认，由于长期遭受污蔑和打压，古典在复兴时难免矫枉过正，出现一些激进保守的过激反应；由于"宋明理学"曾长期被削足适履，强行纳入"哲学"的小鞋，今日"经学"复兴时也难免出现个别激进反应，为了急于脱掉不合脚的鞋子而不惜自断双脚（抛弃理学）。但在这次会议文集中，我看到的更多是从容博大、宽裕温柔。就像这两天上海的天气，天朗气清，步履春风。

在这次会议的论文集中，我看到很多朋友都做出了"通经穷理"的可贵努力。汉学宋学，经学理学，中学西学，古学今学，无不可以随山刊木、疏浚流通、和而不同。通过激发不同学术话语之间的批判性对话而来增强它们之间的深层沟通、创造性互释，形成不同学术传统之间的健康张力，互相启发，各开生面：这是古人所谓"会讲"的用意，也是同济儒学与古典学年会一直以来致力于营建的会场氛围。衷心希望这次会议能在这样的氛围中激发新思想，激活旧学问，取得丰富成果！再次感谢各位老师和朋友的参与！感谢我的同事谷继明博士的组织工作和会务组同学的辛勤劳动！谢谢！

生命的默化：当代社会的古典教育

现代社会中的古典教育：腾冲一中讲稿[1]

七十年前的今天，腾冲城里正在发生惨烈的战斗。还需要两天，中国远征军才能结束那场已经持续数月的艰苦卓绝的战役，肃清这座边陲古城的最后一名侵略者。今天，枪声早已停歇，古城一片欣欣向荣。然而，这个已经赢得了自由独立的国家如何重新找回曾经的文明辉煌和文化自信？却才刚刚开始探索的征程。无数英烈用鲜血和生命捍卫的国土，是否可以成为美好幸福的文化乐土、精神家园？成为已经富起来的中国人今日最严峻的时代任务。

这件任务早在一百多年前遭遇"三千年未有之大变局"时就已经摆在国人的面前。然而，由于列强环伺，国家危难，社会、政治、经济危机目不暇接，文化与教育只能服务于眼前的需要，降低为宣传和动员。有时不惜"挥刀自宫"、自毁长城，出于一时的需要而削弱长远的基础。今天，政治已经独立，经济已经富足，而文化上的自戕带来的自卑和自我矮化却影响深远、积重难返。

不过，改变已经开始！现在上上下下，各行各业，无论左派右派，都已经或多或少认识到了文明重建、文化复兴的意义。最近十年来，上层表现出越来越明确的态度和越来越坚定的决心，意欲逐步加强传统文化教育的力度；民间自发的"读经热""国学热"更

---
[1] 这是2014年9月参加兴业全球基金组织的支教活动时，在云南腾冲一中的演讲稿。

是方兴未艾、发展极快。

然而，令人遗憾的是，也非常反讽的现象却是：作为文化教育主要园地的体制内教育和学校部门，却远远落在上层意愿和民间国学教育之后，迟迟不能跟进。这一方面体现了正规教育体系的审慎，是其优点，另一方面也与教育体制的僵化以及教育从业者的认识不足乃至怀疑抵制情绪有关。

当然，也有一部分教育从业者和教师已经转变了思想观念，认识到了传统文化教育的重要性，甚至已经通过各种形式投入传统文化教育的洪流中去了。他们或利用体制资源，正面推进传统文化教育，或通过见缝插针的形式把传统文化教育的内容尽量加入普通教学。还有一些老师在寻求体制内外的结合，探索更多形式和可能。他们是传统文化教育改革的先行者，是未来的希望。

不过，同样遗憾的是，由于传统文化教育的长期断层和国学师资培训资源的缺乏，很多有志于复兴传统文化教育的老师不知道如何提高自己的国学素养。他们病急乱投医，对一些流行的国学"知识"和传统文化教育方法缺乏鉴别，沾染了不少习气，非常可惜。

所以，我下面想讲两个问题，一是为什么要加强传统文化教育？二是如何开展传统文化教育？第一个问题主要是针对那些对传统文化教育尚存疑虑的老师和同学们，希望他们理解传统文化教育的意义；第二个问题是针对那些已经投身于传统文化教育事业中、想要提高国学素养而又不得其门而入的老师和同学们，希望能给他们提供一些帮助，帮他们分析一下目前流行的"国学"有些什么问题，以及如何矫正这些问题。当然，我个人的学养非常有限，没有资格对各位投身于基础教育的老师们指手画脚。我的建议和分析只是基于个人观察之上的思考，仅供大家批判参考。

为什么要在现代社会加强传统文化教育：
"大变局"百年后的反思

为什么要加强传统文化教育？这首先是因为：中国不只是一个普通的民族国家（nation-state），而是一个历史久远的文明体。作为文明国家的先祖，华夏先贤为人类生活方式提出过整全的意义体系和几种最基本的可能性之一。如果没有这些文明体系和基于文明体系之上的生活方式、生活样态和生活意义，人类就还不是人类。这样的文明体系只有不多的几个。中华文明是其中影响范围最大、人数最多、历史最久远、历史连续性最强的几个文明体之一。

不过，近代以来，由于全球化政治经济的压力，中国为了自保，已被迫降低为一个貌似普通的民族国家，不再是人类生活方式和生活意义的提供者和制定者。至少在表面上，中国已经被迫放弃了中国之为中国、华夏之为华夏的文明体系、意义基础和生活方式，以及看起来似乎已经接受了西化的（无论西方哪家哪派的）文明体系、意义基础和生活方式。在新的文明体系和意义基础上建立"新中国"和"新文化"，重塑国家、社会和个人生活，这似乎是百年来在中国发生的事情。

但文明并不只是一套哲学观念和意识形态教条，而是处处连带着历史文化传统、风俗伦理习惯、实际生活经验的"伦理实体"。在世界各国的现代化历史中，我们看到很多小国容易转型，而对于庞大而古老的文明国家来说，除了自我更新、再造文明之外，没有捷径可走。

外来的"刺激－反应"和"他山之石"的借鉴只有助缘的意义，本体的再生仍然需要自我更新。而"自我"在很大程度上是"历史"形成的，所以，自我更新在很大意义上正是"复古更化"。只不过这个"复古"并不是"泥古""固守"，而是"请复其本"、复其所亦然，激发文明的初始活力之源，创造出自发自主的新事物。这新事物是新的，但仍然是我们自己，是我们自己的自我更新。这个过程是痛苦的，也会是漫长的。但是，对于文明国家来说，除了这条道路，没有捷径可走。《诗经》所谓"周虽旧邦，其命维新"，就是中国的天命。

西方同样如此。面对西方文明的现代危机，海德格尔的思考一直是在荷尔德林这句诗的引导之下的："你如何开端，就将如何保持。"最近，基辛格的新书《世界新秩序》感到西方文明引领的现代世界秩序和美国的世界领袖地位已经岌岌可危。他告诫说："历史不会眷顾那些为寻找捷径而放弃自我身份的国家。"这句话对于近现代和今天的中国尤其有警醒意义。中国曾经为了解决迫在眉睫的现实危机而不得不采取了"杀鸡取卵"的方法，但是今天，我们既然已经解决了急迫的问题，就应该开始思考长远的问题。孔子说："人无远虑，必有近忧"，可为这个时代的箴言。

生命的默化：当代社会的古典教育

就教育而言，近现代教育变革的根本原因在于大规模工商业发展对于普通劳动力的需求大大扩展。随着现代化工商业社会的发展，教育面临越来越大的劳动力培训和输出压力。无论在西方还是中国古代社会，教育的主要目的原本都是培养君子，主要内容都是经典研读、德性养成和艺术熏陶（古典艺术包含科学）。古典教育的受众一直是不大的（由于科举制的推动，中国可能是古代世界教育普及程度最大的国家），大多数人并不需要接受多少教育即可胜任农牧业、手工业和传统商业的工作。但现代技术的发展和大规模工商业社会的扩张，却需要大批受过基础教育和职业培训的职员。这就迫使古典德性教育逐步萎缩，让位给全民普及型的基础教育和职业技术培训。即使"研究型大学"存在的前提也并不是古典意义上的"学术研究"和"精神兴趣"仍然在现代学院占有一席之地，而是因为现代企业和国家竞争的基础在于技术进步和产品研发。

因此，教育的古今之变是全球性事件，是"现代性"对古典教育的冲击，而不只是"西方教育"对"中国传统教育"的改变。所以，今天思考传统文化教育问题，既要认识到文明重建的深远意义，也要兼顾现代工商业社会的职业培训需要，同时，尤其要认识到教育古今之变的大背景，不必堕入"国学情怀党"，也不要落入"民族主义"的误区。

目前的世界格局是跨国大企业和国家间交错竞争的格局。在这样的格局中，每个国家都特别需要培养一大批既具备全球视野又热爱本国历史文化的政商精英人才，也非常需要大量既有专业技能又能负责任地发挥专业技能的普通职员。无论政商精英的全球视野还是普通职员的专业技能，都是现代教育体系所能提供的；然而，精英的本国历史文化认同和职员的职业伦理却在很大程度上仍然有赖于传统德性教育的培养。

因此，古典文化、传统道德和德性教育在现代社会貌似不再有用，而且似乎已经衰落到没有，但实际上却一直是未曾或缺的基础，默默地支撑着现代政治、经济和社会生活的巨大建筑。一旦我们认识到传统文化实际上是现代生活的隐秘守护神，我们就应该意识到，当现代文明面临危机的时候（目前中西文明都面临危机），在世界秩序濒临失衡的格局中，重读古典、复古更化、返古开新很可能是解决问题的关键所在。在困境中回到起点，然后重新找到方向，焕然一新地出发：这既是个人生活中经常发生的事情，也是人类文明史上屡见不鲜的历史经验。如今，"为往圣继绝学、为万世开太平"：这不仅是中华文明的使命，也是现代人类面临的普遍任务。

上面从人类文明的古今之变和现代世界格局的角度分析了传统文化教育对于现代社会的基础重要性。但是，很多朋友还是会困惑：既然传统文化对于现代社会生活来说并不是障碍，而是实际上构成了现代社会的不自觉的基础，那么，为什么无论在西方还是中国的现代化转型中，普遍发生了对于古典文化的批判和否弃？面对这个问题，我们首先要问自己是否真正懂得什么是古典文明和传统文化？对于古典文明和传统文化的深层源泉和变形能力，我们是否总是能体认和辨识？

生命的默化：当代社会的古典教育

实际上，现代化转型之所以能发生，其深层基础正在于古典文明已经为大规模社会生产准备好了伦理资源。为什么越是拥有更多的传统文化需要被破除的地方，越是能建成更发达的现代文明？越是缺乏历史积淀的文化荒漠，越难实现技术进步和现代化转型？如果说传统文化只是现代化障碍的话，这些现象就无法得到解释。

所以，当我们疑虑传统文化教育在现代社会是否必要、乃至是否正确的时候，我们有必要反思一下，我们头脑中那个"传统文化"的观念和图景是从哪里来的？它们是不是在现代化过程中为了"扫清现代化的障碍"而刻意建构出来的矮化图景、抹黑形象？而在今天，当我们已经"扫清了障碍"、实现了现代化转型之后，我们回过头来却发现，原来传统文化实际上构成了现代社会不自觉的深层基础。在这个时候，我们是不是应该认识到，我们原先被灌输的"传统文化"图景实际上只不过是短期历史需要的产物，而从长远来看，什么是真正的传统文化，我们很可能还完全没有触及到。现代化转型或者不转型，传统文化一直在那里。

所以，现在所谓"文化复兴"的任务，并不是去接续一个已经断绝百年的传统，而是去自觉认识和发扬一个已经变得不自觉但从未缺席的文明传统。已经断绝和离弃的东西是不可能找回来的，就像已经死亡和腐朽的身体不可能再生。"周虽旧邦，其命维新"：天命从来就没有断绝过。所以，"子畏于匡，曰：文王既没，文不在兹乎？天之将丧斯文也，后死者不得与于斯文也；天之未丧斯文也，匡人其如予何？"

传统文化教育怎么办：
"国学热"十年来的经验教训

从 2004 年前后兴起"国学热""读经热"至今，民间传统文化传播和教育已经积累了十年的经验教训。两个主要的事件可以作为考察的样本：一是央视"百家讲坛"推动的"国学热"影响很大，但也争议不断；一是各地兴起的"少儿读经学校"发展迅猛（最近达到了大约 3000 所），但同样也是毁誉参半。

很多中小学教师、家长和基础教育工作者都是通过这两个渠道接触到"国学"，从而逐渐认同传统文化，并开始通过通俗讲座和畅销书来学习"国学经典"的。其中，有一部分家长最终决定让自己的孩子脱离体制内教育，把孩子送入"读经学校"。同时，受"国学热"影响的一些教师也在尝试各种形式的"国学教育"：或在体制外建立读经班，或在体制内教学中增加经典诵读的内容。这些家长和老师开始形成一个有特色的群体，非常热心"国学教育"，乃至不乏狂热色彩。然而，他们本身对于经典学术的了解还只是一知半解、道听途说，对传统教养的修为还只是略涉皮毛却不乏偏信盲从。他们对所谓"国学"的了解还仅仅停留在电视讲座、通俗畅销书和"微信鸡汤党"的水平上，但他们中的一部分人却已经开始成为"国学导师"乃至"大师"。

最近以《南方周末》一篇题为"这更像是一个耗尽耐心的故事：十字路口的读经村"报道为代表，十年"读经运动"和"国学热"的问题逐渐暴露出来。目前围绕读经运动的争论并不健康，夹杂太多或左或右意识形态的偏见。有些分析和报道并不客观，是戴有色眼镜看问题，意在扼杀刚刚兴起的文化复兴萌芽。另一方面，捍卫读经运动的声音也不够理性，有些甚至带有宗教狂热色彩，非常不利于传统文化教育的健康发展。目前最需要的是带有同情理解态度的冷静观察、理性分析，总结十年读经运动和民间国学热的得失，形成良性的互相监督批评，争取扬长避短，吸取教训，改正错误，引导民间国学教育走上正轨，乃至能对体制内的国学教育带来有益的经验借鉴，实现体制内外传统文化教育的良性互动。

民间国学教育首先值得肯定的一点是对礼仪教育的重视。当然，流于形式、作秀式的礼仪教育目前很流行，这是礼仪教育的误区。所谓"立于礼"：礼的本质含义是学会像人一样生活，建立人的生活方式。对于儿童和青少年来说，日常家务、生活自理、洒扫应对、修身成人才是礼仪教育的主要内容。就我个人接触到的孩子而言，传统私塾教出来的学生在这些方面还是有突出优势的。相比之下，体制内中小学的礼仪教育和修身教育要差很多，家长不够重视，学校也不够重视，一心只忙着应试、升学，不关心孩子的感情能力、为人处事能力、生活自理能力和身心人格的全面发展。这些都跟"礼教"的缺失有关系。其实，不但民间国学教育在这方面做得更好，西方国家的基础教育在这方面也做得更好。片面强调智力发展和应试教育，忽视"修身成人"的"礼教"或"生活教育"，可能是促使大多数读经家长决心让自己的孩子脱离体制教育，转向读经教育的主要原因之一。在这方面，体制内的中小学教育可以借鉴民间国

现代社会中的古典教育：腾冲一中讲稿

学教育经验的地方很多。当然，民间国学教育在这方面也有问题，譬如过分抬高《弟子规》的意义（有的民间国学机构宣称《弟子规》比全部"五经四书"加起来还重要），或者用一种过分宗教化的形式来推广"孝道"（过分的感情渲染和超出常理的牺牲精神等）、对学生进行过于严厉的管教乃至体罚、恢复一些失去现实意义的繁文缛节等等，都是需要批评和改正的极端倾向。

读经教育最为人诟病的一点是不许讲解经义的经文背诵。与之相关的问题是读经教育的师资素质良莠不齐。这两个问题是联系在一起的。虽然读经运动的倡导者找了很多理由来论证背诵的重要性，但背诵无论多么重要也无法论证"不许讲解"的合理性。"不许讲解"的真实原因并不是因为背诵的好处很多（这两点没关系，或者，真正的关系是：只有讲解才能促进背诵），而是因为找不到足够多、足够好的讲经师资。近现代以来，对经典的错误解释、简单化解释，乃至厚诬圣贤、矮化经典的所谓"经典研究"和"经典解释"也确实是太多了，太嚣张了，以至于无论在学术成果中，还是在媒体和中小学课本中，都屡见不鲜。这可能也是导致读经运动的倡导者激进反对任何经典解释的原因之一。不过，他们相信诵读的声音本身就有魔力（甚至相信背诵无须认字），这一点可能是受到某些宗教的影响。对现代学术和教育体制的失望、对圣贤经典的一知半解和"不明觉厉"的崇拜、对某些宗教信仰方式的借用，这三个因素的共同作用，可能是形成读经运动的重要原因。这都是可以同情理解的。

然而，这样形成的读经运动，其结果却是非常令人担心的。首

生命的默化：当代社会的古典教育

先是学生的受害。我接触过一些在读经学校背过多年经典的孩子。一方面，他们张口即能背诵经典，令人惊赞；另一方面，他们能背诵却不能引用，因为根本不知道经文是什么意思，又令人遗憾。更令人遗憾的是，被强迫的大量死记硬背，使一些学生对经典形成了恐惧心理和逆反心理，彻底反转了读经的初衷，岂不令人痛心！"只许背诵不许讲解"的第二个不良影响是国学教育乃至传统文化的总体声誉受损。"只许背诵不许讲解"的"教学方法"一方面来自道听途说的"传统蒙学"（可能跟五四新小说及现代电影对古代私塾的漫画化抹黑有关），一方面可能也是一种想在师资条件不足的情况下尽快扩大读经运动的策略。倡导者推广读经的紧迫感、使命感是应该得到善意理解的，不过，"大跃进""土法炼钢"式的读经教学法却难免泥沙俱下、鱼龙混杂。"六字真言"读经法（"小朋友，跟我读"六字真言）和高额学费让投机分子看到了商机。一夜之间，只要眼睛能认识汉语拼音、喉咙能发出人声的，不管原先是杀猪的还是屠狗的，都成了"书院山长""国学大师"，教起了国学，摆起了道场。我见过一些读经学生家长，他们抱怨吃过很多亏，被人骗过很多钱。这样下去，名誉受损的岂止是"读经运动"，而且是往圣先贤和经典本身啊！近两年来，全国各地的读经班陆续招不满学生，有些读经学校逐渐倒闭，这既让人高兴，又让人担忧。高兴的是邪气见消，担忧的是青黄不接、正气不见长。

各位老师和同学，希望寄托在你们身上！无论"教育体制"有什么问题，毕竟是教育的主要园地。绝大多数的资源、师资和学生都在这里。跟"体制内教育"的巨大体量比起来，无论民间国学教育发展到什么规模都几乎等于零。不过，越是这样，我们越是应该感到惭愧！如果说民间儒者和读经家庭在资源贫乏、甚至遭受打压的环境中都能开展传统文化教育的话，那么，我们这些享受国家财政支持的正规教育机构却还在不识大体、磨磨蹭蹭，落后于国家建设的需要和时代的要求！

就在几天前，习近平主席在北师大说："我很不赞成把古代经典诗词和散文从课本中去掉。'去中国化'是很悲哀的。应该把这些经典嵌在学生脑子里，成为中华民族文化的基因。"可是有多少体制内的学校和老师认识到经典教育的重要性了呢？有多少人行动起来了呢？现在的情况是上层和下层都想推进传统文化教育，但是得不到中层执行者的理解和支持，所以工作推进不快，无形阻力不小。不过，古人诗云："昨夜江边春水生，蒙冲巨舰一毛轻。向来枉费推移力，此日中流自在行"（朱子《观书有感》）。正如我们在第一部分已经分析过的那样，传统文化复兴既然是文明走向和现代世界格局的大势所趋，它就不会因为一代人的认识障碍和消极怠工而搁浅。有识之士到此应该猛醒，跟上时代的中流和巨舰，痛彻反思自己的"传统文化黑暗图景"是怎么来的，肃清以前所受的污蔑传统文化的毒化教育影响，同时又要警惕媒体国学讲座的庸俗化污染，还要注意鉴别民间读经教育的利弊，重新认识古代圣贤和经典文本，与学生一起学习经典，尚友古人、变化气质，岂不快哉！

围绕经典的自我教育：
读书会式书院是目前培育师资的方法

上面我分析了现代化教育因为要配合大规模工商业的发展，不得不改变经典研读和德性培养的君子教育模式，走向职业技术培训的大众教育模式（培养大量职员），和高科技高投入的科研模式（培养技术精英）。这个改变的结果便是政商精英和文化精英的培养被忽视了，只能从大众模式或科研模式中自发分离出一部分人来做。这会带来现代社会治理的严重缺陷，导致政商和文化精英只能采用大众化和技术化两种思路来处理社会政治问题和文化教育问题。然而，传统君子德性教养在现代社会并没有缺席，而是仍然在无论精英还是大众的现代职业生活与日常生活中起到基础性的支撑作用。所以，现代社会实际上是在挥霍先贤的德性教育遗产而不知道养育培护，更谈不上含弘光大，正如现代工业体系和现代人的高能耗生活方式实际上是在挥霍天地自然的基础条件而不知道珍惜养育，更谈不上赞天地之化育。他们错误地把现代化物质生产理解为"与自然作斗争"，正如他们错误地把现代文化和现代教育理解为"与传统作斗争"。这是现代人类非常可笑的自我神化、非常愚蠢的自挖墙角。这也是为什么在这样一个现代化的社会总还需要一些"保守派人士"来提醒现代人：如果再这样下去，整个人类文明就处在非常危险的境地之中，随时有可能崩溃，走向全面的野蛮。甚至全体现代人类的灭亡都不是不可想象的。所以，今天我们提倡文明复兴，重提古典德性教育的重要性绝不是附庸风雅，而是性命攸关的大事。

这一点前面已经讲过，我不再重复。

接下来我分析了十年来民间国学教育的得失经验和教训。为什么没有分析"体制内的"？因为体制内基本上没有做，或者做得很少，不值一提。为什么分析民间的？因为民间热情高涨，发展很快，但是毛病很多。为什么跑到"体制内"讲民间的经验教训？因为"体制内"很快就会动起来，但不知道怎么动，亟需总结先行者的经验教训。"摸着石头过河"：看谁淹死了，谁趟过去了，我们再选择道路。三十年来，各方面的改革一直是这么做的。即将展开的传统文化教育也不例外。

那么，接下来怎么做？上层很着急，老百姓热情也很高。但首先要改变中层的思想，但中层（媒体、教师、公知、公务员、白领职员、中小企业主等等）恰恰是社会主流思想的提供者。谁能改变他们的思想？除非他们改变自己的思想。相对于上层改变战略的灵活度和下层改变口味的速度，中层是思想、情绪和价值观相对稳定保守的人群（虽然政治观点往往更激进，但这种激进恰恰是他们价值观比较固定的表现），但也是善于学习和自我调整的人群。左派痛恨中层，右派神化中层，都是要不得的。近百年来的新文化运动，靠的都是中层持续不断的文化调整和思想宣传。成也萧何，败也萧何。解铃还须系铃人。逐层抹黑中国传统文化、鼓吹现代文化和西方文明的是他们，将来层层拨乱反正、还原传统文化真面目，也得靠他们。但首先他们得自己改变自己。

为什么他们会改变自己？因为现代社会在改变，原来的问题不

生命的默化：当代社会的古典教育

再成为问题，新的问题在涌现。如果说批判传统文化可能有助于或者至少在当时显得似乎有助于解决曾经面临的现代化难题，那么，当这些难题早已解决，而新的问题已经出现的时候，很多社会中坚人士都已经认识到，重新发扬传统文化、加强传统文化教育、复兴中华文明，恰恰是应对新问题的新思路。中层都是受过教育的、有反思能力的、有一定恒产和恒心的人群。给予时间和耐心，他们一定会改变观念。等到他们中的一部分人改变观点，逐渐把传统文化的价值观和生活方式做成现代生活的自觉基础，中国的现代保守派就成熟了。只有到那个时候，左右两派的冲突才能得到平衡，中国现代化的进程才算基本完成，进入相对稳定的现代社会。

这些都还是大势的展望。具体到中小学教师和基础教育工作者怎么做？倚靠媒体"国学大师"和社会国学教育进修？前面已经分析过，那里面良莠不齐，问题很多，误人不浅。倚靠学院学者和大学教育培训？前面也已经分析过，现代学院学术的起源和迄今为止的主流恰恰是批判传统文化、诋毁经典价值的形态。在目前的传统文化教育和文明复兴事业中，大学的专家学者跟中小学教师一样，主要是受教育对象，而不是可信的传统文化教育提供者。

那么，还剩下什么可能性？只有古人、经典和我们自己。古人往矣，自不可见，而经典俱在，尤其是与经典紧密联系在一起的历代注疏都还在。还有，我们这些有志于"为往圣继绝学、为万世开太平"的读书人也还在。其实，什么是书院？就是有圣贤经典，有老师同学，大家一起读书，这就是书院。这不是虚言，而是我做道里书院十年来的真切体会。房子和资金都不重要，唯一重要的是人和文。人与人聚在一起读经典，这就是书院，即使是网络上的论坛和语音群聊读书会，也是真正的书院。如果各地学者、教师、学生、公务员、职员都建起朋友圈子的经典读书会，无论在现场，还是通过网络，一字一句读古人的经典和注疏（有注疏的帮助和读书会的讨论，经典并不难），譬如《五经正义》《四书集注》之类，书院就相当于在各地恢复了。相对于读书会而言，这些年在各地兴建的仿古书院建筑只不过是徒有其表的旅游景点、土豪会所或江湖大师的高级地摊而已。等到各地读书会在经典的自我教育中培养出一批儒士和经生，以及有传统素养的教师、记者、官员、商人和职员，无论体制内外的传统文化教育才能得到真正的落实。

当代社会的儒学教育：
以国学热和读经运动为反思案例[1]

多谢朱杰人会长邀请，今天有幸来首届上海儒学大会做一次主题发言，很激动，也很惶恐。近年儒学发展非常快，成绩很多，问题也不少。这个时候开会非常及时，可以总结经验，讨论问题，展望未来。我觉得儒学界应该引入更多的批评和自我批评，要和而不同，不要乡愿，形成良性互动，这样才能长期健康发展。去年暑假我参加法兰克福大学社会研究所的工作坊，曾谈到儒学自古就有非常强的批判传统，是一种富有建设精神的批判理论和实践智慧，今天想就一些现实问题具体展开一下。

今日儒学复兴被太多敌意和误解包围，困难重重。儒学界的任何微小偏差和失误都有可能被蓄意夸大，变成儒学复兴的障碍。不过，这同时也未尝不是一种督促。在虎视眈眈的注视下，复兴儒学的最好方式不是互相吹嘘、隐瞒缺点，当然也不是互相拆台、恶意批评，而是要发扬"和而不同""过失相规"的良性自我批评传统，加强自律，有问题自己先提出来改正，才能更好地面对外界批评。万一有儒学界自我批评不到的地方，外界指出，我们也应虚心接纳，有则改之，无则加勉，有辩则言，无说则默，莫不从善如流也。

---
[1] 2016年5月6日在首届上海儒学大会上的发言。

当代社会的儒学教育：以国学热和读经运动为反思案例

一个主题、两种读法、三个立足点、四种形态

我今天想谈的主题是"当代社会的儒学教育"。刚才谢遐龄老师在主题发言中说"中国人反儒家那么长时间，现在终于醒悟过来，懂得要通过儒家为现代化事业培养君子人才了"。我的发言正好可以接着他讲，思考如何培养的问题。

"当代社会的儒学教育"这个题目可以有两种读法：一种是"儒学教育在当代社会"，一种是"儒学教育当代社会"。前一种是名词的读法，后一种是动词的读法。名词的读法是静态的思路，把"儒学"理解为一套现成的传统文化教条，把"当代社会"理解为一套固定的结构形态。所以，这种思路必然会把"教育"理解为"宣传"和"灌输"，即"把一套现成的价值观灌输到一个固定的社会形态里面去"。相反，动词的读法则是"生成论"的思路。它首先把"教育"理解为一个动词，理解为生命的成长过程、社会的形成过程。所以，对于这种思路来说，"儒学"并不是一套现成的僵化体系，而是一种动态的朝向历史经验和未来可能性开放的生命学问，"当代社会"也不是一种僵固的结构形态，而是充满可能性和可塑性的"生成之物"。

从上述两种读法出发，"当代社会的儒学教育"可以有三种可能的立足点。一个立足点是固化的"当代社会"，一个立足点是现成的"儒家"。立足于这两个点之上的教育思想都是名词化的、静态的思路，本质上可能都不是真正的教育，而不过是宣传和灌输，无论其立场是迎合当代社会还是批判当代社会，无论其宣传和灌输的形式有何不同（这一点后面还要详细分析）。

生命的默化：当代社会的古典教育

第三个可能的立足点便是作为生命学问的动词化的"教育"。在这个意义上，教育不只是一个"专业领域"，而是"人之为人""社会之为社会"的根本存在论、政治学。从这个意义上的"教育"出发，"儒学教育"才能回归其作为一种"人的养成"意义上的生命教育，从而与当代社会的"工具培训"（包含现代国家公民培训和现代企业劳动力培训等）形成一种有益的张力，通过一种批判性的教育实践来参与当代社会的建设，帮助现代社会提高"工具培训"的质量。在这个意义上，我们或许可以说，所谓"当代社会的儒学教育"，就是日新其德的"儒学"与充满可塑性的"当代社会"之间的张力、对话、批评性建设和建设性的批评。这个过程本身就是儒学和儒家学者的自我教育过程，以及当代社会的气质变化过程。于是，教育不再被理解为一种工具性的培训手段（即使培训内容是"儒家价值观"），而是教育者和被教育者"教学相长"的共同成长。

从名词读法的静态思路出发，"当代社会的儒学教育"或可区分为四种形态：基础教育体制中的传统文化教育、反体制的儿童读经运动、体制内的大学传统文化教育和研究、面向成人社会学员的国学培训。这四种形态是体制内外、成人儿童的两两组合。这四种形态虽然年龄不同、体制内外有别，但却共享高度一致的缺点：僵化。

体制内基础教育和高等教育中的儒学因素正在逐步加强。然而，体制的僵化已经深入骨髓，以至于在体制教育的设计者那里，所谓"当代社会的儒学教育"并不意味着对于"什么是教育"的根本反思和重新学习，而只不过是换一下教学内容，或者增加一点儒学经

当代社会的儒学教育：以国学热和读经运动为反思案例

典课文的比重。至于教学方法，仍然沿用一种与真正的儒学教育、古典博雅教育格格不入的"宣传""灌输""应试教育"。"儒学教育"是否首先意味着"教法""学法"乃至"活法"的自我教育、自我提升，完全没有进入僵化体制的视野。

那么，反体制的读经运动是否带来希望呢？很遗憾，目前的情况恰恰是极端的体制化、僵化和"应试化"。读经运动只不过是把体制内基础教育的内容完全替换为传统文化经典，而且是不允许讲解、强迫背诵的、意义锁闭的、僵化的经典。反体制的读经不但没有解决体制教育的灌输教育问题，反而发展出一套更加极端、更加野蛮的灌输方法：全日制封闭背诵，每天八小时，连续十年，单纯背诵，不允许讲解，不学其他课程。

应试教育问题同样如此。千千万万读经的孩子确实不用参加体制内的考试了，也因脱离学籍而无法参加体制考试了，但他们现在有了另外一种"考试"方法：一本接一本地录制"包本背诵"视频（一本书从头到尾连续背下来叫"包本"），以便升入一所书院听"解经"。背书十年（3-13岁），包本背诵百万余字（严格来说不是百万余字，而是一百万个意义锁闭的音节组合），千万人过独木桥，然后才有听讲经义的机会：这是比体制内"应试教育"还要残酷的"应试教育"。

那么，体制外面向成人社会学员的国学教育呢？是否情况乐观一点？这里确实不存在强制问题，因为社会成人学员都是自己真的想补传统文化的课，积极性很高。然而，这些年来的"国学热"提供了什么儒学教育呢？很遗憾，都是一些毫无批判性的迎合当代需求的国学文化消费。在这一点上，读经运动反而显得更有当代的批判性，虽然他们滥用批判，把儒学固有的"建设性的批判精神"极端化为宗教形式的"反体制运动"。

无论是成人国学热的完全迎合当代社会的鸡汤化，还是读经运动的完全对抗当代社会的激进化，都未能保持"儒学"与"当代社会"之间的健康张力、良性互动。国学热是立足自我固化的"当代社会"（实际当代社会并不像他们想象的那么固化，而是充满了变化气质的可能性），用一种鸡汤化的"儒学"来为当代人的文化消费口味服务，丧失了儒学的批判性，同时也就丧失了儒学真正的建设性作用；读经运动是立足于自我僵化的"儒学"（儒学本身并不是僵化野蛮的东西，而是活泼泼的生命学问），用一种高度体制化的"读经教育"来批判当代教育体制和社会价值观，丧失了儒学的建设性，同时也就丧失了儒学真正的批判性作用。

无论丧失批判性还是建设性，都会丧失"儒家"和"当代社会"之间的良性张力，丧失真正的"儒学教育"品格。一种"儒学教育"形态，无论它是立足于自我固化的"当代社会"之上，还是立足于自我建构出来的一种僵化"儒学"之上，无论它是为了"服务当代社会"还是"弘扬儒学"，都将错失真正的"儒学教育"。真正的儒学本身就是生命成长的学问，或者说就是教育的学问。这种意义上的教育是《易经》蒙卦所谓"山下出泉"的"发蒙"，是陶冶涵泳、变化气质，是新旧之间的健康张力，是生命本身的自我突破和成长。下面我想结合"启蒙"问题，谈谈什么是"发蒙"的教育。

当代社会的儒学教育：以国学热和读经运动为反思案例

启蒙未遂的现代性坏病与"发蒙"的儒学教育

"当代社会的儒学教育"这一话题的时代背景是（我下面的说法可能批判性有点过强哈，希望号称有反思批判精神的现代人能受得了）：当代社会是一个貌似多元而实则高度单一化的社会，现代人是一种自以为经过了启蒙而实则高度愚昧的物种。在这个"启蒙未遂以至于残废"的时代，儒学不得不担负起"坏病治理"的全球责任。《伤寒论》所谓"坏病"指医源性疾病，即被错误的医疗方案误治之后的各种变状，这种病是最难治的。古人说"上医治国"。教育作为灵魂医疗事业不只属于"教育学"问题，而且属于政治问题，事关人类生活根本的深层政治问题。

儒学怎样治理"启蒙未遂的坏病"？通过《易经》蒙卦所谓"山下出泉"的"发蒙"。"发蒙"与"启蒙"的区别，不但是教育学的，也是道学的和政治的。启蒙是要揭破现象的蒙蔽而来显露确定不移的形式真理，以便在此基础之上确立一个可以在其中进行公开活动的有边界的政治共同体空间。这个边界空间的希腊原型便是城邦，尤其是城邦的广场、市场和剧场；其现代形式则是意识形态化的政治宣传（无论左派右派的哪种"主义"）、资本主导的投票竞选和商业广告、自觉洗脑的各种现代原教旨主义团体。政治宣传、商业广告和迷信团体（包含各种党团和NGO）是现代社会的政治、经济、文化"三位一体"。

发蒙则是开辟道路。道之所之，无远弗届，与之相应的是一个广土众民的天下政治（并非宰制性的帝国）。因此，道学政治的基

生命的默化：当代社会的古典教育

本词语是远近，而不是明暗；基本方法是教育，而不是宣传。在"启蒙"的思路中，明暗是绝对二分的，要么是丛林蒙昧，要么是空地光明，要么是被现象蒙蔽，要么是明见真理，要么是自然的野蛮，要么是技艺的文明。而在行道的远近往来之中，明暗则是随时变化的：眼前明亮的路段，会没入身后的阴影；前方模糊的远景，又会逐渐来到眼前。《易系辞传》谓"一阴一阳之谓道"，又谓"日往则月来，月往则日来，日月相推而明生焉；寒往则暑来，暑往则寒来，寒暑相推而岁成焉"。"明"不是"揭露"和"启蒙"出来的"真理在握"，而是"日月相推""生"出来的"道行"[1]，此理孟子和《大学》论之甚详。所以，"推明"的"发蒙教育"是生命本身的成长历程，超乎所有宗教、意识形态或政治立场的差别之上，可以成为人类通识教育的基础。

"启蒙"教育的文化革命和社会运动特点与现代政治的全民动员、现代工商业的大生产和大众媒体广告宣传是高度配合的。因此，"启蒙"教育无论出发点如何，最后结果实际上变成了大面积的现代国家公民培训和大批量的现代工商业劳动力培训。这些培训当然很重要，但它付出的代价如果是古典意义上"人的养成"教育的完全堕落，则是得不偿失的。"人的教育"降低为"工具的培训"，是教育古今之变的大端。儒学教育在当代社会的任务，首先必须介入当代教育实践，为当代社会提供批判性的观察和多样化的探索，

---

[1] 参拙著《道学导论（外篇）》，华东师范大学出版社，2010年。

当代社会的儒学教育：以国学热和读经运动为反思案例

帮助现代教育克服"见器不见人"的根本缺陷，回归"人的教育"，并在此基础上提高公民培训和劳动力培训的质量。

儒学之所以能有此潜力，是因为"发蒙的教育"是从人的生命成长经验中体贴出来的教法，深具道学的性质：它不期望通过大面积的运动形式宣传某种主张、培训工作技能（小人"的然而日亡"），而是结合各种可能的具体形式，因势利导、潜移默化地渗透进去，发人端绪，使其自成，勿忘勿助长，闇然而日章。所谓"不愤不启，不悱不发"，"导而弗牵""开而弗达"，都是"发蒙"的教育思想。这种教育思想不只是一种微观的教学法或教学技术，而且具有宏观的教育哲学意义和教育制度批判意义。

关于读经运动的八点疑问

从"发蒙"的教育思路来看，近年来日益风行的"国学热"和"读经运动"，恰恰运行在文化革命-商业传销-政治宣传"三位一体"的"社会运动"轨道上，创造了越来越简单化、可复制的连锁读经培训模式，以及越来越成熟的"国学文化产业市场"。这些东西貌似属于"传统文化"，实则毫无古典心性，完全是从属于现代生活方式的一点"古典文化消费""国学心灵鸡汤"。它们的制造和传播机制完全走在"启蒙式的""景观社会的""大众文化的"轨道之上。

当然，无论其中存在多少问题，"国学热"和"读经运动"非常成功地在这个"拼数量"的当代社会吸引了数量巨大的人群来积极支持传统文化、热情学习儒家经典。一百年来备受摧残打压的传

生命的默化：当代社会的古典教育

统文化第一次获得了广泛的社会大众支持，这是划时代的成就，功不可没。不过，为了将来的持续健康发展，今天有必要在充分肯定其固有成就的基础上总结经验教训，检省问题，改正错误，调整方式方法，升级换代，推动当代社会儒学教育的新一轮健康发展。我想，各位老师今天一起在这里开的儒学大会，本来就负有这样的历史使命。近年来涌现的许多以儒家学者和学术机构为背景的儒家社团和书院，都负有这样的历史使命。

毋庸讳言，"国学热"和"读经运动"作为传统文化复兴的初期发展带有非常浓厚的民间通俗文化色彩乃至民间宗教色彩。其中做得比较好的项目，譬如某电视台的著名国学节目，问题还只是出在低智化、娱乐化、鸡汤化，即使有些知识性错误倒也无伤大雅；但有些较差的项目，譬如近年来日益流行的愚昧读经、野蛮背诵（全日制专门读经，十年不许讲解，只能背诵，每天背书八小时以上，不允许读经典白文之外的书籍，包括古人注疏也不许看），则必须认真检讨一下了。

与很多儒家学者一样，我对这些"热"经历了一个态度转变的过程。起初自然是抱一种同情的态度。经历百余年来的反复摧残，传统文化教育几度中断，所剩无几。体制内教育中仅存的一点古文也往往是在非常任意武断的所谓"取其精华、去其糟粕"方针指导下的阉割残废经典，以及基于各种现代性偏见的片面讲解。学生有权利了解真实全面的华夏文明。在这种历史背景下，主张全日制忠实背诵经典原文的做法构成了一种重要的补充，弥补了体制教育的缺陷，也为那些希望读到未经阉割、未经现代人歪曲解释的完整经典的学生和家长提供了一种选择，功不可没。

然而，过犹不及。当我在儒学教育第一线接触到越来越多读经老师、读经家长和学生，了解到一些实际情况之后，发现问题不少。主要问题有如下八点：

一、全日制读经，彻底脱离现有基础教育体制，只读经和其他传统文化，不学数学、英语等其他课程，好不好？（有些学堂有英文经典背诵，但是在字母都不教的前提下进行的，学生对所背英文经典一句都不懂。还有梵文经典背诵也是这样。）

二、如何读经？只背诵经典白文，不读传、注、疏，好不好？

三、背诵是好方法，古代有效，今天仍然有效。不过，是否需要背那么多（"四书"《诗经》《尚书》"三礼""春秋三传"《易经》《黄帝内经》《道德经》《庄子》莎士比亚英文全集等等）？有否必要"包本"（从头到尾一口气背完一本书）？有否必要为了突出背诵的重要性而片面排斥理解？

四、究竟什么是"背诵"？在完全不予讲解的情况下"包本背完一本书"是不是真正的"背诵"？甚至在不认识一个英文字母、不懂一句英文的情况下"背诵莎士比亚剧本的原文"是不是真正的"背诵"？记住毫无意义的音节顺序是不是"背诵"？

五、背诵和理解能否截然划分？经典白文和注疏能否分离？单纯背诵十年（大概3-13岁），不许讲解，13岁之后才开始"解经"，如此机械地划分读经阶段是否合理？如果十年没有启发式教学、理解力和想象力的训练,只是机械背诵,即使到13岁的时候能倒背如流,学生是否还有理解经典、思考经典、发挥经义的能力?尤其是,如果这些孩子十年之中都是在一种封闭的环境中日复一日地重复背诵那些毫无意义的音节,严重脱离社会现实,当他有机会开始理解经典和解释经典的时候,即使他尚有理解和解释能力,他能在他的经典解释中融入时代问题的思考,做"活的经学"吗?至于那些无意做学问的读经毕业生,问题更麻烦:他能有效地融入当代社会吗?

六、儒家经典本来是生命的学问,是从先王历史和圣贤生命中生长出来的活泼泼的生命学问。儒家经典的学习方法是不是应该采用《论语》中比比皆是的对话式、启发式、情境化的教学?也就是前面谈到的"发蒙"的教学?"读经规划"的"背诵十年、解经十年"貌似是对现代体制教育的抵抗,实则是比现代教育体制更加僵硬、更加机械化的极端现代化和粗暴体制化。

七、读经运动的理论基础"教育简单论"是否可信?"做读经老师不需要有文化,不用讲解,也不许讲解,只要会按复读机按钮、督促小朋友背诵,就是最好的读经老师""小朋友读经是最简单不过的事情,不需要讲解,不需要读注疏,只需熟读经典白文一百遍,一千遍,直到能背诵即可。先只管背,背十年,十年后全部会背了再讲解"……这些在"读经圈"流传甚广的说法是否可信?

八、读经运动圈中广泛流行的"读经万能论"是否可信?"数学不用学,只要背熟经典,半年就能学会全部中小学数学""英语不用学,字母、发音、语法都不用教,只需背熟莎士比亚,将来到

当代社会的儒学教育：以国学热和读经运动为反思案例

国外就会说英语，而且是高级英语""不用学那么多课程，背熟经典就能上清华北大哈佛耶鲁""什么都不用学，从小只需要背熟经典，不用讲解，长大后在生活中遇到事情会突然想起经典的句子，自然会养成君子人格，乃至成为圣贤"……这些在"读经圈"耳熟能详的基本教义是否可信？

背诵、简单可复制与反现代性的吊诡

提出上述八点问题不是拆台、找茬，更不是"判教"，搞"大批判"。这些问题是客观存在的，提或者不提，它们都在那里。提出来可以改进，不提出来只会更糟。提出这些问题与其说是在问难谁，还不如说是儒学教育界的自我反省、自我批评。儒家向来勇于自我检省，三省吾身，日新其德，还没有弱到讳疾忌医的地步。这些问题也不只是我个人提出的问题，而是很多儒学界朋友共同发现的问题，提出来只是为了引起讨论，促进发展。当然，我既然提出来，如有错误，责任都在我个人。我在这里的发言也只代表我自己，与儒学研究会的立场无关。我与任何人素无私怨，只是事关经典教育大事，不敢不尽言。

清末废科举、民国废读经科以来，经典教育命途多舛。今日重提读经，应该怎样做才有利于良性发展？儒学界应鼓励多种探索，也要及时总结经验教训，发现问题，自我批评，改正偏差。儒学界的自我批评不是打倒读经，而是帮助读经。如果儒学界内部不发展良性的自我批评，不敢自我反省，发现问题也不讲，等到问题闹大

了，官方出来取缔了，媒体开始讨伐了，整个儒学界都会受连累，圣贤经典也将再次遭受误解和污蔑，我辈岂不是儒学罪人、乡愿小人？哪里配得上"儒士"之名？所以，在今天这个严肃的儒学大会上，我想提出这些问题，分享一下我和一些儒学朋友的困惑，希望能引起讨论，交流看法，推进读经事业的健康发展。

　　读经的意义自不待言，功德无量。但如何读经却值得思考、实践，总结经验教训，调整方式方法。目前读经运动的关键问题集中在"背诵"。时间有限，我只集中谈"背诵"的问题。背诵毫无疑问是非常有效的经典学习方法，我从小就自发地热爱经典背诵。我出生在"文革"后期的农村，几乎在文化荒漠中长大。我如饥似渴地背诵能找到的任何美好的句子。我从小的语文成绩和作文成绩得益于我爱好背诵的天性。然而，在接触了一些读经运动实际情况之后，我开始思考一个从来没有思考过的奇怪问题：究竟什么是背诵？这本来不是问题，然而读经运动的独创教法逼使我不得不思考如此奇怪的问题。

　　我听过一些读经学生"背诵经典"。我发现这些孩子不但不懂所背的文句是什么意思，而且甚至不能清晰地读出他们自己所"背诵"的句子。他们只会用一种非常快速而模糊的发音去重复那些似是而非的音节。你甚至很难区分他们"背诵"的是中文经典还是英文莎士比亚或梵文佛经（后者也是被要求背诵的，而且竟然是在不认识字母的情况下要孩子"背诵"）。你如果要求他们缓慢而清晰地背诵，他们就一句也背不出来了。更有意思的是，如果你提第一句，他可以快速而模糊地"顺到"到最后一句，但如果你从他"会背"

当代社会的儒学教育：以国学热和读经运动为反思案例

的经典中任意抽取一句，问他下半句是什么，他就答不上来了。

所以，这根本就不是背诵，而是一种类似于摇头丸效果的摇滚rap。我从小就背课文、背英语，大学以来也背诵过儒道经典。背诵是非常好的学习方法，但那些孩子用一种极为快速而模糊的发音"嘟嘟嘟嘟"地摇滚出来的东西，不过是一些被迫记住的毫无意义的音节组合。这种所谓的"经典背诵"被日复一日、年复一年地重复，十年之中不允许读任何其他书籍，不学其他课程，直到这个孩子可以在摄像机前连续"嘟嘟嘟嘟"地"背诵几十万字的经典"（拍摄背书视频是他们的考试方法），实际上是要他重复几十万个毫无意义的音节组合。他因为不懂这些音节组合是什么意思，自然无法清晰地说出其中的任何一句话，更不可能在将来需要的时候引用经典文句。

我见过一些曾经在读经学堂"背过几十万字经典"的孩子。一个月不复习那些音节组合，他们就忘记了。当然，我接触到的读经学生有限，可能会有更优秀的学生，真正能清晰明白地背诵经典的学生。不过，可想而知，太过功利性的、强度极高的"背诵目标管理"会把一个孩子弄成什么样子。一月背多少万字，一年背多少万字，三年背多少万字……每背下来一本就及时录像保存，作为"包本背诵"的证明，然后冲刺下一本，等到下一本背完，前一本早就忘得精光。

而且，在这些年中，一本一本的包本背诵录像成为唯一的学习目标。如今，遍布城乡的数千家读经学堂都在夜以继日地倒计时，驱使学生狂热背诵，明确的目标是录制包本背诵视频，以便有资格升入一个书院听"解经"。这些学生被要求每天诵经八小时以上（我

生命的默化：当代社会的古典教育

见过因此落下哮喘病的学生），普遍处在一种非常癫狂的状态。我去过这样的读经班现场，其紧张程度和无意义指数远超高考题海战术。高考复习做题虽然紧张，还略有智性愉悦，毕竟做题是要思考和理解的，而不许理解的机械音节背诵则是彻底无意义的事情。

对于这些读经学生来说，经典的丰富意蕴都是锁闭的。别说十年，恐怕三五年下来，多么聪明的学生也会变傻，多么热爱经典的学生都会心生厌恶。到那时，恐怕你给他讲解经典，他也没有能力听懂，或者没有兴趣听了。当然，天性好学的学生会因此激发出更加强烈的求知欲，想一探究竟，那些背了几年的经典文句到底是什么意思？不过，经过多年的智力发育停滞和与世隔绝的封闭读经，他们能理解到什么程度仍然是不容乐观的。

第一批经过多年背诵的孩子已经在接受解经教育，他们几年后即将毕业。按照读经运动的宣传，他们中将诞生一批圣贤君子和经学大师。读经教育的结果即将揭晓，成千上万学生家长和社会公众都在等待最后的惊喜。我自然也希望从中诞生大师，为往圣继绝学，为万世开太平。但我更担心的是，如果结果令人失望，那些曾经的狂热支持者有可能会被激怒，转而过度批评读经运动，甚至否认读经的意义，加上蓄意攻击传统文化的大众媒体推波助澜，有可能出现崩盘效应，给整个传统文化复兴事业带来负面影响。我已经见到一些读经家长开始对读经运动的结果表示焦虑。宗教化的发展模式总是难免信徒信心的变化问题。儒学教育下学而上达，发蒙而疏通知远，本来就不应该建立在这种宗教化的宣传和"启蒙-启示"之上。

当代社会的儒学教育：以国学热和读经运动为反思案例

这种宗教化形式的蓬勃发展必然只是传统文化复兴初期的现象，未来一定会复归平正，气象正大。

这种貌似背诵而实非背诵的经典教学方法无疑是荒谬的，并不是儒家传统的读经方法。我见过一本经典背诵教材的序言中，编者明言：最好的读经老师不是人，而是复读机，或者会按下复读机 power on/power off 的人。如此明显荒谬的"读经方法"为什么风行全国（保守估计有几千家读经学堂，遍布城乡）？只能归咎于传统文化土壤的贫瘠、教育生态的畸形。读经运动的产生，诚然是出于对现代社会问题的反思，尤其是对现代体制教育的反动，但吊诡的是，读经运动本身很可能是一种现代性病症的体现。

读经运动的推动者反复宣传读经是简单的，无需理解，只需背诵，起初很可能是出于师资缺乏的无奈之举。但当他们发展简单可复制的连锁模式的时候，简单化、数量化、标准化就成为一种现代快餐企业的必备商业技术了。这个案例告诉我们，"当代社会的儒学教育"是多么困难的一个话题。所有现代性的批判都有可能走向其初衷的反面。

十多年来，我自己也一直在探索在当代社会实践经典教育的现实可能性。道里书院、同济复兴古典书院也是问题重重，教训多于经验。其中最基本的一点体会是：现代性批判不宜采用现代惯用的运动形式、革命形式、非此即彼的激进形式，而应该回到因势利导、潜移默化的古典品格，用保守的态度做保守的事业，不要用激进的态度做保守的事业。君子"闇然而日章"，小人"的然而日亡。"千百年后，千百年前有的仍然有，千百年前没有的仍然没有。现代性的激进和喧嚣不妨当戏看。读经运动作为反现代性的现代性,亦作如是观。

"发蒙""包蒙":从内部转化当代社会的儒学教育

所以,我想回到起初的话题:《易经》所谓"发蒙""包蒙"的教育如何可能?"发蒙"意味着因势利导的道路探索,"包蒙"意味着建设性的批判精神。不放弃儒学的批判性,保持对现代性的批判立场,但不激进地对抗和抛弃,而是进入它,从内部转化它,可能是"当代社会的儒学教育"未来的任务。两年前,我在云南支教的时候,给腾冲一中的师生做过一场"体制内外相结合,提升国学读经品质"的演讲(后以"现代社会的古典教育"为题发表在《文化纵横》),曾讲过这个意思,今天有必要在更新的问题脉络中继续推进。

现代国家的公民培训、现代企业的劳动力培训是现代教育不可消解的基本目标。儒学教育的批判性并不体现在反对现代公民培训和劳动力培训,而体现在不满足于把教育降低为纯粹工具性的培训,从而丧失"人之为人"的基本属性,以及由此导致公民培训的败坏、劳动力培训的异化。

当代社会的儒学教育作为一种批判性的社会建设实践,其批判性体现在对工具化培训的抵抗,其建设性体现在:通过对工具化培训的批判,而且是通过一种渗透到现代培训体系内部的潜移默化式的实践批判,帮助当代社会把"工具培训"提升为"人的教育",从而取得更好的培训成果。

只有通过当代社会的儒学教育培养出"人",现代国家才能培

当代社会的儒学教育：以国学热和读经运动为反思案例

训出真正自由的、自我负责的、有德性的公民（现代所谓"自由"根本配不上真正属人的自由），而不只是低质量的"守法公民"；只有通过当代社会的儒学教育培养出"人"，现代企业才能找到真正自由的、幸福的生产者，而不只是"能创造财富的人力资源"。以一种批判的姿态介入当代社会，儒学教育反而能更好地帮助当代社会。子曰："君子和而不同。"儒学自古以来就是这样的形象。在每个时代，儒家都是不合时宜的诤友。帮助你，但不讨好你。批评你，但是爱你。

因此，对于弊病丛生的现代教育体制，儒学教育可以而且应该保持批判性，但不宜像读经运动那样对此采取一种激进的"保守主义革命"态度，谋求完全脱离现代国家公民培训体系和现代企业所需的劳动力培训体系，另起炉灶，用一种与世隔绝的形式做全封闭全日制的纯粹经典背诵班。这种模式的危险在于，它的初衷是为了对抗现代性，但结果恰恰可能变成一种现代性，而且是畸形的现代性。我相信读经运动的倡导者是诚恳热情的儒家同情者和志向崇高的教育家，但我希望他们多一些冷静的理性，多一些自律，加强读经学堂和老师的监管，不要再宣扬"教育简单论""读经学堂谁都可以开，读经老师谁都可以做"的不负责言论，不要为了追求数量扩张而降低品质，辱没斯文。

我相信儒学经典本身有抵抗畸形现代化的能力，但当代儒家有责任看到危险的可能性。尤其是当这样一种决绝地反对现代教育体制的读经运动拥有了成千上万追随者、已经成为一种大规模社会运

生命的默化：当代社会的古典教育

动的时候，我宁愿冒着说错话的危险在此提出我的担心。我衷心希望我的担心是多余的，我今天的发言完全是错误的。如果我的担心不属多余，发言尚有可取之处，我希望儒学界能负起学者应有的责任，帮助读经运动拨乱反正，走上正轨。如果有更多学者能行动起来，向读经运动的倡导者学习，效仿他们投身基础教育的热情和勇气，探索多种可能性，为当代社会的儒学教育奉献自己的学识，就更好了。

十多年来，我也做过很多形式的探索：读书会（包含线上线下）、会讲、讲座、论坛、工作坊、大型系列课程和小型特色课程（以十三经为主，涵盖经、史、子、集选读，以及书画、中医等修身内容）、国学师资培训班、少儿古典班、经典研究丛书出版等等。我们的学员来自各行各业，有成人也有小孩，所有活动都是公益的。我总是首先把自己理解为一个普通读书人和教师，其次才是学院的学者和教授。"普通"是社会的和人类的，"学院"是特定职业的。我从不参与学院学术资源的争夺，但也不刻意排斥"体制"。我一直尝试在体制内做体制外的事情，在体制外做体制内的事情。子曰"有教无类"，教育本来应该是打成一片的事业。

理性的公开运用、观察与批评是学者的天职；站到社会教育的第一线，践行大众教化，更是儒家士夫的当代责任。学院学者办社会教育难免有其局限性，所以，我在此恳请学界同仁和社会公众对我的实践探索予以批评指正。我上面所讲对于读经运动问题的观察和思考，不是说他们做得不好、我做得好，而是希望引起体制内外的良性互动，以及儒学界内部的良性自我批评。我对读经运动的观

当代社会的儒学教育：以国学热和读经运动为反思案例

察和问题分析难免有错，我自己的社会教育实践也难免问题重重。我今天来谈读经运动的问题，目的不在针砭他人，而在提醒自己。我们每个人都深处当代社会的困境之中，没有任何人能简单摆脱"启蒙未遂的坏病"所导致的现代性吊诡。在恢诡谲怪的吊诡处境中，团结很重要，而自我检省和互相批评可能更是"悬解"的佩觿。诗云"容兮遂兮，垂带悸兮"。童子永远是无辜的、开放的、可塑的。儒学教育如能解开现代性的死结，未来就仍然是充满希望的。谢谢！

附录：微信公众号文章下的留言评论

庄：柯老师这篇《当代社会的儒学教育》讲稿写得真好。极端反对儒学，或者极端推崇儒学，有时候都会伤害儒学。因为，儒学的核心是一颗平衡智慧的心。一颗平衡的心，就不容易被极端的思想所影响。庄子的"万物皆有其用"，和古希腊神庙的"凡事不可过头"，这两个意思对读起来倒是正好。启蒙与发蒙的关系，值得深思。揭蔽与生发，也是平衡的关系。西方启蒙时代，也确实揭蔽了极端宗教主义。然而，在生发过程中，又进入另外一种极端"个人主义"，如此越演越烈。极左、极右、偏左、偏右，如此反复折腾……何如"人心惟危，道心惟微，惟精惟一，允执厥中"？

杨骐文：在体制内，我们的教育不是学原苏联，就是学欧美。学了这么多年，离了老祖宗的根基，沉疴日重，拿语文来说，对文

生命的默化：当代社会的古典教育

本的肢解，对若干词语的古今抽离，真是对汉语的糟践。如何受古代读经方式的启发，在语文教育中既疏通文意，又会通文本的生命和儿童的生活，吸纳古典教育的资源，真是很值得探索的事情。所以体制外的书院实践和读经实践虽然几乎不可能搬到体制内，但重要的是，这种实践和探索为我们打开了一个反思体制内教育的窗口，开启了一个从老祖宗出发来思考现代教育流弊的思路。可悲的是，当今的中国教育史几乎都被现代性话语肢解了，很难成为我们的思想资源了。重写教育史，特别是古代书院史、读经史、科举取士史，成为一项很重要的工作。

无竟寓先生的书院读经实践和经典解释写作，是对当今误入歧路的读经方式的一种导正（导正并非否定），同时也在一定意义上是对体制内应试教育的一种导正。正是在这一意义上，回到古典的读经方式（同时也是回到古典的教育方式之一），从古典的读经道路出发，在道化之路途中际会当下西学的时运化机，是导正体制外的读经实践和体制内的现代教育的共通途径。在这当中，心性和思想同样重要，有的人有思想，但心性偏激，害了思想的古今际会，和当下人与人之间的仁通对话。他们没办法做到孔子所谓的"知言"，往往抱着先见，排除一切与自己的喜好相左的批评；有的人心性很好，但缺乏思想，没办法在流弊和意见中，进入真正的源流脉络中反本开新。所以回到古典心性与古典之思，是对世道人心的导正，可谓任重而道远。

三友斋：儒家要成为任何时代的诤友，首先要寻找和接纳这个时代最优秀的思想者成为她自己的诤友。儒家从不缺乏粉丝，如同任何时代都不缺乏时尚。一个真正的儒者，必须勇于成为时尚的批评者而非粉丝。儒家作为一个群体，更应该重视和珍视各种诤友式的批评，进而不断反省和自我更新。

张势：俗儒自命为真孔，儒家复兴最大的麻烦在于内部人。甘阳老师这次沪上演讲的主题"学与孝"便是直面俗儒败坏儒学的问题。儒家复兴自然有极强的现实层面的社会民心需求，但如何满足？谁来满足？是否一种象牙塔式的儒学研究就可以做到？儒学更多是一种生活方式，而非学问。搞不清楚这一点，儒学研究就难以跳出"美德可教与否"的悖论；搞清楚这一点，就可以理解古典书院的努力方向："大学之道，在明明德，在亲民，在止于至善"。过去反儒家是不懂儒家，今天开始捧儒家，也并不会自动就懂儒家。不懂儒家来捧儒家，此之谓捧杀。因此，越是捧儒家的，越是要小心谨慎，努力懂儒家，以免好心办坏事。这一点柯老师比一般人都要努力，比所有人都要清醒。

无竟寓：是啊，儒学内部引入健康的批评与自我批评机制，对于儒学的健康发展非常重要。古典学界亦然。去年我写给重庆大学博雅学生的信，不是被很多古典学同仁定性为"站在激进反对古典学和施特劳斯派的最前沿"了吗？但甘阳老师和刘小枫老师却都来信支持鼓励，赞扬我的信写得好。

生命的默化：当代社会的古典教育

回归生命的学问：
写给读经孩子的一封信

拙文《当代社会的儒学教育》发出后，读经少年惟生给我写了一封信，诉说了他读经的一些痛苦和迷惘，反映了一些读经方式方法的问题（后附）。随后，我从微信上又看到读经少年黄雨林等五六位同学写给惟生同学的信，叙说了读经的收获和快乐，表示要维护"纯读经"的方法。

几位同学的信写得都很好，充分证明了读经的益处。不过，我注意到，无论诉说痛苦还是快乐，无论反对还是维护"纯读经"，这些同学都不是"纯读经"（3-13岁全日读经，只许背诵）出来的，而是"不纯读经"（读经和大量阅读、感受、思索）出来的。我怀疑，如果他们是"纯读经"出来的，别说写这么好的信，恐怕连字都不认识几个（很多读经堂主和家长已经披露了很多"纯读经多年但不识字"的案例）。

看了各位同学的信，我一直在思索，如何给大家写一封回信。不是站在惟生同学的角度回复黄雨林等同学，也不是站在黄雨林等同学的角度回复惟生同学。我只能站在我自己的角度，给所有读经的孩子，包括惟生、黄雨林和其他所有读经孩子写一封信。上个月一直在德国开会、写《道学导论内篇》，没有时间做这件事。最近《读经杂志》控告我和其他一些"读经异议学者"（郭齐勇、陈明

回归生命的学问：写给读经孩子的一封信

等学者也都批评过"只读不讲、大量死背"的"读经方法"）"犯了反人类罪""该杀"，国学新知又邀我讲读经问题，所以不得不停下手头的研究工作，写这封信，帮助自己澄清一下思路，与各位读经同学一起思考一下读经的意义和方法。

首先，我想说，脱离体制学校，你们这些读经少年是幸运的，也是不幸的。幸运，因为你们较早接触了大量经典；不幸，因为恰恰是在所谓的"读经学堂"，经典被教条化和意识形态化。好在早期的"读经学堂"还没有走向极端的"纯读经"，使你们还有比较自在的生命空间，可以活动、探索、阅读、感受、思考。

牟宗三先生在《五十自述》的第一章"在混沌中长成"中，曾深情地回忆那样的生命空间。春天的扫墓，在沙滩上翻筋斗、"不知不觉睡着了，复返于寂静的混沌"，自己动手做秋千；夏天"东钻西跑、挖土坑、攀树木、穿墙角、捉迷藏"；秋天帮大人收庄稼，"扛、抬、挑、负我都得作""感觉劳动收获是一种趣味，作起来很愉快"；冬天"溜冰、踢毽、拍球、打瓦，一切泼皮的玩艺我都来"，晚上听骡马夜归的杂沓之声，感受生命的苍茫和安息。年底看戏，领悟"原始的人情""永恒的人情""生命的风姿、人格的风采""这是最直接的人格，最直接的生命"[1]。

这些就是牟宗三先生十五岁以前的教育，生命的教育、生活的教育。用他自己的话说，只有那段时间的生活才是生活，此后都是

---

1 牟宗三《五十自述》第一章"在混沌中长成"，台北：联经出版社，2003年。

生命的默化：当代社会的古典教育

"生命的耗费"。通观《五十自述》，我们可以看到，牟宗三在每个学术阶段都会不停地回到儿时的生活经验，因为那段经验是他生命的原点，构成了他毕生学问的真正基础，生命的基础。从这个基础出发，不断回到原点，牟宗三的学问才是生命的学问。

牟宗三儿时也上过私塾，但他恰恰不喜欢那一套："我对于穿长衫的秀才们，三家村的学究们，并不见得有好感。儿时我即感觉到他们有点别扭。九岁入学，读的是私塾。在那二三年间我虽然也好好读书，也怕先生，但我对于这些先生、秀才们，总觉着异样，不自在、不自然"[1]。我想，那时的私塾幸亏还比较乡土自然，半天读经，半天玩泥巴，小牟宗三还算能读下去。如果那时的私塾也像今天这样高压紧张，功利性太强（求道之难在于，一不小心也可能功利化、工具化），每天十小时纯读经，十年"包本"背诵三十万字，我想牟先生可能早就逃学了，今天也就少了一位新儒家大学者。

我没有牟先生那么幸运，因为我的童年在"文革"后期和改革早期。"文革"时期，我的家庭备受歧视，小朋友们也欺负我。等到改革的时候，父母到处做豆腐糊口，我也随家辗转播迁。不过，我童年时的乡村虽已不如牟先生的栖霞那么淳朴美好，但天上的白云和山间的野草却同样是儿时最好的伙伴。

我也没有你们那么幸运，可以那么早就接触到经典书籍。我从

---

1 《牟宗三全集》，第32卷第14页。

小没有什么书看，经典没有，闲书也没有。我只有一本字帖，每天用毛笔蘸水在地上写。大概七八岁时的一天傍晚，我在阁楼上看字帖（一家六口人挤在十平方米的小房里，我和哥哥们只能爬到低矮的阁楼上睡觉），忽然感觉字帖上的每个字都那么好，不多一点，不少一点，正到好处。那一刻，仿佛每个字都从纸上跳出来，向我微笑招手，告诉我什么叫做"好"。我激动不已，摸黑爬下梯子（会翻的那种，我小时候经常梦见从梯子上翻下来），跑到豆腐坊找爸爸妈妈（做豆腐要起早贪黑），急于分享我的伟大发现。然而，等到他们想听我说，我却什么也说不出来，只能看着豆浆的蒸汽在空中弥漫，舒卷，忽而成象，忽而消散。我后来读到里尔克的一句诗，大概可以描述当时的懵懂感受："我们只是路过万物，像一阵风吹过。万物对我们缄默，仿佛有一种默契……"

自发的感受力和学习的兴趣，是儿童教育中最宝贵的东西，因为这个东西正是人心与自然万物相契、我与他人相与的可能性基点。《论语》开篇为什么"学"字当头？为什么在"学而时习之，不亦说乎"之后，立刻接以"有朋自远方来，不亦乐乎"？也许正是因为这一点。

僵硬死板的"分析讲解""中心思想、段落大意"自然是最有效的阅读兴趣杀手，但一味不允许理解的死记硬背恐怕更能迅速扼杀孩子的自发感受力。牟宗三先生说得好，真正的"理解"并不是"外延性的解析"，而是带有生命感受的契入。为了培养这种深度的契入，生命感受、知性解析、精神理性三个层面必须相须为用、相与涵养，

311

生命的默化：当代社会的古典教育

相机教学，因为，它们的源头本是一个东西，只是在不同的时候有不同的发用和表现。正如拙文《当代社会的儒学教育》曾讲过的那样，片面的"理性启蒙主义"诚然有害整全心性的养成，但是，刻意排斥理性的蒙昧主义读经方法恐怕也只能养成封闭麻木的心灵。诚然，儿童有较多感性，教育应以感性培养为主，不宜过多理性讲解。然而，在"纯读经"的理论和实践中，只有简单粗暴的背背背，完全没有感性培养的位置（感性的教育被粗暴地斥责为"西化教育"），所有期待都被付诸"右脑（伪）科学"的"深度开发奇迹"（他们所谓"越是有口无心的背诵，越能深度开发右脑"，不知左右脑也是相须为用、相与涵养的。截然划分左右的脑根本就不是人脑，而是电脑；截然划分背诵和理解的读经根本就不是读经，而是流水线装配；截然划分13岁之前和之后的人生根本就不是人生，而是"民族文化复兴计划的试验品"）。

牟宗三先生也常常把个人生命和民族文化的生命相提并论。然而，无论个人，还是民族文化，在牟先生那里首先都是一个生命体。生命是需要从容涵养的，容不得病急乱投医的仓皇失据，即使其出发点是为了救助这个生命。在近现代中国的危局中，各派思潮几乎都处在病急乱投医的仓皇失据中，只有熊十力、梁漱溟、马一浮、钱穆、牟宗三、唐君毅、徐复观等新儒家师友们站稳脚跟，从容论学，发挥经义，从文化生命的深层根源出发，思考时代的问题和未来的命运。以他们为参照系，今天的人们可以非常清楚地看到，各种"病急乱投医"的仓皇虽然出发点是好的，都是为了救中国，但最终却

回归生命的学问:写给读经孩子的一封信

只能导致越来越急迫、越来越激进、越来越极端的生命形态。这种形态虽然跟上了"更快更高更强"的现代性节拍,但终究是不可持久的,只能与全球现代性一起走向灭亡。如今,当代中国主动回归了文化生命的自觉,想要重建和倡导一种更加健康的人类生活方式,这种生活方式在中国圣人的经典中昭示了几千年,也在中国人的历史中探索了几千年。在这个时候,重建从容涵泳的学术生活成为学者的时代任务。然而,正是在这样的关键时刻,我们看到了什么呢?我们看到"体制内学者"汲汲于课题和职称,毫无担当;"民间学者"仍然在"病急乱投医",胡乱担当。今日教育的困境,无论"体制教育"的困境还是"读经教育"的困境,皆源于此。

我非常能理解读"纯读经"倡导者的毅然决然、一无反顾,我也非常能理解为什么会有很多读经家长宁愿离婚(夫妻双方在孩子读经问题上产生剧烈冲突,这种情况非常多见)、变卖家产,也要让孩子脱离体制学校,全日制读经。在儒家网的群里,我看到有人转发一位读经家长的话:

"经是要读的,但经也是要活出来的。只提倡大量读经也是大人的功利心作怪,我们错把自己读经的感受当成孩子的感受了。我们忘记了自己也曾经是个孩子,也有童年。我们以为自己的一些陋习是因为没有读经所致,所以我们悔恨自己那个曾经没有读经的童年。我们信誓旦旦要改变,却找不着北,以为大量读经、只读经就可以改变这一切。"

是啊,在时代的急迫中(以前的急迫是救中国,现在的急迫是

生命的默化：当代社会的古典教育

新中国，"新"用作动词），我们忘了人是有生命的，文化是有生命的。我们这几代人没文化，文化断了，亟需补课。然而，文化是生命的修养，"恶补"不来，只能"涵养"，徐徐得来；只能自己养，服务外包得不来，灌输孩子得不来。无论个人生命还是文化生命都是"活出来的"，不是工具性地"读出来的"，更不是高强度的十年全日制"纯读经"背出来的。

时代的急迫驱使人"物化""工具化"，因为只有工具化和物化才能达到最高效率。无论在过去"救中国"的时候，还是在今天"新中国"（"新"作动词）的时候，这都是可以理解的。然而，无论时代多么急迫，牟宗三和他的新儒家师友们的从容笃定却承自孔孟程朱，以至于未来，永远是士人济世的典范。在"救中国"的革命事业中，他反对"病急乱投医"的极端激进，在"新中国"（"新"作动词）的文教事业中，他也同样会反对极端激进的"纯读经"、"老实大量只读经"。革命者和读经者的决绝心态和孤往之勇是令人感佩的，但也是令人惋惜和担忧的。拙文《当代社会的儒学教育》发出后，有位朋友批评我"本是同根生，相煎何太急"，何不成人之美，乐观其成？而上海儒学会的李耐儒秘书长帮我回答这位先生说："成人之美易，不成人之恶难"，真是深明大义者。

黄雨林同学在尝到解经乐趣之后，曾后悔早年没有"纯读""包本"更多经典；而牟宗三先生却在回首私塾读书经历时说："读书固然重要，但我当时似乎总感到有在读书以外超越了读书涵盖了读书的气氛。读书不是唯一凸显的生活，这意识一直维持到现在"

回归生命的学问：写给读经孩子的一封信

（《五十自述》第一章）。雨林的后悔自然是向道之心的热忱，但也未尝没有功利心的夹缠。如果不是为了刻意捍卫那种连他自己也没有试过的"3-13岁十年纯读理论"（雨林读经时已是16岁中学生），这种功利主义的推导（如果"非纯读"都这么好，"纯读"岂不更好？）是不可能蒙蔽向道之心的。精神的生命没有一段是白过的，即使这一段是"弯路"。

牟宗三先生就走了"弯路"，而且执着地要走"弯路"，必须走"弯路"。生命的道路曲折通幽，峰回路转，风光无限。反之，欲速则不达。这特别是文教的道理、学习的道理。为什么《论语》开篇在学而时习之悦、有朋远来之乐后面接以"人不知而不愠"，恐也在此"曲"的道理。在《五十自述》第一章"混沌的长成"末尾，牟宗三写道：

"学是在曲中发展，不断地学即不断地曲。在不断的曲与'曲之曲'中来使一个人的生命远离其自己而复回归于其自己，从其'非存在的'消融而为'存在的'，以完成其自己。"

所以，虽然怀着无比的眷恋，少年牟宗三还是离开了他的山村，去到外面的世界读书；虽然怀着对中国文化的深情，他还是勤奋学习罗素和怀特海的《数学原理》、康德和黑格尔的哲学、基督教和佛教的经典。那个混沌的、原初的、直接的生命并没有消失，但必须经过间接的、曲折的路程，才能重新找回。对于原初直接性的缅怀是可贵的，但如果被作为粗暴的极端的教条，也是可悯的，乃至可怖的。学院知识人的"博学"诚然是"弯弯肠子太多的"庸俗浅薄,然而,求道的热望如果过于直接,以死士之心和孤往之勇来强推,却也足以灼伤自己和他人,带来灾难。

最后,我想顺便给读经孩子的父母们写几句话:除了生命的自省、自修,没有什么东西能改变您自己和孩子的生命形态、生活样式。即使"读经的声音"也没有这个魔力。无论"读经机"的声音,还是您的孩子"有口无心"的朗朗书声("有口无心"在"读经界"不是贬义词,而是他们追求的"最高读经境界"),都没有这个魔力。《大学》云,"自天子以至于庶人,壹是皆以修身为本"。"纯读"提倡者宣导的"声闻大法"不是儒学。牟宗三没有修过这大法,孔子也没有修过。

《易》云:"复,其见天地之心乎?"读经没有捷径,善复者近之。"复"是"生命远离其自己而复回归于其自己"。多年读经乱象,可能也是"必要的弯路"。但现在应该已经到了回归生命学问的时候。

附录一:一个读经少年的来信(惟生)

> 无竟寓按:我在上海儒学大会的演讲《当代社会的儒学教育》发出后,收到一个读经少年惟生同学的来信,现作为附录,或有助于读者了解"读经界"情况。
>
> 读完惟生的来信,心情很沉重。前日他来同济找我,我跟他谈了很多。主要意思是告诉他,我并不能给他什么。古典书

回归生命的学问：写给读经孩子的一封信

院只提供教学，不提供服务。"古之学者为己"，无法出售和购买。书院只为读者打开经典，为学者找到学生，为同学找到朋友。书院不抢生源，反而赶人走（开办两年，劝退过两百多人，目前在读百余人）。

书院自然欢迎惟生来从学，但首先他必须已经成为一个学会了自由学习的人。这可能是在读经学堂中长大的孩子最缺乏的能力。但在午夜深山的手电光中（参信中"在深夜打手电筒偷偷看书的日子"一节），我知道惟生早已学会了这一点，虽然他的读经老师一直告诉他"你还没有学会"或者甚至"你根本就不应该学会"自由的学习。

我用批改作文的方式给他回了信，希望他能从中体会如何通顺简洁地表达、如何正确使用标点符号。因为在读经学堂偷看了一些禁书（《史记》《四书章句集注》等竟然在读经私塾中被列为禁书），惟生的句子还算通顺。以前看到有些读经学生十几岁了，"（伪）背诵"了几十万字经典，却还不具备小学三年级应有的造句能力，被我批评两句，就离开我了。

边缘化、过于敏感、傲娇和自卑的混合，这些都是读经学生常见的心态。如何解开这些心结，找回平常心，鸡血渐退而向道之心弥坚，要靠他们自己慢慢释放，然后重新聚集心力。

同意发出这封信，惟生的愿望是或许能帮助更多像他一样的读经少年。信中反映的问题在"读经界"非常普遍，但鲜为外界所知。声势浩大、感人肺腑的"读经宣导"和蓄意攻击传统文

生命的默化：当代社会的古典教育

化的"媒体报道"两面夹击，公众无从了解读经生活的实情。惟生的这封信是读经学生的第一次自我陈述、冷静思考，弥足珍贵。

当然，信中所述虽然是一个读经学生在私塾的亲身经历，但学生的视角毕竟只是学生的视角，难免偏见和局限。不过，对于教师和学堂来说，了解学生成长的经历和感受是必需的参考，否则教育就只是粗暴灌输，结果必然适得其反。

一个好的老师会感谢学生的坦诚和勇敢，而不是像惟生所遇见的"老师"那样怒不可遏，拒绝交流。这就像写字的道理：心气聚集，但也要闲散；专注内心，但也要关照笔锋。仁者性静而感通，志坚而情遂，未闻意必固我者可以近道也。

无竟寓先生道鉴：

我叫惟生，从十岁开始退出体制学校，进入私塾学习传统文化。迄今虽已九载，但也仅仅背诵了些经典，略知训诂，学问尚未入门。期间，我经历了对读经教育的狂热、受挫、困惑与反思，现在非常迷茫。上周一个偶然的机会，我看到先生在首届上海儒学大会上的演讲《当代社会的儒学教育》，深受触动。先生演讲中对于读经运动的分析，尤其是对那种全日读经、拒绝理解、单一"背诵"（其实不是真正的背诵）的批评，非常恳切。这是我第一次看到对当今私塾与经典"（伪）背诵"问题最为透彻而符合实际的分析。

我是从小脱离体制学校，在读经学堂长大的。这些年来，读经越来越热，像我这样的孩子也越来越多。我属于较早的一批，已经成年，开始思考未来的出路，但非常迷茫。同学相谈，最多的是焦虑。父母怀着圣贤憧憬，为我们选择了一条特殊的求学道路，今天，我们长大了，却开始面临特殊的问题。这些问题鲜为人知。学生想就自己的学习经历，以及遭遇的问题和困境，向先生汇报和请教。

在深夜打手电筒偷偷看书的日子

2007年夏末，我的母亲由于受到"读经运动"和国学热的影响，以及希望孩子能够受到更好的教育，决定让我退学进入私塾。这个决定在我的家庭引起了强烈的反对，但因我母亲态度坚决，所以我仍然踏上了私塾之路。

最初进入的是一家"综合型私塾"，每天读经大概四小时左右，其余有书画，武术，讲课等课程，体制内的课程多不开设，对学生前途也没有清晰而明确的规划。但刚刚脱离体制学校的我，仍然感到非常兴奋。一个学期结束之后，我妈妈因为注意到这家私塾的一些孩子有说脏话的坏风气开始影响到我，于是决定带我换一所学校。

第二次入学的私塾（或毋宁称为"道场"）是在一个偏远的山区，宗教化极强，信仰佛教"净土宗"（我后来怀疑真正的净土佛教可能并非如此），学习、生活皆以宗教思想严格落实与约束，背诵经典虽然也包括四书和五经的一部分，但更多的是佛经。老师要求学生要"销落妄想"，以"禅定的状态"背诵经典。这里杜绝电子产品，没有节假日，甚至有一年的春节都没让我回家。

这里有图书馆，但未经老师许可的书籍不许读。即使像《曾国藩家书》《竹窗随笔》这样的名著,都被列入禁书,理由是"这些书增长所知障",禁止读书是为了"培养清净心"。甚至到最后,我只被允许拥有一本《古代汉语词典》。我发现《词典》的词条释义中会引用古文例句,我只好在经典背诵的间歇偷看那些零碎文句。可是到最后,我这本可怜的词典也被没收了。于是,我又尝试在老师去卫生间的时候,迅速冲到柜子前,拿出"禁书"看两眼。后来有一次,老师从卫生间回来时突然问我:"看到哪一页了?"吓了我一跳。

一年后,我被允许独立学习,不再派老师监管。我知道这个山上有很多古典书籍放在另一个山头的"往生堂",于是我开始了一项冒险的读书计划:每天午夜十一点,等老师和同学入睡之后,我悄悄地溜进往生堂,打着手电筒读书。如果说后来我还有点独立思考能力,可能都要归功于手电筒的光照为我分开了往生堂的黑暗。

白天的"课程"几乎没有其他内容,只是一味背经典,没有老师讲解。现在想起来,这种状况的造成,一方面是由于师资的缺乏,另一方面是出于某些似是而非的"宗教理念"的偏执:所谓"一门深入,长时熏修""般若无知,无所不知"等等。他们以佛经中周利槃陀与六祖慧能等故事为依据,特别强调"智慧"与"知识"的区别、"德行"与"才能"的区别,夸大出世入世之间的矛盾。这些宗教思想都是用"理所当然"的态度灌输给我们的。

现在回想起来,这些思想可能并没有错,甚至非常好,但在我们这些小孩的感觉中,这些都未免过于愁苦了,带有太多成人世界的幽怨,让我们感到压抑,黯淡无光,毫无生机。我不相信传统文化是这般灰暗的东西。在往生堂的手电光照中,我发现了另一个国学经典的世界,这个世界是生灵活现、熠熠生辉的。我不知道往生堂的鬼魂有没有"往生",但我肯定是"穿越"了,穿越到古代,与过去的伟大灵魂为友。我开始逐渐感觉到这些被幽闭的精魂才是斯文所系的命脉,而私塾的"读经教育"则很可能是背道而驰的东西。

最初的疑惑和觉醒

我在这种压抑且荒谬的教育环境中学习了四年半。后来,我曾反省自己为什么没有及时觉醒?我想一方面是因为年龄幼小,心智不成熟,另一方面可能要归因于环境的巨大压力。压力有多大,我只需讲一个鸡毛蒜皮的小故事:

《战国策》有"三人成虎"的故事,而我经历的比这还要荒唐。记得我刚到一个月时,有一次我走进教室,看到一个同学用手在空中极力比划一个巨大的圆形,说"这么大的橘子",我反驳说"那怎么可能呢?"于是我遭到了围攻。他们纷纷指责我"诽谤因果""肯定会堕地狱"。原来他的原话是"西方极乐世界有这么大的橘子",但我依然认为匪夷所思,再欲竭力反驳,反而招致"对牛弹琴"的讽刺,只好默然无言。

虽然身处封闭灌输的环境中,但我逐渐在儒家经典中发觉端倪,感到私塾所教与经典相矛盾。私塾老师常常以《弟子规》为依据,极力渲染知识的罪恶、习劳的伟大,可我在《论语》中看到的却是樊迟请学稼,夫子曰:小人哉!子路曰:"有民人焉,有社稷焉,何必读书，然后为学？"子曰："是故恶夫佞者。"

在《中庸》里，我看到夫子教导说，君子在笃行前必须经历博学、审问、慎思、明辨四个阶段。在《四书章句集注》中（在董惟一同学上过的私塾里，甚至连这本书也是被禁止的，因为老师不许学生看注解，只需背诵白文），我看到在"行有余力，则以学文"句下（这段话是《弟子规》的依据），朱子注曰："愚谓力行而不学文……而所行或出于私意，非但失之于野而已。"朱子对后世学人特意说明，不可对"行有余力，则以学文"做过度理解，否则就会走向反智主义。

稍加观察即可发现，今天流行的各家读经模式虽以"儒家"为名，但绝大多数都是以反智倾向的"（伪）佛教"为背景的，只不过有的明显，有的隐蔽。净空比较明显，"老实大量纯读经"比较隐蔽。古代儒家并没有这样的"读经"方法，佛教恐怕也没有。明代莲池大师在《竹窗随笔》里说："儒佛二教圣人，其设化各有所主，固不必歧而二之，亦不必强而合之。"如何会通儒佛，固非我等凡夫所能窥知，但看出今天所谓"读经"的"强而合之"，并不需要多少眼力。

这时我虽已察觉到读经私塾与真正的古典文化教育有很大区别，但仍未能完全认识到里面隐藏的问题究竟有多严重。对于读经老师倡导的"读经扎根""传统至上"的理念，我仍然深信不疑，时刻约束自己的起心动念，最顶峰的时候一天读经十一个小时。

2012年，私塾课程日益宗教化，我就离开了那里，去了另外一个学堂继续读经。这个地方也在山区，但更偏远。有好长时间，孤独的大山中，加上我在内，总共只有三个人七条狗。发电靠太阳能，雨天和大雪时会断电。

就这样全天候读经五年，基本经典早已背完。但由于没有老师讲经，我们只能被迫一遍又一遍地重复背诵那些不知背了多少遍的书。那时候，我才开始对这种教育的意义产生真正的怀疑。

2013年秋初，我转到一所专为较大的读经学生开设的学堂。学堂的规划据说是旨在帮助学生进入大学，但迟迟未能落实。脱离体制太久，除了背经什么都不会，谁都没能上大学。我只能又离开，转到另外一家学堂。在这里，我终于可以学一点经典文句的训诂，第一次搞明白了《四书》和《孔子家语》的章句大意。不过，这些简单的字面解释并不能满足我的思考，于是不久之后也离开了。

包本！包本！

2014年夏天，有同学认为我适合学术研究，向我推荐了一家书院。看了这家书院的入学要求（包本背诵三十万字录像）和教育规划之后，我不禁满腹狐疑。要求包本背诵的经典虽早已背过（"包本"指不间断地连续背完一本书），但若要求录像，我不得不重新背诵。这意味着我又要去重复那个曾经机械性地重复了无数遍的过程。虽然时间也许并不需要很长，最多一年，但我找不到这样做的意义究竟何在？难道就是为了进入这家书院吗？我感到这种机械重复的背诵应试之无意义，更甚于高考！进入这家书院对我真的有意义吗？会和之前经历过的私塾一样失败吗？即使能进去学习，但对于毕业之后的前途又毫无交代。书院先生对我说："如果你还考虑前途名利这种东西，那就不要读书了。"我顿时不知所措。我并不在乎名利。但我关心我的未来。年轻人关心自己的未来被粗暴指责为追求名利，我很委屈，却又无话可说。

我已经付出了八年的青春热血来背诵那些经典啊，然而只是因为以前的背诵没有包本录像而被一笔勾销。那段时间我真感觉"欲渡黄河冰塞川，将登太行雪满山"，歧路彷徨，不知所之。我走访了一些专门做"包本"的私塾，希望能找到进书院的途径。但这些都是刚开始背诵经典的学堂，包本速度太慢。我于是决定自己背。

2014年8月至15年6月期间，我足不出户11个月，一个人关在房间里包本背完了二十万字。这是一段极端孤独的历程。毫无意义的机械背诵给我带来越来越冷静的思考。我的疑虑也越来越深。读经界一直在极力宣传"读经万能论"。亲身经历的事实且不说，经典中为什么也找不到一句类似的说法？子曰："诵《诗》三百，授之以政，不达，使于四方，不能专对，虽多，亦奚以为？""记问之学，不足以为人师。"为什么经典中只有孔子反复警告我们：单纯的记诵读经恰恰是无用的？后来，我读了一些研究古代私塾教育的书籍，明白了古人读经之前，必先习小学训诂。由此可见，古人读经显然是建立在一定理解基础之上的。理解不必很深，将来也可以逐渐加深，但"不许理解"的"背诵"肯定不是古代私塾的读经方法，只能是"前无古人，后无来者"的当代创造。

回望这些年身边那些和我一样背诵了大量经典（二十万字以上）

回归生命的学问：写给读经孩子的一封信

的同学，多因没有出路而终止了十多年的读经历程；而当他们一旦停止私塾学习，又没有进学深造途径，大多数同学都变得非常沉沦，情绪低落，只能借电视剧和电子游戏排遣焦虑、打发时光。至于那些曾经背得滚瓜烂熟的经文，很快就忘得一干二净了。而且，由于当时背的时候并不理解意思，等到电视剧中听到台词里引用经典名句，也并不知其所以然。

铁一般的事实证明，不许理解的记忆是极其脆弱的。稍一停搁，便随风陨灭，毫无踪迹。即使有包本录像为证，又能说明什么呢？我甚至怀疑高考成绩单能证明的东西，比包本录像还要多。我知道这样的想法在读经界是非常大逆不道的"危险思想"，但我无法抑制自己的怀疑。

发芽还是腐烂？

无论如何，传说中"经典的种子"并没有发芽。原因很简单：因为没有阳光、空气和水，多好的种子都会腐烂。经典是有生命的种子。但生命的种子必须种进能呼吸的土壤才能发芽。野蛮粗暴读经方法窒息了生命的呼吸，土壤早已板结，种下多少种子都是徒劳。

其实，对经典的感觉和理解，即使非常朴素，谈不上多深的经学和义理，也是读经生活的阳光、空气和水。只有阳光、空气和水才能带来土壤的呼吸和种子的萌发。古老经典和鲜活生命的相遇本来是经典生命日新的保证，但这二者如果被禁锢在一个缺乏阳光、空气和水的地方，读经的人生命萎缩，经典怎么可能发芽？

生命的默化：当代社会的古典教育

或许，事情会不会像他们所说的那样，那种不求其解的背诵过程是完全不动脑子、不用心智的（不需要用，更无法用）？最典型的例子是我在山上的那家宗教私塾中背诵的"楞严咒"。咒语长达两千六百字，"南无萨怛他，苏伽多耶，阿啰诃帝，三藐三菩陀写。南无萨怛他，佛陀俱胝瑟尼钐……"这里如何运用心智？也许确实像他们所说，咒语是无需理解的（我对此存疑，因为我不相信其梵文原文毫无意义），但儒家经典也是这样吗？英文莎士比亚也是这样吗？我对此深深地怀疑。但他们已把这种教法上升到了神圣不可侵犯的程度，似乎只要试图理解"学而时习之""天命之谓性""to be or not to be"是什么意思，就是对孔子和莎士比亚经典的亵渎。

我曾经在一家私塾学背英文莎士比亚，笔和纸是违禁品，不许带入教室，因为老师怕你在纸上记单词、标音标。老师的全部工作只是按下神圣的读经机按钮，不解释句意，不教发音。读经机发出的每个音节都是神的语言，只许跟着重复，而且要用最大的声音一起齐声呼喊出来。发音听不清楚，但不许问，老师也不纠正。意思更不许问，老师也不讲。所有人的嗓音早已喊哑，每句话的发音都是混浊不清、蒙混过关的。莎士比亚千言万语，但听他们吼出来的每一句都是差不多的。这样"背诵"了莎士比亚，二十六个字母却还认不全，一句简单的英语问候也听不懂、不会说。但他们的宣传却是："什么，你问我能不能去哈佛留学？我告诉你，背完经典，我们是要去哈佛做教授的。"

我不知道这种"背诵"叫什么，我甚至怀疑这是不是真正的背诵？这不过是一种"肌肉运动"，土话叫作"凭嘴吐噜"，只要念的遍数足够多，即使一心二用都可以背过。我有一个同学的背书绝活是一边看韩剧一边包本"背"下了《诗经》。这种所谓的"背诵"并不培养心灵的感受力和理解力，相反，它需要的恰恰是心如木石。这不是耐心，更不是定力！

读经界喜谈"读经培养定力"，以为学生既然可以稳坐数小时，当然定力高强。我信之多年，直到后来目睹一些结束读经开始其他学习的同学，确实可以稳坐书桌前半日不动，但是学习效率很低，"定力"并没有发挥作用。我于是明白，这并不是定力。真正的定力指的是能够排除外界与内心杂念的干扰，心思专一，感觉敏锐，理智通达。如此静坐修行是定力，如此写一篇文章是定力，如此扫洒应对是定力，如此做一道数学题也是定力。而很多读经同学只不过是习惯了久坐，习惯了心如木石，习惯了内心无所事事、心神涣散，这怎么会是定力呢？

孔子亦曾历数错误读经方法导致的偏失

读经界对背诵经典惯用"扎根"的比喻："南方有某种竹子，前三年只见它成长了三厘米，实际竹子的根已经成长了十米，于是第四年可以一天一米的速度迅速成长。读经亦是扎根，根本既深，大才自然成就"云云，听起来非常巧妙。我曾深信不疑，但付诸实践，八年如一日地"扎根"，直到现实的失败才促使我不得不深刻反思这种理论的问题。有生命力的根自然可以深藏待发，但朽木深植却只能腐烂。

《大学》云"苟日新，日日新，又日新"。生命的特点在于自我更新，在于能试错和自我更正。怕理解错误而不许理解是愚昧的，也是毫无用处的，甚至会带来比"理解错误"更加有害的结果。中庸是动态的自我调节，而不是教条的偏执。经典当然是好的，但读经并非万能，错误的读法甚至有害。《礼记·经解》云：

"《诗》之失，愚；《书》之失，诬；《乐》之失，奢；《易》之失，贼；《礼》之失，烦；《春秋》之失，乱。"

孔子亲自历数错误读经方法导致的问题，警示后人不要把经典教条化、宗教化、庸俗化为"狗皮膏药""万应灵丹"。经典当然是神圣的，但是那种庸俗的伪神圣化毋宁是对经典的妖魔化和亵渎。读经界几乎对儒家义理一无所知（他们甚至看不懂上面那段《经解》里的话），却盲目对儒家经典进行肆意教条化，以神圣之名行亵渎之实，真可谓"一粉胜十黑"。

2013年6月，带着这些质疑，我来到一家非常有名的御定"包本"专门私塾，冲刺最后四本英文经典的包本背诵录像摄制，以便获得进入书院学习的资格。进门后先没收东西，只允许携带三套换洗衣服和目前正在背的那一本书，其他任何东西甚至纸笔都不许带入。严格管制我早已习惯，虽有诧异，并未不满。老师见我在莎士比亚英文十四行诗的书上注了音标，当即令我擦除。我听不清读经机，又没有词典和音标的辅助，既不明白意思，也找不准发音，无法跟上。我不愿自欺欺人，"凭嘴嘟噜"，蒙混过关。于是我找到总管老师，向他表达我对这种"读经"方法的疑问。老师当即勃然大怒："老祖宗留下来的东西，你有什么资格说三道四！"我只好对其深施一礼，起身离去。

出门后，我在城市的街头伫立良久，茫然不知所之。我努力让心情平静下来，排除情绪，冷静思考。经历了太多，早已没有时间去带什么情绪。我必须冷静地想想这些年的读经之路是怎么走过来的，将来去往何方？"老实大量纯读经"的偏激排外、教条僵化、狂暴欺人，已经无需多言。只是这么多年来，我的一切都倾注在私塾和读经上了，早已视读经老师和同学为亲人，但他们却只是因我提出心中久存的疑问而视我为寇仇，视我为懦弱、没有毅力、半途而废的逃兵，千夫所指，实在感到难过万分。

走向生命的学问

在那次彷徨街头的深思中，我终于想明白，读经的命运就是我自己的命运。我的个人生命与读经息息相关，因为，我的青春岁月就是在读经中读过的。

所以，在反思读经方式的问题时，我不可能有一丝一毫恶意，因为读经方法的所有失误都将是我个人生命的失误，读经教育的每一个问题也必然是我个人生命的问题。我多么愿意相信老实大量纯读经是完美的啊，因为如果是那样的话，我自己也将是更加完美的。

与局外人的反思不同，我对读经私塾的每一点怀疑都是对我自己生命意义的怀疑，令我心如刀割。像我这个年龄的体制内学生都在反叛体制,而我却不得不过早地学会怀疑自我。这也许是读经经历最大的收获。

当我注意到在那个唯一允许解经的书院规划中有"最后三至五年的学习统归牟宗三全集"的时候,忽然惊觉读经之路可能会使自己的人生越走越窄,最后目的竟然是要限制到一个学派里的一个人。扪心自问"读书的志向究竟是什么?"是为了别人口中"有价值""有意义"的事情吗?

子曰:"古之学者为己。"但我读经八年,却从未真正地将经典对照自己的人生!过去私塾的老师问及志向,我坦诚的说"是政治,但不是当官,是研究政治",得到的回答却永远是批评和抨击:"只有文化教育才是值得从事的事业,只有孔子才是值得效法的榜样,只有做读经老师才对得起读经学堂的培养!"这种说法也许是对的,但我必须自己去理解,而不是被指责、被强迫接受。

虽然已经彻底认识到单一读经的错误,但当我真的想到要放弃这件行之多年的事情,仍令我感到十分艰难。父母问我:"你背诵了这么多年经典,难道真的愿意就此作废吗?"是啊,我知道此时放弃,舍长用短再走新路,将对我非常困难。

但那天在街头彷徨无地的冷静思索让我明白,我必须去探索一条新路。很多迷茫的读经班同学也都在探索。我们必须找到一条真正的读经之路,在这条路上,我们曾经读过的经典应该成为生命的学问,而不是包本背诵录像里的升学资格凭证。所以,我最后决定不论前方有多少困难,都决心依从自己的志向而行。

回归生命的学问：写给读经孩子的一封信

2015 年 7 月至今，我在各地求学访师，思考自己的志向，确定人生的方向与计划，明白了读经圈中流行的"大学垃圾论"的偏激和读经学堂的局限。通过对比各种求学门径，我选择了自考本科、然后再考研的计划。

先生，我作为第一代"读经学生"，对您分析读经方式利弊的阐述有着特别切身的体会。而今我虽已决心从过去错误的学习方式中走出来，但有些严重的问题依然在困扰着我。我听说在您主办的"同济复兴古典书院"有一批像我这样的读经学生在深造，我也特别想来学习，不知有否可能？我看到古典书院的介绍里说，书院希望通过公益教学和经典研究来沟通大学和社会、古典和现代，做生命的学问。

我想，大学与民间、古典与现代的隔阂，这不正是我目前所遭遇的根本困境吗？如果能打通这些关节，曾经所读的经典或许能化为生命的学问？所以，我不揣冒昧写了这封信，向您介绍我自己的求学经历和遭遇的问题，希望得到您的理解和指教，希望古典书院能接纳我这个彷徨无地的学子！我四处求学并不是为了"世俗的前途"（他们如此指责我），而只是想走出一条属于自己的道路。这条路也许最终会跟他们期望的目标殊途同归，但我必须自己走出来。呈此衷心，伏惟先生鉴之！

附录二：感恩读经，永远读经，平常心读经（董若岐）

柯老师：

上学期期末没写总结给老师看（虽然您没有硬性要求），我心中一直怀有愧疚。一转眼又到期末，我心中有许多感想，愿与老师分享，却又不知从何说起。

6月13日晚，见群里讨论读经教育之事，不禁回首往事，感慨颇多。第二天又见老师发来惟生同学的读经经历自述，太多相似的遭遇引起我阵阵共鸣，心潮澎湃，又黯然神伤。沉默良久，终于觉得应该写点什么。

放下，反而学会感恩

惟生同学无论是读经时间还是读经经历都比我丰富太多。将近十年的青春投入进去，从满怀憧憬到迷茫彷徨，非常有代表性。大体来看，他每一个阶段的经历与我当年的处境和心态变化极为相似。从他的叙述中，我相信每一个读经孩子都能找到自己的影子，感同身受，字字连心。

与惟生同学相似，我也经历了对私塾的狂热、失望、困惑、反思。在短短三年的私塾经历中，仿佛冰火两重天。太多往事，我还没有勇气去整理思绪，把它们写下来。我还没有惟生那样冷静自剖的勇气和理性。甚至有些时候，当我听到人们批评读经私塾的时候，我会觉得无地自容，仿佛那种批评必然包含着对我们这些读经孩子的歧视。

回归生命的学问：写给读经孩子的一封信

2014年9月10日，我有幸来到同济，跟老师学习。转眼已近两年。从私塾的被迫学习，到目前的自由自觉学习，这个转变并不容易。尽管心态有所调整，但我必须承认自己戾气未蜕，不少"底线"一碰就炸。在学会自由学习之前，我必须首先学会平常心。

以前在"读经"环境中，曾经因为自己对私塾的质疑，我受到了各种要求"感恩"与"不懂得感恩"的规劝与谴责。在很长的一段时间里，这些严厉的谴责萦绕耳边，纠结心中，挥之不去，令人挣扎。而在这两年中，当我渐渐放松，投入到自由快乐的学习中，不再被迫感恩，乃至忘记了感恩，反而找回了久违的感恩之心。

暮然回首，我发现自己的感恩之心从来没有离开过我。一旦试着学会让心灵自由放松，我对过往的所有一切人与事，即使在读经课上没收我的《四书章句集注》的老师，在冰天雪地中强迫我跑步、以至我咳嗽一个月也拒绝送我进医院、还不允许我给父母打电话的老师，我也渐渐地能学会平静地面对，不再有怨。正如师母张轩辞老师在同济图书馆的《黄帝内经》课上所言："感知自己不是件容易的事情，是一辈子的功课。"

在老师身边学习的这两年中，正是因为老师的信任，信任我可以自己度过心理上的难关，才使得我能够勇猛精进，放下了内心的紧张。这种师生间的信任，涵养了我平和的心态。使我在学习中，不再为取得什么、表现什么而焦虑不安。能够慢下来、坚定下来，像个真正的学生那样，只是简单地做一件事：学习。而曾经，"读经"的高度强制性安排使得这么简单的一件事情也无法进行。

我们不想成为错误读经方法的牺牲品，
也不想被利用为反经典的工具

感谢惟生同学的信，越来越多的读经学生和家长相互知道了：我们都有过相似的心路历程。私塾的问题，已不用过多赘述。我开始思考一个曾经从未思考过的问题：为什么我脱离了私塾，但依旧对经典坚持至今？而且，如果可以的话，一直到永远？

经典是人类智慧的结晶，自然是好的。尽管私塾的读书方式单一粗暴，但它让我们读的内容是人类智慧的最高经典。我已经脱离私塾教育两年，脱离体制教育五年，可以说对两种教育方式都有所了解，也更加中立。如今一眼看过去，读经教育中有真有假，有对有错，鱼龙混杂，泥沙俱下。若不能理性看待，冷静分析，很容易把读经方法的错误归诸经典本身，成为"国民劣根性""儒家专制主义"等陈词滥调的新证据。我想说，我们既不想成为错误读经方法的牺牲品，也不想被利用为反经典的错误思想的工具。

我想，正如老师反复说过的那样，在"现代性的吊诡处境"中，面对这种有真有假、有对有错的混杂局面，我们既不应激愤地、狂热的去推广一种过度简化的粗暴读经方案，也不应激愤地、狂热地、不顾一切地去反对所有读经教育。我们应该从现代性的意识形态激情中解放出来，慢慢放松，重新找回古典的自由，用一颗平常心，去细细的把这些真假对错辨析出来。潜移默化，渐渐复位。

越来越多的读经家长和学生开始反思私塾的读经方式问题。就

回归生命的学问：写给读经孩子的一封信

我所接触的来看，他们能反映很真实的问题，但有些难免带有过强的情绪，不够客观。问题很大，情绪自然难免。但情绪不是解决问题的关键，也不是问题产生的关键。我们必须学会跳出情绪之外，去重新看待这场读经运动的意义。正如老师引用海裔老师在北大法学院毕业典礼上所说的那样：首先要学会静观凝视，才不愧为受过大学教育的人。

我还记得上次去精舍，老师曾对我说："我们要有一个同情的态度，但也要有一种冷静的理性，把读经问题的丝丝缕缕疏通、理顺。该批评的地方批评，该肯定的地方肯定，君子不党，和而不同。哪些方面是好的，哪些方面是不好的，平心而观，直心而论。不要怕，也不要得意。不要狂热鼓吹，也不要怨恨攻击。平平常常地'为往圣继绝学，为万世开太平'。摒除情绪，杜绝个人恩怨，秉心塞渊，坦荡无私，一切都是为了往圣先贤，为了经典，为了人类的幸福生活。"

找回平常心

谈谈自己的转变。一开始离开读经私塾，来到上海，我内心是紧张焦虑的，特别想要被认同，想要寻求一种"存在感"。生于这个时代，在时代潮流的冲刷下，作为高度边缘化的学生（我都不知道能不能被合法地称为"学生"），妄求着被主流社会认同。在"求认同"渴望驱使下，我使劲学习。然而，看似动力十足，实则还是把成长的生命要求交给了外界环境，没有做到"为己之学"。所以，回想起来，那段时间，我的内心仍然是无所安、无所住的，终日惶惶，生怕虚度时光而仍然难免辜负韶华。我虽仍在进步，但对自己是种极大的消耗。因为需要外界环境的认可，所以受制于它，不可避免地影响着我内心的变化。

反省自己的心态，我不得不时时看到私塾教育的阴影。我不愿也不敢面对它，但我必须面对。我想，我可能得首先学会老师教导的自由、放松、平常心，然后才能面对。然而，正如老师在《诗经》课上反复讲过的那样，学会自由是困难的。每当我试着面对曾经的阴影，我很快就会被质疑、规劝、指责的声音所淹没，它们很快就激起我同样强烈的反弹。我知道这是过敏的神经，一触即发，脾气很坏，稍遇批评和委屈就控制不住情绪。这种状态与"读经界"在面对质疑时的反应极为相似。我不愿意承认，但我不得不认识到，我是从那个圈子里走出来的。他们塑造了我的情绪反应模式，我必须冷静认识到，平静面对，才有可能逐渐走出来。

我现在认识到，至少从道理上明白：认同并非一劳永逸，提出质疑也不意味着彻底反对。这两个极端所造成的后果是出奇相似的，因为它们都背离了自身与他者对话沟通的原意，也丧失了良性互动的可能性。经典教育不该因为质疑的产生，而否定其带来的"调整"与"检省"的意义。无论对于我个人的性情修养来说，还是对于读经事业的发展来说，我想，目前种种都不过是阶段性的问题，并不代表最终结果。只要有足够的向善之心和耐心，就能逐渐找回平常心。渡过难关，终将成长。

在感知自我和变化气质的过程中，痛苦是必然会经历的阶段。

回归生命的学问：写给读经孩子的一封信

而在读经学堂所学经典，则成为"痛苦"的燃料，转渡的资粮。读经三年，肚子里的经典不少，但苦于一知半解，无处可用。在上海学习的两年，进入了全新的学习环境，认识了很多不同背景的同学，参加了从未接触过的思想讨论。这些扑面而来的变化，激活了曾经沉睡的经典文句，使我不得不将学到的东西运用起来，让它们慢慢成为生活的学问、生命的思考。"不愤不启，不悱不发"，老师的讲解让那些曾经只是痛苦背诵过的经典一下子鲜活了起来，一下子与自己的生命关联起来，落到实处，让我知道了什么叫做"安心"。

上次在精舍的谈话，"真实""平实"是老师重点强调的词汇。回家后听老师谈话的录音，似乎又加深了一层理解。老师说："我们需要真实的热情，我们需要真实的使命感，我们需要平实的奉献和牺牲。是要落到实地的、真正的安身立命，而不是打鸡血的经典狂热和读经泡沫。"我问怎样才能"实"？老师回答说："实才能平，平才能实。一腔热血终究不是常态，支撑着自己跟打鸡血一样才能活下去的那种激情其实是虚火，不是真正的生命热力。真正'原力觉醒'的生活是在平淡中崇高，在平淡中牺牲自己，像蜡烛一样散发着温润的光明，无声无息。"

我曾经迷茫，栖栖遑遑没有归属之地。在那段压抑的时间里，父母亲不止一次安慰过我："无所谓，你就算平凡一世，也未尝不可。"但我那时是不甘如此，不甘于最终只落得个"平庸碌碌"的下场。而如今我懂得，正如老师所言，做学问的人，一定是含着深沉且热烈的感情，平淡才是真实。我知道此时的平淡，已经不再是当年的意义。而父母的话，我也终于理解："读书，本就是要让你拥有一颗甘于平淡的心。"

真的明白这些，我蓦地发现，生命并没有因为低头而失去价值，更没有因为平凡而成为庸碌。我的生活如此真实，而我对经典的热爱亦如此真实。"实"是最具力量的，它是认识自己的基点。

相比私塾教育，老师更加明白成长是需要时间的。所以，您给了我足够的时间和空间，让我在放松的状态下看清自己，将自我的束缚一点点打开，渐渐归于平和自然。上次在精舍的对话，您有一句让我印象深刻："帮助一个人认识自己，这是最重要的教育，甚至可能是惟一的教育。"

将近两年的时间，我最大的长进莫过于心性的逐渐成熟。在困境的磨砺中，正是靠着经典的指引，我才坚定至今。老师的话，我一直铭记在心："经典培养一个人的平实、睿智、通达、智慧。这是一种真挚深沉的生命情志，而不是意识形态化的可疑激情。"经典阅读和思考提升了我生命的高度，使我能看到更加广阔的视野，深入更加精微的感觉和思想。或许一路走来有所挣扎与痛苦，但这本身就是认识自己的过程，也是生命本身的坚韧。我们必须给予生命成长的时间，从容涵养。经典的滋养并不轰动视听、大张旗鼓，它总是在自由的心灵中悄无声息地到来。《诗》云"上天之载，无声无臭"，愿与天下读经同学共勉。

"读经理论"不是教育：
微信读经讨论辑录

拙文《当代社会的儒学教育》发出后，道里书院、儒家网等群里都在讨论读经问题。有一天晚上，我在某群被人训斥，说我没有深入学习领会"读经理论"，竟敢"妄议中央"。吓得我连夜学习。可恨根器太浅，翻来倒去好像只有那么几条，无非是老实大量、包本、煮汤圆、包饺子、脑科学之类"天才构想"，早就耳熟能详，看不出有什么微言大义。遂放弃努力，洗洗睡了。

我有睡前默背经典的习惯。那段时间因准备无锡东林书院的《中庸》会讲，在复习背诵《中庸》。躺在床上，背到"自诚明谓之性，自明诚谓之教"，忽然脑洞大开，领悟到"读经理论"确实是最高明的。毫无疑问，"老实大量纯读经"（读经界简称"老大读经"）是"自诚明谓之性"的最高理论建构，远远超过了"自明诚谓之教"的繁琐平庸；是"天命之谓性"的大道至简，远远超过"修道之谓教"的支离事业；是"诚则明矣"的"性之"过程，远远超过"明则诚矣"的"诚之"过程；是"诚者天之道"，远远超过"诚之者人之道"；是"不勉而中、不思而得、从容中道，圣人也"的气象，远远超过"择善而固执之者也"的学者格局。

不过，我又很快升起疑问（还是根器太浅啊）：如果儿童都是"不勉而中、不思而得、从容中道"的圣人，还需要什么教育呢？

对呀，可不是吗，"读经理论"最高明的地方不就在于它从根本上终结了任何一种"教育"的必要性吗？正是因为它超越了古今中外所有"教育理论"，尤其是超越了《中庸》所谓"自明诚谓之教"、"修道之谓教"的庸俗儒家教育理论，上升到"小朋友跟我读"的六字真言高度，它才是"前无古人后无来者、不中不西不古不今"的伟大创造啊！只有建立在这个理论自信、道路自信之上，才有可能放手发动群（a mao）众（a gou），"多快好省"建设读经学堂，只需要读经机、不需要老师就可以批量生产"治国平天下"的大才啊！这绝对是比永动机、水变油重要一万倍的发明创造，代表了人类智慧的最新高度。在如此高明的智慧面前，"传统儒家教育思想中，凡是符合老大读经理论的就是符合人性的，可以吸收；凡是不符合老大理论的就是违反人性的，应该抛弃"——对于读经界的"两个凡是"，我向来难以接受。现在终于理解，心悦诚服，欢喜赞叹，合十皈依。于是我就美美地睡着了。

下面辑录的是我在群里的发言、群中师友的讨论、微信公众号文章下面的网友留言。讨论从"野蛮读经"批判出发，深入到古今文质之变的思考，或有益于时代问题的深度诊断和疗救。治疗从来不是一件容易的事情。延误时机自然有害，但操之过急也会适得其反。子曰，过犹不及。读经本来是为了对治现代性的疾病，但如果病急乱投医，用药过度，不免造成"医源性坏病"：旧病未愈，复添新疾。中西之间也是这样。崇洋媚外固然有害，狭隘民族主义也未尝有利于传统文化的弘扬。道里书院师友一直致力于古今中西之间的深度对话。这次关于读经的讨论并未导致意识形态化的站队和批判，而是通过读经话题深入到古典文教及其当代使命的深层困境和未来可能性的开展，非常富有启发性。所以，我有心辑录了一下，希望有益于"读经教育"讨论的深化和拓展。前两节是我笔者的发言辑录，第三部分是对话形式的辑帖。

读经界应切磋自反，勿意必固我

颜峻的硕士论文区分了读经讨论的两个方面：要不要读和怎样读。前些年的讨论主要在前一问题，是原则性的争论；目前的讨论主要在后一问题，是方法的讨论。目前参与讨论的人，几乎没有反对读经的，只是方式方法的探讨，没有根本价值观分歧，是良性沟通。在"反思派"中，我到处灭火，劝他们勿过激，不要搞成大批判，对事不对人，局面健康。很多媒体想采访，制造话题，利用我们，达到否定传统文化的目的，都被我拒绝。《南方周末》《三联生活周刊》、澎湃新闻近来的文章，都很公允平正，是客观负责的良性批评。《新京报》标题有歧义，误导读者以为惟生不识字，惟生已发声明澄清。很多学堂已开始认真反思，调整方法，孩子们少受罪，大方向是好的。

经典教育的不容易，我是深有体会的。多年来，我和朋友们都面对太多社会和学生对传统文化的质疑。在这一点上，我们和各地私塾书院都是同志同仁同道，要团结，要多沟通。而沟通的内容中，必须包含自我批评和过失相规的部分，以便加强同行自律，共同提高，才能共同减少外部质疑。否则，同行相庇，互相文过饰非，则成为孔子说的小人党而不群。君子"群而不党"并非乡愿德之贼、"知和而和，不以礼节之"，而是"和而不同"的"群"。《易经》的道理，惟"不同"才能"和"，惟"不党"才能"群"，惟内含批判性的建设性才能促进健康的同道群体，即"无偏无党""切磋琢磨"的学习团队。

欲速则不达。牟先生谈中国现代革命的问题之一就在太急。席勒论法国大革命亦同此。读经太急，发动阿猫阿狗，结果变质，阿猫阿狗没上进，反而成主流，利益主导者为堂主，各地乱象纷呈，危机四伏。此时，倡导者当思救弊为亟，不暇自辩初心为是。初心实无人疑，何必自危若是，而误大业？

顾瑞荣老师谈学堂收费问题的要点，不在要不要收，在如何发动群众。我也一直反对免费的提法，参拙文《古典书院的生命存在》[1]。牟先生对现代革命的反思要点之一亦在：阶级斗争鼓之以利，则发动群众易，而革命事业穷斯滥矣。儒者兴教而以革命运动方式，或以资本扩张方式，牟先生在天之灵有知，当作何感想？

傅路江老师文论教育不宜受制于资本甚好。资本捐助自然好，但贪多则反受其害，渐受其主导而不自知，此则近世自由民主之弊，马克思论之甚详，可不知与？可不慎与？双谴左右，兼拒杨墨，则今日儒者之任矣。文礼书院交困之局：上制于资本，下制于阿猫阿

---

[1] 此文亦收入本书。

"读经理论"不是教育：微信读经讨论辑录

狗，欲上下化之而不能，反受其制，当亟思困亨之道矣！"老实大量纯读经"其实是物化的驱迫的革命运动，是"多快好省""超英超美""更快更高更强"的运动。病急乱投医而病益笃，此时需要的正是批评，清醒清醒。

批评不是给谁扣帽子。在现代性的吊诡中，我们每个人都有可能陷入"越反现代越现代""越反西化越西化""越反革命越革命""越反体制越体制"的困局（拙文《当代社会的儒学教育》有更多分析）。所以，平常心很重要。太急于反一个东西，往往被这个东西附体，不自觉中变成自己要反的东西，两极相通，过犹不及。故孔子中行，庄子两行，孟子勿忘勿助长，皆中庸之道，非极端反对之道也。所以破除现代性吊诡之魔咒者，惟此古典智慧也，非极端反西化反现代性之读经革命运动也。读经运动之民粹主义反智主义激情、原教旨主义极端倾向，已很严重，有目共睹。此时，倡导者如不及时批评引导，反而继续鼓励煽动，自我感动，则将来反受其害，酿成大祸，悔之晚矣。[1]

《诗》云"如临深渊，如履薄冰"，君子常自戒惧，又常相切磋批评，互为镜鉴，乃庶几可免过耳。意必故我，则我为非我而不觉，仁心泯灭而不自知，不亦悲夫！物各有性有度。中则适性合度，不及则长之，长之不已则过之，过之则穷上反下，剥复往来，适成其

---

[1] 关于现代性的吊诡，请参考拙文《当代社会的儒学教育》《现代性的吊诡与当代中国的跨文化古典复兴》；关于平常心，请批评参考学生董若歧的信《感恩读经，永远读经，平常心读经》。这三篇都收在本书中。

对。故《易》常叹时义之大，盖以时变而物故也。故君子格物穷理，正心修身，莫不极深研几，随时察变也。谓我初心如何则今必如何者，意必固我也，不知几也。知几之要在察物变时变，在日省吾身，在好问而善察迩言，在好学而知耻近乎勇。不然，则我为桀纣而不自知，以为命固在我而不可夺，成鄙夫之执耳，不亦悲哉！

王先生回答儒家网的访谈堪称完美，温文尔雅，可惜不敢自省，未能直面问题。其情怀可感，衷心可鉴！不过，情怀须辅以知人之智、自知之勇，才能诚身自尽，否则总能自圆其说，完美无缺。我曾寄语读经学堂的老师："读经界的朋友不要只是一味感动啊，情怀啊！情诚然是仁之用，但有时也成为知之蔽啊。知仁勇缺一不可。力行近乎仁，好学近乎知，知耻近乎勇。做大事以情动人是不够的，还要有义，那是秋天的感觉呢。知也要，那是冬天。《内经》医理，无秋冬，哪有春夏呀？王先生和你们的团队实际是一个类宗教团队。宗教以情为主。宗教可成事，也可坏事啊。孔子圣学实高于任何宗教。以宗教方式动之以情是必要的，但只用情来弘扬圣学是不够的。而且，如果一味用情，但是缺乏理性批评和自我批评的话，就无法形成自律和纠错机制，导致好心办坏事。"

建议文礼书院应速自查，与低素质的狂热拥护者切割，以免被这些人败坏声誉，使文礼读经事业最终毁在他们的狂热拥护中（所谓"一粉胜十黑"），也防止文礼被一些投机的学堂绑架、捧杀。所谓"捧杀"——很多时候，批评你的人是帮你的，捧你的人反而是杀你的。读《左传》《汉书》，新旧《唐书》，不难明白此理。

孔子不走宗教发展道路,所以杰出于人类诸教文明之上。王先生当知之,万勿自迷。

"读经理论"中的科学崇拜和伪科学

"科学"在"读经理论"中的神奇运用,让我困惑不已。跟大多数人一样,我从小学和初学就开始学了一些数学和自然科学。高中和大学虽然读文科,但初中时就自学完了我大哥的高三化学课本,自己建立了实验室(那时的农村初中没有实验室),大学的时候自学了高等数学、大学物理、数理逻辑,做过科学哲学的研究,也算是懂一点科学,尤其是对于科学的批判反思哲学,略有所知,[1]但自从看到一些"读经科学理论"之后,我也不知道什么是科学了。这真的是百年震撼,让人脱胎换骨,重新做人。

与我的困惑相比,越来越多的读经家长和老师已经可耻地认识到(他们身上的负能量真是太多了):"读经理论"在对科学的无知中混合了对科学的崇拜和对科学的蔑视,由此形成一种伪科学。"右脑深度开发科学""深度记忆与知识理解相矛盾定律""儿童吸收性理论""儿童关键期假说"(恐吓家长:"十三岁之前不读,就永无可救了",不知孔子从小"多能鄙事",十五岁才有志于学,是不是就"永无可救"了)、"共振读经原理"等一系列伪科学,构成了"读经理论"的基础论据。就是依靠这些伪科学,"读经理论"

---

[1] 参拙文《理性与沉思:海德格尔〈哲学论稿〉中关于科学的沉思》,见拙著《古典文教的现代新命》,上海人民出版社,2012年。

可以自诩"超越古代私塾",建设"现代私塾",为中华文明的复兴"培养大才"。读经从空想走向科学,从此有了客观规律的保证,不以人的主观意志为转移,英特耐雄纳尔,为万世开太平。

在时代任务的紧急驱迫下,"为往圣继绝学"的深厚使命感为了"发动群众",高效"传播国学",更快更高更强,选择了一条颠扑不破的伪科学之路:迎合大众的"科学迷信",利用大众的"科学无知",杂糅各种道听途说的科学理论和伪科学理论,对之进行伪科学的使用,形成一种"前无古人、后无来者"的"读经理论"。正是在这种"群众喜闻乐见"的"科学读经理论"指导下,"阿猫阿狗们"开展了轰轰烈烈的读经运动,使千千万万儿童备受精神的毒害和肉体的摧残。

"读经理论"具有鲜明的伪科学特点:它是永远不会错的。有一个读经教师在广东私塾联谊会群里说:"有个深圳读经老师对我说,孩子纯读经出了问题,不能说纯读经不好,只能说这孩子是个烂人。无论出什么问题,都是家长、孩子、老师的人病,不是纯读经理论的病。理论绝对完美,永远不会错,犯错的只有人。真是无与伦比的神逻辑。任何人说纯读经好,歌功颂德,就是正能量;反映孩子出问题,讨论方法,就是负能量,就是怨妇。人怎么可以这样无耻!"

科学是可以证伪的(根据实践而调整的),而伪科学是不能证伪的(永远正确的)。因此,对科学的科学使用是:引证任何科学成果,都不应该教条化、迷信化、绝对化,都只能有限地使用,承认它有可能是错误的、需要调整的。相反，对科学成果的伪科学使用，以及对伪科学说法的伪科学使用，都是把某种科学成果或伪科学说法作为绝对可靠的、不会错的、斩钉截铁的东西。

"科学都证明了，纯读经还会错吗？"这是典型的科学滥用或科学迷信。而一当人们指出他的"科学理论"没有根据，或者在实践中发生问题，他立刻就指责你"科学崇拜""西化""崇洋媚外"，宣称他超越科学，比科学高明，即使科学对他不利也无妨他的智慧真理。自诩为"高级智慧"的"读经理论"就是这样"颠扑不破"，永远正确。

用得上"科学"的时候就滥用一番，"心理学""教育学""神经科学"一哄而上，花团锦簇，拱卫"读经理论"的"科学真理"；不好用的时候就脸一沉，头一抬，声色俱厉："科学算什么东西，新文化的孽种，西方的毒瘤，配得上读经吗？"牟宗三先生的科学素养吓得瑟瑟发抖，老人家当年对诡辩辩证法的批判黯然失色。

"读经理论"在引证"科学"的时候，缺乏任何科学性和哲学反思性。如下五点问题都有表现：一、在不了解科学的前提下盲目崇拜科学，或在蔑视科学的前提下有意利用读经家长对科学的盲目崇拜，动辄引用"科学"做理论基础，但又给不出可靠的出处来源，多数属于道听途说的伪科学；二、只要有人指出他们的"科学"没有根据，或者运用科学理论指出他们的偏失，他们立刻就表现出对科学的极端蔑视，未能像马一浮、牟宗三等新儒家那样深谙科学的局限，还科学以科学，正其性命，还其本位。所以，这种对科学的蔑视并没有达到"反思科学""批判科学"的高度和深度，只是一种基于无知的傲慢偏见，与其盲目崇拜科学一样，都是伪科学的不同表现。三、对科学和伪科学缺乏辨别。只要对我有利，不问出处，拿来就用；对我不利，声色俱厉。四、对于科学成果进行伪科学的使用。五、对于伪科学的说法进行伪科学的使用。

生活是童蒙养正的本源

五石山人：王氏之弊，不在读经之运动，盖王氏欲兴惊天之业，而无师德以配其心志也。其骨子里就是一个现代知识人，欲以耶教形式，作孔子濡化之功，悲哉悲哉！古人欲兴教化者，以师德为先，舍此皆末业。师德为何？蒙以养正之圣功也，养正包元，知及仁守，躬行有余者，于"发蒙""包蒙""困蒙""童蒙""击蒙"之次第与隐微，裒仞之也。以为寇之法，僭御寇之业，吾未见人之可成其功也。"蒙以养正，圣功也。"这个蒙，不是指蒙学，就是师道本身。蒙学是其中很小、可能也很关键的一部分。

杨骐文：古人不分儿童教育，成人教育，吾道一以贯之。一部论语，三岁小儿可读之，耄耋老人可读之。提儿童教育，是现代人的事。不过怎么教，怎么学，确实是一个费思量的问题。感觉王财贵先生没有从本源上把何谓经典，为什么要读经典想明白。君子务本，本立而道生。孝悌也者，仁之本与。何谓孝悌，本源上来自质，而非文，尽管需要文以修之，本源上来自生活中的体悟，来自自然的生命，你没有这个活生生的生命生活的体验，闭锁在圣人之言（文）

里,老实大量读经,文质何以相复,何以文质彬彬?年幼时只管背,即便你这样说对,幼小时先画龙,长大后再点睛。可是你画的这个龙,也得是在水里,或者依托在云里的龙啊。幼小时缺乏实在的生活体验,机械背诵的经典文字就只能是一颗干瘪的种子。大约可以只背诵不理解,但也必须要洒扫庭除、爬山,玩耍,摸泥巴,沐浴春风秋雨。何况,哪有常年累月的机械背诵,这岂不违背人性之节律?

五石山人:不知道老子、孔子他们读什么?也是读《论语》不成?文以饰过,也是古人都有的。夫子之教也,"诗言志",诗教多识虫鱼鸟兽,博识,感性。而夫子自述"十有五而志于学",故十五岁以下,在生活中、万物中游戏、接近、感受。礼与乐本身是行动,而非文句。蒙卦初爻"利用刑人",强调身体性的东西,不是无根无据。

杨骐文:古人比我们更近天道,更能感天应地,同时老子是史官,孔子是没落贵族之后,通达先王经典。但有一点是肯定的,直接的生活体验和经典是相互为用的。现代人在深度体制化的环境中,仁通天地的能力、感发的能力迟钝了,固化了,所以更需要经典的开化和激活,但同时需要恢复在生活中去仁通天地,以生活证道的能力。所以读经应当是一个开放的体系,要让儿童在生活中去蒙养生命。生活和经典应当是文质相复的。不同的年龄阶段,文质相复所开辟的道路就自然不一样了,无需刻意设计。

"十有五而志于学"之后,仍旧需要"学而时习之"。这个时,有时中的意思,有经、常的意思;习有实践,有不断调整以合于中道,以养正的意思。学、时、习三字通过"而"字相连,使学习成为一个通达文字、生活、生命的文质相复的生机的过程,而在一个"之"字那里,通达为一个整全的道路开辟。

兴于诗是一个永恒的命题,古今一也,中西一也。柏拉图的《理想国》,有类似的论述。不过在中国古代,没有所谓身体与精神,欲望性情与理性的二元对立,并没有贬抑两端,偏执一方的古今摇摆。

五石山人:"十有五而志于学",这是夫子对童蒙之学最好的教诲。即,通过对万物的感(咸)、礼乐之游戏、践行、熏染,辅以典籍初步的诵读,在生活与万物里,慢慢养成一个无名的大志。

经典教育与古今文质之变

无竟寓:昨天应朋友邀,在虹口一家医院的国学读书会上做个讲座,交流学习方法。听众中有一些读经妈妈和孩子。每当我问大家如何读书的时候,有个七八岁的小孩总是脱口而出地喊道:"背!死记硬背!"似乎非常自豪、不容置疑的样子。我深深地震惊了!毒经洗脑从娃娃抓起,已经到了黑色恐怖的程度。

于是,我跟他们分享廖平和钱穆的读书经历:他们小时候都不爱背书,塾师和家长也都没有强迫他们背书,听任他们自由阅读,最终却都成为国学大师。牟宗三小时候更是连书都没怎么读,完全在山野中玩(参拙文《回归生命的学问:给读经孩子的一封信》)。反过来,古代科举史上有太多通过"童子科"选举出来的"包本神童"长大后庸庸碌碌,并没有成为经天纬地的大才。而且,更坏的影响是对读书风尚的败坏：大家都争相背诵，看谁背得快、背得多，形成死记硬背的应试教育，经典大义由是蔽而不章，教化大坏。所以，历代都有奸臣请设"童子科"（只背不解的科举方法），又有贤良忠臣请罢"童子科"，史不绝书。譬如唐代有"礼部侍郎杨绾奏，岁贡孝弟力田无实状，及童子科皆侥幸，悉罢之"（《资治通鉴·唐纪三十九》），宋代有"礼部侍郎李伯玉言：人材贵乎善养，不贵速成。请罢童子科，息奔竞，以保幼稚良心。诏自咸淳三年为始，罢之"（《宋史》卷四十六《度宗本纪》）。即使有用"童子科"的，也只是用来做文书小吏，并没有像"老实大量纯读经"所吹的那样成为"大才"。譬如宋代洪皓《松漠纪闻续》卷二载金人科举"有明经、明法、童子科，然不擢用，止于簿尉"。

三友斋：我今年参加本校自主招生面试、631面试，感觉很多读过国学经典的孩子，反而不如没读过国学经典的孩子。能背四书的孩子，还不如粗读四书的孩子。不知各位如何看这个问题？

杨骐文：柯老师说过："文化文化，关键在化。文以化之，化之以文。"

三友斋：中国思想的"元问题"是"周末文敝"。儒家的表述是"礼坏乐崩"。换言之，就是已有的礼乐就像一辆破车，拉不动这个车上越来越多乘客了。车上越来越挤，车子越来越烂。所以，老子就说，下车吧，步行有利于健康，裸奔也许更加环保。孔子说，老先生您别介，那要累死人，车子修修还能用……或许还可以再造辆车，但前提是车上的人都得下车去砍树……今天其实也一样。

生命的默化：当代社会的古典教育

杨骐文：有的读过国学经典的人，有可能是以现代人的观点在框国学，致知而没有格物；有的没读国学经典的人，可能在习俗和家庭生活的浸染中仍保有仁通的能力。粗读四书的孩子，可能比机械背诵的孩子，更能将经典的大生命与个人的小生命相融通。一阶段完全的背诵、一阶段集中讲解的做法，不如边读边机缘化之。当然个人禀赋有差别，不可一概而论。我反对搞一刀切，一种方式的模式化。另，读了经典的，反而不如没读经典的例子，不能作为否认读经的证据。那些读了经典而无益的人，是因为方向不对，方法不对，并非经典本身不好；那些没读经典而有某种仁通能力的人，读了经典会更开悟。培根说，天赋的花草需要学问的修剪。

五石山人：孩子这个年岁，感性不足，思辨的东西太多，未必好。然也许不是典籍的错，因为古代教育也是从典籍进入的。水之积不厚，负大舟无力。关键是"化"。即便是我们这些读书三十多年的，也很难说真正读懂了典籍。如何把典籍在人心里化开来，这才是古典学术参与教育的问题。

杨骐文：古代教育之所以能从典籍进入，在于典籍并非所谓思辨不思辨，在于"文以载道"，且"道不远人"。道最与生命相切近，当然可能存在一个文弊的问题，所以要在化之。中国文化的元问题大概不是周末文弊，在于先王之道若循环，在于文质何以相复。夏忠而野，商敬而鬼，周文而僿。这一点，《史记·高祖本纪》"太史公曰"说得很清楚。

三友斋：两位说的都有道理。我并不反对读经，只是发现问题，及时指出而已。我们可以从更小和更大两个视野来看读经。从更小的视野，不看广告看疗效。如果读经的孩子普遍存在问题，那当然要及时反思和调整，不能把人家的孩子当试验品。从更大的视野，那就要从文明论的角度来看读经。读经是文明重塑的一部分，也就是说教育是政制的一部分甚至是至关重要的一部分。搞教育实质上就是搞政治，就是担负民族兴亡的使命。你读的那一套东西，如果历史上已经被多次质疑，在古人那里就被质疑、批判甚至否定，那我们是否或者如何教孩子去读，就很成问题。动不动拿古人怎么教孩子说事儿，而从来不说古人如何反思他们的教育和政治成败的关系，可能就有掩耳盗铃之嫌。

杨骐文：大问题就是文质相复的问题。

三友斋：机械循环论。

杨骐文：非也，寒暑往复，阴阳相生，文质相复，这些不能从现代西方进步史观出发来判断。恰恰不是机械论，而是"参差荇菜、左右流之"的中道。这是有生命力的循环。

五石山人：正如治疗或者说医道是自然天道的一部分，并非外在之，古人对教育的反思也属于古典教育的一部分，只不过这部分常常被遮蔽了。三友兄说的东西，这是更深一层的古典教育，也即哲人或君子们如何自我教育。古典教育含有对教育自身的调整、修正乃至革命。

三友斋：嗯，君子的自我教育当然是一个方面。如何教大众是另一个方面。我亲戚朋友问我怎么教孩子，是否要背《诗经》？我说还不如去读杜甫、白居易、陆游、辛弃疾，兴观群怨四家尽矣。背《尚书》《左传》，还不如去读《史记》，就当故事读。

五石山人：这个建议很中肯。

三友斋：现代的书，西方的书，中学生就应该大量的读。尤其俄罗斯文学，托尔斯泰、屠格涅夫等，对孩子的正面影响绝对会比他们炒作的"弟子规"好。

五石山人：从五经到四书，本身就暗含古代典籍到中古时已经很难被普通人接受的现实。后来才有《红楼》《西游》《水浒》《三国》是新四书的说法。今天的孩子，又下降了一层。

三友斋：汉人说五经"当年不能究其礼，累世不能通其学"，写成竹简，一部经书就能装一屋子，不是世家大族根本没机会读。所以作为"政治哲学"的五经就只能用来教精英。宋明造纸印刷发展，城市兴起，城乡"现代化"发展，使得一种新的快餐型的易普及的经典体系成为时代的需要，所以有了市民、中下层地主乃至富裕农民也能读的"四书"。以及不用当年累世之功就能"体道"的心性之学……

古典六艺的当代处境

杨骐文：学个手艺也不错啊。譬如你学个木匠，不仅仅是学个谋生的本事，关键在于手艺是仁通天地以及他人的一种方式。通过这种方式，摆正自己在天地人之间的位置，和草木的性情一起和于中道。孔子说："志于道，据于德，依于仁，游于艺。"游于艺，既可以是经典阅读意义上的游于艺，涵之泳之，也可以指在生活中，在中医、武艺、戏曲、书法中悠游涵泳。在生活中、艺术中，在木工、泥瓦工的活计中，都可体道啊，跟读经典一样的。我们老家方言常说哪个木匠手艺好，称为这个人"艺道"好，这个人做的菜"地道"等等，都是"进乎技"的"道"。

古今之变的一个重要方面在于：现在的手艺不叫手艺了。现在的生活体制化了，很难在其中体道。现在哪个职业技术学院如果说成手艺学院，反倒会很别扭。当然，大约手艺是不能学院化的。至于弟子规，不在我理解的经典之列。不能拿来做不读经典的证据，我刚说的学手艺，也不是拿来说明反对读经。我的意思是，读经必然要与生活构成一种张力。读经也不能搞一刀切。既不拔高读经，好像包治百病一样，也不贬低读经，平常心对待读经。读出平常心，本身也是读经的目的之一。《中庸》所谓"庸"就含有"常"的意思。

载之：今天儒家的"艺"已沦为致远恐泥的小道，因其进入不了社会整体的生产关系、劳动关系之中。孔子的"六艺"里尚且有"射"——战争；"御"——交通……

杨骐文：嗯，但古今之变晚周、秦汉已有之。社会整体的现代化生产关系确实造成了古今的断裂。但如何通古今之变，恐怕还是要先回到古典源头。回到源头不是泥古，恰恰在于从源头出发，化之于今世，在于变通，在于返本开新。古今一也。人类一须臾，从天道之大化来看，古今差别实在不值一提。

徐子明：射艺也不完全是出于准备战争的考虑。习射可以锻炼人某些方面的品质，不然孔子也不会说"射不主皮"了。君子六艺是"养国子之道"，也就是说，要从教育的角度来看待射艺。射艺本质上是一种教育。教育是塑造人的，不是训练猎手或者弓箭兵。《周礼·保氏》："养国子以道，乃教之六艺：一曰五礼，二曰六乐，三曰五射，四曰五驭，五曰六书，六曰九数。"

载之："以不教民战，是谓弃之。""善人教民七年，亦可以即戎矣。""国之大事，在祀与戎。"

杨骐文：你们两位的见解不冲突。射的力度、角度的调习，如同草木的香味浓淡、颜色深浅、性味寒温之于人，书法结构的疏密、笔墨的浓淡之于人，都是调正性情，沟通天人。祭祀与战争，都是沟通天人的方式。这是教育，也是政治，更是以艺证道。

载之：王官学《大学》之教"明明德""亲民""止于至善"当然非仅变化气质，亦在以实事成实功。

杨骐文：古代的事功与天地人是联系在一起的。射艺既在变化气质，也在戎之事功。

徐子明："国子"谓诸侯、卿大夫、士之子。这种教育不是简单的技能教育。所以，我觉得六艺是否过时，是看它们能否锻炼人的心性，塑造人的品质，变化人的气质，而不是看实用与否。如果说实用与否或者是否与社会技术发展脱节是教育的主要考量，那么现在都是电脑时代，大家应该全部学打字，不应该学书法了？

杨骐文（评论惟生《一个读经少年的来信》）：作为一名中学老师，这是我看到的最"源远流长"、最刚健、最敦厚的生命探索。

"读经理论"不是教育：微信读经讨论辑录

这是长期在应试教育体制里几乎看不到的。儿童在应试教育的语境下，没办法与整全的经典相遇。他们所接受的经典是碎片化的，是被现代一知半解的西学肢解了的，是与战乱与积贫积弱的时代如出一辙的急迫实用心性阉割了精神元气的经典。但是这封信也告诉我们，体制之外的读经，同样面临一个如何浸润、如何通达整全的问题。一味地背，没有灵魂转向的引导和治水一样疏导，无法通达整全。小孩的生命原初经验和远古初民的原初经验是同源同理的，儿童的世界需要在经典大道与生命生活的相互缘发中生动地展开。经典所蕴含的原初大道，使个体生命在各种困惑和阻隔中，如出泉之水，导向远方。从这封来信中，我们看到的恰恰是经典的力量，读经的重要性。只是荒唐的读经方法令人震惊。

杨骐文（评论董若岐《感恩读经》）："学而时习之，不亦说乎，有朋自远方来，不亦乐乎"就是感知。"人不知而不愠"更是感知。柯老师说，读经典注疏，是感通他人，连他人都感通不了，怎么感通圣人经典？这使我对《论语》开篇又有了新的理解。孔子真是了不起，短短三句话，就开启了一个何等切近又何等宏远的常经大道。

生命的默化：当代社会的古典教育

学习是最好的教育方法：
答澎湃网友和《中国教育报》

经典是人类教育的基础，可以启蒙现代人，克服现代性的狭隘和偏见。经典教育是生命的教育，是"人的养成"教育，必然与现代社会的"工具培训"式教育构成在一种良性的张力，"人的培养"为"工具的培训"提供基础，也提出批判。

然而，目前流行的"老实大量纯读经"却走向了极端的反现代性，放弃了与主流社会的建设性对话，同时又没有提供真正的古典教育，甚至对于传统儒家私塾采取蔑视的态度，提倡毫无根据的"全日制老实大量纯读经包本背诵法"（全日制封闭背诵，不讲解，不学其他课程）。大量毫无资质的人员开设"读经学堂"，以圣贤和经典之名误导家长、耽误儿童，引起了儒学界的警觉和社会公愤，引发了这次关于读经问题的讨论。

但这次读经讨论的焦点与民国时期的读经讨论、2004年的读经讨论都不同。前两次都是讨论"要不要读经"，这次却是讨论"如何读经"。儒学界发起了这次读经讨论，是为了维护读经，希望能纠正目前流行的读经方法中发生的问题，保护儿童，捍卫经典。

应澎湃网站之约，笔者曾在"澎湃问吧"回答网友提问"为什么读经""如何读经"等问题。下面是问答辑录，分为六个部分。最后附加一个部分，是回答《中国教育报》记者关于经典教育问题的书面采访记录。

学习是最好的教育方法：答澎湃网友和《中国教育报》

读经是为了通古今之变

洁身自好：请问现在社会大众为什么回归传统文化？

无竟寓：当前社会大众为什么普遍回归传统文化？有三重背景：大背景：人类社会的古今之变。无论中国还是西方，现代化之后才发现古典文明是根源和基础。中层背景：晚清以来，中国积弱，现代化以自强，出于压力，不得不暂时抛弃传统文化，而现在初步"崛起"之后，回过头来才发现传统文化是中国之为中国的基础，所以，无论国家还是民间社会都普遍感到重新学习传统文化的渴望。直接背景：现代教育出于现代化的压力，片面追求工具化和效率，沦为应试教育、职业培训，缺乏深层文化滋养、道德理想沦落，导致客观上有必要开辟体制外的另类读经教育探索。

Mercurius：在当代社会秩序之中学习古代经典有现实意义吗？

无竟寓：当代社会秩序的基础恰恰是古典。学习古典并不是复古，而是为了建设当代和未来。现代社会很多问题来源于现代人的"作（zuō）"，起源于现代性的不可一世、骄傲自满、对古典智慧的无知、从而养成的狭隘封闭心灵。所以，现代社会是人类历史上有着最顽固封闭的各种意识形态的时代，是发生了最严重战争的时代，是自我感觉最好的时代（进步的不得了啊，比古代，呵呵，那是没法说啊，微醺，微醺～～）

逸宕：儒学作为一门学问，不可否认它的博大精深，对人的品质有很大提升的作用。然而现代有人批评儒学只是古代统治者用来教化人民的工具、说辞，对儒学很反感；另一些人则全盘接受，无脑读经，对儒学很崇拜。如何看待这两种态度？是否能改善这些态度？

无竟寓：这种两极化思维方式是典型的现代性疾病。阅读古典可以帮助我们养成"极高明而道中庸"的通达明智。

天狼星：您说经典可以帮助现代人克服现代性的狭隘和偏见，我想请问先生：经典在古典时代有无造成那个时代的狭隘和偏见？

无竟寓：当然有。人参可活人，亦可杀人。砒霜可杀人，亦可活人。但人参自是上品，砒霜自是下品。

山高水长：读经和国学教育与当下环境一致吗？培育象牙塔里的精英能在外界土壤存活吗？读经只是培养精神贵族而已吧！

无竟寓：社会需要实用人才，也需要精神贵族，但最需要的是"尊德性而道问学，致广大而尽精微，极高明而道中庸"的实用型精神贵族、有精神德性的实用人才，而这只有通过经典教育才能培养。目前社会上流行的那些所谓"阿猫阿狗"的私塾诚然不能培养实用人才，有违时代需要，不过，那又是什么象牙塔呢？能培养什么精神贵族呢？《中庸》云："愚而好自用，贱而好自专，生乎今之世，反古之道，如此者，灾及其身者也。"

蜕变：宋明理学和原始儒学最大的不同在哪里？

无竟寓：一般认为区别在于宋明重心性，此前重礼制。此说似是而非。儒家任何时代都重视礼和心性。心性不变，心性落实的生活方式或礼却要随时代而损益。在这个意义上，宋明理学对于儒学的调整与周公、孔子、董仲舒的工作实无二致，都是因时损益生活形式，以便落实心性。三代之前，天下为公，本无封建礼乐。周公

学习是最好的教育方法:答澎湃网友和《中国教育报》

因封建而制礼作乐,是落实心性于封建的生活形式。春秋礼崩乐坏,孔子以《春秋》当新王,为汉制法(体现在汉代春秋学和汉代政治中),是落实心性于郡县的生活方式。程朱陆王自家体贴,制家礼,是落实心性于更加平民化的生活方式中。"自天子以至于庶人,壹是皆以修身为本",这是历代儒家不变的东西;不同时代如何落实修身的生活,如何在变化的生活方式中落实心性,则是不同时代儒者的与时偕行、其命维新。"老实大量纯读经"一不坚守修身之本而惑人以背经为本,二不与时偕行而惑人以虚构的原教旨保守主义,体用尽失,不知其可矣!

汉斯:在士大夫阶级衰亡的今天,儒家文化是否还有现实的生命力?

无竟寓:士大夫阶层可能是衰亡了,但是儒家读书人不会消失。只要有读书人在,文化的生命就在。故子畏于匡曰:"文王既没,文不在兹乎?"

慎思慎独:在深度西化的今天,国学似乎成了博物馆的展品供人研究观赏,供人借鉴,鲜有使用其本质思考的人。我想问一下柯老师,如果中国没经历那么多的动荡,按照宋代的思维方式发展到如今的话,应该会是一番什么景象?

无竟寓:拙著《道学导论(外篇)》尝论:"现代性自觉地把自己从历史的关联中断然割裂出来。这个独特的时代划分方式,就充分体现在博物馆建制中。博物馆表面上是为保存历史而建造的,但'保存'的理念本身就直接暴露了博物馆割裂古今的现代性本质。

博物馆的坚固外墙正是古今隔绝的象征。"如果宋朝直接接到现代，今天会如何？这个很难回答。肯定会比现在更好，思维方式会更通达，更容易通古今之变。不过，假设没有用，任何时候补救都不迟。可能越是经历曲折，越能唤起人类追求美好生活的渴望。不经历曲折，有时也难免麻木。这就是高速公路为什么要设计很多转弯的道理。所以，何伤乎？不要急，不要惋惜哀叹，从我做起，从现在做起，未来会好的。

少年不识人间苦：不否认儒学之中有智慧，但现实是能读懂古文的普通人太少了。而道理是相通的，那么拘泥于读古文是否还有必要？毕竟比之古代，现在有太多选择。

无竟寓：那你同意这种说法吗："不否认英语文献之中有智慧，但现实是能读懂英文原著的普通人太少了。而道理是相通的，那么拘泥于学英语、读英文是否还有必要？毕竟现在有太多中文译本可以选择。"

在跨文化古典复兴的时代读经

一隅：今天提倡读经与清季的中体西用论又有什么区别呢？

无竟寓：今年暑假我在德国法兰克福大学提出一个说法：跨文化的古典文化复兴。[1] 无物无体用。中西文化各有其体，各有其用。今日中国文化复兴自然是要找回中国文化的体用，但同时，世界历

---

[1] 这个发言提纲收入了本书。

学习是最好的教育方法：答澎湃网友和《中国教育报》

史把中国推到了这样一个位置上：中国不得不同时"接盘"和弘扬西方文明的体用。其用曰现代化，中国已经"接盘"弘扬，其体曰希腊罗马古典，中国也正在"接盘"弘扬（目前中国有着西方古典学最大的研究群体）。在这个过程中，中国文化自身的体用从来就没有消失过，现在更在自觉地苏醒、承担、发扬光大。无论中国的现代革命还是现代化建设，如果没有中国文化根基在底下起作用（虽然现代中国人自己都不自知这一点，以为现代化就是反传统），根本就不可能发生，更不可能成功；今天中国对于西方文明体用的接盘弘扬之所以可能，同样有赖于中国自身的文明体用一直在底下发挥作用，只不过在救亡的急迫中，我们急于摆脱传统，就好像青春期的孩子急于逆反父母，不知父母的生养恰恰构成了叛逆的基础和能力。诗云"周虽旧邦，其命维新"，中国文化并不是花瓶点缀、复古之幽情，而是非常皮实地、反者道之动地、日用不知地在腥风血雨、柴米油盐中坚韧地活着。其体也大，其用也广，其心一度坎陷而今日又将复明、自觉。所以，无论中体西用、西体中用皆不足以理解文明体用之实情。今日流行之狭隘民族主义，更是看小了中国对于世界文明的重任。中国之义，自古是天下的担当，岂是撮尔民族国家？读《诗》《书》《礼》《易》《春秋》可知矣。君子懋哉！

Monques：文化越是民族的就越是世界的吗？

无竟寓：这说法是很流行。有一定道理，也有局限。道理在于自立立他、成己才能成物；局限在于无论"民族"还是"世界"都只是局限在现代视野中，不知古典思想中更加浩大的"天下""中国"是什么意思。中国本来是一个文明概念，而不是民族国家。"天下"是比"世界"丰富得多的概念。越是天下的就越是中国的，或者越是中国的就越是天下的，这说法会更好。

bibittt：欧美有"读经"教育吗？

无竟寓：我有个学生在美国的圣约翰读过，算是一所美国的"读经大学"吧。他们除了阅读古代经典之外，没有其他课程。主要是古希腊罗马经典的哲学、历史、文学经典，也有少量中国和印度的，同时还包含欧几里得、伽利略、牛顿等科学原著等（是作为经典来读原文，不是抽取其中的所谓原理、定律来学）。

当然，这个例子比较另类。更主要的"读经教育"可以参考芝加哥大学、哥伦比亚大学、哈佛大学等学校的通识教育课程。在专业课程之外，他们非常重视经典通识教育。近年甘阳和刘小枫先生在中山大学、中国人民大学、清华大学等校做的博雅学院、古典班等尝试，基本是受芝加哥的启发做的。我们办的同济复兴古典书院也是类似尝试，只是除了面向高校外，我们还同时面向社会，开展公益性质的经典通识教育。

就西方情况而言，遗憾的是，西方"读经教育"实际在衰落。譬如在德国的文理中学，原来都是必须学习古希腊文和拉丁文经典的（黑格尔就做过中学校长），但现在却大量取消了。德国中小学也几乎不读歌德。大学里的经典教育也比以前少了很多（无论通识还是专业），去年西方各国和日本都在削减人文和艺术学科，引起很大争议。连意大利的中学都把原先必须的拉丁文改成了英文必修。

学习是最好的教育方法：答澎湃网友和《中国教育报》

日本和韩国的古典汉学教育也比以前差了很多。中国台湾地区更可怜，"去中国化"成为政治正确，中国古代经典跟着遭殃。台湾社会的文化基础正在被掏空，将来必然影响其现代社会的健康发育。

而与此同时，原教旨保守主义和民间偏执型的宗教却又在世界各地兴起。世界变得越来越浅薄，也越来越危险。实际上，只有通过古典教育才能让人学会明智通达、疏通知远、宽裕温柔，解决当代的很多问题。可喜的是，中国正在成为西方古典学和古典通识教育的重镇，越来越多的中国青年在学习希腊文和拉丁文，研读西方古代经典。同时，中国书院和私塾传统也在复兴，体制内大学和中小学的传统文化教育内容也越来越多。在这种情况下，有些不负责任的全日制私塾滥用了人民群众学习经典的热情，野蛮背诵，简单粗暴，糟蹋了经典，戕害了儿童，非常令人痛心。

Isaaki：我是一名英语专业的学生，在日常生活学习中越来越体会到母语也就是中文对一个语言研究者的重要性。闲暇之余我也会捧读中西方的经典。我发现在中国的经典中哲学问题相比于西方哲学思想更加混沌，也就是老师在回答其他问题时提到的中庸。该如何进入中国经典呢？

无竟寓：没关系啊，那你可以先读西方哲学，等读到一定时候，你会发现有些东西说得不够，再看中国经典，譬如《中庸》，可能会发现中国思想的条理，"文理密察，足以有别也"。这其实是我自己读大学时的思想经历，供你参考。我是从高中开始，经过马克思主义、道家、自由主义、科学哲学、分析哲学、佛教，到大四做本科毕业论文时读熊十力,才决定性地转向儒家的。当然,后来去北大读研究生和博士,包括在德国学习,却恰恰选的西方哲学,是因为感觉到现在如果西学不透,中学不可能深入。为什么?因为我们的日常语言已经深度西化。不经过精深西学训练,很难发现现代汉语日常语言中的西方思想因素,也就无法从中自省出来。民族主义激情是没用的,也是有害的。

读经界应该形成良性批评自律

Aron:曹聚仁骂过那些要孩子读经的儒家是无耻之尤。个人认为当代儒学就是耍流氓,尤其"纯读经"更是文盲耍流氓。

无竟寓:如此粗暴的断言本身不是"耍流氓"?不可否认,时下流行的私塾读经确有很多毛病,有很多乱象,有些真的接近"耍流氓",但好的书院学堂还是有的。你需要更开放的心灵去看美好的事物,万勿被一些偏激的现代性观点洗脑,变得狭隘而简单粗暴。

1617018743:今天看了《人民日报》一篇名为《如此读经为何只能造就庸才》的文章,心情很是感概。对于孩子的培养,家长和社会从来都是寄以厚望,可现实却是我们的孩子成为了实验品。我承认教育二字任重而道远,可我看到大家好像都吵吵闹闹、各持观点,甚至有开撕的节奏。难道人性都是如此吗?对自我的见解如此执着?

无竟寓:这次读经讨论并非起源于我和其他学者的"争论",而是由读经家长和受害孩子触发的。这不是吵闹,更不是你说的"开撕",是受害家长和学生的维权,以及为了防止更多孩子遭受荼毒

学习是最好的教育方法：答澎湃网友和《中国教育报》

而发出警告。

作为儒家学者，我自然一直支持读经，但并不了解"读经"还有读得那么离谱的。直到两年前开始接触到越来越多"老实大量纯读经"的家长和孩子，才发现原来里面问题那么大，根本就是在用一种野蛮的方法来黑经典。我们办的同济复兴古典书院国学师资公益培训班有不少读经老师，也向我反映了不少匪夷所思的野蛮读经情况。有人把我拉进了一个"纯读经反思"的群里，每天看到越来越多受害的读经家长交流孩子被耽误的情况。切肤之痛，所以这么激愤，可以理解。圣贤梦碎，孩子的青春不可挽回，他们痛而之恨，几乎失去平常理性，成了祥林嫂，也是蛮可怜的。这几个月夹在"道路自信"和"祥林嫂"之间，颇觉无奈。

实际上，远在他们说的"柯小刚事件"（指我在5月的上海儒学会上公开批评"纯读经"）之前，读经界自身早就发现了问题，赵升君笃信老大读经，曾是大护法，自己的孩子被耽误得很惨，才翻然悔悟。海印也早发现问题，向"读经高层"谏诤无果。"读经理论"的理论自信真是执着得八风不动。

好在经过我们的努力，现在学术界逐渐明白读经班发生了什么，媒体也并不像十年前那样不分青红皂白讨伐读经了。通过这次读经讨论，儒学界和读经教育界有望形成良性自律和纠错机制。诚能如此，这次讨论的收获就非常大了。儒家内部如果不能形成自律，就会经常被动面对外部批评。如果能形成自律机制，引进常规健康的内部自我批评，每次都能在外部发现问题之前，自己发现问题并及时纠正，就会主动得多。所以，这里并不存在我见的执著，相反，这次读经讨论恰恰是儒家的自我批评。

顺哥：请问教授如何评价王财贵及其读经的倡导与做法？

无竟寓：据我了解，他们起初做得很好。但是，自从提出"阿猫阿狗办学法""全日制老实大量纯读经法""包本背诵法"等一系列创新理论之后，在实践中发生越来越严重的偏差，吸引了大量投机分子转投读经，导致各地学堂素质迅速下滑，不负责任，为了包本效率而对孩子采用高压强制方法，乃至滥用体罚等等。近年来，很多学生和家长、堂主、读经教师、儒家学者、公众媒体持续提出问题，希望他们能调整改变，但是结果令人失望。他们的回答一概是"人病也，非法病也"。奈何？

G199209：看到您对王财贵的教育方式持批判态度，但不知您对王财贵本身是何评价呢？我也反对这种教育方式，不过对于王财贵先生的追求与理想，还有其身体力行的态度，我们是否也应该表现出尊重与敬佩呢？

无竟寓：我没见过王本人，但听很多朋友谈到过，其文化情怀非常真挚。即使从他对我的批评中，我也能感到他的情怀。我所有的文章从未谈及对王本人的批评，而全部都是针对读经实践中引起的问题。在被王称为"柯小刚事件"的5月上海儒学大会发言《当代社会的儒学教育》中，我甚至提倡学院学者应向他学习，效仿他力行经典教育的精神。只不过，南辕北辙，如果方向不对，怕是越努力越远。在同一篇讲话里，我还谈到对自己的检讨，从来没有高

学习是最好的教育方法：答澎湃网友和《中国教育报》

高在上的指责态度。

蒙山柴：我接触了一些读经学堂的"老师"，他们对古代经典几乎一窍不通。我见到很多孩子的人生已经葬送在王财贵的读经教育中了。我甚至觉得王财贵就是个骗子。

无竟寓：王财贵不是骗子，是被骗子。他被自己的激情和幻想骗了，也被堂主们的歌功颂德骗了。他如果能赶紧醒过来，被害的孩子们还有救，被黑的经典教育还有救。

古原野草：孟子要"正人心"，张载要"为天地立心"。愿有人早日可正当下儒学学徒们的心，从而正天下的心！

无竟寓：让我们一起努力！不过，正人心的前提是正己心。我们每天都应该自问，我是否意诚心正，是否尽了自己应尽的义务，是否对得起自己的良心？"老实大量纯读经派"常说不要管别人，自己做好就行，这种说法是不负责任的。学问天下公器，教学古今共业，慎思明辨、过失相规是必须的。玉不琢不成器，切磋琢磨应与自修相辅。批评是建设的必要方式。他们认为一个自己不办学堂的人，没有资格批评学堂的缺点，这也是没道理的。他山之石，可以攻玉。旁观的角度或许可以看到自己看不到的缺点。他们还说无论"纯读"学堂的孩子出现什么问题，家长都是自愿的，旁人无权批评，也无权呼吁"救救孩子"。这种观点很无理，就像毒品买卖，一个愿买，一个愿卖，凭什么干预他们买卖的自由？！

乔：读经方法有好坏吗？好坏善恶的区分是不是一种偷懒的行为？道德绑架的出现和简单概念的植入有关系吗？

无竟寓：当然有关系，这是我们要时时注意提醒自己的。不过，另一方面，为了防止教条化和简单粗暴的道德滥用而滑向相对主义、虚无主义、取消是非善恶，也未尝不是一种"偷懒"。《中庸》云"尊德性而道问学，致广大而尽精微，极高明而道中庸"，可以多体会。

曼曼：我曾经去了一个小孩读经班的宣传课，他们说13岁以下的孩子只要死背就行，不需要讲解，而且甚至不用上小学，全日制读经才行。我接受不了。不知道正确的读经是怎么样的，在家可以家长教吗？

无竟寓：在强大的"毒经"宣导中，你能保有常识感，未被洗脑，难能可贵。在"高尚情怀"面前，很多人丧失常识感，以儒家之名偏离儒家之道，令人慨叹！"极高明而道中庸"，最好是博学深思，又保有常识感。"老实大量纯读经"缺少的正是常识感。常识是"庸"。有学问思想，常识可以成为"中庸""极高明而道中庸"；读书不多不高，常识也可以是"平庸""百姓日用而不知"。片面高亢上火（自以为高明）而缺乏常识感，仅有常识感而志趣不高，都不好。前者过之，后者不及。子曰："中庸其至矣乎，民鲜能久矣！"读经平常心就好。建议或可上体制学校，课余时间，别人家孩子上这个班那个班的，你家孩子读经典就好。自己学，然后带孩子学，比较放心，找私塾机构一定要谨慎鉴别。

许：我就是你说的那种读经班的受害者。现在大二了，虽然对中国文化有兴趣，但是现在看到经典还是本能的厌恶。

无竟寓：为了避免更多人受害，建议你把自己的经历和思考

学习是最好的教育方法：答澎湃网友和《中国教育报》

写出来，帮助社会公众了解那种错误读经方法的危害，推进经典教育的健康发展。于你自己，建议不必勉强读经典，学学其他感兴趣的东西。随着生活阅历的增长，或许会有一天，因为某种机缘，重新发现经典的意义，原来是贴近生活的，而又提升生命的，活泼泼的，其乐无穷的。当然，如果那一天不会到来，也没有关系。读经学生惟生和董若岐分别给我写过一封信，你可在"道里书院"微信公众号历史信息找到，跟你的经历可能会有相似，所思所想可能会有共鸣。[1]

学习是最好的教育方法

Tkbank：我是一名工程师，80后，一直以来喜欢中国经典，通读过《论语》《孟子》《诗经》《庄子》《韩非子》，也读过《史记》等，近来在读《资治通鉴》。这些爱好是大学毕业后慢慢养成的。印象中，我们这代人在学龄阶段很少接受经典教育，什么原因造成的呢？

无竟寓：你的经历很有代表性。原因在于现代教育的工具化、效率化、职业培训化，教育从"生命的养成"沦落为"劳动力的培训"。不过，没关系。我们可以尝试多元化的另类教育，以便弥补这一缺失。我们办的同济复兴古典书院就有很多你这样的社会学员，工作之余学习传统文化。当然，自修自学更重要，没有任何老师和

---

[1] 两封信都已收入本书。

机构可以代替你的自学。

古原野草：儒学想要复兴需要靠有良知的私塾教育，或者家庭教育，难以指望公办教育有作为。

无竟寓：不必这么绝对。我提倡多元化的教育。中国自古即如此，钱穆先生多言之。公共教育也在主动积极调整，容纳更多传统文化内容，克服意识形态教育的教条化、僵固化，以及现代职业培训的工具化。这样的进步应该欢迎和鼓励，而不是像有些私塾读经宣导者那样妖魔化体制教育。另一方面，儒家学者应该身体力行，恢复民间讲学的传统，开办私塾和书院，推动教育多元化，发展健康的另类教育。不过，儒学界和读经界应该形成自律和纠错机制，防止极端化、宗教化、传销化、民粹化、反智化、野蛮化、愚昧化发展，引进良性批评和自我批评，不断提高完善。政府也应该更加开放，鼓励教育多元化探索，给私塾和书院以合法化空间，同时也应该加强监管和引导，不要动辄查封，或者放任不管。我本人虽是学院学者，但一直致力于民间书院和社会公益教育，提倡体制内外结合，提升国学读经品质。道里书院、同济复兴古典书院都是这样的尝试。希望有更多的学者可以共同探索。

洁身自好：请问如何求学传统文化？您对现行国民教育有什么建议？

无竟寓：如何求学传统文化？切实阅读、背诵、涵泳古人的经传注疏，在生活中践行。对现行国民教育的建议：一、在公立的大中小学广泛开展传统文化通识教育。二、组织有通识教育关怀的学

学习是最好的教育方法：答澎湃网友和《中国教育报》

术专门家编写传统文化通识教材，以专业功底做通识教化之事，争取深入浅出，知识性、思想性、感悟性、可读性并重。三、要有中介位置的自觉：一方面朝向更加源始的元典，一方面朝向社会现实；一方面要导向更加原本的古典教养，一方面要紧密联系现代生活实情。因此，在选编和解说的时候，一方面要从比较浅近的诗歌、《四书》和道、墨、法诸子书的选编联系到更加古老精深的《五经》和史籍，一方面要结合实际生活经验进行循循善诱的切近解说；一方面要展现中华文化主体的精要，一方面要彻本彻源、知根知底地吸收、化用西方古典文化和现代思想。四、在办学形式上，逐步开放私学，鼓励和规范传统文化民间团体和私学书院的建设，逐步形成公私教育良性结合、互相促进的格局，既发挥自上而下的教育引导作用，也发扬自下而上的民间教化功能，从群众中来，到群众中去，广泛而深入地激发传统文化通识教育的持久活力。

小蜜蜂：我从小喜欢古代经典，也非常赞同对下一代进行经典教育。我儿子现在一岁半，我想让他从小接受熏陶，希望老师能推荐一些名目和教育计划。

无竟寓：流行的"名目"和"国学教育计划"很多，但请注意鉴别，很多是错误的，有害的。才一岁半，不急。首先，家长要读经史。可带孩子读诗、背诵，给他讲一些历史故事，背诵古文段落。四书也可以读，家长要读古人注疏，搞明白基本经义，然后带孩子读、背诵、略作字面讲解。更深入的意思，可以在生活中涵泳、体会，是一辈子的事情。要学会与孩子对话，一起探索经义，博学审问慎思明辨笃行，日有所得，亲子共进，不亦乐乎！

生命的默化：当代社会的古典教育

老超：家有小孩两岁，请问如何通过读经去对他进行启蒙教育，有哪些经典书籍可以推荐？

无竟寓：好多人都在问一岁两岁的孩子如何读经。这种问题本身都是被那些"毒经"传销的人忽悠的结果。心态不要这么急嘛！我现在能理解那些"毒经"传销为什么能忽悠人了。经过百年文化自宫，今天人们太着急回归传统文化了；经过现代化的超英赶美，今天人们太急于"从娃娃抓起""不要输在起跑线上"了。怕孩子"输在起跑线上"，拔苗助长，于是真的就输在起跑线上，一开始就错了。真关心自己的孩子，首先要平静下来，不要急。首先要自己读起来，改变自己，然后才能带动孩子。幼童可先读古诗，接下来可读四书、五经、史书，能读多少读多少，勿贪多求快。可背诵，不强求。家长读书后，可略作讲解。学会跟孩子对话，一起进步。

葡萄藤蔓：我是一个80后妈妈，孩子5岁了，想带她读经，应该怎么做？要注意什么？

无竟寓："为仁由己，而由人乎哉？"首先要自己开始学习经典，然后带孩子一起学。社会上各种私塾良莠不齐，很多是素质低劣、误人子弟的，万勿上当。切勿贪多求快，功利心太强，被某些机构忽悠，以为送孩子过去读经就能成就"大才"。幼童可读诗为主，慢慢带她读一些四书和历史故事。注意多观察孩子的兴趣，善加引导，因材施教，毋意必固我，一定要怎样怎样的。

爱的翅膀：我的孩子现在上五年级，之前在学校里背诵弟子规、论语等，经典读起来琅琅上口，加上小孩子们的记忆力强，背诵还是蛮容易的，只是不太能理解意思。请问小学生怎样读经更好，

学习是最好的教育方法：答澎湃网友和《中国教育报》

家长应该怎样做？

无竟寓：家长必须自学，跟孩子一起学，还要学到孩子前面。一起背诵，最好能给孩子做一点简单讲解。自己一定要读古人注疏，不要迷信"读经理论"的"纯音流"白文背诵和读经机轰炸。包含自我教育的教育才是真正的教育。勿追求数量、速度，要受用、涵泳，跟孩子一起体会经典之美、向学之乐。

绎道山人：您怎么看《三字经》《千字文》《弟子规》等蒙学？儿童学习的最佳时间是几岁？

无竟寓：蒙学也可以读一读，但不必太在意。"弟子规派"就搞坏了，把蒙学看得太高，甚至高于五经；"老实大量纯读经"又把蒙学看得毫无价值，两者都失之偏颇。蒙学方式和时间因人而异，要因材施教。所以，你必须认真观察孩子，跟他一起玩，发现他、了解他、引导他。至于年龄问题，"老实大量纯读经"所谓"13岁之前只能背不能讲，13岁之后解经""过了13岁就没救了"之类说法毫无根据，害人不浅，勿被骗。人的一生，只要好学乐学，任何时候都是最佳学习时间。像我四十多岁了，每天学新东西，背诵经典，效率还很高。如果不好学，不乐学，什么年龄段都白搭，强迫孩子死背多少都没用，适得其反。

东云：孩童是否可以绕过五经四书等经典，去读古文观止等等，更多进行古文的学习，这样会不会更好？

无竟寓：都要读。真去读古文的话，你很快就会发现，所有古文、古诗词的根基都在五经、诸子和史籍里面。当然，对于幼童来说，诗、乐和书画的学习可能是更重要的，在此基础上，经史子部的学习可以随机增加，逐步深入，不必拘泥。

丽儿：我生活在国外，很担忧下一代的教育问题。我给孩子们读中国的童话故事、二十四孝故事，带他们背弟子规，背诗词，《论语》也读。我想问一下，应该怎样系统的教他们？他们都已经上学了，学习中文的时间不多，只能利用饭后和睡前的时间读中文书。您能给我推荐几本书吗？

无竟寓：二十四孝和弟子规不必为典要。多读古诗，《四书》《史记》《左传》都可以读。必须结合古人注疏一起读。耐心读，一句一句弄明白，并不难。勿贪多求快。搞懂一句，受用一句。背诵一句，涵泳一句。结合生活体会，渐渐加深理解。自己多用功，孩子才会受影响。家里可常备中国书法法帖、古人画册，常听古琴曲。自己要学会逐渐进入其中，其乐陶陶，孩子自然会对中国文化有感受。不必心急，一定要孩子怎样怎样的。外文版的中国文化书籍也可以看，带孩子看。鼓励孩子在学校用外文介绍中国文化，心胸开放，多交流。西方古典文化亦须阅读。越深入西方心灵，越能认识中国文化精髓。

涵泳是最好的学习方法

北落师门：我读过四书和传习录等儒家经典，史书也看了一些，但我不知道该怎么去记忆。当时觉得很好的东西过一段时间就慢慢忘了，更别说引经据典了。请问您是怎么记忆的？有什么好的方法吗？

学习是最好的教育方法：答澎湃网友和《中国教育报》

无竟寓：我从小喜欢背诵经典，现在每天还温习。背诵和理解都是一辈子的事情，永远同时进行，无法分开。背诵和体会、理解、实践加在一起，叫做涵泳。不必追求背下来不忘，更不必追求背得多，至于所谓"包本"更是无稽之谈。背诵不是给人看的，是自己受用、反复涵泳。每天背几句都好，方便在坐车的时候、休息的时候、散步的时候、打坐的时候随时回味、涵泳，帮助自己反身而诚、修身养性。所以，背诵其实是非常好的修身方法。我近来批判"老实大量纯读经"的包本背诵，并不是因为我反对背诵，恰恰相反，是为了捍卫背诵，反对伪背诵。夫子云，恶紫之夺朱也。

一个蛋卷：背诵经书有意义吗？老师和我们说只有在背诵的基础上才能理解，可以跳过背诵直接去理解作者的想法吗？

无竟寓：我从小喜欢背诵，现在还在每天背诵经典。儿童教育，无论是否经典教育，背诵都是极好的方法。问题在于："老实大量纯读经"的方法根本就不是背诵。而且，在真正的记忆和背诵里面，必然含有某种感受和理解。片面排斥理解的记忆并不是记忆，没有记忆参与的理解当然也不可能深化。然而，在生硬割裂记忆和理解、割裂13岁之前和之后的"老实大量纯读经"方法里，既没有记忆，也没有理解，只有机械化教条化的强制。这种方法根本就不是"教育"，而是对儿童的残害。"跳过背诵去理解作者"当然可以。背诵并非理解的前提，相反，理解或感受是背诵的前提。有所感受，有所领悟，有所理解，背诵自然而然，也很快。当然，如果想加深理解，最好熟读、背诵，反复涵泳体会，理解自然日深。

生命的默化：当代社会的古典教育

东篱自醉：您觉得国学经典的学习是"书读百遍，其义自现"好，还是逐句进行解读好？

无竟寓：不可偏废。须读古人注疏，反复涵泳。

王言寺：请问学习古籍，比较普遍的步骤是什么？需要常备哪些工具书？

无竟寓：有很多现成的答案和公认的说法，百度可知。我不讲这个。我的建议是从自己的生命感受和困惑开始，以主动的姿态去找你自己要读的书。勿贪多求全，但于己受用，生命有滋养，才是好的。我个人的经验是经史相参、道艺一贯。五经四书要反复熟读，当取十三经注疏本打基础（并不难懂，因为孔颖达正义非常体贴，解释了每一个细节），然后爬梳历代经义发挥可矣。史籍亦须先读二十四正史（亦不难懂），然后可及其他。工具书可用电子版的四库、康熙字典、汉典等，比较方便快捷。常用类书亦可备查。经史内容和古汉语基础能力，这两者是相辅相成、一起进步的，不存在先后。有了中学文言文基础，就可以开始读古文原典了。但一定要读注疏本，勿像"读经班"那样背诵白文，傻傻哒。很多时候，文字训诂文法名物典故等"古文基础"不是通过专门教材和工具书得来的（当然这也构成了很重要的来源），而是通过经传注疏的阅读本身得来的。

Asura：若给十三经排个序，您认为当前启蒙教育的阅读顺序是什么？为什么这样排列呢？

无竟寓：好多人有过排序，你可搜索了解。我不排序。我建议因材施教。私塾教育是另类个性教育，尤其应该而且有条件因材施

学习是最好的教育方法：答澎湃网友和《中国教育报》

教。如果是家长教孩子，或者自学，就更加可以。要善于发现孩子或自己的兴趣所在，找一个出发点。或可先大概泛览一下，然后找到一个点开始深入。途中还可以调整改变。十三经是一个整体，从哪里开始都可以。及其至，一也。不过，一般来说，"兴于诗"，从《诗经》开始还是最好的。《易经》不宜早看。从四书开始，也是不错的选择，因为四书是六经门户。我个人经验：从《中庸》开始，熟读成诵，自然受用无穷。

西鲲子：五经四书应当按照一定的次第进行还是可以诸经并读？如果有一定的次第，请老师推荐一下。如果可以诸经并读，需要注意的地方是什么？请老师赐教。

无竟寓：因人而异，我都尝试过。按次第的话，可先读《诗》《书》，并读的话，可通读《五经正义》，相互参稽。四书可先读，也可后读，各有利弊。自己先泛览，四书更易契入就先读四书，五经更易契入就先读五经。及其至，一也。

弥弥浅浪：新闻专业的大学生应该如何读传统经学？

无竟寓：传统经学是成人之学，什么专业都可以学，一样学。或可买一套十三经注疏，先泛览，觉得哪一部有兴趣，就从哪一部开始。通读十三经注疏之后，再读更多的历代注疏。在此过程中，每个人自然能找到与自己的专业相应的启发。

茉莉亚：我是一名汉语言文学专业的学生，选了一门《四书章句集注》选修课，名曰"读经"。讲师一直说这是开智慧的课，不知道值得上不？我自己读《四书》感觉有困难，不知道怎么办？

无竟寓：不了解你的这位老师和课程具体情况,不便置评。不过,从他的表达方式看,似乎是受到了某些不太靠谱的流行国学的影响。《四书章句集注》自然是值得熟读精思的经典,建议你自己用心通读,以至于背诵(不追求"包本",切身受用即好)、反复涵泳。或可同时结合《朱子语类》《近思录》一起读,可以帮你解惑。读一下《宋史·道学传》也会有帮助。《史记·孔子世家》《仲尼弟子列传》都可以先看。知人论世,然后或可进入经典的生命世界。

飒暮蝉辉：我小学时加入过几位语文老师创建的文学社,读四书五经和古典文学,也读西方文学经典,还学如何写好现代诗、小说、散文。那几年着实学到很多,对我影响颇深。所以,我觉得读经最好从学龄开始,且要集思广益、中外兼收,再联系当代,读写结合,多思考。

无竟寓：你的经验和想法很好!现在流行的所谓"读经"往往对文学和历史抱有偏见,对西方文化也抱有偏见,这些都是狭隘的门户之见,远不是圣贤开阔气象。读古诗和史籍尤其可以帮助体会经典的生命学问。关心当代世界,在生活中笃行,才是真正的经学。

圆明鹰：请问先生,古代对于淫词艳赋是如何界定的?为什么很多我喜欢的词藻优美的诗词都属此类?还想问一下,在古代文学作品再无新作的情况下,不断研究古代文学的意义和价值在哪?

无竟寓：多读汉魏古诗,乃至上溯到《诗经》,可能有助于你提高诗词眼界。历代诗话也会有帮助。"周虽旧邦,其命维新"。"新作"当然有,但不一定是文,而是人。一个一个活生生的现代

学习是最好的教育方法：答澎湃网友和《中国教育报》

人，在经典阅读中把自己修养成人，就是古典常新的"新作"。

一个蛋卷：柯教授你好！我是一名高二的学生，我对中国古典文学很感兴趣，但是现在学习压力比较大，除去吃饭睡觉和学习的时间，空闲所剩无几。所以只能抽空阅读这些经典书籍，那这种不系统不深入的阅读我该坚持下去吗？这种零散的没有指导的阅读中难免会遇到错误的观点，我又该怎么判断是应该吸收还是舍弃呢？

无竟寓：我中学的时候更惨，因为在农村，连书都没有，得一本则拳拳捧读。不在多，在用心体会涵泳。记得我初中的时候好背宋词，得一首则反复吟咏，乐在其中。所以学者贵用心也。系统不系统不是设计的，是自然而然的。不契，则于此一系自然放弃，终不系统；契，则自然会旁搜侧讨，绵绵瓜瓞，左右流之，不期然而成一系统矣。至于判断，则往圣先贤经传注疏不妨先读，然后自有判断。

读书生活与生命的安顿

FJLang：读经能找到信仰吗？

无竟寓：能，但不是廉价的。

蔡伟霖："圣贤教育改变命运"的视频您看过吗？身边有中年长辈因为它而把自己的家庭变得一团糟，网上一查，发现这种情况现在不是个例。请问您如何看待这部视频？

无竟寓：圣贤教育平易正大，不是那种太过煽情的东西。礼是适度，情之节文。煽情诚然可以唤醒现代人的麻木，但无节的煽情却过犹不及，同样会给正常家庭生活秩序带来扰乱。《中庸》云：

"喜怒哀乐之未发，谓之中；发而皆中节，谓之和。"中和之道才是真正的圣贤教育。

搁浅：我是一个法学大二的学生，同时也是狂热的国学爱好者。通过自己的实践，我觉得在生活中应当"以老庄为体，儒墨为用"而并不仅仅局限于对儒学的尊崇，您怎么看？

无竟寓：爱好自然好，狂热不必。尤其是，你如果"以老庄为体"，那就更不宜狂热啊。要学会平淡，"听之以气"（《庄子·人间世》）。"体""用"要自己去涵泳体会，博学审问慎思明辨笃行，自然有得，不必急于下结论。

无尽之洋：请问传统文化有哪些精华？能否用精炼的文字描述下？

无竟寓：太多了，我只讲自己最受用的一点。《中庸》云："尊德性而道问学，致广大而尽精微，极高明而道中庸。"大学的时候听见一位老师说到这几句话，极为震撼，莫名所以的感动，让我一下子觉得找到了人生天地间的意义，这一辈子都要朝那个方向奔。

Philip Luo：请问您信仰宗教吗，比如说道教，佛教？为什么信或不信？

无竟寓：儒学算吗？我大学的时候，经历过道家阶段和佛教阶段，通过《中庸》和熊十力，走到儒家。即使后来读西方哲学博士，也未曾改变。不过，我现在还是常读佛道和西学。儒学并不是一种偏执信仰，而是一种明智通达的生活方式。持续一生的学习是儒者的基本生活状态。

学习是最好的教育方法：答澎湃网友和《中国教育报》

早墙：近来考研，面对种种困惑时，似乎感受到了一些儒家经典的力量。请问如何正视自己，修正自己，安顿自己？

无竟寓：你这种情况，我个人经验，供你参考：或可精读《中庸》，要能成诵，念兹在兹，时时涵泳。我曾有朋友失意，我劝他读《中庸》，他日日朗诵，渐渐走出阴影，重新焕发生气，感到了生命的庄严和美好。

Glenn：您在读经的过程中，有没有将收获用于生活的例子？

无竟寓：我上初中时的一个暑假，不知从哪里弄到一本《论语》。这是我第一次看到真正的经典，因为"文革"之后的农村根本接触不到什么书。我一下子被吸引，捧读不倦。那时我大哥跟大嫂谈恋爱，小两口常闹些小矛盾。我就在他们的蚊帐夹子（木头的那种）上写了"君子坦荡荡，小人长戚戚"，希望他们能看到，或许能开心起来，不要再闹矛盾了。

大学的时候，我开始练习静坐。有一次感觉神识要离开身体，要去到外面飞翔。有人可能会高兴，这不是快出神通了吗？我何不飞到隔壁宿舍看看，或者飞回老家看看爸妈？不也是一种炫耀的谈资吗？但这对我没有吸引力。我那时就在心里反复念叨《论语》里面的夫子之言："天何言哉？四时行焉，百物生焉，天何言哉！"然后神识就回来了，复归平常。

王可行：您怎么看汉服复兴？

无竟寓：我自己在日常生活和正式场合都穿汉服，但汉服运动中颇有狭隘民族主义，必须批评和警惕。这个问题跟读经有类似之处。

刘晓俊：经典里充满了感动，但回到现实里难免妥协，如何能一步一步真正接近经典？

无竟寓：你的问题很普遍。一个字："诚"；两个字："诚之"。读书和生活是双向互动的过程。读书时反观生活，生活中体会经典。经典并不是教条，生活也并非虚幻。读经不善反（反通返，反身），亦可致病，文胜质之病，虚文之病，以生活为病之病，读书之病也；生活不善反，不读书，不自省，则众人之病也。读书与生活相救，庶几可免病耳。

浮舫初引：虽然也不时看经典，但感觉不易一直贯彻于实际生活之中。像是读书时尚有触动，到了日常生活中却又忘了一般。请问如何才能在生活中保持笃行的状态？

无竟寓：读书和躬行是相互促进的动态过程。二者相关的要点在时时善反（反通返，返回自己，反思己心）。时而学，学而思；行顾言，言顾行。每天要有固定的时间自省，譬如早起或睡前静坐，反省一天所为是否无慊于心？每天要有固定的时间读书，就算工作再忙，也可以抽出十几分钟读一段经典文本。勿贪多求快，但求切身受用，反身而诚。背诵涵泳是好办法。试着背下一些喜欢的句子，念兹在兹，时时警策。在生活中涵泳日久，自然理解日深，工夫自然成。个人经验，"诚意"是重要的关节，可多体会。诚则心中充实，充实则向上有生机。时时养护生机，经典的道理自会慢慢向你开放，生活的意义自然慢慢开显。用功勿懈，但不要急；顺其自然，但勿松懈。

学习是最好的教育方法：答澎湃网友和《中国教育报》

霜刃十年：先生对健身如何看待？世人对儒家的印象大多都是文弱书生，这是误解还是儒家经过历史演化形成的新特色？六艺中射、御如何在当代儒学复兴发挥作用？望无竟寓先生解答。

无竟寓：我每天会打坐、拉筋、慢跑，常常爬山、徒步、画画、写字。西方所谓"体育运动"走向不利健康的发展方向，运动过量，伤害生理，应该反省调整。古代西方其实并没有如此极端。中国传统文化素来重视健身，发展出了非常合乎生理的养生方法。简言之，以合道为原则。道并不玄虚，合阴阳四时节律即为合道。所以，养生之要在起居有常、饮食有节、劳逸结合，勿懒惰以废生，勿纵欲以伤身，每天迎接第一缕阳光，天黑则思潜养。勤身不殆，但勿追求肌肉身材速度力量；虚心静养，但勿懈怠懒惰，丧失生机。人身最宝贵一个"生"气，养生所以全身，全身所以尽性矣。射御之道亦在此，但不必拘泥形式可矣。射礼可复，御则非今日平民所能为者。书画于我则小六艺矣。读书大六艺，书画小六艺，时时静坐、徒步，徜徉天地间，不亦乐乎！

答《中国教育报》记者问经典教育

问：当前中小学教育中引入国学教育有什么样的迫切性？

答："国学"的提法不好，带有狭隘的民族主义意识。"古典教育"的提法更符合实际情况。现代教育为什么迫切需要引入古典教育？因为现代人遭遇了日益普遍的生活意义危机，以及与之相关的文明冲突危机。这不只是中国的问题，而是全球性的现代社会问题。现代社会是一个实用主义社会，现代教育因而蜕变为职业培训。然而，现代社会仍然是人的社会，不是机器的社会。人的生活是需要意义的，绝不只是"更快更高更强"就可以幸福。因此，即使是为了培养实用人才，现代教育也应该首先重视"人的养成"，而不应该只是盯着分数、技能、实用、效率。因为，即使是实用人才，首先也必须是人，然后才有可能是人才。所以，中小学教育乃至大学教育中引入古典教育非常有必要，因为古典文化虽然没那么实用，但却是"人的养成"教育，因而是一切现代实用教育的基础。

问：对现在的中小学生来说，中国传统文化中哪些方面是特别适合学习的？

答：孔子说"兴于诗，立于礼，成于乐"，柏拉图《理想国》里认为儿童教育须以诗歌（指广义的艺术）和体育为主。所谓"读经要从娃娃抓起"并不传统，恰恰是非常现代性的急迫观点、效率观点、功利观点。至于那种提倡十三岁之前死记硬背三十万字经典的"读经理论"更是毫无根据。建议小学阶段除了在语文课本中学习诗词和古文之外，应该加强书法、传统音乐、武术、射礼的内容。中学阶段应把古文内容从语文课本中独立出来，专门设置古代汉语和经典阅读课程，作为高考必考科目。实际上，在西方国家的中学，古希腊文和拉丁文（西方古典语文）就是独立的课程。内容方面，除了从文学角度选取古文和诗词之外，中学古文课程还应该选取思想性较强的五经四书、史书、诸子篇章。大学各专业应该加强中西方古代经典的跨文化通识教育，不但读中国古典，也应该读一些西方古典。

学习是最好的教育方法：答澎湃网友和《中国教育报》

问：中小学进行国学教育应注意哪些问题？

答：一、与大学人文学科合作，加强中小学教师的古典文化培训，贮备师资。我们同济复兴古典书院就开有"国学师资公益培训班"，学员中多有上海各中小学的教师。大学应承担社会通识教育责任，主动协助中小学开展国学师资培训工作。二、中小学校在培训教师时，要注意鉴别，谨防传销性质乃至邪教性质的所谓"国学传播"进入中小学。目前各地中小学已有很多中招，教师、家长乃至学生中毒不浅。三、中小学古典教育应不限于语文老师和公民教育方面的老师，最好能在各科老师中都能展开。四、可鼓励教师和学生自发形成经典读书小组。五、须谨防狭隘民族主义意识，以天下为己任，以人类为关怀。在有条件的中小学（如双语学校、外语学院附中附小等）开展跨文化的古典文明教育，不但学习中国古典，也适当学习西方古典内容。当然，在民间流行的所谓"老实大量纯读经"中连 ABC 都不教却要孩子死记硬背莎士比亚英文原著的做法，只是徒然浪费孩子的青春而已。

生命的默化：当代社会的古典教育

"诗书解未半，空负继绝心"：答《东方早报》记者问[1]

问：学者应当怎样在实践中践行一种理论和信仰？从整体集体无意识的角度看，传统复兴的可能性如何？毕竟古代的社会土壤和心灵状态都已经遗失，您说书法要复归修身的层面，但现代人离天人接近的状态已经越来越远，与古人相比更加艰难。

答："学者"必须时刻善于学习，才是"学者"。以儒家为代表的中华文明与世界上很多"主义"或"宗教"特别不同的一点在于"好学""善于学习"。现代中国为什么那么开放，善于学习西方、学习现代化？人们往往只看到这个过程中"反传统"的一面，忽视了这个过程之所以能发生，恰恰是以中国的"好学"传统为前提的。所以，"传统的复兴"不是说传统在现代化过程中断绝了，现在要"死灰复燃"，而是在现代化过程中，传统一直就在起作用。现代中国不但是"反传统"的结果，也是传统自身"洗心革面""其命维新"的结果。早期现代化运动的思想人物提出的所谓"少年中国""新民"等提法，就是例子。今日"传统复兴"的意义不是从无到有的恢复，而是从负面的、不自觉的"起作用"转变到正面的、自觉的"弘扬"。

---

[1] 这是2014年回答《东方早报》记者的书面采访问答，部分内容经记者修改后曾发表于澎湃新闻网站。

"诗书解未半，空负继绝心"：答《东方早报》记者问

至于书法作为日常修养的提法，我是在去年参加"兰亭书法论坛"时提出来的。当时针对的语境是：人们在日常生活中不再用笔写字，专业书法家又只搞"艺术创作"，日常也不写字，所以书法专业化、艺术化之后，丧失了古代书法的日常性和修身养性的功能。书法的例子反应的是传统文化中很多方面都有的一个情况，就是古今生活方式的改变，导致古代文化在现代处境中发生了很多异化的现象。我的建议是"请复其本"。这个本就是每个人，无论古人今人，都必不可少的生活元素。如果缺乏这些元素的话，他的生活就是不幸福的，至少是不健康的。没有人愿意不幸福、不健康。所有人都希望过着幸福的、健康的生活，无论古人今人，中国人外国人，莫不如此。所以，就书法为例，我的建议是，无论对于专业书法艺术家，还是普通人，都可以尝试玩一种叫做书法的游戏，在这种游戏中获得心灵的愉悦。孔子说："仁远乎哉？吾欲仁，斯仁至矣。""仁"就是天人感应的状态。天人是否远离？并不取决于时代或地方，而是取决于每个人。孟子看到一个放逸自己内心的人是远离"天"的、不明"性"的，今天一个每天写写字乐呵乐呵的人也可能是"求放心"的、贴近自然的。

问：中学和西学为什么有强烈的回归源头的紧迫性？德里达认为所谓起源只是一个虚构，怎样更接地气地思考现代人的处境？

答：中学的传统是，每个时代都在不停地"回归源头"。《大学》所谓"苟日新，日日新，又日新"就是这个意思。不要以为只有现代中国人才面临"三千年未有之大变局"。历朝历代往圣先贤、

君子士大夫无时无刻不是在"如临深渊、如履薄冰"。这是中国文化自古以来非常鲜明的固有传统。也正是由于这种传统在起作用,所以,近现代中国士子特别能敏锐地感受西方的压力和现代化的压力,洗心革面,发愤图强。

这也能解释,目前西学的"回归源头"运动的中心为什么并不在西方,而是在中国。中国学习西方学了一个多世纪,现在忽然发现,西方原来不仅仅是"现代西方",还有一个水面下的巨大冰山:"古典西方"。如果我们不了解西方现代性的来龙去脉,不了解冰山下的巨大部分,那么,我们对西方现代化的学习很有可能是不明所以的"画虎不成反类犬"。所以,中文西学界目前对西方学术源头的大规模探寻成了世界西学研究中的一道引人注目的风景线。以"经典与解释"为代表的西方古典学术译介和研究工作规模之大是非常令人印象深刻的。在世界文化交通史上,一种文化的繁荣在另一种文化中得到更多的保留和发展,这种现象是屡见不鲜的。中国历史上的第一波西学即佛学就曾在中国得到长足发展,而在其原产地印度反而逐渐式微。

德里达关于"起源只是一个虚构"的想法针对的对象只是西方形而上学的起源概念,即希腊文所谓"arche"的思想。他从"书写与差异"的角度来重新思考"起源",恰恰与《易经》的思想非常接近。2001年德里达访问北京的时候,在北海公园遇到一个用毛笔在地上写字的老人。德里达非常着迷地看了许久,也想了很多。无论中国书画传统,还是历史书写传统,都充满了"书写与差异"

"诗书解未半,空负继绝心":答《东方早报》记者问

的"起源"思想,而不是实体性的或形式性的西方形而上学起源概念。在当代西方引起了后现代虚无主义的"书写与差异"思想,在中国自古就是与"核心价值观"联系在一起的。《易经》既是中国玄思和艺术的源头,也是道德政教的源头,二者多有矛盾,但并非不兼容。《中庸》云"极高明而道中庸""尊德性而道问学"就是这个意思。"如何更接地气地思考现代人的处境?"首先必须摆脱各种似是而非的"公知意见",如是了解古今中西,不带偏见地调查现实、平心静气、深思熟虑地思考问题,然后才能接到地气,而不是满身戾气,看什么都不顺眼,在微博上发泄一通了事。

问:您说要廓清洋泾浜西学对中国文化的误读,包括哪些误读?哪些最需要澄清?

答:这个就太多了,不胜枚举,几乎包含每个中国字、每个中国文化的基本词语。可以毫不夸张地说,一个不落,全都有误读,全部需要澄清。这个说法并不哗众取宠,因为这不是一两个思想概念是否得到正确理解的问题,而是一个系统误差问题,是话语整体问题,或者说是一个"翻译问题",一个文明体系的切换(如果说不是冲突)问题。逐个词语的辨析、拨乱反正,自然是必要的工作,但整体的经典教育、经典解读和文明对话是更基本的工作。必须要有一批兼通西学和中国古典的学者来系统地重述中国经史,才能为系统性的纠偏奠定学术基础。然后就是基础教育和大众媒体的普及教育了。如此上下合力,未来经过数百年努力,或许可以起到作用。

问:您想当公知吗?是否认为自己肩负政治使命吗?"偏执

的自由派、左派、传统文化保守派意识形态分子"的偏执和草率是很大问题,但会不会这样的人也更有现实关怀?意识形态算不算学术?您觉得一个学者该不该有鲜明的政治立场?

答:您也看到了,我一直回避媒体。我拒绝过很多采访。您的采访,我也犹豫了很久。我不想做"公知"的原因不是因为不关心政治和公共事件,而是因为太过"公共"可能会妨碍我思考政治和公共话题。"学院学者"的"专业化"和"公知"的意见表达"标签化"是同一个问题的两个表现。必须同时警惕这两种倾向。我的政治使命感早在初中的时候就很强烈,但我高中毕业的时候选择了学术道路。我很认同孔子的话:"奚其为为政?"政治关系到千千万万人的生活,乃至生命,特别需要节制、审慎、深思熟虑。相对独立的学术是健康政治的必要条件。冷静旁观和理性分析不是学术远离政治的方式,而是参与政治的方式。所以,黑格尔说:"密涅瓦的猫头鹰要到黄昏到来才起飞。"自由独立是政治哲学思考的出发点,这比政治状态上的自由独立困难多了。

问:关于汉语伦理资源的亏空问题,您转发的刘小枫的文章提到:"现代中国具有社会法权的大政党均不是纯政治性的政党,而是有宗教承担的宗法性政党,它们提供对世界和人生的意义解释,规定国家伦理秩序的正当性,划定社会精神生活的方向。这样一来,政党伦理就会成为国家伦理。"要改变或填补国家伦理的亏空,是不是要求更多地介入政治?或仅仅是隐士型的修身养性吗?

答:我们不妨以美国作为例证。美国毫无疑问是一个文化多元、

"诗书解未半，空负继绝心"：答《东方早报》记者问

政治参与程度比较广泛的社会。但美国的共和党、民主党等大党并不只是"竞选政党"，同时也是"核心价值观政党""社会教化政党"，乃至"传统文化政党"，虽然很多时候不得不为了选票而做出价值观方面的让步（如共和党在同性婚恋问题上有所松动等）。同时，各种社会团体、宗教团体、公众媒体也并不只是"中性"的争论平台，而是带有各种价值倾向、发挥道德影响力的。在多元文化和广泛参与状态中，一个社会的传统文化往往会占有天然优势。譬如俄罗斯在苏联解体之后，原先人为强加移植的价值体系崩溃之后，传统的东正教文化逐渐取得优势话语权。这种话语优势并不是强制得来，而是人民的自然选择。所谓传统文化就是那些你想要摆脱也摆脱不了的东西，它构成了"百姓日用而不知"的伦理基础。儒家的职责便是把"百姓日用而不知"的东西自觉化、制度化（所谓"因人情而制礼义"）。无论在什么政体中，君主制也好，民主制也好，儒者的职责都是一样的：对主权者（古为"君主"、今为"人民"）既尽责又劝诫、既忠诚又批判，不亢不卑，温厚而坚强。无论在什么政党中，"政治政党"也好，"宗法性政党"也好，儒者的职责也都是一样的：以德性培养精英，以风俗教化大众，不讨好谁，也不排斥谁，让天下万物各正性命，大家好才是真的好。孔子说"有教无类"，说的就是这个意思。庄子所谓"见独"，《中庸》所谓"慎独"，可能都含有独立不倚的意思。

问：对当前支持儒学的人怎么看？如秋风、丁耘……您觉得您和其他学者的区别在哪里？

答：您提到的都是非常优秀的学者，我跟他们是很好的朋友，虽然观点不尽相同，或左或右的，但都没关系。重要的是，无论左右，越来越多的学者转向儒学，这是大势所趋。跟一些同龄学者比起来，我的转向可能略早。我是在九十年代中读大学的时候确定儒家"信仰"的（我承认这是一种信仰状态，但显然不同于其他"宗教"）。我是从自己的马克思阶段、分析哲学阶段、自由主义阶段、佛道阶段一路转变过来的。转向儒家二十多年来没有再变过。但我大学毕业时选择了去读西学研究生，做黑格尔和海德格尔研究，博士毕业后又自然回到中国经典。

问：一开始您的研究方向是西方哲学，后来逐渐转向中国传统，您能具体介绍一下这个脉络和过程吗？能否回顾一下学术生涯的轨迹，再介绍一下最近侧重的思考方向？

答：跟很多朋友一样，我也是由西转中的。但不是最近这些年，而是早在二十多年前，那时我才读大三。那么，为什么1996年我本科毕业的时候，虽然已经确立了儒家"信仰"，却决定去读西学研究生呢？我当时很痛苦地想了两个月。我认识到，无论学西学的还是学中学的，所有话语都是西学的，而且往往都是"洋泾浜"西学的。但相对而言，西学的情况还较好。因为，西学的人至少知道自己讲的是西学，中学的人则往往满口西学概念却还自以为是中学。对这一点的认识促使我最后下决心先去读西学，原原本本地读西学，然后再回到中学。我认为这种"迂回"是不可回避的必经之路。我当时这么看，现在还这么看。我很庆幸当年做出了这样的选择，我

"诗书解未半,空负继绝心":答《东方早报》记者问

并不认为自己浪费了时间。在北大的七年,包括后来在德国、英国和美国的访学中,我学习古希腊文、拉丁文、德文、法文和英文(这些外语后来用得少,很多都忘得差不多了),读外文原著,用外文写作。但我的西学研究自始就是中国导向的、带着中国问题意识的。如果说常见的中西比较工作是"以西格中",那么,我的西学工作或许可算是"以中格西"。等到博士毕业来上海工作,我就很快回到早已确立的工作领域中了。这在世俗生活层面可能是非常"吃亏"的选择,因为我的学术背景资源尽在西学,而中学方面我完全是半路出家、无依无靠。更何况在我工作的单位,西学,尤其是我曾经工作的德国哲学,是非常优势的学科,资源丰富,而中国哲学则有待建设。我乐意转向,参与中哲学科建设,帮助引进了张文江、曾亦等知名学者和几位非常富有潜力的年轻学者。这对我来说有远远超越个人利益的信仰意义。至于具体学术工作方面,我三年前开始计划写一个"六经大义发微"系列著作,可能要到退休才能完成。最近几年的工作重点是《诗经》,然后会依次转到《尚书》《礼记》《易经》《春秋》等等,陆续为每一部经典写一本逐篇解读的书。教学与写作同步。后半辈子全搭上,也不知道时间够不够用。业余时间主要从事书画学习、创作和教学,身心愉悦。如上所述,所有这些工作都是有"政治"意义的,远不只是个人的"心灵鸡汤"。

问:我们做的学者系列不仅关注学者的观点还关注学者本身的状态,身体力行有时更能说明问题,像您把学术和修身融为一体,是一个很好的例证,如果您愿意多谈谈您的生活方式,那再好不过。

生命的默化：当代社会的古典教育

答：我在昆山乡下有间小公寓，一楼带院子可以种菜，可惜太远（同济周边房子买不起）。十年的牛郎织女之后，我夫人去年来同济工作，分到一间小宿舍（只能住五年，我刚来同济也住过），我就跟她一起住筒子楼，没有厨房，吃食堂。[1]每天早起打坐，画画，下午和晚上读书写作。办了一个"道里书院"，有十年历史了，跟师友和学生一起面向公众做公益讲座。多年来主要是在网上做，今年开始有兴业全球基金资助我们办公益国学班。[2]工作十余年，没拿过一分钱国家或省部级课题（多谢单位不搞"唯课题论"，否则，我死惨了）。工资多少，没查过。反正吃饭用不完，觉得钱很多。自幼身体不好，从读大学的时候开始自学中医，倒也颇有心得，给亲戚朋友开开方子，多有效验，从不收钱。深居简出，修身养性，读书，写作，画画，写书法，教课，带学生，做书院，上网讨论问题，不亦乐乎。去年"奔四"的时候写过一篇打油诗，韵律不通，自明心迹而已，算是这些年的一段小结吧："烂漫窗前树，嘤嘤鸟鸣音。诗书解未半，空负继绝心。四十云不惑，困学到于今。少年负笈游，欧日与美英。中年弘圣教，青青咏子衿。弦歌亦不辍，岐黄与丹青。乾乾夕惕若，翼翼感神明。悠悠追古意，写此寄余情。"

---

1 现在住到了无锡惠山下面的老式小区，每天可以爬山、画画、沉思、写作。这里房价只有同济周边的十分之一。
2 后来发展为同济复兴古典书院。

| 素履之往的生命足迹

生命的默化：当代社会的古典教育

我的平原：答吉林大学校友问[1]

二十四年前，我从湖北江西交界的山里出来，去到辽阔的东北平原读大学。吉林大学新建的南区只有图书馆、教学楼、两栋宿舍，周围都是玉米、大豆，半年都是雪原。《精神现象学》和双层玻璃窗上的冰花，是本科四年记忆的底片。我每学期会自发写一篇"论文"，从四五千字开始，越写越长，最后到万字左右。有时候做梦都在思考、写作。可惜这些文字都散失了（那时候没有电脑，都是写在纸上），只剩下一篇生命感触的诗文。今年母校七十周年校庆，收到学生发来的采访邮件，问吉大读书往事。往事多矣，无从说起。且期末事多，一直没时间回复。再三催促之下，勉强作答如下：

问：您能否为我们讲述一下您是因何选择哲学专业，又是怎样与吉林大学——您的母校结缘的？

答：我中学的时候就喜欢哲学。高考前特意找了一些各地大学哲学系的老师们写的书和文章来看，以便填志愿时好选择学校。那时大冶一中只有一间很小的阅览室，但竟然也可以找到几种哲学相关的杂志。有一次在《新华文摘》上读到邹化政老师的一篇文章，感觉思想很深邃，颇生向往之心，就填了吉林大学。可惜去吉大后才知道他已经退休，听不到他的课了。不过，后来旁听了邹老师在

---

[1] 2016 年，吉林大学七十周年校庆，学生会发来书面采访问题，颇引动旧日感怀，遂为作答。

我的平原：答吉林大学校友问

一个研究生课上做的几次讲座，从现象学讲到《红楼梦》，很开眼界。老先生讲课很投入，有次一脚踏空，差点从讲台上摔下来，给我留下了深刻印象。

问：能否为我们回忆一下您在吉林大学求学期间所发生的一些令您印象深刻的往事？

答：进吉大第一天领到教材，翻开《西方哲学原著选读》，看到斯宾诺莎说感官快乐和荣誉资财都是浮云，人生的真实快乐另有所在，感觉被震到了。第一天看到的斯宾诺莎这句话奠定了我大学生活的基调。那时的吉大南区很原生态，周围都是农田，玉米、大豆、瓜棚。钻出围墙往南，穿过玉米地，有一片树林，里面有十几棵高大的松树。有一段时间，我每天早上都来树下练习静坐。我大学时写过一首诗，题目叫《我的平原》，记录那时的生活，不妨抄录过来，与同学校友们分享一下（你们现在看到的吉大南区可能只有楼房了罢）：

五月我的平原还覆盖残剩的冰雪，不久阳光就会蒸腾出湿气，在我的平原。我的平原上玉米叶子宽博而葱郁，玉米须英气勃发。

我的平原春天人家用马车播种；我的平原冬天行走千里，只看见一驾马车坐一户人家，坐满粮食，迎面驶来又忽远，只留下一双眼神。

我的平原上，早晨乌鸦从西边的村庄飞进南边的树林，晚上乌鸦从南边的树林飞回西边的村庄。夕阳与乌鸦一起归巢。

生命的默化：当代社会的古典教育

　　我的平原积满大雪，人衣缟素。乌鸦在我头顶，伴我痛哭。我的平原长满白桦、红松、黑松、云杉和白杨。我的平原蒸腾着湿白的雾气，满是荒草。

　　早上我穿越平原，来到树林打柴。[1] 湿气在林间缭绕，太阳在树梢升起。下午我怅望窗外看我的平原。晚上我钻进昏黄的大棚摘带刺的黄瓜。我说：你吃吧，我再给你摘番茄。

　　春天我带你来到我的平原。我准备了好多话不知从何说起。你微笑着低头不语像一株美丽的狗尾草。我从来没有这般局促，在我的平原，自小我就撒野。

　　秋天我收割秸秆，把它们捆成一堆。小狗远远跑来，炊烟升起。我遥望你用我的秸秆烧出的烟火，站在我的平原。从来我没有这般幸福，在我的平原，看你炊烟升起。

　　问：能否谈一谈在您在吉林大学求学期间，与老师之间所发生的一些难忘的事情？

　　答：大学四年，我每个学期都会自发地写一篇论文，不一定与课程有关，只是记录我自己的思考。写完后主动找老师看。记得有一次拿着一沓稿纸去找孙正聿老师，同去的还有逄飞。谈了什么记不清了，但孙老师的生活工作环境给我留下深刻印象。孙老师家房

---

[1] 大学三年级时常读佛经。有段时间，我每天清晨会去校外松林下打坐。后来养成了静坐习惯（参拙文《静坐日记》，见收拙著《在兹：错位中的天命发生》，上海书店出版社，2007年）。

我的平原:答吉林大学校友问

子很小,一楼,窗外是一所小学的操场,操场地面较高,小朋友们追逐打闹的脚步几乎就要闯进来了,就要踩到孙老师的书桌上了。那是九十年代初,教师待遇极差,能下海的老师都下海了,能不读哲学的学生都不读哲学。我和逄飞是班上三十几人中仅有的两个第一志愿读哲学的。孙老师的清贫坚守让我们感动、鼓舞。我今天仍然很穷,从教十余年没有一分钱国家课题,埋头读书写作,与世无争。自古读书人自有一种精神的传统,我愿置身其中,无计个人得失,承续斯文之命。

问:我们都知道您在中国哲学领域的造诣颇深,那您能跟我们谈一下您在学术上的求索之路吗?

答:初二的时候有门课叫《社会发展简史》,同学都很烦这样的"政治课",但我觉得很有意思。这门课引起我思考这样一个问题:盗窃诚然可恶,但更可恶的是不是某种导致盗窃的社会制度?而在另外的某种社会制度中,如果"什么是人?""什么是物?""什么是你的、我的?"这些问题的意义发生改变,是否盗窃不再可能?但这个"意义的改变"是否取决于物质产品的丰富程度?到高二的时候,我写了一封三千多字的信,专门批驳那种想法。那时,我隐约感觉到关键不在于物质生产和社会制度,而在于人心的教养、人之为人的德性养成。

我不知道所谓"儒学"或"中国哲学"的思想,是不是在那时埋下种子?那时能找到的书很少,不知从哪里得到一本《论语》,读到"君子坦荡荡,小人长戚戚"一句时很受震动。我那时正是"为

生命的默化：当代社会的古典教育

赋新词强说愁"的少年，刚读完歌德的小说《少年维特之烦恼》（偷大哥的书看），每天背宋词，觉得自己是一个很有精神生活的、多情的人。《论语》的醇和宽博让我隐约感觉到情有大有小。养其大者为大人，养其小者为小人。

上大学最高兴的是有图书馆可以泛览。我的大学生活几乎除了田野就是图书馆。我先是看了图书馆里能找到的所有马克思原著译本，发现我中学时所批驳的"马克思主义"与马克思本人的思想并不能等同。不过，我的思考没有沿着这个方向继续走下去，而是转向了更多的东西。几年中，我大致走过了这么几个思想阶段：马克思、道家、科学哲学和分析哲学、德国古典哲学、佛学，差不多每个学期会经历一次思想转变。

在这期间，王天成老师的西哲史、李景林老师的中哲史、李晓红老师的科哲史等课程，都曾给我很大的启发。我是一个不那么听话的学生，课上常发怪论，甚至连考试答卷都不老实。有一次考孙正聿老师的马哲原著课，我一个字都不写，白卷横陈，盘腿打坐。孙老师监考，问我何故如此？我说您课上不是讲"实践哲学"吗？我打坐就是不立文字的修行实践。孙老师笑了，说道，你好歹立几个文字在上头啊，把你的实践说一说，不然我怎么给你分数？我说好吧，我来立，但不能按教科书立，必须按我自己的思考来立。孙老师说好啊，我就是要看你自己的思考。于是，我就在卷子上洋洋洒洒，写了篇半通不通的论文，辨析佛学的"行"与马克思主义所谓"物质""实践"的关系。结果，这样一张离题万里的答卷竟然

我的平原：答吉林大学校友问

得到了很高的分数，想起来真叫人汗颜。那时的学习生活就是那么天真，风气是那么自由，我后来再也没有在其他地方碰到过。

那时的思想历程，每一段都是刻骨铭心的生命记忆。因为那时急于寻找真理、托付生命，只要找到一个东西，就拳拳服膺，排斥其余。然而，正因为怕失去，握得太紧，反而会忽然丧失，转而寻找下一个。在我最痛苦的时候，我读到《楞严经》中阿难请佛陀讲法的句子："阿难见佛，顶礼悲泣，恨无始来，一向多闻，未全道力，殷勤启请……"真是说出了我的心声。毫无防备地，竟然泪流满面。从那一刻起，我认定自己是佛教徒，开始了禅修的生活。我读了各种佛教宗派的经、论，常去般若寺，甚至一度想出家，但没想到笃信佛教的母亲竟然反对，于是也就作罢了。不过，更大的困难还是在心里：深夜思之，我知道这颗心仍然是不安的。

就这样上下求索，流转不定。直到有一天，在食堂吃饭的时候，一位常相过从的学长张昭阳兄告诉我说："你应该去读读熊十力，他力量大，可以拉你一把。"于是我就去读熊十力，果然元气充沛，一下子冲决了许多滞碍，豁然开朗，让我看清了此前所有阶段所处的位置，历历目前。由之上溯，我又重新翻开曾经有所感动而不明实义的《论语》《中庸》，并且开始试着读《易经》（那时还读不太懂），才感觉到学问的门径在一点一点地敞开。到大学毕业的时候，我写的学士论文是熊十力的《体用论》。当时用的还是一个线装书的本子，每天到图书馆的古籍阅览室读书、写作。学士论文的导师是刘连朋老师，他对我帮助很大。

生命的默化：当代社会的古典教育

毕业考研的时候，我已经知道自己要做什么了，无论"儒学""经学"或"中国哲学"这些词是否能恰当指称我想做的事情。但我考虑两个月之后，决定考"西方哲学"的研究生，一去七年，在北大读了西哲的硕士和博士。2003年博士毕业来同济，开始是在"德国哲学研究所"，哲学系和人文学院相继建立之后，我就回到了中国哲学的领域。我目前的工作，无论在同济的"中国思想文化研究院"还是在"同济复兴古典书院"，都以中学为主，但也兼摄西学。正如我今年在法兰克福大学的一个工作坊所言，今日中国的"文化复兴"并不是"民族主义"的，而是"跨文化的古典复兴"。[1]

一路走来，很多重要的决定可能都源于二十多年前在吉大图书馆的一场梦：那是一个灰暗的冬日午后，透过一排排书架可以望见窗外荒凉的原野。阅览室里空无一人。我在读一本什么书，苦思不得，昏昏欲睡。忽然间仿佛听见隆隆的声音，从云中驶出一乘马车，像汉画中常见的那种。车上坐着一位老人，我觉得他是孔子。他对我说："读书不要乱读，要读经典。中文经典，外文经典，都要读。"我也不知道拜谢，只是流泪。多年来读书无门的酸楚，一时释然。

问：作为一位前辈和名师，在吉大七十校庆之际，您能否为即将从事学术研究的学生们提一些学术上的建议呢？

答：名师不敢当，只是从老校友和学长的角度提点建议。做学问的根底首先在修养自己这个人。我建议同学们注意培养自己的心

---

[1] 法兰克福发言稿《现代性吊诡与跨文化古典复兴》亦收入本书。

力，真正关心到自己，时时体贴涵泳读书所得，宽心养气。生活越简单平淡越好，勿苛求他人和环境，"居易以俟命""外化而内不化"。要注意学一点艺术，诗、琴、书、画皆可。必须重建"读书人"的生活方式，"学术"才有希望。

生命的默化：当代社会的古典教育

最后的南山

小时候读"悠然见南山"，一直以为陶渊明的南山就是老家的南山头，后来才知道应该是有名的庐山。不过，后来去庐山讲学，感觉还真是蛮像，都是秀出南斗、北临长江的山川形势。山气，飞鸟，登临所见，都似曾相识。

老家在鄂东南，说的却是赣语，建筑也曾有耸起的山墙。族谱记载，祖上是在明朝的时候从江西迁来的。更早的渊源，可能要追溯到春秋吴泰伯、虞仲。先是越灭吴，柯姓南迁，所以至今多在福建、台湾；后来楚灭越，先人又西迁。三国时，孙吴曾建都武昌。那时的武昌并不在今天的武汉，而是鄂州。灵溪诸乡里一直到民国还属鄂城，到五十年代才划归大冶。乡人明鹏先生考证说，孙吴时期的"武昌山"就是南山。

我的祖先就辗转播迁在这楚山吴水之间。每读唐人诗句"寒雨连江夜入吴，平明送客楚山孤"，就不禁联想到这些遥远的家族历史。明代迁到南山头的时候，先是住在深山里的"柯近溪"（讹音"柯金鸡"），后来才逐渐下到山下丘陵间的平畈。小时候还曾随父兄深入南山，寻访柯金鸡。古村早没了人烟，只剩些残垣断壁，淹没在古木荒草中。旁边有极幽深的岩洞，也曾进去探险。光影明灭，犹如读史。

南山头是横亘在南天的世界尽头，承载着家乡人民全部的传说和梦想。就连一风一雨,都是从山头望来的。从小我们就学会望山气,辨风雨。尤其是夏秋季节,如果远远望见山头的云气,就要赶紧收回禾场上晒的谷子,动作稍慢就会淋雨。看谷子不被雨淋鸟吃,看鸡不被鹞鹰吃,打猪草、赶鸭子,这些是我小时候的基本职责。

父亲常讲,日本鬼子来的时候,全村老小带着鸡犬遁入深山。有的牲口进山就失踪了,成了野猪野牛。有一次避兵祸,全村都上山了,唯独我曾祖太公舍不得家业,怕鬼子糟蹋,要在家留守。还有邻居一个大婶,也选择了勇敢守卫。结果我曾祖幸免于难,大婶却被鬼子糟蹋致死。这都是父亲小时候亲见的历史,说来令人悲愤。彭德怀、王震、伍修权(伍是南山南麓的阳新人,我家在山北)都曾在南山头打过游击,村里有处老宅现在还挂有"大鄂政权遗址"的牌子。妈妈生前常称道大哥小的时候,带他上山打柴,看见豹子,他装作没看见,从容语于母亲:"伊(妈妈),我们下山吧。"读大学的时候,我在图书馆古籍库看到清代官修的《大冶县志》,还有老虎从山上下来,县里人家闭户三天的记载。

我的童年,冬天跟大人上山淘苕(刨捡遗漏的红薯),挖大树兜(树根);春天有漫山杜鹃,花瓣可以吃;夏天缘溪而上,忽然碰见一坡盛开的野百合;秋天松树落了叶子,跟姐姐一起上山扒松针回家做柴火。茶苞(茶树的叶苞,后来再也没吃过)、毛桃、鸡矢梨和山楂是春夏秋三季父母从山背打柴回来,孩子们最嘴馋的期盼。这样年复一年就到了上高中的时候,要离开南山到县城读书,家里也搬到靠近乡镇的地方做豆腐。后来上大学,读研,工作,辗转城市,我的南山愈来愈远了。曾经生养我的土地,变成了一张春运的车票。

生命的默化：当代社会的古典教育

读大学的时候，有一年寒假我没有买到票，不能回家过年。在冰封的宿舍窗下，我梦见自己走在回家的路上，遇见父母兄弟，喜不自胜。而当眼角瞥见那道深蓝的远山，泪水就把我唤醒了。又有一年冬天回老家，物是人非，见儿时的伙伴都在沿海血汗工厂做工，村里只剩下老幼病残，整日打麻将，堕入传销和"买码"的骗局。有一个邻村少年被骗入山西黑窑，五六年全无音讯，后来从黑窑集中营的三楼跳下，瘸着一条腿回到了家乡。眼见我昔日的南山下，日渐田园荒芜，吏卒横行，完全是一个病入膏肓的畸形社会。那是初代打工仔的乡村，持续了二十多年。

这些年打苍蝇老虎，风气好多了。但有些东西丧失的速度，却与发展一样快。新一代打工仔从全国各地开车回来过年，从新修的高速公路直下村口。村里强征土地，开发了商品房，却大半空着，人们买了也不住进去。县城的楼盘广告也贴到了村里，各种"英郡""豪庭""生活可以很艺墅"。物质越来越丰富，生活却更加贫乏。田地被外地老板承包，山头被矿产公司炸得千疮百孔，露出惨白的石灰岩。雨水冲下尘土，像是大山浑浊的眼泪。满山的松树被割得伤痕累累，流尽了松脂。

空荡荡的南山，如今只剩下一个少年翻越积雪的山岭、寻访幽兰的记忆。我高中时写过一篇作文《南山采兰》，很得意地被老师点为范本，给全班朗诵。而老师和同学们不知道的是，后来，那两株兰草在开花之后，相继都在花盆里枯萎了。最后一朵兰花凋谢的时候，花瓣相合，仿佛一只眼睛。透过这只眼睛，推开窗户，我看见了最后的南山。

旅德札记[1]

孤独

总的来说是难以忍受的孤独。主要是语言和意义的缺失。现在发现在母语环境中闲谈都是重要的。但终于我可以大致说出我想说的意思了，也终于有了一位朋友，一位真正的朋友，Volker。

不了解德国的人会以为他是乞丐。他坐在 Ahrens 超市橱窗下面的地上，他唯一的伴侣，Michael Jordan，一只毛色灰黄间杂的大狼狗，俯卧在他身边。他的面前摊着一叠纸，有几张画好的素描，线条粗犷。一位老太太从商场出来，放了一枚硬币在他的纸上，他也不看一眼，只顾画他的素描。

最初认识 Volker 不是在这么热闹的地方，而是在空无一人的田野。（呀没时间了，下次再说！）

漫游

窗外细雨绵绵，犹似我的乡愁。小草不知道秋天的降临，还快乐地闪耀着亮晶晶的绿色，而鲜黄血红的树叶却已经铺满了草坪、长街和山岗。这种时候总是不知道自己身在何方，要去干什么。曾经在魏玛和耶拿之间一个名叫 Mellingen（我喜欢这个名字，梅林根）

---

[1] 写于 2001-2002 年留德期间，是给听松的书信。

的一个小村居住，细雨中独自漫步到很远，直到能望见魏玛城郊的苏式居民楼（我现在在耶拿住的楼就是这种，跟北大的45-48楼没什么两样，只是在每个房间增加了厨房和厕所）。秋天的麦苗还只有小草那么高，原野上方圆十几里看不到一个人影，只有高速公路上的汽车兀自喧嚣着川流不息，让人恍惚觉得那些车里面根本没有一个人。

  我的大多数时光就是在这样的孤独中度过。唯一陪伴我的朋友是一台随身携带的收音机，它一刻不停地在我耳边轮番播送着古典音乐、新闻、天气预报和交通信息，然后又是古典音乐……每当我漫无目的地在山林原野、古堡小巷漫游，听着收音机里或激昂或沉缓的的 Sinfonie、Konzert、Sonata 或 Ouvertuere 的时候，总会禁不住嘟哝道：古老的欧洲，古老的德意志……但德国文化的历史并不算长，而且，似乎他们自己也已经放弃了。只有一个名叫 NDR Kultur 的电台播放古典音乐，其余所有电台跟国内或者说跟世界绝大多数地方一样，除了用美式英语唱的流行歌曲之外就是用德语或者英德语夹杂唱的流行歌曲。

  选择哲学，就是选择了一种漫游的生活。每当涉及金钱、学位，考虑是不是要因为这些东西而做出某种特别的努力（比如说打工，比如说考 DSH）的时候，我总是在心里问自己：如果你在乎这些东西，当初高中毕业的时候你就不会选择哲学了。所以我感觉很放松。上教授的 Seminar，用德语写哲学论文，很难，但我感觉很放松。我没有得失需要顾虑。不像绝大多数在德国的中国留学生，虽然我也想呆得更长，也想拿个洋学位，但我不像他们那样非此不可。实际上，要是比挣钱的话，一个哲学洋博士哪里比得上一个计算机土本科？如果我在乎的话，我到哲学系去白费什么劲呢？！

哲学家有点像祭司、神甫，虽然不像他们那样有着固定的教条和偶像。就其生活的精神性和公共性而言，两者是类似的。政治家和社会活动家的生活当然也是公共性的，但却缺乏精神性。哲学多少介于政治和宗教之间，又跟科学和艺术是近邻。但就生活状态而言，最接近的似乎还是祭司、神甫，只是哲学毫无权力，甚至缺乏"教化权"。祭司、神甫由于抱有固定的教条和偶像，履行一成不变的仪式，结有组织和权力等级系统，所以神职活动对于他们来说无非变成一种职业，成为教化权力体系中的一个环节。而哲学家的天命是要永远把自己放在一个无穷后退的原点上，上不着天，下不着地，仅以自己作为一个人的身份领会这个世界的可能思想。他以个人的名义从事全人类作为一个类所需要从事的事业：理解世界。这就像一个人刚到一个陌生的地方，不由自主地必须要环视他的周围，对他的处境形成一个基本的理解和判断。但是当他熟悉这个环境之后，他就遗忘了他的一切具体生活的基础就是这个对环境的基本理解。这个基本理解很难诉诸言辞，因为它并不指涉任何一件具体物事。人们生活在这个世界已经过了很多世代，人们创造了越来越舒适的文明生活，于是人们越来越遗忘基础理解的必要性。即使这样，每个时代每个民族都会有或多或少的几个人把这个事情承担起来作为个人的事业，他们被称为哲学家。

灵乡

  暮色四合，远山上的图林根森林变成一抹苍茫的青黛。独自走在宿舍楼后面的荒野，一路上的野苹果也无心去采集。遥望山谷中的耶拿城，恍然觉得像灵乡——我出生和长到二十岁的湖北小镇。希腊的地形也是这样（我有什么理由联系到希腊！只是想到了而已）：小山四合，山谷中有小小的城镇，小城的周围是高低起伏的麦田、草地和森林。写一写很过瘾：你可以写到希腊，虽然你看到的是德国，而心里想的永远是灵乡。但人是很痛苦的——我想这个词用在这里并不是夸张。现在天完全黑下来了，独自坐在窗前写论文。我很疲倦，也很郁闷，幻想着在北京的日子：与朋友高谈阔论，每一个人脸上洋溢着笑容，空气中弥漫着自由。骑车，在风中骑（圆明园福海边上的废墟有很大的风，那个冬天），在雨中骑（深秋晚上的西苑，有冰凉的雨点）。

  写吧！写着心里痛快！只有写了多多少少的一些字，思接千古，发幽探微，才会让自己由衷地微笑，疲倦地睡着，才觉得浑身是劲儿，活得开心。因为写作是用一点点的描画去展开无穷的意义空间。密集的文字有着比宽阔的画布更空灵自由的意义空间，它们可以直接被用来写意：书写意义！那时候文字就有如看不见的音符。但是光有音符也是不够用的，当你……比如说碰到名词要描写的时候——就好像不带图画的德—德词典，好在直接，然而名词，怎么看也不知道是什么。

  而文字，当我心里也不知道是一种什么感触或思想（这两者也总是很难互相区分）的时候，我用文字，写。于是我无需知道那是什么，我已经把他写下来。而这也就意味着：别人可以读，可以有所感有所想。这事儿不平常！你觉得呢？

再见

尼采日记记载，他七岁那年曾经与几位小朋友一起路过耶拿的精神病院：天色已晚，我们听到从精神病院那边传来撕心裂肺的尖叫，我们不由自主地加快了脚步，几只小手紧紧地攥在了一起……但是谁知道后来他自己竟然也住进了这个曾经让他害怕的疯人院呢？有一位年轻实习医生（他听说过尼采的大名）的日记记载，尼采住院期间很安静，从不尖叫……我们都看过那幅著名的照片：坐在病房的窗户前，疯了的尼采显得越发的忧郁……

刚到耶拿的时候我就住在这所精神病院后面的山腰上，每天要穿过病院，穿过"哲学家之路"（Philosophenweg），到哲学系的图书馆看书，或者去哲学家之路上的食堂吃饭。有一天傍晚我路过病院门口的时候，突然从黑洞洞的大门里走出一个身穿病员睡衣的老头，冲我微笑着摇手，眼睛里闪动着光芒，说了一句："Bis dann（到时候见，再见）！"可是后来我搬家了，再也没见着他。那么到什么时候再见呢？也许他说的那个"时候"是大家都死了以后……是啊，再见同时意味着离别和会面。每个人都会再见的……同一者的永恒轮回……再见不再见又有什么关系呢？（我没疯吧？你呢？）

生命的默化：当代社会的古典教育

狐狸塔

昨天看尼采日记，正好看到尼采小时候曾随叔叔游览耶拿古迹狐狸塔（Fuchsturm）的时候，楼下一帮中国留学生上来邀我去爬山。我说好啊，咱们就去登狐狸塔！"什么塔？"他们竟然不知道！于是领他们去。虽然只有下午两点多，但天色已见晚。连绵的阴雨已经持续一周，一路上云山雾罩，犹如置身仙境。到达山顶时，天色已经完全黑下来。登塔四望，夜雾笼罩，万家灯火。远处通往柏林的高速公路上车灯缓慢地游移。

塔内窗户上有一些用古老的哥特体字母写的题词，有一句写道："此处你可以俯览家乡的世界（Heimatwelt）。"然而对于我这个异国的游子，举目四望，何处是家乡呢？有的只是一个抽象的"世界"，一个出国之前抽象地向往着、如今仍然抽象地感受着的"世界"。"这就是我早已熟谙的荷尔德林的大地和天空吗？"当飞机临近法兰克福上空的时候我曾经这样问自己。"不是的，一点都不是！"我现在知道，对于我来说，作为精神故乡之一的德国永远只留在记忆里。我的心灵曾经生长于故乡的德国，我现在置身于抽象的世界。在抽象的世界，我思念我的家乡，那个和德国一样遥远的中国。

我突然发现汉语原来是如此的美妙："平林漠漠烟如织，寒山一带伤心碧。暝色入高楼，有人楼上愁。玉阶空伫立，宿鸟归飞急。何处是归程，长亭更短亭。"我反复吟咏着这些词句，体会其中音韵的美妙，感觉异常的兴奋。我开始踌躇满志地对中国文化的未来充满信心。我一定要做点什么！从现在开始！我们已经没有多少时间了！沉吟间，一阵冷风吹来。隔窗望去，只见趁着昏暗的暝色，乱云瘴雾在山谷之间仓皇飞渡。黑森森的松林里传来猫头鹰尖利的叫声。他们几个早已下楼。待我下来时，发现塔门已经紧闭，原来是他们几个搞的鬼。"是不是碰上狐狸精了，这么长时间舍不得下来？""快了。"

星星落地的声音

薄暮时分出门散步。无语的人家窗户，光秃的白杨枝条，远村的犬吠，早早地透露出冬日的景象。只有那铺满西天的晚霞，苍茫中掩盖不住灿烂的红云，勾起人们盛夏的回忆。

时光易逝啊！日脚渐短。刚到马堡的时候，十点钟天才见黑，一晃，现在下午三点日脚就开始西斜了。但是凝望西天的晚霞，乌黑的云，绯红的云，千里万里，千片万片，却没有一片移动，也没有一片改变颜色。那泻出光芒的云缝似乎是通往永恒的天扉。时间仿佛凝固成阶梯，只待人下定决心踏上。然而沉吟间一阵寒风吹来，浑身一哆嗦，定睛再看时，那光芒早已黯淡，那云彩的颜色和布局早已面目全非。

就这样盯着看晚霞，细心察觉它的变化，曾经独自坐在梅林根旷野中高高的麦草垛上直到满天星斗。黑夜为什么不是全黑的黑夜呢？夜空中居然有星星，这是多么让人惊奇的事情！远处小山的缓坡上，有一条通往魏玛的高速公路。连绵不绝的车灯从山顶流下，仿佛星空在那里有了一个缺口。星，原来也会坠落。

草垛旁边有一株孤独的苹果树。躺在寂静的星空下，我听见星星落地的声音。

此生何为？

冬日白日，时间静止。阴天吗？但天是白的，地也是白的。映着窗外的雪光四壁泛白的书房，时钟兀自滴答。新近复印的海德格尔文本，纸张雪白。就着雪光阅读，眼前一片空白。眼光的聚焦总是不由自主地远化，然而穿透不了纸张的堆叠，只在眼前泛化成一片模糊。

此生何为？

新买的不粘锅是那么的令人珍爱，然而也有不小心划破涂层的时候——它在慢慢地老去。不粘涂层的漏洞会越来越大，不洗不刷的间隔会越来越长，以至于最后被人遗弃。我手中进行的学术工作是不是在细心地涂刷一个黑乎乎深不见底的锅底，好让它"不粘"，不拖泥带水，sauber？好让它挂不住任何一个问题，任何问题都能让它在我精致涂刷的纸做的锅面滑过去？是不是这样就叫学术的成功？但是它会慢慢的老去，以至于不再被人记起。

一只鹰（那是德意志的国徽）从后山的 Lobda 城堡飞来，向远山的图林根森林飞去。有一次去上课的路上，我仰头凝望它许久许久，一直到看不见，一直到上课迟到。还有一次跟 Volker 在马堡郊区的麦田漫游，在山坡小道上，他突然指着天空说：看，那是 Adler！

Volker 快要老了，他已经 43 岁，无妻无子无工作甚至无朋友，孑然一身，带着他的大狼狗麦克乔丹四处漫游。他读黑格尔、尼采、荷尔德林，但不写作。他会死去，没有任何人牵挂，除了他的乔丹，但乔丹也许先它而去。从马堡到 Wette 他租住的家，他从来不坐车，也从来不走重复的道路。陪他走的那次，我们走了四个小时，但我坐火车回马堡只花了二十分钟。Wette 在马堡西北，但那次陪他登塔下来，他执意要穿过东方的森林回家。那次他走了整整一个夜晚，到东方日出才到家。不管向什么方向出发，终究通向一个共同的归宿；从不重复的道路，到底是一条道路。Volker 还不是彻底的流浪汉。这就是人，只有一条道路，从生到死的道路，无论有人说死后去天堂，去地狱，去轮回，还是复归自然，他总得先死了。就像 Volker 到家后可能烤面包，可能洗澡，可能睡觉，可能教一个难得一到的中国朋友下国际象棋，但他总得先到家。

而哲学家是彻底的流浪汉吗？

楼上传来阿拉伯留学生懒洋洋的歌声。祈祷？情歌？炎热而干燥的沙漠上把骆驼拴在帐篷外，把安拉和老婆安扎在帐篷里。而哲学家是寒冷而多云的德国天空上的鹰吗？鹰也有家吗？它的家在那里？它的家中也有老婆和上帝吗？它还孵蛋咧！

它也用不粘锅做饭，但是不粘只是为了方便煮饭，而不是为了炫耀涂层的严密。它也阅读，但是无须把眼光聚焦得很近以至于近视。当它翱翔天空的时候，它阅读白茫茫大地上的山岭河流，道路城镇。它也终究不免一死，但岂不是正因为这件事情的存在，才让人由衷地在仰视它的时候对自己说：岂不快哉，如此一生！

回忆·Taubach[1]

Taubach，Taubach，我的家不在那里，甚至离我暂时寄居的德国小镇 Mellingen 还有一下午散步的距离。六年前的一个黄昏我坐在那里，在一个名叫 Taubach 的村庄，它的教堂下面。有着金色卷发的孩子们放学了，把自行车和书包往草地上一扔，像所有其他地方的孩子一样没命地叫嚷嬉戏。

我从刚住了一夜的 Mellingen 出发，走了一个下午走到那里。我要走到那里的原因是我到达 Mellingen 的时候是一个傍晚，一下车就看见遥远的天际，波状平原的远方凹地里耸起一座教堂的尖塔。我记得三个月前刚到马堡的时候，三年后到英国的考文垂，那两个傍晚，还有其他一些抵达的傍晚，所有抵达和傍晚，看到的都是教堂的尖塔。"古老欧洲的哥特式尖塔"，我心里念叨着。

然后，几乎总是抵达的次日，我就会迫不及待地寻着塔尖的方向走去，那在人家的屋檐，道路的尽头，起伏隐现的塔尖。我寻过去，却不走进它的门口，只坐在它的脚下，直到天色渐暗，几乎寻不见归途。这通常只是算不上什么的小小历险，但这次稍有不同：谁叫我这次首先看见的不是 Mellingen 的塔尖而是邻村的呢？况且决没料到的是：这个邻村竟然那么遥远，虽然看起来不过近在眼前。也许

---

[1] 此篇写于2007年，是对多年前旅德生活的回忆，故缀录于此。那是一个无眠的深夜，身边没有电脑，写于西洋参包装盒背面，以应和张振华在道里书院论坛发出的《日记·Trawny》。

是乡村的空旷给了我错觉，但从小在乡村长大的人如何也失去判断？

总之我走了许久，支持我走下去的动力依然是远方的塔尖，虽然途中常因坡度的起伏或树梢、屋檐的遮挡而失去它的指引。但我终于走到那里，并且从路标知道它叫Taubach，这个不知名的德国小村的名字就此深深地印在我的记忆，与这个陌生的名字连在一起的独一记忆，永远不能忘记，Taubach。

这个名字是独一的，Taubach，因为它陌生，不为人知。但住在村里的人和附近的居民自然会把它归入"图林根州""德国"，或者人们常说的"古典主义的魏玛"和"浪漫主义的耶拿"之间、乃至"歌德"和"席勒"车马过从的驿站，就像一份"旅游手册"可能会说的那样。Taubach，人们就这样把一个无名的名字，嵌入有名的名字经纬所织就的历史-地理-地图，就像南汇之于"上海"。一般来说这便于记住一个名字，但对于因陌生而独有的回忆来说，这毋宁适成忘记。

而对于路过它的人来说，Taubach，如果它从来不为人知，那么即使近在眼前它仍然不为人知。恰以此不为人知的陌生，Taubach，它构成终身难忘的回忆，回忆中不可消解的硬核，犹如铁黑的尖塔，那些总在远方的陌异之物，不可命名的东西，带着一个不知名的名字，Taubach。这是所有不知名的村庄和小镇之名的共同特点，所有无名之朴、无文之质的本-质特点，为任何有名的大城市和风景名胜所绝无。

于是坐在那里，Taubach，它让我想起另一个同样不知名的名字,谈桥,生我和养我到六岁的"中国"小村。还有此后跟随父母,一家六口,我小但也能背箬帚和锄头,辗转迁徙的一串名字:麻石港,十姑桥,长坪湖,灵乡。这些名字一如那个傍晚尖塔下的Taubach,陶巴河,或Tao-bach,道巴河,对于人们来说不啻为虚无。人们甚至可以怀疑我杜撰了它们,怀疑我是不是在写小说,因为换一个名字完全一样,Tao-bach。

但我确是在写回忆,只是在回忆。或许只有这个异样的名字,可以随物赋名的独一名字,Tao-bach,才保证了我写的是回忆、回忆的道说,而任何关于"上海"生活的回忆就都像是写小说了。不管谁写,不管写什么,仿佛只要写下"上海""中国"或"纽约"这样一些有名的名字,就都像是在写小说了。而在回忆的道说中我只属于自己,惴惴不安的纯粹自己,当我坐在那个傍晚的Tao-bach,记忆深处永远的Tao-bach,它的教堂尖塔之下,看着孩子们的喧闹,回忆一个寡言的小孩住过的所有村庄,全然不同于坐在譬如三年前伦敦的街头,虽然同样独自一人,同样不识一人。

万物边缘的光辉[1]

虽然昨晚还是睡得很晚,但是当早上看到初升的太阳的时候,我就睡意全无了。沐浴在依然带着寒意的初升的清朗阳光里,我今

---

[1] 这封信和下一首诗是2004年在英国访学时所写,语境相关于旅德札记,故附录于此。

年第一次感受到春天的到来。想起《黄帝内经》中的话:"春三月,此谓发陈,天地俱生,万物以荣,夜卧早起,广步于庭,被发缓形,以使志生,生而勿杀,予而勿夺,赏而勿罚,此春气之应,养生之道也。"于是走到院子里。

这是一个典型的普通英国庭院,草地上零星种有几株丛生的水仙、风信子和郁金香。这时节正是她们开花的时候,水仙开黄花,风信子开蓝花,郁金香花是橙红色的。墙边有两株高大的中国山茶,正开着猩红的大花。篱笆上有繁花点点的红莓,旁边是一株开着满树白花的李树——它的花期看来比中国的李树要长好几倍:从我来到现在已经一个月了,它还在盛开着。一棵必不可少的苹果树才刚刚发出绿芽,吐出花蕾。

是啊,天开始亮得早了,日脚渐长了,阳光中开始含着一种喜悦。这是寂静的春日清晨,要是在老家山村的话,会是个热闹的一天的开端:家家屋顶上升起青烟,鸡、鸭、鹅、猪被放出来,在村头的空地上转悠闹腾。早起的农民互相问候搭讪,谈论眼前那些沐浴在清冽的初阳中的大片青绿庄稼。

这里却只是寂静的清晨,偶有汽车开足马力,咆哮着驶过门前的街道。小花园里倒也有房东老太太种的可人花木,但只是挂着寂寞的清露,缺乏庄稼地的喜人和健旺。华兹华斯的水仙和艾略特的风信子挂着露水,在四月的寒风中瑟瑟发抖。我只有回到房间,打开书本,在字里行间仿佛仍然可以看到儿时熟悉的万物边缘的那一层光辉:"青青园中葵,朝露待日晞。阳春布德泽,万物生光辉。"

在花园中读黑格尔《法哲学》

风吹散重叠的

自我同一性

在花园中落下种子

仰观天空和大地之间的

回旋

雀跃

和巨大的橡树

在天庭的风中

摇曳

伸展

开花结子

复又吹散

"自由构成意志的概念,
也就是构成它的重量。"

——黑格尔《法哲学》第 7 节

未名书简[1]

时间

"硅谷电脑城"的玻璃幕墙上古铜色的夕阳。逆光中的白杨树剪影在晚风中弓着腰。时间就是这张力中的宁静吗？没有人看见，没有人听见，没有人感觉到。感觉到的只是"时间中的"事物，以及事物的变动的或永恒的假象。

那么我心中的那种挥之不去的情愫呢，它也是时间中的吗？也是事物吗？康德对实体的定义是"伴随所有时间过程的范畴"。但时间本身是一个过程呢，还是过程因时间而有、或者时间因过程而有？有一种情愫伴随所有的时间过程，它是感情中的实体吗？它是实体的（substantial，实质性的）感情吗？抑或它就是时间本身，就是给予人时间的、或者说让人感受到时间的那个……实体？

"在时间中"生活，没事谁去感受时间？当心中有事的时候感受到时间，因为事而有时间，而不是像康德说的那样时间作为事件的前提条件而被设定。感受到时间的时候不是只感觉到变动，也不是只感觉到永恒，而是感觉到变动和永恒之间的张力，感觉到心中有事，感觉到时间，感觉到自己活着，感觉到存在，感觉到烦，不是某一种烦恼的事情的烦，而是根本的烦，伴随所有时间的烦，给

---

[1] 这是给听松的书信，2001年春及2002年秋冬写于北京大学。

予时间的烦，实体的、实实在在的烦，空空洞洞的烦，时间之外的烦，永恒的……烦？永恒的竟是烦恼？生命意志？轮回？涅槃？可是爱呢？爱是时间中的一件普通的事情呢，还是一件基本的事情？

哲人午后

夏日的热风穿过哲人的走廊变得清凉。午后的炎阳投射在水泥地板上，走廊的四壁映照着空明的白光。哲人站在走廊尽头最幽暗的角落思忖刚才读过的一本哲学史，窗外包围了整个楼房的如潮如涌的汽车轰鸣声成为这场沉思事件的寂静背景。

最初的时候哲人总是眼望着天，不看地上的路，深深地拧着眉头。外省来的小保姆（他哪雇得起小保姆啊？她实际上是他的情人）以为他是为问题的答案苦苦思索，其实呢他是为问题本身苦苦思索。不过当时他自己也不明白这一点。一直到哲人掉到粪坑里去的那一次，他入神了，或者说出神了，他站在粪坑的中央呆呆的站了一个晚上，直到第二天早上小保姆的大呼小叫才把他惊醒过来。哲人的疯狂还没有结束：他一把推开小保姆伸给他的手，出其不意地迅速爬上来，眼里闪着可怕的光芒，双手朝天向着人群密集的地方狂奔过去，还一边不停地大声嚷嚷着："我知道了！我知道了！"

他知道了什么呢？市场上的人们很惊讶。人们停下手中的交易，像看一个疯子一样看着哲人。"这个可怜的人疯了，从此人们再也不得安宁了。"一位来自东方的小老头不无怜悯地看着哲人说了这句话。这个老头身材矮小，留着花白的小胡子，显然不像本地人。

哲人跑过老头的时候不由得停下脚步来，感觉怪怪地打量了他两眼。老头似乎显得很紧张，也不看哲人，紧紧地闭着眼睛，口中念念有词。听不清他究竟念叨什么，就算听得清也大半是没有人能懂的语言。哲人恍恍惚惚地看了他两眼就走开了，一会儿想接着嚷嚷，但是不知道该嚷嚷什么了：他压根儿就忘记了刚才围绕粪坑所发生的一切。

越聚越多的苍蝇从商人们的肉铺、鱼肆、水果摊和饭店里被吸引到哲人的周围，在正午的炎阳下嗡嗡地飞舞，声音越来越大，简直要盖过市场的喧嚣了。

哲学史，那多像一个人的一生啊！我是谁？当我读完一本哲学史，站在走廊尽头最幽暗的角落里暗自思忖，夏日的热风穿过走廊，午后的炎阳投射在水泥地板上，走廊的四壁泛映着空明的白光，窗外传来如潮如涌的汽车轰鸣，世界在极度沸腾的时候突然寂静下来思想，这个时候的我，是谁？是历史？

苍蝇作为诸神：意见的产物。人们创造了他们却讨厌他们，从根本上又还是需要他们，需要的时候飞来的却总是苍蝇，而驱赶苍蝇的人却又被人们认为不敬神。人民宗教的矛盾，人民与宗教的矛盾。没有人民就没有宗教，有了人民就没有了宗教。

唾沫星子：语言、逻各斯。人是会说话的动物。

苍蝇和唾沫星子，神和逻各斯。

苍蝇是这个国家的神祇。

那时候商品经济还没有商品宗教发达，那些肉铺里的肉、鱼肆里的鱼、水果摊上的水果、饭店里的饭，与其说是商品或人的消费品，还不如说是祭品或神也就是苍蝇的消费品。商人们把这些东西摆在案头上与其说是为了跟人作交易，还不如说是为了跟神也就是苍蝇作交易："多吃点儿吧，无所不在的神啊，多吃点儿给我更多的保佑，那样我才能搞到更多的东西给你吃噢！嗡嗡！"这是那时候的商人也就是信徒们的标准祈祷文。

所以当商人们也就是虔诚的神也就是苍蝇的信徒们看见所有的神祇都从他们那里飞离，聚集到哲人的头上、身上，跟着他一路飞舞过去的时候，所有的人都感到惊奇不已：我们费了这么大的劲儿生产和贩运来的祭品，竟然比不上一个游手好闲一无所有的哲人，更能够吸引神的青睐，简直岂有此理！不过这既然是神祇们自己的选择，谁也不好说什么，因为你如果表示对这件事惊奇不解的话，别人会不会怀疑我对于神意的领会能力还不够达到一个合法的成年公民应有的水平？至于愤怒不平的想法就更不敢说了，因为谁也不愿意背上一个不敬神的罪名被投到牢里去。所以这件事开始的时候每个人都把自己的惊奇和不满藏在肚子里，谁也不说。结果就像什么事情都没有发生过一样，人们一如既往地做自己的生意，唯一的区别在于每当成交的时候根据惯例要说的两句对话："我谨以神之仆人的名义，根据神意的授予，把神之物品转交于您！嗡嗡！""我谨以神之仆人的名义，根据神意的授予，把神之钱币转交于您！嘤嘤！"说的时候最关键的真言咒语"嗡嗡！嘤嘤！"不再似从前响亮了。不知道是因为说的人心里有鬼，还是因为缺少了人与神的共鸣——要知道以前每当一手交钱一手交货的时候，神祇们嗡地一下飞起来，其真言垂示的声音可要比人类的嘤嘤学舌自信和洪亮得多。

这样的情况持续了一年半载之后,人们对神的不理解情绪开始淡忘,而对哲人的嫉恨虽然还保留着,却也忘记了嫉恨的缘由。因为从这种没有神在旁边而又不得不假装它们在旁边的生活中,人们逐渐发现了一种隐秘的乐趣,并因此而暗自庆幸:鱼肉并不因为神的离弃而减少销量,水果没有神的加幸似乎可以储存得更长,饭菜嘛吃了让人感觉身体更健康。人们喜欢这种生意兴隆、身体健康的感觉。人们心里在想也许神压根儿就是多余的,是可憎的,是该死的害人虫。不过没人敢这么说,甚至没有人敢稍许暗示一下这类的意思。怕坐牢是一方面的顾虑,主要的原因则是逐渐发展起来的一种漠不关心的态度开始不可挽回地支配了人们的日常生产和消费的生活:神好也好坏也好,反正它们跟我不相干,我该干啥干啥,犯不着捧他也犯不着骂他。只可怜那个疯疯傻傻的哲人,每天都得跟这帮神祇,哎也就是从我们这里飞出去那群苍蝇们混在一起,可真够他受的!不过呢这是他自作自受,谁叫他不生产,不做买卖,不念标准祈祷文,不说"我谨以神之仆人的名义……嗡嗡或者嘤嘤"呢?像他这种不敬神的人活该让苍蝇叮!叮死他才好呢!人们对曾经被苍蝇叮咬又不敢拍打的感觉记忆犹新。那么现在所有的苍蝇都去叮他一个人,嘻嘻,那又痛又痒又不敢打的感觉该是多么的刺激!简直让人奇痒难耐!商人们每当想到这的时候,总会禁不住两眼放光、咬牙切齿、浑身颤抖,仿佛那些爱死个人的神祇也就是苍蝇们叮咬的不是哲人,而是他们自己似的。这也算是自从苍蝇们飞离肉铺鱼肆之后给他们带来的一种始料不及的隐秘的乐趣吧。这种隐秘的乐趣后来在他们把哲人送上审判台的时候达到了群情激昂难以自持的高潮,而后又在哲人饮鸩而亡之后陷入了前所未有的空虚和萎顿。不过这时候它才刚刚开始蠢动。

至于哲人自己却并不明了自己在民众心目中的这些变化。他压根儿不知道自己实际上已经成为被神遗弃的人们自恋自慰的卫生用品:他让他们身体健康,保持快乐的持续刺激。他不知道,他们每天用无穷的唾沫星子向之祈祷和与之交易的诸神(最初的大神向大地喷一口唾沫星子散落成人,是这个民族最古老的传说之一。这个传说里其实隐含着这个民族的诸神来源的秘密:神圣的唾沫星子,犹如天上的繁星……),现在在他们看来,无非是祈祷和交易的时候飞溅出来的群星而已。人们似乎已经隐隐约约预见到一个美好的未来:一个自由的民族、一个民主的城邦和一个繁星灿烂的文化的未来……民族的最初活力正在悄悄地膨胀,而这一切似乎和哲人毫不相干:他竟然还在为一个老掉牙的迂腐问题而百思不得其解:为什么诸神如此眷顾我,总是围绕在我的周围?就像炎夏午后的那些苍蝇一般?

爱是人的意义……

人真是意义的动物……也就是说,人真是空虚的动物。爱情,文化,意义,与其说是人用以填补空虚的东西,还不如说它们就是人的空虚本身。这些想起来可真叫人害怕。我把一切的价值都给解构了么?但我说的是,爱是人的意义……人性的可怕之处不因为你回避或者盲目乐观就没有的,爱情也不因为自欺就变得完美。但是想又怎么样呢?生活的无奈之处也不因为明智就能够回避而让生活变得完美。只能说想一想这些事情本身就是一种文化生活，意义生活，本身就是无奈和空虚的表现，就像坐在电视机前茫茫然地看着天色渐渐亮起来……天哪，我竟说了些什么？难道所谓有意义的生说就是空虚的生活？那么生或还有什么意义？呀，也许该这么说：我说的空虚不是作为一种感觉的空虚，而是先验的人的本质。人生而自由，自由就是什么都不是，就是悬空着，就是坐在电视机前看着天色亮起来……但这是所谓经验的事实，哪是所谓先验的人的本质……再说了，人的本质是空虚，这话本身就是矛盾的，因为本质意味着实体，而空虚哪是什么实体？所以有人说存在，只有这个词适合用来说人，所以他说人的存在而非本质是虚无。如果他仅仅试图描述现象也就罢了，但是他说这话的时候，它的潜台词是：作为虚无的存在是人的本质。这话的矛盾太明显了，所以他换个说法叫做：存在先于本质，人的存在造就他自己的本质。引进一个叫存在的词没有丝毫免除问题的困难。他还是要说本质，他避免不了，哲学免不了。但为什么困难要被避免呢？或许就在最让人的智性感觉最困难的地方有着最大可能的出路呢？矛盾，是不是并非此路不通的警告，而恰恰相反正是十字交叉的路标，指示着可能的出路？

他和他，密谋好的故事

他看上去是那么的愚蠢。

"你看你的脚和小腿，那么臃肿肥满松弛，似乎灌满了脓水。当年在师父面前'开萝卜塞'的时候师父是怎样教导你的？叫你不要近女色，你就是不听。现在可好了，连刚出道的新手都打不过。"

那天半夜他悄悄地坐起来，举起剑，把睡在身边的他给杀了。然后他背着他的尸体来到黑暗的阁楼上，想把他往木头的小窗外扔出去。对面小楼的窗户灯光煞白，照着他的女人惊恐万分的面孔。她张大着嘴巴，不知道是在尖叫还是在歌唱，或者没有出声。在他把他扔出去的瞬间，突然有一道强光从背后照过来。从门口走来他的女人，两人一起走进另一扇黑暗的门里，就像所有密谋好的故事一样持续发生着。

通州燃灯塔（一）

还是在通州。因为看了大运河之后，为了绕到近在咫尺的通州古塔下面，竟然花了我们一天的时间。今天回不去了。到处在改建道路和河道，兴建各种花园别墅和度假村，在肮脏发臭的河边和大片大片的垃圾场中间。曾经在京东郊区算是最显耀的去处，通州燃灯佛舍利塔，如今被淹没在楼群当中甚至难以望见，虽然当你离它很近的时候。我们也不赶路。慢悠悠地他骑车载我，边骑边聊天。路过一座桥时看到一个老头坐在河堤的草坡上吹唢呐。"喇叭声咽"，一派"转型时期"的北方城乡景象：河面开阔，河水肮脏而稀浅，河中有垃圾堆积而成的绿洲，墨绿色的大叶子野草邪恶地疯张。有羊群在河堤斜坡上吃草，草根极短，当羊群被赶动的时候，羊蹄激起尘土，淹没了羊群，"风吹尘土现牛羊"。绿杨夹岸。对岸京哈高速公路上车辆来往奔驰。苍凉-呜咽-喜庆的唢呐声（唢呐就是这样奇妙地同时混合着这几种因素），让人想起仅仅是不久前这里的北方农村，黄土地上的黝黑的农民，他们的红喜事和白喜事，他们的苍茫绝望，喜兴和哭丧。然而这一切如今都与唢呐声，与我们现在听到的这位孤独老头吹奏的唢呐声毫不相干了，正如河对岸不远处所看到的那些被拆毁了一半的、已经没有人居住的村庄一样，已经在尘土中被掩埋了，远逝了。我们特意从桥上下来，经过一段土路，来到老头吹唢呐的树下。北方人很健谈，对人没隔阂。先是唠家常，然后吹唢呐。我们试吹，只能发出很难听的呜咽，不能吹出喜兴的花腔和苍茫的呜咽。这些都需要特殊的吹口和指法技巧。老头很热心地教我们，也乐于炫耀他的华丽技巧。我们都没带表，也不知道跟他一起坐在河边的石头上消磨了多长时间。当我们离开老头，找到燃灯佛舍利古塔的时候，天已经黑了。塔上并没有燃灯，而整座城市正亮得如同白昼。

通州燃灯塔（二）

通州本是京东的郊县，漕运的北端终点，历史上倒也繁华过的。但在运河早已浊浅的今天，我惊异于通州的大，大而无当的大。通州的大让我震惊，让我忧虑。他们砍倒运河边极大的一片树林，铺上卫生间里常用的瓷砖，名之为"运河文化广场"。我敢保证在整个欧洲（俄国除外）都找不出一个这么大的城市广场。真的不夸张，那感觉像是机场。这便是我们的"文化广场"，在古老的运河边上的"现代文化"的广场，在赤裸无遮的炎阳下公然无耻地炫耀着文化贫乏的广场,在"和平年代"可以为周围数十个拥挤不堪的高层居民小区"提供绿地和文化休闲的场所"、在战时可以集结士兵乃至吐纳战斗机的广场。可是他们不知道,这一切文化、政绩、"卫生间绿地"、和平与战争的规划,都将被掩埋于层层黄沙之下了。那黄沙已然来了,已经铺在了我们时代创造的伟大绿地上——甚至这伟大的人造绿地,这绿色的瓷砖本身,就是第一层决定性的、不是被风吹来、而且不可被风吹去的黄沙。它是黄沙的先行者、原因和基础。它已经无可挽回地为黄沙的到来、覆盖、固着和扩散"填补了空白""做好了准备""打好了基础"。在没有树木杂草和山丘阻碍的瓷砖平原上,他们可以无所顾忌地发展了。

我已经回到北大了(北大的博雅塔就是以通州燃灯佛塔为原型)。午睡的时候梦见电话铃响,睁开眼睛认真听时,只听到窗外如潮如涌的汽车轰鸣。午后的炎阳照着时空中流浪的飞尘。

坐在黄昏的窗前

坐在黄昏的窗前,天边的云彩逐渐消散。宿舍里的桌子、椅子和书架在逐渐弥漫的暗影中茕茕孑立。想起刚才到未名湖边读书,读《新约》的福音书和《旧约》中的约伯记和传道书,只记住一句话,……for all is vanity……抬头看天,看见开阔的云彩,我想这一切都是他创造的吗?我想他应该在那云彩的那边吧,因为那边多么开阔?情人们一对一对地从湖边走过或者坐下来,我一点都不羡慕他们,但是一想起孤身一人在湖边树下,在开阔的夕阳里的身影,飘零，飘移，想起我无助的思想的游丝在开阔的天空中茫然地游走，我没法不流下眼泪。我感到在我心的深处有一颗痛苦的心，一颗常常被虚假的快乐压抑着的心，这时受了触动和鼓舞，要起来主宰了。我似乎听见自己纠结细弱而不甘屈服的哭声，因为那一刻我的心也纠结做了一团。随后就恢复了舒缓而麻木的常态。

　　我恨自己为什么不能独立，我恨上帝为什么妒忌。他为什么要人孤独，以便于仰仗他，否则就觉得痛苦？他为什么让人痛苦，不让人仰仗他，以便不再感觉孤独？为什么在亲人邻人和朋友之外，还会有爱人？为什么爱一个人的时候反而越发感觉到自己的孤独？为什么他不让人独立，活得就像上帝他自己？为什么他这么妒忌？人的生活难道那么有趣么，竟然让您觉得有必要去设置障碍，以便于把人们捉弄，从中获取您可怜的乐趣？"理性的狡计"？多无聊啊上帝，别玩了，for all is vanity，包括作为万物之起源根据和意义的您自己。

万物似乎都在瞒着我们

　　倘若知晓迷底，恋人或可在夜风里
　　娓娓絮语。因为万物似乎瞒着我们。
　　看呀，树在；我们栖居的房屋还在。
　　我们只是路过万物，像一阵风吹过。
　　万物对我们缄默，仿佛有一种默契，
　　也许视我们半是耻辱，半是难以言喻的希望。
　　——里尔克：《杜伊诺哀歌·之二》

万物似乎都在瞒着我们。神似乎在捉弄我们。让我们的爱不要上当，不要狂喜——晕厥——如痴如醉——允诺永恒——逃离行动。让我们不要企图用爱情的感觉，捂住生活的有待深思的也许是有意义也许是无意义的深渊。让我们的爱本身就是对生活的感受着的深思。让我们不要假装有证据，让我们不要相互允诺永恒，因为那只是无助的人——人都是无助的——临时抓住的洪流中的稻草。有的人抓住金钱以为稻草，有的人抓住爱情以为稻草，有的人抓住宗教以为稻草。可是作为万物的一种，稻草对我们缄默，视我们为耻辱，（或许还有一半是希望？）让我们的爱仅仅在生命的洪流中流转——根据骆一禾，这洪流是春天的泪水。

"在……之中"不停地到来

"我需要你，只需要你。"（泰戈尔：《吉檀迦利》第38节）

"只有我宁可等待，哭泣，在徒然的朝思暮想中磨碎我的心？"（同上第41节）

泰戈尔！以前读你的时候，要么只在爱中读，要么只在对神的期待中读，所以从来没有像今天这样完全彻底地被你的诗打动、征服。而今天，我是在爱中，也是在期待中，而世界的感人至深之处正在于，无论爱，神，还是其他事物，一切都只是"在……之中"不停地到来。

你来了

好疲惫。刚才洗完澡在宿舍里想躺一会儿,然而你,你来了,滚滚如潮水地你来了。我不能歇下来,不能坐下来,尤其不能躺下来,因为你在那时就来了……

洗澡的时候我疲惫地在我的拖鞋上坐了下来,听任雨水温柔丰沛的抚慰。我似乎感觉一切思念的纠结的愁丝都随着雨水冲刷而去,于是昏昏然地我似乎可以终于睡一会儿了,然而你,不停地总在到来之中的你,像雨水一样,悄无声息地、温柔丰沛地来了,铺天盖地,连绵不绝……我的心臣服了,向这无边无际的到来臣服了,我低下头臣服了。我的泪融入你的温柔丰沛的雨水,安宁地,谦恭地,流淌。

隐身衣,或梦公主

我梦见丹麦国王气急败坏地走来走去,俄罗斯女皇紧绷着脸,戒备森严的卫兵们紧紧匝匝地围护着各自国家的公主。大厅里云集了差不多所有欧洲王国的美丽而高贵的公主们,气氛非常紧张。这一切竟然都是因为我,一个穿了隐身衣的胆大妄为的穷小子。我爱的是丹麦国王的女儿,因而那里戒备最为森严。我不得已放开她的纤手——我们把手臂尽量够得远远的,然而最终不得不心碎欲绝地承受那一刻的断裂:在我们的手臂所能伸展到的空间的尽头,在最后一点指尖的碰触之后,我们不再能够感觉到那不可见的触摸的温柔了。我的心也快碎了,然而我必须保持清醒的头脑和敏捷的身手,

生命的默化：当代社会的古典教育

因为我知道即使是轻微的失误，比如说叹一口气或者不小心碰了某个卫兵一下，都有可能导致杀身之祸。他们早已经被命令，只要发现一点可疑的迹象，就应该毫不犹豫地向虚空中刺去。有时候他们出于莫名的恐惧和兴奋胡乱挥舞的斧头，也会给我带来意想不到的危险。当然大多数情况下，看着他们愚蠢滑稽的动作和不着边际的防范，我心里只觉得暗自好笑。

最可笑的要算挪威的王后（她有一个多么温柔典雅的女儿），她本是俄罗斯的公主嫁给了挪威的国王，所以她告示天下说，在第一年之内，她只允许彼得堡的王子或贵族来向她女儿求婚。——这时我的梦境的屏幕上被一幅巨大的黄黄绿绿的欧洲地图占满了。一条粗大的红色箭头从奥斯陆延伸到彼得堡，就像即将要发生战争一样。忧郁的挪威公主，透过宫廷的华丽窗户凝望神秘的北欧森林长大的公主，可怜的公主，神情呆滞地看着她的母亲在那幅巨大的地图上神采奕奕地划着红线。王后骄傲地说，看我们俄罗斯帝国的领土多么壮阔！东头的……都画不出来了。我习惯性地把滚动条拖到屏幕的最右端，果然发现这幅巨大的欧洲地图往东只画到鄂毕河就止了。红线在增多和伸展。王后说如果第一年没有找到具备足够的资格娶她女儿的人选，那么第二年内她将恩准全俄罗斯境内的王公贵族们都可以到奥斯陆来求婚。而到了第三年，如果高贵的公主还没有找到同等高贵的未婚夫的话，则全欧洲范围内有俄罗斯血统的贵族都将被赋予这个高贵的资格，到奥斯陆来求婚。可怜的公主已经见了很多纠缠不休的俄国王子和贵族，她的心里厌烦极了。看到她的母亲一再扩张的征服计划，她不禁为自己的未来忧心忡忡。突然她感觉到空气中有一种轻微的颤动，她的心于是像竖琴感受到了凉风的吹拂。她不由自主地半闭了美丽的眼睛，微微地仰起愁怨未消的脸，半是激动半是不安地接受了她的初吻。我没让她知道我是谁，我只让她觉得我是在大空中弥散于每一个角落里的爱，在凝聚结实的万事万物中深藏不露的贞洁的心。我只让她觉得，我是在她窗前的森林里，在晨光中挂在草尖的清露，在月光下升腾缥缈在林际的白雾，在乌云抑压、大风飘摇或无风沉闷的夏日午后，愤怒耀眼的闪电。

本来是为了接近丹麦公主，我才穿上隐身衣，可是吻了挪威公主以后，我再也不能把它脱下来。"你必将消失于无形，而他们必将实实在在地胜利。"这是早在我刚刚下定决心穿上隐身衣时候就已经听到过的预言和警告。

梦见我的不自由

在闷热的夏日正午，我梦见我的不自由。在茫然无期的等待中，我等待着你的电话，而等来的却是她和一个陌生的男子。继续着从小就习惯了的不习惯，我容忍着，敷衍着自己的不自由。我必须谈话。而我的心中有一个顽强而模糊的梦想，我不知道它是不是跟你有什么关系，因为在我的梦见不自由的梦里，你的轻盈而自由的身影，已经成为我的顽强而模糊的梦想。我梦想要在凉风吹拂的夏夜，坐在车厢里，凝望黑沉沉的远方，凝望车窗玻璃上你的轻盈而自由的身影,掠过黑沉沉的没有星空的大地,和大地上灯火通明的城市,昏暗贫穷的村庄。

荷兰鬼船

我坐在未名湖边的一块贴近水面的石头上好奇地收听荷兰世界广播的短波节目。荷兰语听起来像是介于英语和德语之间,所以我乐于借助我的英语和德语知识多少揣摩一点广播的意思。这是一种不妨偶尔为之的不乏乐趣的外语听力游戏:你总能从一种外语中听出点儿什么,不管你对它懂还是不懂,懂得多还是懂得少……况且另一方面,即使你的母语中的一句非常简单的话,你也不见得能全部听懂啊……

如果我没听错的话,说的好像是有关打捞沉船的事情。天还没有黑尽,所以信号还很不清晰,嗞嗞啦啦的。夕阳躲在一大块厚重的乌云后面,给它镶上一圈耀眼的金边。蝙蝠带来夏夜的凉风。那块乌云似乎在缓慢地移动,至少从它在微波粼粼的湖面上的倒影看来是如此。

我忽然冒出一个奇怪的念头:如果把收音机天线的顶端插进水里,短波信号会不会增强呢?因为水也是导体啊,那么大一个湖面,该是多么大的一个天线!再说湖面犹如一个镜子,应该具有反射作用,那效果没准顶得上一个抛物线形的卫星天线呢!可是如果信号突然急剧增强的话,会不会造成什么损坏……管那么多呢,试一试吧……于是我看见我手中的收音机天线在迟疑地向湖面接近,湖里的乌云倒影在天线下令人眩晕地晃悠着。

在天线和乌云相互接触的刹那，突然播音员的声音停止了。水声！天哪，收音机里传来轰隆隆的水声！我的脑海空白了一个瞬间，然后有好多想法极为快速地闪过，因为我得在极短的时间内决定是不是立即把天线从水里拔出来以免减少可能的损坏，但是至少我得先听听明白究竟是怎么回事儿呀，在我拔出它之前。

我先是立刻否定了水声：那不过是信号突然受干扰后发出的电子噪声吧！但是不，水声我还听不出来吗，哗啦啦，轰隆隆的，像是直接接收到了水波的声音嘞，你看那湖面上的水波，不也是一种波吗，那就也能像电波一样用收音机收听到！这个浪漫而荒唐的想法让我一下子高兴起来，我于是开始兴趣盎然地收听未名湖电台的来自湖水深处的神秘广播！但是不对啊，这哪是湖水的声音，这分明是大海的声音嘛！啊，大海！我突然想起瓦格纳的《荷兰水手》，还有德彪西的一个什么曲子，写的都是那艘传说中的神出鬼没的荷兰鬼船！突然我似乎听到瓦格纳的恢弘壮阔而飘忽不定的音乐，德彪西的更加诡异陆离的音乐，夹杂在滋啦啦的水声中，从收音机里钻出来。我突然明白，我的收音机天线与之相接的那块乌云的倒影，可不就是那艘荷兰鬼船吗？敢情我今儿个收到了荷兰鬼船的世界广播！想到这儿我差点撒手让我的收音机掉到湖里去喂了鱼。

正在这惊疑不定的当儿，突然播音员说话了：她可救了我的收音机。她的声音既没有清晰一点，也没有模糊一点：就是说信号强度没有任何改变；她说得既没有更像英语，也没有更像德语：我听得还是似懂非懂。一个男声开始说话，像是在打捞沉船的现场接受采访。嗞嗞啦啦的噪声像是突然小了点儿儿，就像夜风停下来，湖面突然恢复了平静一样。可我的收音机天线也脱离了与水面的接触啊……我不知道它是什么时候从水里出来的，也不知道它的是否脱离湖面与遥远的海边的荷兰究竟有不有什么关系。当乌云消散的时候，夕阳也早已不见（它该是正在照耀着荷兰的海岸吧？）平静如境的湖面上一片昏暗，照不见任何影像。

流浪汉和房子的气味

早上请他吃饭，把他送走了，一个来自柏林的67岁的流浪汉。临走的时候他带了几勺食堂里免费的辣椒酱，这个可以给他热量，在寒冷的夜里。他今天去颐和园，大概又得露宿街头了。昨晚在未名湖边听着短波收音机小跑的时候，猛然一回头发现一双苍老睿智深沉闪亮的眼睛，在一个阴暗的角落里凝望着同样苍老的博雅塔。"你就睡在湖边的长椅上吗？北京的晚上多冷啊？""那算什么？在白令海峡中间的一个小岛上，在印度、尼泊尔的雪山上，那才叫冷呢。如果没有爱斯基摩人和山民收留的话，我早就冻死了。"他所拥有的只不过是一个睡袋和几个吃饭用的塑料袋，并没有任何"装备"。至于热的地方呢，也有危险：毒蛇、蚊虫、传染病，从新西兰到柬埔寨都经历过的。

此行他的主要目标是北、西亚：中国，戈壁滩，乌兰巴托，哈萨克斯坦，高加索。他说这些地方以前苏联的时候去不了，现在终于可以如愿了。至于欧洲，从 1956 年，也就是他 20 岁那年开始，就踏遍了。至今为止他的足迹已遍及五大洲 90 多个国家。不管到哪儿都是背着一个巨大的背包步行前往。在他的尺度里，从紫禁城到北大、颐和园，还不跟我们上个厕所一样？谁听说过上厕所打车或坐飞机去的？

我用毛笔写了一首海子的诗《远方》送给他，祝他找到远方的幸福。也许这纯属多余：对于他来说远方本身可能就是幸福，他拥有它，自从年轻的时候第一次离家远足以来。而给我，他只留下一屋子他的经年不洗澡的流浪汉的难闻的气味。我知道这气味不是他造成的，是我的房子造成的——如果在野外露宿的话，他是不会在任何地方留下难闻气味的。于是我知道，对于我来说，以后重要的事情总在于：当他在我的房子里因为房子的封闭而留下的难闻气味散尽以后，我还能不能时时刻刻闻到房子本身的臭，虽然它能给为我抵御冬夜的寒冷。

生命的默化：当代社会的古典教育

岁暮的诗行

2006年岁末一周（12月25-31日），每日晨起记梦作诗一首。贴于道里书院论坛，诸君或有讨论，遂作自解说明（前三篇有解），录于相应诗篇之后。

一、致伯利恒

> 文明以止，人文也。
> ——《易·贲》

出生并非不穿胎衣之外的
衣服
啼哭并不是未经翻译的
消息

脱去外国盛装的使者
带来一件礼物：
世界本身作为秘密
或真理作为衣服

【说明】真理是赤裸的吗？然而，如果裸体本身作为衣服呢？

世界本身作为秘密呢？获得敌基督的激情正如获得基督徒的激情一样容易，成为尼采的信徒正如信服克尔凯郭尔一样容易。两者都基于爱欲激情的轻信、顽执和易变。而卡尔·巴特说："有谁能斩钉截铁地断言自己已经听到了福音？！""上帝乃是未识之神"，福音乃是未听之音，消息乃是消逝着的生息。所以，对那个消息的泰然认可乃是对它的致命性成就。只有在对它的泰然认可中，消息的天下使命才能完成，而完成同时意味着消解。现代世俗化世界是这样的完成吗？还是这样的消解？也许那个消息本来要说的正是：自我否定，消融于天下大道。

二、桥

1
巴山夜雨，小桥淹没
小朋友们淌水过

巴山雨雪，小哥哥牵着
巴山有雾，姐姐带路

2
备斋和湖心只有一步之遥
桥矮到没有桥

我们与路灯只隔着湖水

你我却隔着一座桥

3
Lahn 河的桥，Saale 的桥

小哥哥采莓你不来

King 石桥，Queen 木桥

撑船涉水，无所用桥

【说明】巴山：灵乡子山小学后面；备斋：未名湖畔；Lahn 在马堡，Saale 流经耶拿；King's College，Queen's College，剑河岸边各有桥。

这是一曲 A-B-A 结构的歌谣，一座从 A 到 A 的桥。中间 B 段是异样的，但它的间入是必要的；犹如中文诗中所用的西文字母是异样的，但它是不可避免的且要回复的。异样之物如何驯服回儿童歌谣的节奏，是我一生走过的桥。撑船涉水，无所用桥。桥一经走过，就不再是桥。只有对于踌躇观望者，坚守抵制者，桥才永远只是桥。而桥原来不过是大道的一段：暂时的中断和联结，朝向重新开端的过渡。道之不行矣夫？桥陈于前。必须过桥，这是现代中文诗歌的命运。

三、自觉不久于人世：自书生日

如当一个秘密
在亲人面前
纷然瓦解

何以隐瞒
竟饱含幸福，泪水，而生命
如土委地

"以生为脊
以死为尻"
爱深沉而宁远

"以生为丧也，
以死为反"
道隐忍而通达

"以汝为鼠肝乎
以汝为虫臂乎"
夫固将欣然而自化

【说明】感谢朋友们，你们的阅读是我收到的生日礼物！道虽

隐忍而通达,爱依然深沉而宁远。这便是终将瓦解的生命的秘密 /
在亲人面前 / 永持。《庄子·大宗师》:"子之歌诗,何故若是?"
曰:"吾思夫使我至此极者而弗得也。"

朝菌不知晦朔,蟪蛄不知春秋。莫寿乎殇子而彭祖为夭。生日?
然而这是一天行将终结的时刻,今日诞生之人即将入睡,今日挺生
之人即将倒卧于床上,生于斯、死于斯的床上。这是一首写给床的
生日歌。一生的时间,亦如一日的时间,挺生于斯,倒卧于斯。而
梦驰骋于其间。

四、后羿村游记

  村民为后羿立了石碑

  黄褐色,篆书大字

  在平原尽头的深山,傍着一眼小湖

  村民自称是羿的后代

  村口有株巨大的胡杨

  如土墩,蛀满孔洞

  原来是黄蜂的老巢,门口挂着牌匾

  "这里是后羿家的神庙"

五、敌基督者

敌基督者
穿着标准间的拖鞋
在水上奔跑

似乎凭借一种势能
和水草
就可以避免掉下去

六、十字军游戏

1
图林村，海岛上
"这是地壳断裂的原点
我们的文明就生长在
火山旁"

"如今就剩下小 baby
麻烦你时刻带身边"
说完，教授的小飞机就飞走啦
留下海天一片蓝
"海水海水多蓝哪"
话音刚落水变暗

2
红十字，白十字
小朋友画在路上做游戏
"一二三，"教授们齐步跳
而我们永远跳不到

姐姐躺地上，眼睛直冒血
"这是怎么啦？"
"因为我不跳
就被小 baby
我们的小孤儿，拿石头
砸眼角"

七、宁远车站

如果梦成为哲学家的
夜间工作，它的影子就会
前后偏移，以至于
梦中之梦，以至于
在去往宁远车站的
公交上打盹儿

如果已经梦到宁远的

车站广场,它的空间就会
往来延长,以至于
长而又长,以至于
在进入候车室的安检机
皮带上转圈儿

如果总算挤进大厅的
候车大军,它的时间就会
出入凝胶,以至于
无聊之聊,以至于
在检票口才想起亲人的嘱托
"别忘了带车票"

漂泊在家乡的土地上：
记我的父亲母亲

母亲离开我们已经七年了。父亲把她的遗像挂在墙上，每天焚一炷香，跟她谈谈心。坟在村北的黑山，父亲每天要去山下走一走。有时爬到山腰，独自坐在坟头，吟一曲东坡的"十年生死两茫茫"，用他小时候在私塾学会的吟诗曲调。他想在坟边种一圈柏树。北山没有，找到南山，移来十几棵。山上没水，又从山下挑水上去浇。几年过去，现在已经郁郁葱葱了。

逃离，相识，在陌生的城市

父亲和母亲认识是在1954年的黄石第七小学。那时，父亲二十岁，母亲十七岁。他们是小学四年级的同学。父亲虽然是年龄最大的一个（按现在的标准大得离谱），但其他同学也都有十来岁。父亲小时候上过四年私塾，后来被祖父安排学做豆腐和糕点，跟家里请的雇工一起做事。

母亲身世极苦。兵荒马乱中，刚满月就被遗弃在山里。没人知道那一晚上她是怎么度过的，为什么没有被狼吃掉。第二天，有人上山打柴，发现这个孩子，就把她捡回去抚养了。长到十一岁的时候，母亲听说她的生母在黄石，就前往投奔。先是帮人看孩子，做保姆，十四岁才开始上小学。到父亲来黄石插班读书的时候，她正好也读到四年级。

漂泊在家乡的土地上：记我的父亲母亲

父亲来黄石读书，是逃出老家的。1953年土改，我家被划为地主（后来改划富农）。曾祖父和祖父省吃俭用积累起来的田产被分给贫下中农。祖父很配合，并没有什么抵触。他早年在下江（南京上海等地）做生意，思想开明。父亲则非常兴奋，热烈欢迎一个新时代的到来。然而，他很快就感觉到似乎有哪里不对。这种矛盾的态度后来一直伴随他，直到现在。在某种程度上，这种矛盾也遗传给了我。很可能，这本身就是中国现代史的遗产，每一个人都无法摆脱。因为，中国现代化的历史，就是这样一个不得不在矛盾中发生的历史。[2]

祖父并没有把父亲当少爷养，而是让他从小跟家里请的长工一起睡大铺，一起劳动。父亲与他们感情深厚。土改分给他们田地，父亲由衷感到高兴。但他万万没想到，迎接他的并不是一个全新的平等时代，而是一个更加隐秘也更加赤裸的等级社会。与长工一起摸爬滚打的"压迫"结束了，被歧视到骨髓的"平等"开始到来。

父亲被迫逃离家乡，是因为一场追求平等的小小革命行动。文艺队下乡演出，宣传革命思想，歌颂土改，庆祝翻身做主人。儿童团长（自然是贫农子弟）把二十几个"地主儿""地主崽"关起来，宣称他们没有资格看戏。父亲非常愤怒，在儿童团长得意洋洋地训话的时候，扔石头砸了他的脚。趁团长捂脚的时候，小伙伴们一哄而散。第二天，父亲就"畏罪潜逃"了。

父亲来黄石插班考试，作文题是《春节记》。父亲写了他小时

---

[1] 参拙文《王道与人民共和》，见收拙著《古典文教的现代新命》，上海人民出版社，2012年；以及本书前面的一篇：《现代性吊诡与跨文化古典复兴：法兰克福提纲》。

候与穷孩子一起过春节的事情,得到了满分。老师找他谈话,问他什么家庭背景?父亲说:"我并不是贫下中农出身,但我有贫下中农的阶级感情。"老师很欣赏,让他做班长。班里的同学也都很喜欢他,把他当大哥。他从小就是穷孩子们的大哥,这对他很自然。这也是有传统的。我的曾祖父和祖父虽然积累了些田产,但与雇农同甘共苦,仁德遍乡野,老辈人至今感念。无视德性,仅据财富判定一个人是好人还是坏人——人民一旦这样被"启蒙",就会猛然释放出无穷的力量。力的时代降临,于今尤烈,不同的只是贫富和善恶的对应关系被颠倒。德性依然漂泊,在这故乡的土地上。

父亲只身漂泊在陌生的城市,没有生活来源,没有住处。他晚上睡学校的兵乓球台,周末去挑煤球卖,挣生活费。母亲那时是最能同情和关心父亲的同学。她帮父亲一起挑煤球、卖香瓜,挣的钱都给父亲。两个苦命的人,就这样培养出最深挚淳朴的感情。很多年,他们也不知道这叫爱情。有时卖完煤球,他们一起去西塞山飞云洞玩。走过长长的山路,也不牵手,也不说话。默默相守,深心相许。

母亲的家就在西塞山下的黄石第一人民医院。她的养父在那里(我叫他外公),生母也在那里(我叫她外婆),有两个家。我的外公和外婆为什么毫无关系?我小时候一直搞不清楚。我后面的叙述仍然用母亲的"养父"和"生母"这样的表述,不用"外公""外婆"的称呼,也是恐怕读者看糊涂了。

母亲的养父在黄石一院的食堂做工,孤身一人。她的生母在老家被丈夫抛弃后,来黄石重建了家庭,那时也在一院做工。母亲刚来黄石投奔她的生母时，一院还叫普爱医院，是1914年始建于大冶的英国教会医院。母亲来黄石寻找生母，是养父带她来的。养父带她找到生母后，就要告别回乡。母亲不愿他走，哭得死去活来，情形凄惨。普爱老院长王瑞亭先生看到这个场景，为之落泪，遂安排母亲的养父在食堂做工，好让他留在黄石，父女不必分离。老院长是个慈善家，救助了无数孤儿。解放初，他就把普爱医院献给国家，成为黄石地区第一所现代化大医院。

来自土地深处的本性

有一天晚上，在球台熟睡的父亲被狂风暴雨惊醒。他看到教学楼的窗户都没关，雨水打进教室，玻璃窗在风中发出巨响。他冒雨关好了全校所有的门窗。第二天，他的英雄事迹得到通报表扬。还有一个冬天，他刚领到学校新发的棉裤就送给了一位孤寡老人。这对他来说很普通，很自然。他从小就习惯这样做。他的旧道德刚好符合当时提倡的新道德，于是他得到器重，在学校是学生会主席，在班里是班长，在宿舍还是寝室长。但是，后来的经历表明，这种器重只是表面的，一到实质性的资源分配，他就会受到深入骨髓的歧视。出身是不可磨灭的原罪，无论你多么上进。

二十年后，当他们的第一个孩子（我的大哥）考大学的时候，还因为出身不好而被拒录。那时，父母已经回到农村。父亲拼命干活，换来"劳模"身份，希望在孩子上学的"政审"中会有好处。然而，事实表明，这只是一厢情愿的幻想。面对父亲的劳模奖状，母亲又喜又恨。奖赏劳模的一碗肉，父亲喜滋滋地端给母亲吃。母亲含泪说，这不是肉，是父亲的血汗，一块都吃不下。血汗和觉悟无法洗白种姓的低劣。出身是不可更改的罪恶，即使你付出百倍的努力。

但父亲从不气馁，自卑和恐惧更谈不上。他常常理直气壮地训斥那些出身贫下中农的党员："你这样像个党员吗？还有一点党性吗？觉悟这么低，做出这样的事，我都为你害臊！"被训的人哑口无言。近两年，中央提倡"两学一做"，父亲非常拥护。我每次回家，父亲就问我："你知道什么是两学一做吗？你做到了吗？"我说我又不是党员，我做什么？然后他就喃喃地说："是啊，我也不是。不过，我觉得，就算不是党员，也应该做到。"他又说："你的书里讲孔子的正名思想，我觉得很好。两学一做就是正名，就是党员要像个党员的样子！"我心里说好吧，老爸您说得对，不过我得先百度一下什么是"两学一做"，免得又被您批评"不关心政治"。

父亲在生产队的时候，支书和队长不顾农时，斗天斗地，争先进，拼指标，瞎指挥，分配完任务后，社员们都不动弹，等我父亲发话。父亲不得已，只得出面，重新分配任务，社员们才出工。公社的收成关系到每个人有没有饭吃，能不能活下去。农民心里明白，听谁的话，庄稼才能长得好。后来，他们组织了一次批斗会，控诉父亲"篡夺生产队领导权"。有人气得直叫："还是地主儿地主崽当权啊！这叫什么翻身啊！"批斗会结束，他们向父亲喝道："你给我滚下去！"父亲不动。"你耳朵聋了吗？叫你滚下去！"父亲说："我听党的话，叫我滚下去就得滚下去。不过，台子这么高，要是摔断腿，明天不能出工怎么办？"他们只好改口说："那你给我走下去！"父亲于是从容拾阶而下。社员们拼命捂嘴偷乐。

在父亲读书的时候，他受到的阶级歧视还不明显。但越是这样，父亲越觉惶恐。仿佛有个定时炸弹，不知何时就会爆炸。1957年打右派的时候，父亲是黄石四中的学生会主席。母亲当时在黄石二中。她非常担心父亲会被打成右派，成天提心吊胆，提醒他要小心。四中的一位田老师教音乐和美术，受到隔离审查。上级很重视学生会主席的意见。被问到田老师的情况时，父亲说："别的我不知道，我只知道她是一个好老师。同学们都很喜欢她，敬重她。"后来田老师的右派嫌疑被暂时解除，上级派父亲带两个同学去一中的隔离审查点把田老师接回来，或者说押送回来，因为他们都要带枪。回来的路上，父亲的心情很沉重，不知道明天会怎样。

很快，父亲转学到了南宁，又是四中。他的五叔那时在南宁工作，他去投奔。1958年大炼钢铁，父亲日夜奋战，终于晕倒在炼钢炉前。他被抬进医院，又一次成了英雄，不得不再次做了学生会主席。有人怀疑他"政治投机"，不知这种劳动热情对他来说只是天性。如果说那时还有政治之机可投，以及后来在生产队务农又有阶级出身的压力而不得不拼命挣"劳模"的话，那么，等到八十年代做豆腐的时候，父亲完全是自主的"个体户"，为什么还要拼命工作呢？——年底最忙的时候，他可以连续一周日夜不息，以至于端着碗吃面条都会睡着，一头栽进烧豆浆的灶火余灰，把手烫伤。这是来自祖祖辈辈的勤劳本性，根深蒂固，不是新文化的投机所能驱使。又一次，旧道德在新文化这里还有一点残余的红利。今天,"中国梦""大国崛起"靠的仍然是这片土地上这群人的古老本性。

"患难之交恩爱深"

在病床前陪护我父亲的文芳同学爱上了这位炼钢英雄。文芳是个文静内秀的女孩,她悄悄地爱着。炼钢之后的那三年,大家都吃不饱。文芳却说一碗玉米糊太多,她吃不了。在食堂里,她总是看我父亲吃掉她省下的半碗,然后把两个碗摞到一起拿去洗。时间一长,父亲知道了她的情意,感到惶恐不安。一是阶级出身的定时炸弹提醒他不能害了人家,二是他无法忘怀黄石的初恋,我的母亲。

在黄石读书的时候,母亲也曾在医院陪护父亲。有一次,父亲从单杠上摔下来,当时气闭,不省人事。同学四散,吓得到处找老师。母亲远远看见,立刻冲过来,二话不说,背起父亲就奔医院。母亲是一个敦厚而勇敢的人。后来随父亲下乡务农、做豆腐,母亲不避脏活重活,不让须眉。有一年,我家自养的猪被公家拉去宰杀。母亲半夜起来排队,想要买到珍贵的猪油。结果排到她的时候,供销社的人撒谎说卖没了。母亲义愤填膺,拿起刀就切板油,甩钱就走。她从来不会骂街,平时也沉默寡言。但是当她发怒的时候,村里多么横的男人也畏她三分。

母亲背父亲到医院很及时。医生说再晚就麻烦了。母亲守候父亲醒来,高兴得直抹眼泪。两人抱头痛哭。在那一刻,母亲才知道这个人对她有多重要。父亲也是在那一刻才知道,这个世界上究竟

漂泊在家乡的土地上：记我的父亲母亲

是谁最在乎他的存在。父亲那时貌似光鲜的学生干部生活，心里却藏着一种隐忧，一颗阶级出身的定时炸弹。他是同学中的男神，女生都争着帮他打饭、洗衣服，一起玩。母亲从不参与这种嬉闹的游戏，只在背后默默地关心所爱的人。父亲生活中黯淡的一面，挑煤球、卖香瓜，她乐意携手分担；貌似光鲜的一面，她远远地看着。直到有一天看见父亲从单杠上摔下来，人群散去，她不顾一切地冲过去背起父亲，他们的关系才公开出来。"患难之交恩爱深"：我从小惯听母亲吹笛子唱的一首歌，里面有这样的句子。

母亲对幸福生活的渴望远不及她对被遗弃生活的恐惧。她对生活从无半点非分之想。很小的时候，来黄石之前，她曾找到生父。她想吃板栗，手被板栗毛刺扎痛了也没打开。生父正在旁边磨柴刀，恨恨地说："看我今天不杀了你，还想吃板栗！"母亲吓得赶紧逃回养父身边。养父养母没有生育子女。在母亲十岁时，养母去世了，养父就带她来黄石，帮她找到了生母。母亲有一个妹妹在乡下做童养媳，后来母亲也把她带出来了。又有一个同母异父的弟弟，母亲对他关怀备至。我小的时候，逢年过节，母亲就会带我去黄石走亲戚，看阿姨和舅舅。他们给我表哥们穿旧的衣服，给我吃从没吃过的东西。我第一次见识香蕉这种神奇的水果，就是在那里。还有慈祥的外公，他给我五毛压岁钱，是我见过的第一笔巨款。我跑到黄石新华书店，买了平生第一本书。舅舅送我一套《世界五千年》，一共有六本。我反复看了无数遍，从小养成了神游历史、关怀世界的习惯。读初中的时候，我得了黄石全市地理竞赛的一等奖，有机会到黄石受训,准备全省竞赛(后来也得了湖北省的一等奖)。那个暑假住在黄石阿姨家里,是我第一次在城市生活那么久。有时走在黄石街头,想到父亲母亲都在这里读过书,挑过煤球,是不是也从这条路上走过?

在黄石读书的时候,有一个叫芳芳的同学热烈地爱着父亲。这是一个活泼开朗、聪明可爱的城里姑娘。她公开大胆地追求,全校都知道。她把母亲当情敌,但母亲衷心觉得她与父亲是一对。母亲对芳芳说,你要珍惜那个人,要对他好;又对父亲说,芳芳是校花学霸,你俩很配,不要三心二意。父亲很生气,说,我的心里有谁,你应该知道。小学毕业的时候,有四个同学得到了保送中学的机会,其中三人就有我的父亲母亲和芳芳。父亲保送黄石四中,母亲上二中。芳芳也上四中。母亲说,你看,这是天意,你俩确实是一对。父亲说,天意是我们俩应该现在认亲(订婚)。那个暑假,母亲就带父亲去见了她的养父和生母。两位老人满心欢喜。

然而,初中学业紧张,没时间打工了。母亲想退学做工,支持父亲读书深造。父亲不同意。然而生活无着,不得已与母亲分别,去南宁投奔他的五叔,在南宁四中继续学业。机缘弄人,这时出现了文芳。文芳跟芳芳不同,沉静温柔,有话埋在心里。像母亲一样,她也在父亲最困难的时候给了他最纯真最珍贵的帮助。父亲很感动,但他不能接受。文芳很伤心,伤心欲绝。父亲因之痛苦,彻夜失眠,以致忧郁成疾,影响了高考。加之五叔下放,调离南宁,父亲再次生活无着。父亲离开南宁的时候,文芳要跟他走。父亲坚辞,洒泪

漂泊在家乡的土地上：记我的父亲母亲

分别。火车缓缓启行，父亲看见文芳跑不动了，瘫坐在站台的水泥地上，泪眼模糊，痴痴地望着，越来越远，越来越小。这一幕让父亲心痛了一辈子，终身负疚。几十年后，父亲听到感人的歌，还会叫我百度一下，看歌词的作者是不是一个叫文芳的人，因为他觉得歌词写得那么像他们的故事，别人写不出来。

从土地中长出的，不可能根除

母亲一接到父亲要回来的信，就把工作辞了。那时她已在大冶钢厂工作。她决意跟随父亲回到农村老家，无论迎接她的会是多么可怕的命运。那是1961年的腊月，一个灰蒙蒙的冬日午后。精疲力竭而又充满幸福，母亲一上车就靠着父亲的肩膀睡着了。醒来时已经到站，就这样踏上这片土地，俯仰于斯，歌哭于斯，生儿育女，直到躺进她的怀里，成为这片土地本身的一部分。

他们的婚床是自己上山砍树枝搭的，铺上稻草就是最温馨的家。在农村的开头四年是他们最快乐的时光，因为他们获准办一所小学，可以用知识回报乡亲。他们的学校建在一个村庄的宗祠。祖宗神主早被清除，但教化如在。千百年来，从土地深处生长出来的文化生命，是不可能被迅速清除的。最近这些年，家乡各村的宗祠都在恢复。不过，除了逢年过节的返乡祭拜，祠堂平日都是关着的。祠堂虽已重建，但其教育功能却已湮没无闻，反不如我父母回乡时竟能在宗祠的废墟中兴办教育。当时以祠堂天井为界，一边是母亲的课堂，带较小的孩子；一边是父亲的课堂，带较大的孩子。所有年级在一个空间,不同课程同时进行。除了语数外,还有音乐、体育。所有年级,所有课程,只有他们两个老师,忙得不亦乐乎。

跟孩子们在一起,他们快乐得也像孩子。村民送来米面青菜,甚至专门炖鸡汤送给他们补身体。那时有了第一个孩子,就是我的大哥。他是我们兄弟姐妹四人中唯一有过通常所谓"幸福童年"的孩子,在父母的怀抱中长大,性情敦厚,心地善良,最像母亲。我是老幺,生在文革晚期,这个家庭濒临崩溃的最艰难时刻。我的童年自然也有一种天生地养的大快乐,但几乎就没怎么见过父母。因为他们起早摸黑干活时,我尚未醒来,等他们披星戴月回来时,我已经睡着。我从小的梦境中最多的情景是到处找父母,怎么也找不到。

1964年,父亲参加了一场教学比赛,获得了极好的成绩。公开课在金牛南城中学举行。父亲讲的内容是一篇描写旧社会长工生活的课文。父亲从小与家里的长工生活在一起,感同身受,讲得非常生动。上级非常满意,计划升调他来南城中学教书。然而,就在这时候,"四清运动"开始了。我的父亲母亲成为清理对象,"清理阶级队伍"。好吧,那是他们的队伍,虽然我父母的"阶级感情"可能比他们还要真纯。于是,升调不再可能,甚至原有的简陋小学也保不住了。父亲母亲被剥夺了教师资格。即使这样,在村民的挽留下,他们还是顶着压力,继续教了一个学期。最后不得不离开时,同学们都哭了,家长也都哭了。当年的学生如今也老了,对他们曾经的两位老师仍然怀着深深的感念。

从1964年到1979年,包含文革的十年,父母亲度过了一生中最艰苦的岁月。农作的辛劳和生活的贫困还在其次,更大的折磨是低人一等的屈辱。母亲任劳任怨,忍辱负重。父亲机智勇敢,每每化险为夷。做大冶湖的时候,祖父买了工友的一碗肉菜,多吃了一份。这被当成地主阶级多吃多占的反面典型,受到严厉批评。祖父辩解说,他是花钱买的。领导更加生气。眼看就要开批斗会,上纲上线。父亲及时站出来叱责祖父,促他"低头认罪",才没有扩大批判。事后,祖父赞扬父亲机智,帮他免了皮肉之苦。

二哥常说,他小时候最佩服父亲的一点是,无论到了多么困难的时候,父亲总能想着法儿变出一点东西出来吃。我那时还小,不记得父亲怎么变东西出来吃。我只记得二哥是最能想办法找东西吃的人。年底放干水打过鱼的泥塘,看上去什么都没有了,他却能摸到小鱼和泥鳅,装满一套鞋,上岸哗啦倒满一盆,母亲高兴的不得了。那些年陆续有了二哥、姐姐和我。人口越来越多,粮食却越来越少。我记得有一次吃了米糠做的粑,因为太粗糙,拉不出屎,奶奶拿小树枝帮我捅屁眼儿。

以另一种方式,持续到来

那时的生活虽然贫穷艰苦,却充满了温情和快乐。我记得小时候家里只有一张小桌子,好像没什么凳子。每顿饭只有一个菜放在桌子上,每人夹菜到自己碗里,端到门口吃。我那时大概只有四五岁。我记得夹菜的时候总是想,我不能多夹,多夹的话,别人就没有了。一碗菜,六口人,有时竟然还能剩下一点。一家人并不围在一起吃饭，每人夹菜的时候只有自己一个人，但家庭和亲人以另外一种方式更加真实地在场。

由于害怕孩子饿死，随时准备着把孩子送人，我们兄弟姐妹之间从未被教导互相以兄弟姐妹相称，而是直接叫名字。但即使这样，我们兄弟姐妹之间从来没有发生过什么矛盾，也从来不存在什么争宠、猜忌和相互怨恨。一直到今天，我们兄弟之间只有相互信任和关爱。父母对我们并没有多操心，甚至很多时候疲于奔命，根本顾不上我们，但我们对父母却从来没有一丁点抱怨。我不知道这些是如何做到的。这几乎不是可以仿效的教育方法，而是父亲母亲这样的人格自然散发的自然影响。

另一方面，我们的关系又是平淡的，从来没有特别的关爱。我们家从来不给谁过生日，逢年过节也只是一起作个对子（春联），围炉夜话。最快乐的期待不是什么生日礼物或压岁钱，而是父母亲从山上打柴回来时捎带的山楂、毛桃、鸡屎梨。我见到父母的时间主要不是在家里，而是在田野工地。我眉角的疤痕就是在工地被大锤误伤的。大哥二哥上中学时，在外面住读，很久才回一次家，回家就抓住我掏耳朵、扣痱子。姐姐大我不多，我们常在一起玩，春天采野菜，夏天打猪草，秋天扒松针，冬天她给我织手套。我一度是孩子王，漫天打架。后来搬到陌生的村庄，又开始上学，就喜欢一个人默默读书了。但孩子王的潜力还在，所以会在学校保护姐姐。

我们一家人都不爱赶热闹，在喧闹的酒席总是如坐针毡，能不参加就不参加，能先走就先走。我一家人都这样，即使能言善辩、

漂泊在家乡的土地上：记我的父亲母亲

酒量过人的父亲也这样。我记得有一次村里有人结婚，奶奶叫我去吃肉，我说没时间，我要写作业。奶奶大为惊异，逢人就夸我是读书种子。其实，我只是不喜热闹罢了。

我们经常搬家。大哥、二哥生在不同的村庄，姐姐和我生在老家谈桥。到我五六岁的时候，又搬离老家，辗转沟壑。我小时候的印象中，总是帮大人扛着锅碗瓢盆，从一个村庄走到另一个村庄。父亲曾有句子写道："流浪他乡年半百，东挪西借，难度断炊日"。我们似乎总是在家乡流浪的异乡人。为什么我们家总是跟别人家不一样？姐姐对此尤为敏感。我们常常在打猪草的时候探讨这个问题。我儿时的梦境总是反复出现这样的场景：我路过一个陌生的村庄，一条恶狗忽然扑上来咬我。我没命地奔跑，一边跑一边向后扔石头。眼看快要追上的时候，我会突然转身，愤怒以对。我抓起树枝就打，有时直接用脚踹。我的生命深处，毕竟流淌着父亲母亲的血，平静，但有血性。

母亲怀我的时候，湖北开始了计划生育试点。村里的妇联主任带六个孕妇去镇上检查，只有我妈妈查不出有孕，其他孕妇都被迫做了人工流产。那时，母亲怀我已经三个月。妇联主任不死心，尤其不想让地主崽子再增加一个。三个月后，母亲又被带去检查，这次是在县城的医院，用更先进的仪器，但检查结果仍然是没有怀孕。我就这样捡了两条命。母亲信佛教。她相信是在检查的时候，观世音菩萨托我出去了，所以他们查不出来。父亲则跟我开玩笑说："你的隐居兴趣由来已久嘛，没出生就隐过。"

生命的默化：当代社会的古典教育

母亲生我是在一个漫天飞雪的冬天。父亲挑柴出去换米，还没回来。等他回来，才有米下锅。当时连一块包我的破布都找不到。隔壁王奶奶送来旧布头，再裹上旧棉絮和草绳，就成了我的襁褓。母亲因为劳累过度，又缺乏营养，没有奶水。我是喝米汤长大的。没有人相信这个孩子能养活，所以干脆没有记他的生日。但这孩子竟然度过了那个冬天，活了下来。父亲常说，给我起名"小刚"，是希望我刚强，希望我无论遇到什么困难，永远乐观向上，热爱生活。在我们的方言里，名字后面会加一个"来"字。所以，我从小被人唤做"刚来"。我后来知道"刚来"竟是《易经》里的常用表述，意指阳气的增长和君子之道的壮大。我不知道这一辈子是否能做出一点成绩，配得上"刚来"这个名字，但只要想起母亲的音容笑貌，看到父亲健动不息的身影，就会有一种温柔的力量在我心底，持续到来。

2017 年中秋节后，从老家返沪，写于夜行火车中折夫又把我从豆腐坊里、粉饼房里调抽出来,派去大冶、郢城、金华等批运货物(商品)。

公元一九五三年全国发生了大动荡大不安大变化。一切变化无常,没变的只有日出日落、鸟虫鱼、山脉河流。变化无常的是人。唯人的性别没变,男人依然是男人,女人依然是女人。但人的喜怒哀乐,爱、恨、情、仇亦没有人味了。穷人祖祖辈辈愁眉苦脸,

父亲的回忆录手稿

图书在版编目（CIP）数据

生命的默化：当代社会的古典教育 / 柯小刚著 . —— 上海：同济大学出版社，2017.12

ISBN 978-7-5608-6883-7

Ⅰ.①生… Ⅱ.①柯… Ⅲ.①社会科学－文集 Ⅳ.①C53

中国版本图书馆CIP数据核字（2017）第079290号

同济复兴古典书院丛书

生命的默化：当代社会的古典教育

柯小刚　著

出 品 人	华春荣
责任编辑	张　翠
责任校对	徐春莲
版式设计	每日一文

出版发行	同济大学出版社　www.tongjipress.com.cn
地　　址	上海市四平路1239号
邮　　编	200092
电　　话	021-65985622
经　　销	全国新华书店
印　　刷	常熟市华顺印刷有限公司
开　　本	889mm×1194mm　1/32
印　　张	15
字　　数	400 000
版　　次	2017年12月第1版　2020年4月第2次印刷
书　　号	ISBN 978-7-5608-6883-7
定　　价	56.00元